한능검에 최적화된 교재

김종우
도끼한국사
능력검정시험

심화 (1급·2급·3급)

신 개정판

최신 출제경향 완벽반영

김종우 편저

검증된 도끼한국사 암기팁을 통해
한국사에 대한 쉽고 빠른 이해 가능

중요한 내용을 한눈에 확인할 수 있는
출제 POINT 정리와 형광펜 표기

개념 정리 후 곧 바로 기출문제 적용을 통해
실전 강화 훈련 가능

초단기 성적폭발, 도끼한국사
동영상강의·무료강의·해설강의·다양한 학습

용감한북스

◆ 머리말 ◆

한국사를 공부하는 이유는 각각 다른 이유가 있을 겁니다. 공무원 시험을 위해 공부하는 분, 한국사에 관심이 있어서 한능검을 준비하시는 분, 자격요건 때문에 준비하는 분들 모두 다른이유로 한국사를 공부하고 있습니다.

이 책은 다양한 한국사 시험 중에서 한국사능력검정시험 준비하는 분들을 위한 책입니다. 한국사능력검정시험은 선발을 위한 시험이 아닌 일정 점수만 넘어가면 되는 인증시험입니다. 완벽하게 공부할 필요는 없습니다. 하지만 그렇다고 대충할 수도 없습니다. 일상생활에서 힘들게 시간을 내서 공부하시는 것 효율적으로 공부해 자격증을 획득할 수 있어야 합니다.

효율적으로 공부해 자격증을 취득할 수 있게 고민한 결과가 바로 이 책입니다. 이 책의 활용법에 대해 간단히 서술하면 도끼한국사의 핵심 암기팁을 적용했다는 점입니다. 우선 암기팁 내용을 정독하고 암기팁을 기반으로 나머지 내용을 점점 추가해가며 공부하는 것을 추천합니다. 또한 교재의 주요 내용은 형광펜 색으로 표시하여 무엇이 중요한지 한눈에 파악할 수 있게 구성하였습니다. 공부는 혼자하기 너무 힘듭니다. 저와 함께 하시는 것이 좋습니다. 강의는 다양한 사이트(모두경, 모두공, 모두군, 도끼, 에듀온, 김종우 한국사 유튜브)에서 무료로 개설할 예정입니다. 강의를 통해 전체적인 흐름과 암기팁을 숙지하고 기출문제를 풀어보는 것을 추천합니다.

"겨울날씨가 추우면 추울수록 봄에 피는 꽃들은 화려한 법이다." 라는 말이 있습니다. 자격증 공부이지만 공부는 무조건 힘듭니다. 하지만 지금 이 과정이 봄을 준비하는 과정이라고 생각하며 버티기 바랍니다. 제가 함께 하겠습니다.

이 책이 나올 수 있게 도와주신 가치산책 관계자, 용감한컴퍼니 관계자, 에듀온 관계자, 동료 학원 선생님들께 감사드리고, 책 원고작업 때문에 같이 놀아주지 못한 아들 현우, 사랑하는 아내에게 미안하고 고맙다는 말을 하고 싶습니다.

김종우

◆ 한국사능력검정시험 가이드 ◆

1 시험종류 및 인증등급

시험종류	심화	기본
인증등급	1급(80점 이상)	4급(80점 이상)
	2급(70~79점)	5급(70~79점)
	3급(60~69점)	6급(60~69점)
문항수	50문항(5지 택1형)	50문항(4지 택1형)

2 배점

- 100점 만점(문항별 1점~3점 차등 배점)

3 활용 및 특전배점

- 「공무원임용시험령」개정, 5급 공채 응시 자격화('10.2.12.)
  2012년부터 동 시험 2급 이상 합격자에 한해 인사처 시행 5급 공채 및 외교관 후보자 선발시험에 응시 자격 부여
- 「교육공무원 임용후보자 선정경쟁시험규칙」일부 개정, 교원임용시험 자격 시험화(교육과학기술부령 제169호, '12.12.28.)
  2013년부터 동 시험 3급 이상 합격자에 한해 교원임용시험 응시 자격 부여
- 국비 유학생, 해외 파견 공무원, 이공계 전문연구요원(병역) 선발 시 한국사 시험을 동 시험 3급 이상 합격으로 대체
- 2014년부터 동 시험 2급 이상 합격자에 한해 인사처 시행 지역인재 7급 수습직원 선발시험에 추천 자격요건 부여
- 「헌법재판소공무원규칙」개정, 5급 공채 응시 자격('13.12.10.)
- 「법원공무원규칙」개정, 5급 공채응시 자격화('14.4.3.)
- 「공무원임용시험령」개정, 공무원 경력경쟁채용시험 가산점 부여('15.5.6.)
- 4대사관학교(공군·육군·해군·국군간호사관학교) 입시 가산점 부여('16.)
- 2017년부터 수능에 한국사 필수과목 지정(중고생 응시 증가)
- 「군무원인사법 시행령」개정, 군무원 5·7·9급 공채 응시 자격화('16.11.22.)
  2018년부터 군무원 경력경쟁채용시험 한국사 과목을 동 시험으로 대체
- 일부 공기업 및 민간기업의 직원 채용이나 승진 시 반영
- 「공무원임용시험령」개정, 7급 공채 동 시험 2급 이상 응시 자격화('18.12.18.)
  국가공무원 7급 공개경쟁채용시험('21.) 및 지방공무원 7급 공개경쟁채용시험('21.)
- 경찰청 및 해양경찰청 순경 등 공개경쟁채용시험에서 한국사과목을 동 시험으로 대체 예정('22년 적용)

※ '20년 기준 연간 232개 기관(중복 포함) 175,238명 인증정보 제공
※ 인증서 유효 기간은 인증서를 요구하는 각 기관에서 별도로 정함

◆ 목 차 ◆

01 구석기 시대, 신석기 시대 — 006
02 청동기 시대, 철기 시대 — 009
03 고조선 — 013
04 여러 나라 성장 — 017
05 2세기~4세기 삼국시대 왕 — 022
06 5세기~7세기 삼국시대 왕 — 026
07 가야, 삼국통치체제 — 034
08 삼국 통일 — 038
09 통일신라 — 043
10 발해 — 048
11 녹읍, 민정문서(고대 경제) — 052
12 고대 신분제, 화랑, 화백, 골품제도 — 056
13 고대 불교 문화 — 060
14 고대 유학, 역사서, 도교 — 064
15 고대 불상, 불탑, 승탑, 건축 — 068
16 고대 고분, 과학기술, 일본문화 전파 — 073
17 고려 초기 왕(태조, 광종, 성종) — 079
18 고려 통치체제 — 083
19 고려 중기 정치 상황(중기 왕, 이자겸의 난, 묘청의 서경천도 운동) — 088
20 무신 집권기 — 092
21 고려 대외관계 — 097
22 원간섭기 — 102
23 고려 경제(토지제도, 수취제도, 무역, 화폐) — 108
24 고려 사회(신분제도, 향도, 풍속, 여성의 지위) — 113
25 고려 불교, 승려, 대장경, 도교와 풍수지리 — 117
26 고려 유교 문화, 역사서 — 122
27 고려 과학 기술, 예술 — 127
28 조선 전기 왕(15세기 왕) — 135
29 조선 중기 왕(16세기 왕) — 141
30 조선 통치 체제1(중앙, 지방 통치체제) — 146
31 조선 통치 체제2(군사, 관리 등용) — 151
32 조선 대외관계 — 155
33 조선 후기 17세기~18세기 초반 왕 — 161
34 조선 후기 18세기~19세기 왕(영조, 정조, 세도정치기) — 167
35 조선 경제-토지제도, 수취제도 — 173

36	조선 경제-농업, 상업, 수공업, 화폐, 대외무역	177
37	조선 신분제도	183
38	조선 사회제도(유향소, 향약, 서원, 향전, 서학, 동학)	187
39	조선 성리학(이황, 이이)	192
40	조선 교육기관, 역사서	196
41	조선시대 서적(농서, 의서, 윤리서, 지도, 지리서, 백과사전 등)	203
42	성리학 상대화, 호락논쟁, 양명학	210
43	실 학	214
44	조선 과학기술, 건축, 도자기	219
45	조선 회화, 음악, 문학, 서민문화	224
46	흥선대원군의 정치	229
47	강화도 조약 및 부속 조약	233
48	개화정책 추진과 반발	237
49	임오군란, 갑신정변	241
50	동학 농민 운동	245
51	갑오개혁, 을미개혁	249
52	독립협회, 광무개혁	253
53	항일의병운동, 애국계몽운동	257
54	경제구국운동	261
55	근대문물 수용	266
56	근대교육, 국학, 문예, 간도, 독도	270
57	일제 국권 피탈 과정	275
58	식민통치체제, 경제수탈정책	280
59	1910년대 민족운동	285
60	3·1운동, 임시정부	289
61	국내항일투쟁, 의열투쟁	295
62	항일무장투쟁	299
63	실력양성운동, 노동·농민 운동, 사회적 민족운동 전개	304
64	민족문화 수호운동, 국외 이주 동포 활동	310
65	8·15광복, 좌우대립	316
66	5·10 총선거와 대한민국 수립, 6.25전쟁	322
67	이승만 정부(1공화국), 장면 정부(2공화국)	329
68	박정희 정부, 전두환 정부	334
69	6공화국	341
70	통일 정책	344

최신 출제경향 완벽 반영!
한능검에 최적화된 교재

도끼한국사
능력검정시험

CHAPTER 01 구석기 시대, 신석기 시대

성적폭발에 최적화 된 전무후무 뇌과학 암기테크닉

출제 POINT
유물, 유적 중심으로 볼 것

✅ 암기 TIP
우리나라는 7시에 일어난다.

▲ 주먹도끼

▲ 슴베찌르개

✅ 암기 TIP
구석기 유적지 : 단전 공상청 굴 - **단**양, **전**곡리, 공주 석장리, **상**원 검은모루 동굴, **청**원 두루봉 동굴, 웅기 **굴**포리

1 구석기

(1) 시기 : 70만년 전
(2) 정치, 사회 : 이동생활, 무리사회, 평등사회
(3) 경제 : 자연경제(채집, 사냥, 어로), 직립보행, 언어사용 시작, 불사용
(4) 도구·유물 : 뗀석기

전기	한 개의 뗀석기를 여러 용도로 사용, 찍개, 주먹도끼(사냥도구)
중기	몸돌에서 떼어낸 격지를 잔손질, 크기가 작아지고 용도별 제작
후기	쐐기를 대고 격지를 만듦(돌날격지), 슴베찌르개(창기능, 이음도구)
뼈도구 : 동물 뼈 사용 / 조리도구 : 긁개, 밀개	

(5) 주거 : 막집, 동굴(유물↑), 바위그늘에 생활하며 이동생활
(6) 예술 : 고래, 물고기 조각(공주 석장리, 단양 수양개) ⇒ 그림, 벽화×
(7) 유적지

최고 유적지	단양 금굴 – 70만년 전
한반도 최초 발견	종성 동관진(1933, 일본인정×) – 일본 철도 공사하다 발견
남한 최초 발견	공주 석장리
북한 최초 발견	웅기 굴포리
한반도 최초 인골	덕천 승리산
남한 출토 인골	단양 상시리(남한 최초), 청원 두루봉 동굴 (흥수아이, 장례흔적)
아슐리안 주먹도끼 발견	연천 전곡리 – 유럽에서 발견되는 아슐리안 주먹도끼가 아시아에서 발견되어 모비우스 학설의 오류를 수정하게 함, 미 군인이 발견한 일화 유명함.

▲ 단양 금굴 유적지

▲ 구석기 시대 유적지

2 신석기 시대

(1) 시기 : BC 8000년 (1만년 전), 우리민족의 시작
(2) 정치, 사회 : 농경시작, 정착생활, 씨족사회, 족외혼, 평등사회
(3) 경제 : 농경시작(조, 피, 수수) ⇒ 신석기혁명, 정착생활
(4) 주거 : 움집 - 원형 움집(화덕이 중앙에 위치)
(5) 예술 : 조개껍데기 가면, 치레걸이, 원시신앙(샤머니즘, 토테미즘, 애니미즘), 흙으로 빚은 얼굴상, 호신부
(6) 도구
   ① 간석기 : 농기구(돌낫,삽,보습), 농경굴지구, 갈돌, 갈판(신석기 조리도구), 흑요석기(일본과 교역)
   ② 원시적 수공업 : 가락바퀴, 뼈바늘(옷, 그물 제작)
   ③ 토기 : 이른민무늬, 덧무늬, 눌러찍기무늬, 빗살무늬
(7) 유적지

최고	제주 고산리, 양양 오산리
농경	봉산 지탑리, 평양 남경, 고성 밭흔적
조개	부산 동삼동, 김해 수가리
기타	서울 암사동(빗살무늬 토기, 움집)

■ 총정리 및 암기팁

구석기	신석기
무리	씨족
주먹도끼, ~개, 슴베찌르개	가락바퀴, 뼈바늘
	토기 : 이, 덧, 눌, 빗
단, 전, 공, 상, 청, 굴	서, 부, 제, 양양, 수가리

✓ 암기 TIP
우리나라는 8시에 일어난다.

▲ 신석기 시대 유적지

✓ 암기 TIP
신석기 토기 : 이 덧 눌 빗

✓ 암기 TIP
신석기 유적지 : 서 부 제 양양 수가리 - 서울 암사동, 부산 동삼동, 제주 고산리, 양양 오산리, 김해 수가리

▲ 움집 자리(강원 양양 지경리)

▲ 움집 복원(서울 암사동)

▲ 조개껍데기 가면

▲ 이른 민무늬 토기

▲ 덧무늬 토기

▲ 가락바퀴

▲ 빗살무늬 토기

기출문제

01 (가) 시대의 생활 모습으로 옳은 것은? [1점]
■ 2020년 50회 심화 1번 문제

> 공주 석장리에서 남한 최초로 (가) 시대의 유물인 찍개, 주먹도끼 등의 뗀석기가 출토되었습니다. 이번 발굴로 우리나라에서도 (가) 시대가 존재했다는 사실이 입증되었습니다.

① 반달 돌칼로 벼를 수확하였다.
② 주로 동굴이나 막집에서 거주하였다.
③ 거푸집을 이용하여 청동 무기를 제작하였다.
④ 빗살무늬 토기를 제작하여 식량을 저장하였다.
⑤ 가락바퀴와 뼈바늘을 이용하여 옷을 만들었다.

🔵 **해설**

뗀석기가 출토되었다는 말과 공주 석장리가 나오는 것으로 보아 (가) 시대는 구석기시대라는 것을 유추할 수 있다. 구석기 시대는 우리나라에서 약 70만 년 전에 시작되었다. 주요 도구로는 사냥을 하거나 들짐승의 털과 가죽을 분리할 때 사용한 찍개, 이를 발전시킨 주먹 도끼, 기타 여러 종류의 긁개 등이 있다. 이런 도구를 뗀석기라 하는데, 돌을 떼어서(쪼개서) 만들었다는 뜻이다. 그러므로 사람들은 열악한 도구로는 한 곳에서 식량을 충분히 얻을 수 없어, 수렵·채집·낚시 등을 하며 ② 주로 동굴이나 막집에서 거주하며 이동 생활을 해야 했다. 그래서 구석기 시대 유적은 전국 각지에 골고루 분포되어 있다. 이 시대에는 사회 발전이 미흡해 계급과 국가가 형성되지 못하고 집단으로 무리를 지어 평등 생활을 했다. 한편 자연을 숭배하는 신앙 생활과 이를 표현한 예술 활동도 있었으며 불을 사용했다.

🔵 **오답분석**

① 반달돌칼로 벼를 수확한 시기는 청동기 시대이다.
③ 거푸집을 이용하여 청동무기를 제작한 시기는 청동기 시대이다.
④ 빗살무늬 토기를 제작한 시기는 신석기 시대이다.
⑤ 가락바퀴와 뼈바늘을 사용한 시기는 신석기 시대이다.

🔵 **정답** ②

02 (가) 시대의 생활 모습으로 옳은 것은? [1점]
■ 2021년 51회 심화 1번 문제

> ### ○○ 박물관 특별전
> **(가) 시대로 떠나는 시간 여행**
>
>
>
> ● 기간: 2021. ○○. ○○.~○○. ○○
> ● 장소: △△ 박물관 특별 전시실
>
> **모시는 글**
> 우리 박물관에서는 농경과 정착 생활이 시작된 (가) 시대 특별전을 마련하였습니다. 덧무늬 토기, 흙으로 빚은 사람 얼굴상, 갈돌과 갈판 등 다양한 유물들을 전시하고 있으니 많은 관람 바랍니다.

① 가락바퀴를 이용하여 실을 뽑았다.
② 주로 동굴이나 강가의 막집에서 살았다.
③ 지배층의 무덤으로 고인돌을 축조하였다.
④ 거푸집을 이용하여 세형 동검을 제작하였다.
⑤ 쟁기, 쇠스랑 등의 철제 농기구를 사용하였다.

🔵 **해설**

덧무늬 토기, 갈돌 갈판은 신석기 시대 유물이다. 신석기 시대에는 ① 가락바퀴를 이용하여 실을 뽑았다. ① 이 정답이다.

🔵 **오답분석**

② - 구석기, ③ - 청동기, ④ - 철기, ⑤ - 철기

🔵 **정답** ①

CHAPTER 02 청동기 시대, 철기 시대

1 청동기 시대 (BC 2000년경)

(1) 정치 : 군장국가, 정복활동, 선민사상 ⇒ 최초 국가 고조선 출현

(2) 경제 : 돌 농기구(청동기 농기구×), 밭농사 중심, 벼농사 시작(생산량↑)
⇒ 잉여생산물↑ → 사유재산출현 → 빈부격차 → 계급

(3) 사회 : 계급사회, 가부장 사회, 군장 출현

(4) 주거
① 배산임수(구릉, 산, 남향)
② 움집(장방형 : 직사각형, 화덕 가장자리)
③ 환호, 목책(방어시설), 저장구덩이

(5) 예술
① 바위그림 : 울주 반구대 바위그림(보존문제, 태화강 주변, 고래, 물고기, 남자), 고령 알터 바위그림(동심원 - 태양상징, 제사터), 선돌(거석문화, 지배자의 권위)
② 토우, 청동칼, 거울, 방패(비파형동검, 거친무늬 거울 등)

(6) 도구
① 반달돌칼(추수), 홈자귀, 간돌검 사용
② 청동기 : 비파형동검(랴오닝성, 지린성 등 중국 동북부, 한반도 북부), 거친무늬 거울
③ 무덤 : 고인돌, 돌널무덤
④ 토기 : 민무늬토기, 미송리식토기(손잡이), 붉은간토기, 덧띠새김무늬토기, 부여 송국리식 토기,
⑤ 선돌, 거석문화(권력상징)

(7) 유적지 : 울산 검단리(환호 + 목책), 여주 흔암리(탄화된 쌀), 부여 송국리(탄화된 쌀)

▲ 양주옥정리선돌

☑ 암기 TIP
우리나라는 2시에 활동한다.

☑ 암기 TIP
민미붉 - 민무늬, 미송리식, 붉은간

☑ 암기 TIP
울 여 부 쌀 - 울산, 여주, 부여, 쌀, 화금리

▲ 미송리식 토기

▲ 비파형 동검

▲ 청동기 시대의 집터(대구 수성 상동)

▲ 울주 반구대 암각화

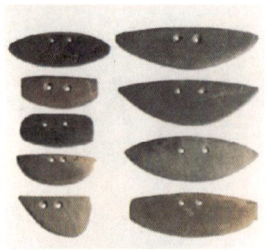
▲ 반달돌칼

▲ 탁자식 고인돌 (강화)

▲ 바둑판식 고인돌 (전북 고창)

✅ 암기 TIP
우리나라는 5시에 활동한다.

2 철기(BC 5세기, 중국 전국시대에 이동해 온 세력에 의해 유입됨)

(1) 정치 : 연맹국가, 정복↑- 부여, 고구려, 옥저, 동예, 삼한
(2) 사회 : 위만 조선, 계급사회 ⇒ 8조법
(3) 주거 : 귀틀집(통나무 집), 초가집, 반움집, 지상 가옥화, 부뚜막(온돌사용), 주춧돌
(4) 도구
  ① 세형동검, 잔무늬 거울, 거푸집(틀) ⇒ 독자적 청동기 / 철제무기 사용(정복전쟁↑)
  ② 무덤 : 널무덤, 독무덤(옹관묘, 청동기 때 등장), 주구묘, 돌덧널무덤
  ③ 토기 : 덧띠토기, 검은간토기
  ④ 중국과 교류 : 반량전, 명도전, 오수전, 붓
(5) 유적지 : 붓 발견 - 창원 다호리(한자 사용),
(6) 무덤 : 독무덤, 널무덤, 덧널무덤

✅ 암기 TIP
세 잔 거 - 세형동검, 잔무늬 거울, 거푸집

✅ 암기 TIP
덧검 - 덧띠, 검은간

✅ 암기 TIP
중국과 교류 : 반 명 수 붓 - 반량전, 명도전, 오수전, 붓

▲ 명도전

▲ 널무덤

▲ 독무덤

▲ 세형 동검

▲ 잔무늬 거울

▲ 거푸집

▲ 검은간 토기

▲ 반량전

▲ 다호리 붓

■ 총정리 및 암기팁

청동기	철기
군장국가	연맹 국가
돌돌돌돌 – 반달돌칼, 돌농기구, 고인돌, 선돌 비거 – 비파형동검, 거친무늬 거울	독자적 청동기 세잔거 – 세형, 잔무늬, 거푸집
민미붉 – 민무늬 토기, 미송리식 토기, 붉은간 토기	덧검 – 덧띠 토기, 검은간 토기
	반명수붓 – 반량전, 명도전, 오수전, 붓
울 여 부 쌀 – 울산, 여주, 부여, 쌀, 화금리	창원 다호리

기출문제

01 (가) 시대의 생활 모습으로 옳은 것? [1점]

■ 2020년 49회 심화 1번 문제

OO 박물관 특별전
금속이 우리의 삶으로, (가) 시대로의 여행

모시는 글

우리 박물관에서는 금속을 사용하기 시작한 (가) 시대 특별전을 마련하였습니다. 비파형 동검, 거푸집, 민무늬 토기 등 당시의 생활 모습을 엿볼 수 있는 다양한 유물들을 준비하였으니 많은 관람 바랍니다.

● 기간: 2020. OO. OO.~OO. OO
● 장소: △△ 박물관 특별 전시실

① 주로 동굴이나 막집에서 거주하였다.
② 지배층의 무덤으로 고인돌을 축조하였다.
③ 농경과 목축을 시작하여 식량을 생산하였다.
④ 쟁기, 쇠스랑 등의 철제 농기구를 사용하였다.
⑤ 대표적인 도구로 주먹도끼, 찍개 등을 제작하였다.

해설

비파형 동검, 민무늬 토기가 나온 것으로 보아 (가) 시대는 청동기 시대이다. 청동기 시대는 청동을 이용해 도구를 만든 시대를 말한다. 청동을 만들려면 구리와 주석을 구해야 하고, 적당한 비율로 섞는 기술이 필요해 생산 지역이 매우 드물었다. 그래서 청동은 주로 무기나 제사 도구와 같이 귀중한 것에만 사용되었고, 농기구와 같은 생활 도구들은 주로 나무나 돌로 제작되었다. 또한 청동을 쓰는 부족들은 청동 무기를 이용해 주변의 신석기 부족을 지배했다. 자신들의 권위를 세우기 위해 청동 그릇이나 거울·방울 등을 이용해 하늘에 제사를 지냈다. ② 고인돌은 청동기 시대의 지배층 무덤으로, 큰 돌을 움직이지 않도록 고였다(고정시키다)는 뜻이다. 우리나라에는 전 세계 고인돌의 60%인 약 3만 개가 존재한다.

오답분석

① 동굴이나 막집에서 거주한 시기는 구석기 시대이다.
③ 목축과 식량을 생산한 시기는 신석기 시대이다.
④ 철제 농기구는 철기 시대에 사용하였다.
⑤ 주먹도끼, 찍개를 사용한 시기는 구석기 시대이다.

정답 ②

02 (가) 시대의 생활 모습으로 옳은 것? [1점]

■ 2020년 45회 고급 1번 문제

부여 송국리에서는 비파형 동검, 거푸집 등 (가) 시대의 대표적인 유물이 출토되었고, 다수의 집터 등 마을 유적과 고인돌이 남아 있습니다. 부여 송국리 유적이 선사 문화 체험 교육장으로 적극 활용될 수 있도록 많은 관심이 요구됩니다.

부여 송국리 유적, 교육 시설로 적극 활용 필요

① 주로 동굴이나 막집에 거주하였다.
② 철제 농기구를 제작하여 사용하였다.
③ 소를 이용한 깊이갈이가 일반화되었다.
④ 계급이 없는 평등한 공동체 생활을 하였다.
⑤ 반달 돌칼을 사용하여 곡물을 수확하였다.

해설

부여송국리, 비파형동검, 거푸집을 통해 청동기 시대라는 것을 유추할 수 있다. ⑤ 청동기 시대에는 돌농기구를 사용해 농경을 했는데 대표적 농기구가 반달돌칼이다.

오답분석

① 구석기 시대에 사람들은 동굴이나 막집에서 거주하였다.
② 철제농기구는 철기시대에 사용한다.
③ 소를 이용한 깊이갈이는 고려시대에 일반화 되었다.
④ 계급이 없는 평등사회는 구석기, 신석기 시대이다.

정답 ⑤

CHAPTER 03 고조선

1 고조선 역사

(1) 단군왕검이 고조선 건국(B.C. 2333, 삼국유사) - 중국은 은나라 시대, 기자가 조선왕으로 옴(현재 부정되고 있음)
(2) 세력↑(요동, 요서, 한반도 북부) → 연나라와 대등할 정도로 강성, 스스로 왕이라 칭함
(3) 연나라 충돌 → 연나라 진개 침입(서쪽 2000리 상실) - 요령지방에서 대동강 유역으로 이동
(4) 부왕 → 준왕((B.C. 3세기) 부자 상속, 왕↑, 관직체제↑ - 상, 대부, 장군, 박사)
(5) 위만이 중국에서 망명 → 정변을 일으키고 정권 장악 → 준왕은 진국으로 가 한왕 됨
(6) 위만 조선 철 중계무역 : 한 ↔ 고조선 ↔ 진 → 막대한 이익, 진번·임둔 정복, 예·진이 한나라와 교역하는 것을 차단
(7) 한 무제 2차례 침입(1차 : 패수 전투, 고조선 승, 2차 : 왕검성 함락, 패배)
(8) 내분 멸망(B.C. 108, 우거왕 피살)
(9) 한사군 설치(고구려 미천왕 때 축출), 8조법 → 60여 개조 법(풍속 각박), 저항

> ✓ 암기 TIP
> 연. 부. 준. 만. 우. 사 - 연나라, 부왕, 준왕, 위만, 우거왕, 한사군

2 유물

(1) 고인돌(탁자식 고인돌)
(2) 비파형 동검
(3) 거친무늬 거울
(4) 미송리식 토기(손잡이) ⇒ 고조선 영역을 유추 가능(요령지방과 한반도 북부 중심으로 발전)

> ✓ 암기 TIP
> 고. 비. 거. 미 - 고인돌, 비파형 동검, 거친무늬 거울, 미송리식 토기

3 위만이 우리나라 사람이라는 이유

(1) 국호(고조선) 사용
(2) 토착민 등용
(3) 상투
(4) 조선옷(동이 옷, 흰옷, 오랑캐 옷)

> ✓ 암기 TIP
> 국. 토. 상. 조 - 국호사용, 토착민 등용, 상투, 조선옷

4 사료

(1) 단군신화

　① 환인·환웅 하늘의 자손 ⇒ 선민사상, 천신사상

　② 태백산 신시를 중심으로 ~ ⇒ 구릉지대 거주(청동기 특징)

　③ 풍백·운사·우사 및 3000무리 ⇒ 농경사회, 계급사회

　④ 곰·호랑이 ⇒ 토테미즘, 부족연합국가

　⑤ 널리 인간을 이롭게 한다 ⇒ 홍익인간

　⑥ 단군왕검 ⇒ 제정일치 사회

(2) 8조법

- **사람을 죽인 자 즉시 죽인다(생명, 노동력 중시), 남에게 상처를 입힌 자 곡식으로 갚는다(농경사회), 도둑질한 자는 노비로 삼되, 용서받고자 하는 자는 50만전을 내야 한다(사유재산, 계급사회).**

　① **한군현 설치 후 법 조항 증가(약60여개)** : 한군현의 지배가 원활히 이루어지지 못했으며, 고조선 유민들의 저항이 거세지고 풍속이 각박해짐

　② **기록** : 삼국지 위지 동이전, 후한서 동이전, 한서 지리지 연조(8개조의 법률 중 3개 조항 기록)

▲ 청동기 문화와 고조선

▲ 단군 영정

5 단군, 고조선 기록(역사서)

✅ 암기 TIP
삼. 제 - 삼국유사, 제왕운기

(1) 고려 : **삼국유사(일연), 제왕운기(이승휴)** - 원간섭기 민족위기

(2) 조선 : 세종실록지리지, 응제시주, 동국통감(단군 건국기록○, 단군 신화×), 동국여지승람(조선전기), 동국사략(박상, 동국통감 요약본), 표제음주동국사략(유희령)

사료

단군신화

고기(古記)에 이런 말이 있다. 옛날 환인의 아들 환웅이 천부인 3개와 3,000의 무리를 이끌고 태백산 신단수 아래로 내려왔는데 이곳을 신시라 하였다. 그는 풍백, 우사, 운사로 하여금 인간의 360여 가지의 일을 주관하게 하였는데 그 중에서 곡식, 생명, 질병, 형벌, 선악 등 다섯 가지 일이 가장 주요한 것이었다. 이로써 인간 세상을 교화시키고 인간을 널리 이롭게 하였다. 이때 곰과 호랑이가 사람이 되기를 원하므로 환웅은 쑥과 마늘을 주고 이것을 먹으면서 100일간 햇빛을 보지 않는다면 사람이 될 것이라고 하였다. 곰은 금기를 지켜 21일 만에 여자로 태어났고 환웅과 혼인하여 아들을 낳았다. 이가 곧 단군왕검이었다.

고조선의 8조법

……(고조선에서는) 백성에게는 금하는 법 8조를 만들었다. 그것은 대개 사람을 죽인 자는 즉시 죽이고, 남에게 상처를 입힌 자는 곡식으로 갚았다. 도둑질을 한 자는 노비로 삼는다. **용서받고자 하는 자는 한 사람마다 50만 전을 내야 한다.** 비록 용서를 받아 보통 백성이 되어도 풍속에 역시 그들은 부끄러움을 씻지 못하여 결혼을 하고자 해도 짝을 구할 수 없다. 이러해서 백성들은 도둑질을 하지 않아 대문을 닫고 사는 일이 없었다. 여자들은 모두 정조를 지키고 신용이 있어 음란하고 편벽된 짓을 하지 않았다. 농민들은 대나무 그릇에 음식을 먹고, 도시에서는 관리나 장사꾼들을 본받아서 술잔 같은 그릇에 음식을 먹는다. - 『한서』

고조선 멸망

우거가 성을 지키고 있으면서 군사가 적음을 엿보아 알고, 곧 성을 나와 한나라의 군대를 치니 한의 군대는 패해 흩어져 도망갔다. …… 니계상(尼谿相) 참은 이에 사람을 시켜 조선 왕 우거를 죽이고 와서 항복했다. 그러나 왕검성은 함락되지 않고 죽은 우거의 대신이었던 성기(成己)가 계속 항전하였다. 이에 좌장군 순체는 우거의 아들 장(長)과 항복한 조선상(朝鮮相) 노인(路人)의 아들 최(最)를 시켜 그 백성들로 하여금 성기를 죽이게 하였다. 이로써 드디어 조선을 평정하고 4군(四郡)을 설치하였다. - 사기, 「조선전」

■ 총정리 및 암기팁

1. 역사 : **연 부 준 만 우 사** - **연**나라 진개 → **부**왕 → **준**왕 → 위**만** → **우**거왕 → 한**사**군
2. 유물 : **고 비 거 미** - **고**인돌, **비**파형 동검, **거**친무늬 거울, **미**송리식 토기
3. 위만 : **국 토 상 조** - **국**호, **토**착민 등용, **상**투, **조**선옷
4. 사료 : 단군신화, 8조법
5. 기록 : **삼 제** - **삼**국유사, **제**왕운기

기출문제

01 (가) 나라에 대한 설명으로 옳은 것을 〈보기〉에서 고른 것은? [2점]
■ 2020년 50회 심화 2번 문제

> 아들을 거쳐 손자 우거 때 이르러서는 …… 주변의 여러 나라들이 글을 올려 천자를 알현하고자 하였으나, 또한 가로막고 통하지 못하게 하였다. …… 좌장군이 두 군대를 합하여 맹렬히 (가)을/를 공격하였다. 상 노인, 상 한음, 니계상 참, 장군 왕협 등이 서로 [항복을] 모의하였다. …… [우거]왕이 항복하려 하지 않았다. 한음, 왕협, 노인이 모두 도망하여 한에 항복하였는데, 노인은 도중에 죽었다.
>
> -『사기』-

— 〈보 기〉 —
ㄱ. 22담로에 왕족을 파견하였다.
ㄴ. 빈민을 구제하기 위해 진대법을 실시하였다.
ㄷ. 진번과 임둔을 복속시켜 세력을 확장하였다.
ㄹ. 살인, 절도 등의 죄를 다스리는 범금 8조가 있었다.

① ㄱ, ㄴ ② ㄱ, ㄷ ③ ㄴ, ㄷ
④ ㄴ, ㄹ ⑤ ㄷ, ㄹ

🔍 **해설**

우거왕이 나오고 한에 항복이라는 단어가 나오는 것으로 보아 (가)는 위만 조선 즉 고조선을 말한다. 고조선은 철 중계무역을 독점해 막대한 이익을 바탕으로 국력을 신장해 ㄷ. 진번과 임둔을 복속시켜 세력을 확장하였다. 또한 고조선의 법률에는 범금 8조가 있어 살인, 절도 등의 죄를 다스렸다.

🔍 **오답분석**

ㄱ. 22담로에 왕족을 파견한 왕은 백제 무령왕이다.
ㄴ. 진대법을 실시한 왕은 고국천왕이다.

🔍 **정답** ⑤

02 (가) 나라에 대한 설명으로 옳은 것은? [2점]
■ 2020년 49회 심화 2번 문제

> 위만이 망명하여 호복을 하고 동쪽의 패수를 건너 준왕에게 투항하였다. 위만은 서쪽 변경에 거주하도록 해주면, 중국의 망명자를 거두어 (가)의 번병(藩屛)*이 되겠다고 준왕을 설득하였다. 준왕은 그를 믿고 총애하여 박사로 삼고 …… 백 리의 땅을 봉해 주어 서쪽 변경을 지키게 하였다.
>
> -『삼국지』동이전-

*번병: 변경의 울타리

① 국가 중대사를 정사암에서 논의하였다.
② 마립간이라는 왕의 칭호를 사용하였다.
③ 여러 가(加)들이 다스리는 사출도가 있었다.
④ 빈민을 구제하기 위해 진대법을 시행하였다.
⑤ 사회 질서를 유지하기 위해 범금 8조를 두었다.

🔍 **해설**

위만이 망명한 나라는 고조선이다. 고조선에 대한 설명으로 ⑤ 고조선에는 범금 8조라는 법이 있었다. 고조선의 8조항으로 된 법률로 중국 〈한서〉에 3개 조항만 전해진다. 그 내용은 다음과 같다. 첫째, 사람을 죽인 자는 사형에 처한다. 둘째, 남을 다치게 한 자는 곡물로 배상한다. 셋째, 도둑질한 자는 노비로 삼고 풀려나기 위해서는 50만 전을 내야한다. 또한 여자의 정절을 중요시 여겼다. 8조법을 통해 고조선 사회는 개인의 생명을 존중하였으며, 사유 재산을 인정하였고, 화폐를 사용한 것은 물론, 농경 사회였으며, 계급 사회인 동시에 가부장적 사회였음을 알 수 있다.

🔍 **오답분석**

① 정사암 회의를 한 나라는 백제이다.
② 마립간이라는 왕 칭호를 사용한 나라는 신라이다.
③ 사출도가 있었던 나라는 부여이다.
④ 진대법을 시행한 나라는 고구려이다.

🔍 **정답** ⑤

CHAPTER 04 여러 나라 성장

1 부여

위치	만주 송화강
정치	사출도(마·우·저·구가 + 왕) ⇒ 5부족 연맹체 왕권↓ (흉년 → 교체)
경제	넓고 평탄한 지역, 오곡생산, 반농반목 특산품 – 말, 주옥, 모피
사회·문화	순장(껴묻거리), 흰옷 숭상, 가죽신 4조목(법률) – 살인죄(사형, 가족은 노비), 절도죄(1책12법), 간음죄, 투기죄 – 사형 형사취수제(노동력 중시) 우제점법, 은력(중국 영향)
제천행사	영고(12月) – 수렵사회전통, 전쟁 중에도 실시

✓ 암기 TIP

4마리 순한 말 – 사출도, 순장, 말 / 부영아파트 12월 – 부여, 영고, 12월

2 고구려

위치	압록강 유역의 졸본(내륙, 주몽) → 국내성(압록강, 유리왕) → 평양(장수왕)
정치	① 5부족 연맹체 : 계루부, 절노부, 순노부, 관노부, 소노부(자체제사-소노부) ② 상가, 고추가(대군장) ③ 사자, 조의, 선인(소군장) ④ 제가회의(왕권↓)
경제	① 약탈경제 : 부경(창고) ② 맥궁(활)
사회 풍습	① 서옥제(데릴사위제) ② 1책 12법, 형벌 엄격 ③ 형사취수제
제천행사	동맹(10月) – 국동대혈(유화부인, 주몽 제사), 영성(별), 사직(곡식)제사
부여, 고구려 공통점	① 5부족 ② 부여족(같은 계통) ③ 가·사자 존재 ④ 하호(생산) ⑤ 1책 12법, 형사취수제

✓ 암기 TIP

고추 부 서 – 고추가, 부경, 서옥제 / 고동 – 고구려, 동맹

3 옥저

위치	함흥평야 일대
정치	① 왕× ② 군장(옥저현후) ③ 후, 읍군, 삼로
경제	소금, 해산물 풍부하지만 고구려에 공물로 바침, 맥포(옷감), 오곡 생산
사회 문화	① 민며느리제(매매혼) ② 골장제(= 세골장) - 가족 공동묘, 쌀 항아리(영혼불멸사상)

☑ 암기 TIP
민골 - 민며느리제, 골장제

4 동예

위치	강원도
정치	왕×, 군장(불내예후국), 후, 읍군, 삼로
경제	방직발달, 과하마, 반어피, 단궁, 비단, 명주, 삼베 생산
사회 문화	① 족외혼, 책화 : 씨족사회 전통 ② 여자형, 철자형(춘천) : 병을 앓거나 사람이 죽으면 옛집을 버리고 새집을 지어 삶
제천행사	무천

☑ 암기 TIP
책족 - 책화, 족외혼

5 삼한

위치	① 경기·충청·전라도(마한, 54개국) ② 경상도(변한 12개국, 진한 12개국)
정치	① 제정분리 : 천군(제사장, 소도 관할), 소도(솟대), 장례 시 소, 말 순장(마한) ② 마한, 변한, 진한 ⇒ 목지국 주도(마한) ㉠ 신지, 견지(대군장) ㉡ 부례, 읍차(소군장)
경제	① 벼농사↑, 저수지↑ - 김제벽골제, 밀양 수산제, 제천의림지 ② 철(변한) - 창원성산동 야철지 ③ 양잠 성행(비단옷↑)
사회문화	① 두레(공동노동) ② 제정분리 사회 ③ 반움집(초가집), 토실, 귀틀집 ④ 주구묘, 널무덤, 옹관묘
제천행사	5월(수릿날), 10월(계절제)

☑ 암기 TIP
신견지부차 - 신지, 견지, 부례, 읍차

▲ 동예 철(凸)자형 집터

▲ 동예 여(呂)자형 집터

▲ 마한의 토실(충남 공주 장선리)

▲ 마한의 주구묘(전남 나주 용호리): 중앙에 널 무덤이 있고 주변에 해자 모양의 고랑이 있다.

▲ 고구려 국동대혈

▲ 여러 나라의 성장

사료

• 부여 풍속

> 부여에는 구릉과 넓은 못이 많아서 동이 지역 가운데서 가장 넓고 평탄한 곳이다. 토질은 오곡을 가꾸기에는 알맞지만 과일은 생산되지 않았다. 사람들 체격이 매우 크고 성품이 강직 용맹하며, 근엄하고 후덕하여 다른 나라를 노략질하지 않았다. …… 형이 죽으면 형수를 아내로 삼는 것은 흉노의 풍속과 같았다. 형벌이 엄하고 각박하여 사람을 죽인 사람은 사형에 처하고, 그 집안 사람은 노비로 삼는다. 도둑질을 하면 물건 값의 12배를 변상하게 하였다. 남녀 간에 음란한 짓을 한 사람이나 질투하는 부인은 모두 죽였다. 투기하는 것을 더욱 미워하여, 투기하는 사람을 죽이고 나서 그 시체를 나라의 남산 위에 버려서 썩게 한다.
> – 「삼국지 위지 동이전」
>
> [부여 사출도]
>
> 나라에는 임금이 있었다. 모두 여섯 가지 가축 이름으로 관직명을 정하였는데, 마가(馬加)·우가(牛加)·저가(豬加)·구가(狗加)·대사(大使)·대사자(大使者)·사자(使者)였. …… (중략) …… 이 여러 가는 별도로 <u>사출도(四出道)</u>를 다스렸는데, 큰 곳은 수천 집, 작은 곳은 수백 집이었다. …… 풍속에는 가뭄이나 장마가 계속되어 오곡이 영글지 않으면 그 허물을 문득 왕에게 돌려 '왕을 마땅히 바꾸어야 한다.'라고 하거나 '죽여야 한다.'라고 하였다.
> – 『삼국지』권30, 「위서」30 오환선비동이전

• 고구려 동맹

"10월에 하늘에 제사를 올리는데 나라에 큰 대회[國中大會]를 열어 이름을 동맹(東盟)이라고 한다. …… 나라 동쪽에 큰 동굴이 있어 이름을 수혈(隧穴)이라고 한다. 10월의 국중 대회 때 수신(隧神)을 맞이하고 나라 동쪽의 물가에서 제사를 지내는데, 나무로 만든 수신을 신좌에 모셔 둔다."
— 『삼국지 고구려전』

• 옥저의 위치

동옥저(東沃沮)는 고구려 개마대산(蓋馬大山)의 동쪽에 있는데, 큰 바닷가에 접해 산다. 그 지형은 동북 방향은 좁고 서남 방향은 길어서 천 리 정도나 된다. 북쪽은 읍루(挹婁)·부여(夫餘), 남쪽은 예맥(濊貊)과 맞닿아 있다. 호수(戶數)는 5,000호(戶)이다. 대군왕(大君王)은 없으며 읍락(邑落)에 각각 대를 잇는 우두머리[長帥]가 있다.
— 『삼국지』권30, 「위서」30 오환선비동이전

• 동예 책화

예(濊)나라의 풍속은 산천(山川)을 중시하였으며, 산천마다 각각 읍락(邑落)의 구분이 있어 함부로 서로 건너거나 들어갈 수 없었다. ……(중략)…… 그 나라의 읍락은 서로 침범하면 항상 생구(生口)·우마(牛馬)로 죄를 처벌하도록 하였는데, 이를 이름하여 '책화(責禍)'라고 하였다.
— 『삼국지』권30, 「위서」30 오환선비동이전

• 소도

귀신을 섬기므로 국읍에서 각기 한 사람을 세워 천신에게 제사지내는 것을 주관하게 하는데 그를 '천군'이라 한다. 또 여러 '국'에서는 각기 별읍이 있어 '소도'라고 이름하는데, 큰 나무를 세우고 방울과 북을 달아 귀신을 섬긴다. 무릇 도망하여 그 가운데 들어간 자는 모두 돌려보내지 않아 도적질하는 것을 좋아하게 되었다. 소도를 세운 뜻은 부도와 유사한 것이 있는데 행하는 바에는 선악의 차이가 있다.
— 「삼국지 위지 동이전」

☑ 암기 TIP

4마리 순한 말
고추 부서
민골
책 족 / 단 과 반
신견지부차
동무랑 같이 고동 잡아
부영APT로 가자 12월에

■ 총정리 및 암기팁

1. 부여 : 4출도, 순장, 말
2. 고구려 : 고추가, 부경, 서옥제
3. 옥저 : 민며느리제, 골장제
4. 동예 : 책화, 족외혼 / 단궁, 과하마, 반어피
5. 삼한 : 신지, 견지, 부례, 읍차
6. 제천행사 : 동예 무천, 고구려 동맹, 부여 영고 12월

기출문제

01 (가) 나라에 대한 설명으로 옳은 것은? [2점]

■ 2020년 51회 심화 2번 문제

 이 유물은 중국 지린성 쑹화강 유역의 둥퇀산 유적에서 출토된 (가)의 금동제 가면이다. 『삼국지』 동이전에 따르면 (가)에는 여러 가(加)들이 별도로 관할하는 사출도가 있었으며, 사람을 죽여 순장하는 풍습이 행해졌다고 한다.

① 12월에 영고라는 제천 행사를 열었다.
② 신지, 읍차라고 불린 지배자가 있었다.
③ 제사장인 천군과 신성 지역인 소도가 존재하였다.
④ 대가들이 사자, 조의, 선인 등의 관리를 거느렸다.
⑤ 다른 부족의 영역을 침범하면 소나 말로 변상하였다.

해설

자료에 쑹화강 유역, 사출도가 나오는 것으로 보아 부여라는 것을 알 수 있다. ① 사출도는 부여의 지방 행정 조직이다. 부여는 5부족 연맹체 국가로, 중앙에 왕이 있고, 각 지방에는 마가, 우가, 저가, 구가가 지배하는 사출도가 있었다. 왕은 사출도에서 일어나는 일을 간섭할 수 없었고, 흉년이 들면 책임을 지고 물러나는 등 왕권이 약하였음을 알 수 있다.

오답분석

② 신지, 읍차 같은 부족장이 있었던 나라는 삼한이다.
③ 천군과 소도가 존재한 나라는 삼한이다.
④ 사자, 조의, 선인 등의 관리가 있었던 나라는 고구려이다.
⑤ 다른 부족의 영역을 침범하면 소나 말로 변상하는 책화 풍습이 있었던 나라는 동예이다.

정답 ①

02 (가) 나라에 대한 설명으로 옳은 것은? [2점]

■ 2020년 50회 심화 3번 문제

(가)의 사회와 경제

풍습
산천을 중시하며, 산과 내마다 읍락의 경계가 있어 함부로 들어가지 않는다. 다른 읍락을 침범하면 소, 말등으로 변상하게 하는 책화가 있다.

특산물
낙랑의 단궁이 그 땅에서 나고, 바다에서는 반어피가 산출된다. 무늬 있는 표범과 과하마 등이 유명하다.

① 신성지역인 소도가 존재하였다.
② 정사암에 모여 재상을 선출하였다.
③ 읍군이나 삼로라는 지배자가 있었다.
④ 12월에 영고라는 제천 행사를 열었다.
⑤ 도둑질한 자에게 12배로 배상하게 하였다.

해설

자료에 책화가 있고 단궁, 반어피, 과하마가 있는 것으로 보아 동예라는 것을 알 수 있다. ③ 동예는 군장국가로 왕이 없고 후, 읍군, 삼로와 같은 지배자가 있었다.

오답분석

① 소도가 존재한 나라는 삼한이다.
② 정사암에 모여 재상을 선출한 나라는 백제이다.
④ 12월 영고는 부여의 제천행사이다.
⑤ 도둑질한 자에게 12배 배상하게 하는 1책 12법은 부여와 고구려의 풍습이다.

정답 ③

CHAPTER 05 2세기~4세기 삼국시대 왕

성적폭발에 최적화 된 전무후무 뇌과학 암기테크닉

1 삼국의 건국

고구려	주몽(BC37 ~ BC19) : 고구려 건국, 졸본 지역 → 유리왕 시기 국내성으로 천도함
백제	온조(BC18 ~ AD28) : 백제 건국, 하남 위례성(한강유역)
신라	박혁거세(BC57 ~ AD4) : 신라 건국, 경주 지역

▲ 고구려 오녀산성(졸본)

▲ 국내성 서벽

2 2세기

(1) 고구려

✅ 암기 TIP
옥. 고. 형

| 태조왕(6대, 53 ~ 146) | - 옥저 정복
- 계루부 고씨 왕위 독점
- 형제상속 |

✅ 암기 TIP
진. 부. 행

| 고국천왕(9대, 179 ~ 197) | - 진대법(춘대추납, 을파소)
- 부자 상속 ⇒ 왕↑
- 5부제 정비(부족적 → 행정적) |

3 3세기

(1) 고구려

✅ 암기 TIP
서 공

| 동천왕 (11대, 227 ~ 248) | - 서안평 공격 → 위 관구검 침입으로 국가 위기(옥저 피난) |

(2) 백제

✅ 암기 TIP
고 율 한 복 6개

| 고이왕 (8대, 234 ~ 286) | - 율령반포, 한강유역 점령(한군현과 대립, 기리영 전투)
- 관등(6좌평16관등), 관복(자비청)
- 남당설치(→정사암 발전),
- 형제상속, 뇌물 수수시 3배 배상, 금고형 제정 |

4 4세기

(1) 고구려

미천왕(15대 300~331)	- 국상 창조리의 추대(봉상왕 제거)로 을불 즉위(을불설화) - 서안평점령(311), 낙랑정복(313), 대방 축출(314) ※ 을불(미천왕) 설화 봉상왕이 폭정을 거듭하자(을불의 아버지를 죽임) 봉상왕의 조카 을불은 생존을 위해 미천한 신분(소금장수, 머슴)으로 가장하여 살다가, 국상 창조리가 거사를 일으켜 봉상왕을 폐하고 을불을 찾아내어 왕으로 추대했다.
고국원왕(16대, 331~371)	- 전연의 침입(모용황, 국내성 함락, 미천왕 무덤 도굴) - 근초고왕 공격으로 전사
소수림왕(17대, 371~384)	- 불교수용(372, 전진 순도) - 태학설립(372) - 율령반포(373)

▶ 암기 TIP 낙 서
▶ 사료 TIP 낙랑군을 공격하여 남녀 2천명을 사로잡았다.
▶ 암기 TIP 원통해 죽는다
▶ 암기 TIP 불 태운다 율동

(2) 백제

근초고왕 (13대, 346~375)	- 전성기, 요서·산둥·규슈 진출 - 마한 정복, 칠지도 하사 - 부자 상속, 고흥[서기] - 아직기(한자), 왕인(천자문) - 황해도지역을 두고 고구려와 대결, 가야 지역 지배력 행사
침류왕(15대 384~385)	불교 수용(동진 마라난타)

▶ 암기 TIP 부마 요산균 7개
▶ 암기 TIP 아직 한자도 몰라 / 인천사람
▶ 암기 TIP 불동마

◎ 사료

• 백제의 해외 진출

- 백제국은 본래 고려(고구려)와 함께 요동의 동쪽 1,000여 리에 있었다. 그 후 고려가 요동을 차지하니 백제는 요서를 차지하였다. 백제가 통치한 곳을 진평군(진평현)이라 한다.
  -『송서』
- 처음 백가(百家)로서 바다를 건넜다 하여 백제라 한다. 진대(晉代)에 구려(句麗:고구려)가 이미 요동을 차지하니 백제 역시 요서·진평의 두 군을 차지하였다. -『양서』

[근초고왕 관련 사료]

- (근초고왕(近肖古王)) 24년(369) 가을 9월에 고구려왕 사유가 보병과 기병 2만 명을 거느리고 치양(雉壤)에 와서 진을 치고 군사를 나누어 민가를 약탈하였다. 왕이 태자를 보내어 군사를 (거느리고) 지름길로 가서 치양에 이르렀다. 불시에 공격하여 그들을 격파하고 적병 5000여 명의 머리를 베었다. 사로잡은 적들은 장병들에게 나누어 주었다.
- 26년(371)에 고구려가 군사를 동원하여 공격해 왔다. 왕이 이를 듣고 패하(浿河)에 복병을 배치하고 (그들이) 오기를 기다렸다가 불시에 공격하였다. 고구려 군사가 패배하였다. 겨울에 왕이 태자와 함께 정예군 3만 명을 거느리고 고구려에 침입하여 평양성을 공격하였다. 고구려 왕 사유가 힘을 다해 싸워 이를 막았으나 날아오는 화살에 맞아 죽었다. 왕이 군사를 이끌고 물러났다. -『삼국사기』,「백제본기」근초고왕편

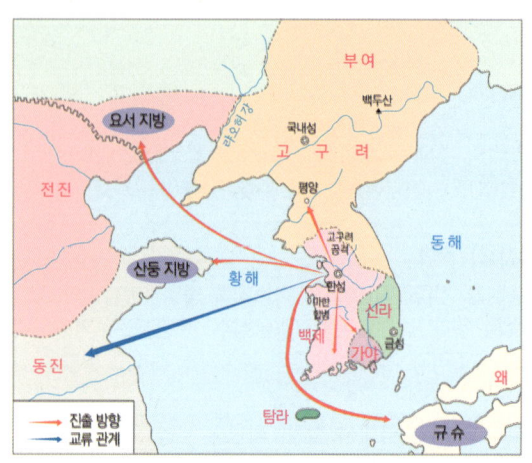

▲ 4세기 백제의 발전

(3) 신라

내물왕(17대, 356~402)	- 김씨 왕위 독점 - 마립간 칭호 사용, 진한지역 차지 - 왜구 + 가야 침입 ⇒ 광개토대왕 도움으로 격퇴(호우명 그릇 – 호우총에서 발견) - 고구려 통해 전진과 수교

✓ 암기 TIP
말타고 도와줘

💿 사료 및 심화 자료

• 신라의 발전과 왕호 변천

신라에서는 왕의 칭호가 거서간, 차차웅, 이사금, 마립간, 왕 등으로 여러 차례 바뀌었는데, 정치적 군장과 제사장의 기능이 분리되면서 그 칭호가 나누어지게 되었다. 김씨가 왕위 세습권을 독점하게 되면서 왕권의 강화를 표시하기 위해 대군장이라는 의미의 마립간으로 바뀌었다. 그 뒤 왕위의 부자 상속제를 확립하고, 이어 6부를 개편하여 중앙 집권화를 추진하면서 마립간 대신 왕이라는 칭호를 사용하게 되었다.

▲ 호우명 그릇

■ 총정리 및 암기팁

	고구려	백제	신라
2C	• 태(옥고형) – 옥저, 계루부 고씨, 형제상속 • 고(진부행) – 진대법, 부자상속, 5부행정		
3C	• 동(서공) – 서안평 공격	• 고(고율한복6개) – 고이왕, 율령, 한강 점령, 관등, 관복, 6좌평	
4C	• 미(낙서) – 낙랑, 서안평 점령 • 고(원통하게死) – 근초고왕 공격으로 사망 • 수(불태율) – 불교, 태학, 율령	• 근(부마요산균7개) – 부자상속, 마한정복, 요서, 산둥, 규슈 진출, 칠지도 • 침(불동마) – 불교, 동진 마라난타	• 내(말타고도와줘) – 마립간, 광개토대왕의 도움

기출문제

01 밑줄 그은 '대책'으로 옳은 것은? ■ 한능검 39회 고급 문제

> **고구려에서 찾은 사회 보장 제도**
>
> 사회 보장 제도란 빈곤, 질병 등 사회적 위험으로부터 국민을 보호하기 위한 국가의 조직적 행정을 말한다. 전통 사회의 구휼 정책도 그 범주에 넣을 수 있는데, 고구려에서도 유사한 사례를 찾을 수 있다. 삼국사기에 따르면, 사냥을 나갔던 고국천왕이 길에서 슬피 우는 사람을 만나 그 연유를 물었더니, "가난하여 품을 팔며 어머니를 간신히 모셨는데, 올해는 흉년이 극심해 품을 팔 곳도 찾을 수 없고 곡식을 구하기도 어려워 어찌 어머니를 봉양할까 걱정되어 울고 있습니다."라고 답하였다. 왕이 그를 불쌍히 여겨 위로하고, 재상 을파소와 논의하여 대책을 마련하였다.

① 진대법을 실시하여 빈민을 구제하였다.
② 상평창을 설치하여 물가를 조절하였다.
③ 구황촬요를 간행하여 기근에 대비하였다.
④ 구제도감을 설립하여 백성을 구호하였다.
⑤ 혜민국을 마련하여 병자에게 약을 지급하였다.

🔍 해설

고국천왕 시기 빈민구제책은 진대법이다. 진대법은 고구려의 빈민 구제(貧民救濟) 제도로 194년 고국천왕 때 왕권을 강화하기 위해 을파소의 건의를 받아들여 실시하였다. 그 당시 농민들은 가난하여 높은 이자를 주고 곡식을 빌리는 고리대(高利貸)를 이용하였다. 고리대를 갚지 못한 농민들은 노비가 되었는데 농민이 노비가 되는 현상이 많아지면 국가는 재정이나 국방상으로 문제점이 발생한다. 이에 따른 대책으로 국가에서 봄에 쌀을 빌려주었다가 가을에 갚는 춘대 추납(春貸秋納)의 빈민 구제책인 진대법을 실시하였다. 이런 빈민 구제책은 이후 고려의 의창, 조선시대의 의창(15세기), 환곡(16세기), 사창(19세기)으로 유지된다.

🔍 오답분석

② 상평창은 고려 성종 시기에 나타난 제도이다.
③ 구황촬요는 조선 명종 시기에 출간된 책이다.
④ 구제도감은 고려시기에 나타난 제도이다.
⑤ 혜민국은 고려시기에 나타난 제도이다.

🔍 정답   ①

02 다음 사실이 있었던 시기를 연표에서 옳게 고른 것은? ■ 한능검 46회 고급 문제

> 전진 왕 부견이 사신과 승려 순도를 파견하여 불상과 경문을 보내왔다. 왕이 사신을 보내 답례로 방물(方物)을 바쳤다. 태학을 세우고 자제를 교육시켰다.   -『삼국사기』-

246	313	371	427	475	554
(가)	(나)	(다)	(라)	(마)	
관구검의 환도성 함락	낙랑군 축출	고국원왕 전사	평양 천도	개로왕 전사	관산성 전투

① (가) ② (나) ③ (다)
④ (라) ⑤ (마)

🔍 해설

전진 순도가 불교를 전해주고 태학을 설립한 왕은 소수림왕이다. 소수림왕은 고구려 제17대 왕이며, 재위 기간은 371년~384년까지이다. 371년(고국원왕 41년) 아버지 고국원왕이 백제의 근초고왕과 평양에서 싸우다가 전사하자 그 뒤를 이어 즉위했다. 이러한 어려움 속에서도 중국 대륙의 전진(前秦)과 외교 관계를 맺고, 선진 문물을 받아들였다. 372년(소수림왕 2년) 전진에 보낸 승려 순도를 통해 우리나라 역사상 최초로 불교가 전파되었다. 같은 해 태학을 설치해 국가 인재를 키웠으며, 이듬해 율령을 반포해 국가 통치의 기틀을 다졌다. 이러한 업적이 있었기에 고구려는 광개토 대왕과 장수왕 시대에 영토 확장을 이룰 수 있었다. ③ 불교와 태학 설립이 372년이므로 (다)에 들어가야 한다.

🔍 정답   ③

CHAPTER 06 5세기~7세기 삼국시대 왕

1 5세기

(1) 고구려

암기 TIP 영신후 광개토대왕(19대, 391 ~ 413)	- 연호 : 영락 - 동부여×, 후연×, 숙신×, 비려×, 요동정벌 - 백제 아신왕 공격(한강이북 관미성) - 내물왕 신라지원(호우명 그릇)
암기 TIP 비평제한사지중 장수왕(20대 413 ~ 491)	① 광개토대왕릉비(414) ② 평양천도(427) - 남하정책(나·제동맹 433) ③ 백제 공격, 한성 점령(475) - 개로왕死(서울 아차산성) ④ 지두우족 분할점령(479) - 흥안령 일대 초원 장악 ⑤ 남한강 차지 - 중원고구려비(동이매금 의복하사) → 장수왕 사후 결혼동맹
문자(명)왕(21대, 491 ~ 519)	최대영토, 부여복속(494)

▲ 광개토대왕릉비 탁본

▲ 광개토대왕릉비

▲ 충주(중원) 고구려비

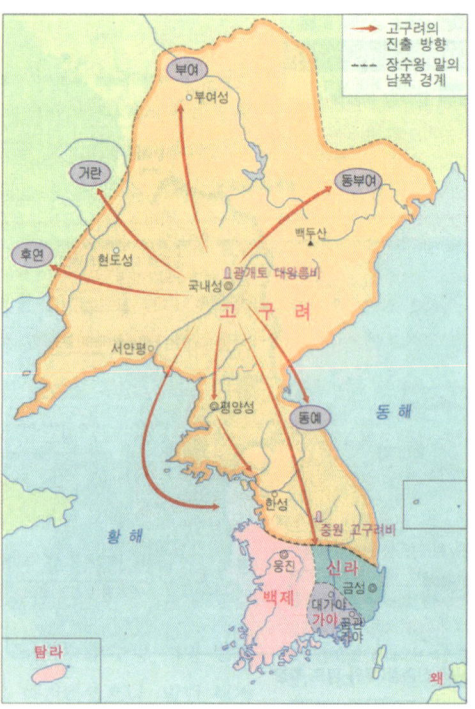

▲ 5세기 고구려 전성기의 세력 판도

(2) 백제

비유왕(20대, 427~455)	나제동맹(신라 눌지왕) ☑암기 TIP 비눌동맹
개로왕(21대, 455~475)	- 북위에 국서(고구려 공격요청) - 아차산성에 전사(장수왕공격) ☑암기 TIP 개롭게 죽는다
문주왕(22대, 475~477)	- 웅진 천도 - 500년 한성시대 끝남 ☑암기 TIP 문열고 이동
동성왕(24대, 479~501)	- 결혼동맹(신라 소지왕) - 탐라 복속 ☑암기 TIP 소지 동성 결혼

▲ 서울 풍납 토성(한성백제 토성)

▲ 서울 몽촌 토성(한성백제 토성)

▲ 백제 공주 공산성 왕궁 추정 유적지

(3) 신라

눌지왕(19대, 417~458)	- 실성왕 제거 후 즉위, 나제동맹(백제 비유왕) - 묵호자 불교 전래, 부자 상속 ☑암기 TIP 묵부자 / 비눌
자비왕(20대, 458~479)	수도방리명칭제정(주소) ☑암기 TIP 방에서 자
소지왕(21대, 479~500)	- 결혼동맹(백제 동성왕) - 우역 설치, 최초 시장 - 6촌 → 6부(행정) ☑암기 TIP 우행시 / 소지 동성 결혼

2 6세기

(1) 고구려 - 혼란기

양원왕(24대, 545~559)	내분으로 한강유역 상실
평원왕(25대, 559~590)	- 딸이 평강 공주 - 온달 장군

(2) 백제

무령왕(25대, 501~523)	- 22담로(지방에 왕족 파견) - 중국 남조(양 교류, 양직공도) - 무령왕릉 : 송산리 7호분, 벽돌무덤 - 지석발견(영동대장군 백제 사마왕) - 일본에 오경박사 파견 (유학 장려 : 단양이, 고안무)
성왕(26대, 523~554)	- 사비 천도, 부여 씨 - 중흥, 남부여 국호, 22부설치(내관 12부, 외관 10부) - 겸익(인도파견, 불경번역), 율종 유행 - 일본에 불교 전파(노리사치계) - 일시적 한강 점령(551, 한강하류) → 진흥왕 배신, 관산성 전사

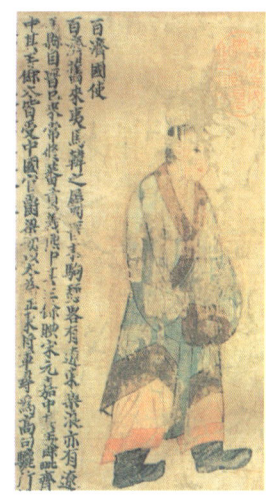
▲ 양직공도 백제 사신도

☑암기 TIP
22무사송양벽 / 5마리 고양이

☑암기 TIP
22부관 이사

▲ 송산리 고분군

▲ 무령왕릉

(3) 신라

지증왕(22대, 500~514)	- **한화정책**(**중국**화), **신라**(국호), **왕** 칭호 사용 - **우산**국 점령(이사부), 우경 실시 - **철**제농기구, 동시, **동시**전(시장감독) - 순장금지, 상복법 제정
법흥왕(23대, 514~540)	- **병**부 설치, 골품제(**상**대등) - **율령**(**법**), 공복제정(자비청황), 관등제 정비 - **불교 공인**(이차돈 순교) - 대가야와 결혼동맹, **금관가야 정복** - 건**원**(연호 : 신라 최초)
진흥왕(24대, 540~576)	- 영토↑, 화랑도 국가 조직화, 거칠부[국사] - 개국·대창·홍제(연호) - 교단정비 : 국통(혜량)·주통, 황룡사 완성 〈진흥왕 시기 비석순서〉 ① **단**양적성비(한강 상류 : 야이차포상) ② **관**산성 전투(성왕死) ③ **북**한산비(한강 하류) ④ **창**녕비(낙동강, 비화가야 정복) ⑤ **대**가야 정복(이사부, 사다함) ⑥ **황**초령·**마**운령비(함경도)

✓ 암기 TIP
중국산 철제 왕 우산 시장에 팜

✓ 암기 TIP
병상에서 불법으로 원금 받는다

✓ 암기 TIP
단북창황마 / 관대

▲ 진흥왕 영토 확장

▲ 황룡사지

3 7세기

(1) 고구려

영양왕(26대, 590~618)	- 신라 공격 중 온달死(590) - 수나라 요서 선제공격(598) - 이문진 신집 5권 (600) - 여·수전쟁 (4차례), 살수대첩(612, 을지문덕 오언시 '지족')
영류왕(27대, 618~642)	- 천리장성 축조(당 대비, 631), 당과 교류(회유책) - 연개소문 정변(642, 영류왕 시해, 보장왕 옹립)
보장왕(28대, 642~668)	- 연개소문 권력 장악 - 천리장성 완성(647, 부여성 ~ 비사성) - 당 태종 침입 : 양만춘의 안시성 전투 승리(645), 여·당전쟁 - 연개소문 사후 내분으로 668년에 멸망

✅ **사료 TIP**
양제가 다시 친히 정벌하려 하였다.

✅ **사료 TIP**
고구려는 중국의 신하라 하면서 끝내 우리와 맞서려 했으니 어찌 신하라 할 수 있겠는가

(2) 백제

무왕(30대, 600~641)	- 서동요 주인공 - 익산 천도 계획(실패, 미륵사 건축) - 미륵사지 석탑 (사택적덕의 딸 사리봉안)
의자왕(31대, 641~660)	- 해동증자, 신라 공격(643, 직접 40여성 정복), 윤충의 대야성 함락, 당항성 공격 - 즉위 말 사치&향락으로 내부 분열, 나당연합군 공격으로 멸망

▲ 미륵사지 석탑 사리 장엄구 출토

▲ 미륵사지 석탑 사리 장엄구

(3) 신라

진평왕(26대, 579~632)	- 걸사표(608, 수에 고구려 공격요청), 세속오계(원광) ✅ 암기 TIP 걸 속
선덕여왕(27대, 632~647)	- 황룡사 9층 목탑, 분황사, 분황사 모전석탑, 첨성대 ✅ 암기 TIP 황분첨 - 선덕여왕 지기삼사(삼국유사에 나오는 선덕여왕 예언 세가지, 모란꽃, 영묘사, 임종일 예언) - 고구려 당항성 공격, 백제 대야성 침공, 김춘추 고구려 제휴시도 실패 후 대당외교 주도, - 비담·염종의 난(김유신 진압)
진덕여왕(28대, 647~654)	- 나당동맹(김춘추), 태평송(당고종에게 전함) → 십자외교 ✅ 암기 TIP 나태
무열왕(29대, 654~661)	- 김춘추, 최초 진골왕, 집사부 시중 세력 강화(상대등 세력 약화) - 백제멸망, 감찰 : 사정부(내사정) 설치, 중국식 시호 사용 ✅ 암기 TIP 백사
문무왕(30대, 661~681)	- 삼국통일(나당전쟁, 매소성, 기벌포 전투), 외사정 설치 ✅ 암기 TIP 매기 전투 - 해상무덤
신문왕(31대, 681~692)	- 만파식적, 국학, 김흠돌의 난 - 9서당 10정, 9주 5소경 ✅ 암기 TIP 만국돌9개

▲ 미륵사지 석탑 복원 이전

▲ 첨성대

▲ 분황사지 석탑

▲ 미륵사지 석탑 복원 이후

■ 삼국시대 왕 암기팁 총정리

	고구려	백제	신라
2세기	태(옥고형) 고(진부해)		
3세기	동(서공)	고(고율한복)	
4세기	미(낙서) 고(원통하게死) 수(불태율)	근(부마 요산균 7개) 침(불동마)	내(말타고도와줘)
5세기	광(영신후) 장(비평제한사지중)	비(비눌) 개(개롭게死) 문(문열고 이동) 동(소지 동성 결혼)	눌(묵부자) 자(방에서 자) 소(우행시)
6세기		무(22무사송양벽) 성(부관이사)	지(중국산 철제 왕 우산 시장에 팜) 법(불법병상원금) 진(단북창황마)
7세기	영(살수) 보(멸망)	무(무미) 의(멸망)	진(걸속) 선(황분첨) 진(나태) 무(백사) 문(매기) 신(만국돌 9개)

◉ 사료 및 심화 자료

• 광개토 대왕 정복 활동

〈고구려의 왜 격퇴〉
(영락) 9년(399) 기해에 백제가 서약을 어기고 왜와 화통하므로, 왕은 평양으로 순수해 내려갔다. 신라가 사신을 보내 왕에게 말하기를, "왜인이 그 국경에 가득 차 성을 부수었으니, 노객은 백성된 자로서 왕에게 귀의하여 분부를 청한다."고 하였다. …… 10년(400) 경자에 보병과 기병 5만을 보내 신라를 구원하게 하였다. …… 관군이 이르자 왜적이 물러가므로, 뒤를 급히 추격하여 임나가라의 종발성에 이르렀다. 성이 곧 귀순하여 복종하므로, 순라병을 두어 지키게 하였다. 신라의 농성을 공략하니, 왜구는 위축되어 궤멸되었다.
– 광개토 대왕릉 비문

• 충주 고구려 비

5월 중에 고려대왕(高麗大王) 상왕공(相王公)과 신라의 매금(寐錦)이 대대로 원하기를 형제처럼 상하가 화목하게 천도(天道)를 지키기를 원하였으니, 동쪽으로 왔다.
– 충주(중원) 고구려비문

• 근초고왕 영토 확장

26년(371)에 고구려가 군사를 동원하여 공격해 왔다. 왕이 이를 듣고 패하(浿河)에 복병을 배치하고 (그들이) 오기를 기다렸다가 불시에 공격하였다. 고구려 군사가 패배하였다. 겨울에 왕이 태자와 함께 정예군 3만 명을 거느리고 고구려에 침입하여 평양성을 공격하였다. 고구려 왕 사유가 힘을 다해 싸워 이를 막았으나 날아오는 화살에 맞아 죽었다. 왕이 군사를 이끌고 물러났다.
– 삼국사기

• 성왕의 관산성 전투

성왕 32년(554년) 7월 왕이 신라를 습격하기 위하여 친히 보병과 기병 50명을 거느리고 밤에 구천에 이르렀다. 신라의 복병이 나타나 싸우다가 왕이 난병에게 살해되었다.
- 삼국사기

• 법흥왕 업적

4년 처음으로 병부를 설치하였다.
7년 법령을 반포하고 관리들의 관복을 제정하였다.
15년 불법이 시행되었다.
18년 상대등을 임명하고 나랏일을 총괄하게 하였다.
23년 연호를 정하여 건원 원년이라 하였다.
- 삼국사기

• 진흥왕 단양 적성비

고구려가 차지하고 있던 적성을 점령하고 한강 상류 지역으로 진출하여 건립(551)한 비로, 신라가 한강 상류 지역에 진출한 것과 복속민에 대한 회유책, 그리고 관직명과 율령의 정비 등에 관한 사실을 알 수 있다.

• 진흥왕 북한산비 (555)

북한산비는 진흥왕이 553년 백제로부터 한강 하류지역을 빼앗고 554년 관산성 전투에서 승리한 뒤, 한강 하류 지역을 장악했음을 기념하여 세운 비석이다. 1816년 추사 김정희가 고증하였다.

• 신라의 한강 차지의 의미

6세기 중엽 신라는 고구려로부터 빼앗은 한강 하류 지역을 독차지함으로써 120여 년간 지속되어 온 나·제 동맹을 결렬시켰다. 이로 인하여 고구려와 백제로부터 협공을 받아 어려움을 겪었지만 황해의 항로를 이용하여 중국의 수, 당과 직접 교류할 수 있었다. 또한 한강 유역의 인적, 물적 자원을 확보함으로써 삼국 통일의 기반을 마련하였다.

기출문제

01 (가), (나) 사이의 시기에 있었던 사실로 옳은 것은? [3점]
■ 38회 고급 7번 문제

> (가) [장수왕] 15년, 평양으로 도읍을 옮겼다.
> -『삼국사기』-
>
> (나) 고구려 왕 거련이 몸소 군사를 거느리고 백제를 공격하였다. 백제왕 경(慶)이 아들 문주를 [신라에] 보내 구원을 요청하였다. 왕이 군사를 내어 구해주려 하였으나 미처 도착하기도 전에 백제가 이미 [고구려에] 함락되었고, 경(慶) 역시 피살되었다.
> -『삼국사기』-

① 광개토대왕이 신라에 침입한 왜를 물리쳤다.
② 진흥왕이 화랑도를 국가 조직으로 개편하였다.
③ 소수림왕이 태학을 설립하고 율령을 반포하였다.
④ 개로왕이 고구려를 견제하고자 북위에 국서를 보냈다.
⑤ 근초고왕이 평양성을 공격하여 고국원왕을 전사시켰다

해설
자료에 장수왕의 평양 천도와 한성 점령 내용이 나오는 것으로 보아 5세기 고구려 장수왕 시기를 물어보는 문제이다. 장수왕이 평양으로 천도하자 백제와 신라는 나제동맹을 체결하고 백제 개로왕은 고구려를 견제하고자 북위에 국서를 보냈다.

오답분석
① 광개토대왕은 장수왕 이전 왕이다.
② 진흥왕은 6세기 왕으로 장수왕 이후 왕이다.
③ 소수림왕은 4세기 왕으로 장수왕 이전 왕이다.
⑤ 근초고왕, 고국원왕 모두 4세기 왕으로 장수왕 이전 왕이다.

정답 ④

02 (가) 왕에 대한 설명으로 옳은 것은? [2점]
■ 46회 고급 4번 문제

영동대장군 백제 사마왕은 나이가 62세가 되는 계모년 5월 임진일인 7일에 돌아가셨다. ……

사진은 백제의 왕릉에서 발견된 묘지석입니다. 삼국사기를 통해 묘지석에 보이는 사마왕이 (가)(이)라는 사실이 확인되었습니다. 이를 통해 이 왕릉은 백제 왕릉 중 피장자가 밝혀진 최초의 사례가 되었습니다.

① 금마저에 미륵사를 창건하였다.
② 윤충을 보내 대야성을 함락하였다.
③ 지방에 22담로를 두어 왕족을 파견하였다.
④ 고흥으로 하여금 서기를 편찬하게 하였다.
⑤ 동진에서 온 마라난타를 통해 불교를 수용하였다.

해설
영동대장군 백제 사마왕이라는 단어를 통해 무령왕릉 지석이라는 것을 알 수 있다. 무령왕은 백제 제25대 왕으로 왕권을 강화하기 위해 ③ 각 지방에 왕족을 파견하여 22담로를 설치하였다. 512년 중국 남조의 양나라와 교류를 활발하게 실시하였다. 무령왕릉은 충남 공주 송산리 고분군에 있다. 무덤의 내부는 벽돌 무덤으로, 중국 남조와의 교류 사실을 알려주는 역사적 의의가 있다.

오답분석
① 금마저에 미륵사를 창건한 사람은 무왕이다.
② 윤충을 보내 대야성을 함락한 사람은 의자왕이다.
④ 고흥에서 서기를 편찬하게 한 사람은 근초고왕이다.
⑤ 동진 마라난타가 불교를 전래한 시기는 침류왕 시기이다.

정답 ③

03 밑줄 그은 '왕'의 재위 시기에 있었던 사실로 옳은 것은? [2점]　　　　37회 고급 4번 문제

> ○ 왕이 다시 명령을 내려 좋은 가문 출신의 남자로서 덕행이 있는 자를 뽑아 명칭을 고쳐서 화랑이라고 하였다. 처음으로 설원랑을 받들어 국선(國仙)으로 삼으니, 이것이 화랑 국선의 시초이다.
> － 『삼국유사』 －
>
> ○ 왕이 이찬 이사부에게 명령하여 가라국(加羅國)을 습격하게 하였다. 이때 사다함은 나이가 15~16세였는데 종군하기를 청하였다. …… 그 나라 사람들은 뜻하지 않은 병사들의 습격에 놀라 막아내지 못하였다. 대군이 승세를 타서 마침내 그 나라를 멸망시켰다.
> － 『삼국사기』 －

① 거칠부가 국사를 편찬하였다.
② 김헌창이 웅천주에서 반란을 일으켰다.
③ 이차돈의 순교를 계기로 불교가 공인되었다.
④ 최고 지배자의 호칭이 마립간으로 바뀌었다.
⑤ 자장의 건의로 황룡사 9층 목탑이 건립되었다.

해설

화랑을 국가조직화하고 이사부와 사다함이 나라(대가야)를 멸망시켰다는 말을 통해 진흥왕에 대한 문제라는 것을 알 수 있다. 진흥왕은 신라 제24대 왕으로 551년 한강 상류 고구려 지역을 차지하고 단양 적성비를 세웠고 백제의 성왕과 함께 한강 유역을 차지하였다. 그러나 554년 백제를 공격하여 성왕을 전사시키고 한강 하류 백제 지역을 차지한 후 북한산 순수비를 세우고 중국과 직접 교류하였다. 561년에는 대가야를 정복하고 창령비를 세웠다. 568년 함경도를 차지하고 황초령비, 마운령비를 세우고, 화랑도를 공인하였고, 566년 황룡사를 완공하였다. ① 또한 진흥왕은 이사부에 역사편찬 건의를 수용하여 거칠부에게 국사를 편찬하도록 하였다.

오답분석

② 김헌창의 난은 헌덕왕시기 일어났다.
③ 불교 공인은 법흥왕 시기이다.
④ 마립간 칭호는 내물왕 때부터 사용하였다.
⑤ 자장의 건의로 황룡사 9층목탑을 세운 시기는 선덕여왕시기이다.

정답　①

CHAPTER 07 가야, 삼국통치체제

1 가야(철기 문화) ↔ (변한 12국 → 6가야연맹)

전기 가야 연맹 – 금관가야 (김해, 해안가)	후기 가야 연맹 – 대가야 (고령, 내륙)
• 시조 : 김수로(뇌질청예) • 3세기 성장– 농경↑(벼), 철↑, 중계무역(낙랑 –가야–왜) • 4세기 낙랑 멸망으로 중계무역 타격 • 5세기 광개토대왕 공격으로 쇠퇴 • 6세기 법흥왕에게 항복함 • 유적지 : 김해 대성동 고분(덧널 무덤) • 유물 : 철제 판갑옷, 파형동기(일본제 청동기, 가야와 왜 교류 증거) • 구지가(탄생설화), 인도 아유타국 공주(허황옥)와 결혼	• 시조 : 이진아신왕(뇌질주일) • 5세기 성장 – 호남 동부지역까지 세력 확대 • 농경↑, 철↑, 중계무역×(내륙지방) • 백제↑, 신라↑ ⇒ 국제적 고립 • 신라와 결혼동맹(이뇌왕–법흥왕) 이후 금관가야 멸망 • 6세기 진흥왕에게 멸망(이사부, 사다함) • 유적지 : 고령 지산동 고분 • 유물 : 판갑옷, 투구, 금동관

✅ 암기 TIP

금관가야 시조 : **수 청**
대가야 시조 : **진 주**
금관가야 : **3광법대** – 3세기, 광개토대왕 공격으로 쇠퇴, 법흥왕, 대성동

✅ 암기 TIP

대가야, 신라 결혼동맹 : **이뇌**없는 사람 **법**도 모르고

✅ 암기 TIP

대가야 : **5지결혼진** – 5세기, 지산동, 결혼동맹, 진흥왕에게 멸망

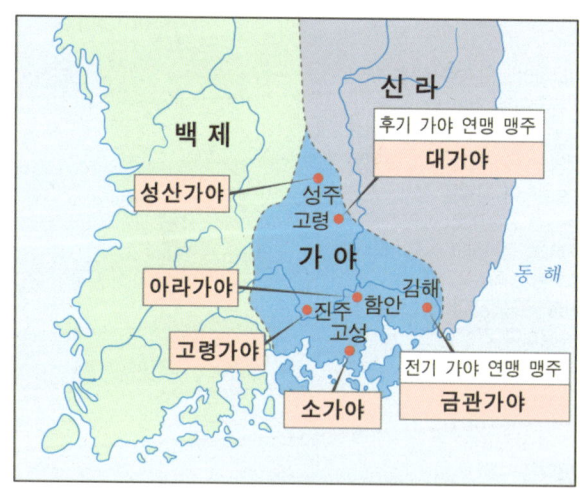

▲ 가야 지도

▲ 김해 대성동 고분

▲ 고령 지산동 고분

▲ 가야 대성동 파형동기

▲ 가야 금관

▲ 가야 판갑옷과 투구

▲ 가야 수레 모양 토기

2 통치체제

	고구려	백제	신라
중앙	• 대대로 • 왕족 – 고추가 • 10관등(14관등) • 형·사자 계열	• 상좌평(내신좌평) – 6좌평 • 왕족 – 갈사 • 16관등, 솔·덕계열, 은제 관식 • 성왕 22부로 확대(외관 10부, 내관 12부)	• 상대등 • 왕족 – 갈문왕 • 17관등, 찬·나마계열
지방	5부(수도), 5부(지방)	5부(수도), 5방(지방)	6부(수도-토착적), 5주(지방)
군사	• 욕살, 처려근지, 도사 (지방 행정 + 군사) • 대모달, 말객 – 중앙에서 파견	• 방령, 군장, 도사 (지방 행정 + 군사)	• 군주, 당주, 성주 (지방행정 + 군사) • 서당(직업군인) • 6정(징병, 진골지휘)
특수	3경(국내성, 평양성, 한성)	22담로(지방에 왕족 파견)	2소경 (중원경-충주, 동원경-강릉)
회의	제가회의	정사암 회의(사비)	화백회의(만장일치제)

✅ 암기 TIP
10,16,17 – 부 방 주 – 욕 방 군

◎ 사료 및 심화 자료

• 가야 건국 신화

시조는 이진아시왕이고, 그로부터 도설지왕까지 대략 16대 520년이다. 최치원이 지은 『석이정전』에, "가야산신인 정견모주가 천신인 이비가지에게 감응되어 뇌질주일과 뇌질청예 두 사람을 낳았다. 뇌질주일은 곧 '이 나라'의 시조인 이진아시왕의 별칭이고, 뇌질청예는 금관국의 시조인 수로왕의 별칭이다."라고 하였다.   – 『신증동국여지승람』

• 금관가야의 병합

법흥왕 19년(532) 금관국주 김구해가 비(妃) 및 세 아들, 즉 맏아들 노종, 둘째 아들 무덕, 셋째 아들 무력과 함께 보물을 가지고 항복하니, 왕은 이들을 예로써 대접하고 상등의 지위를 주어 그 본국을 식읍으로 삼게 하였다. 무력은 조정에 벼슬하여 각간까지 이르렀다.

• 대가야의 복속

진흥왕 23년(562) 9월, 가야가 반란을 일으켜 왕이 이사부에게 명하여 치게 하니 사다함이 그를 도왔다. 사다함이 5천의 기병으로 먼저 전단문에 들어가 백기를 세우니, 성 안의 사람들이 두려워 어찌 할 바를 알지 못하였다. 이때 이사부가 군사를 이끌고 도달하니 성 안이 일시에 항복하였다.
- 「삼국사기」

• 고대 국가 귀족회의체

1. 고구려 : 감옥이 없고, 범죄자가 있으면 제가들이 모여서 논의하여 사형에 처하고 처자는 몰수하여 노비로 삼는다.
2. 백제 : 호암사에 정사암이란 바위가 있다. 국가에서 재상을 뽑을 때 후보자 3~4명의 이름을 써서 상자에 넣어 바위 위에 두었다. 얼마 뒤에 열어 보아 이름 위에 도장이 찍혀 있는 자를 재상으로 삼았다. 이 때문에 정사암이란 이름이 생기게 되었다.
3. 신라 : 큰 일이 있을 때에는 반드시 중의를 따른다. 이를 화백이라 부른다. 한 사람이라도 반대하면 통과하지 못하였다.

■ 총정리 및 암기팁

1. 가야

금관가야	대가야
3 광 법 대 - 3세기 성장, 광개토대왕 공격으로 쇠퇴, 법흥왕에게 멸망, 대성동 고분	5 지 결혼 진 - 5세기 성장, 지산동 고분, 신라와 결혼동맹, 진흥왕에게 멸망

2. 통치체제

	고구려	백제	신라
중앙	10(형, 사자)	16(솔, 덕)	17(찬, 나마)
지방	5부	5방	5주
지방관	욕(욕살)	방(방령)	군(군주)

기출문제

01 (가), (나) 지역에 있었던 가야 소국에 대한 설명으로 옳은 것은? [1점]
▌한능검 고급 26회 4번

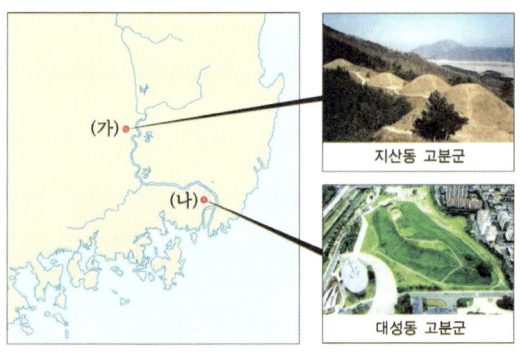

① (가) - 전기 가야 연맹을 주도하였다.
② (가) - 박, 석, 김의 3성이 교대로 왕위를 계승하였다.
③ (나) - 신라 진흥왕에 의해 정복되었다.
④ (나) - 고구려군의 공격으로 세력이 약화되었다.
⑤ (가), (나) - 이사금이라는 지배자 칭호를 사용하였다.

해설
(가) 지산동 고분군은 대가야 고분이고 (나)의 대성동 고분군은 금관가야 고분군이다. 그러므로 (가)는 대가야, (나)는 금관가야를 말한다. ④ 금관가야는 고구려 광개토대왕의 공격으로 세력이 약화되고 가야연맹의 주도권이 대가야로 넘어가게 된다.

오답분석
① 전기 가야 연맹을 주도한 국가는 대가야가 아닌 금관가야이다.
② 박, 석, 김의 3성이 교대로 왕위를 계승한 국가는 신라이다.
③ 신라 진흥왕에 의해 정복된 국가는 대가야이다.
⑤ 이사금이라는 지배자 칭호를 사용한 국가는 신라이다.

정답   ④

02 (가) 나라에 대한 설명으로 옳은 것은? [2점]
▌한능검 고급 42회 4번

호계사의 파사석탑(婆娑石塔)은 옛날 이 고을이 (가) 이었을 때, 시조 수로왕의 왕비 허황옥이 동한(東漢) 건무 24년에 서역 아유타국에서 싣고 온 것이다. …… 탑은 사각형에 5층인데, 그 조각은 매우 기이하다. 돌에는 희미한 붉은 무늬가 있고 그 질이 매우 연하여 우리나라에서 나는 돌이 아니다.
- 『삼국유사』 -

① 철이 많이 생산되어 왜 등에 수출하였다.
② 만장일치제로 운영된 화백 회의가 있었다.
③ 빈민을 구제하기 위해 진대법을 실시하였다.
④ 지방을 통제하기 위해 22담로를 설치하였다.
⑤ 박, 석, 김의 3성이 교대로 왕위를 계승하였다.

해설
수로왕, 허황옥이 나오는 것으로 보아 (가)는 금관가야라는 것을 알 수 있다. ① 금관가야는 철이 많이 생산되어 낙랑, 왜 등에 수출하여 성장하였다.

오답분석
② 화백회의가 있었던 나라는 신라이다.
③ 진대법을 실시한 국가는 고구려이다.
④ 22담로를 설치한 국가는 백제이다.
⑤ 박, 석, 김이 교대로 왕위를 계승한 국가는 신라이다.

정답   ①

CHAPTER 08 삼국 통일

1 삼국통일과정

✅ 암기 TIP
세수 대야 가지고 와라 안 나야
백 고 안동 매 기

(1) 수나라 건국 → 고구려 요서 선제공격 → 수나라가 고구려 공격 → 살수대첩(612년, 을지문덕, 오언시-지족)

(2) 백제가 신라 대야성을 함락(642), 연개소문 정변

(3) 수 멸망 → 당 건국 → 당, 고구려 공격 → 안시성 전투 승리(645년 연개소문, 양만춘-당 태종이 직접 공격)

(4) 김춘추·당 태종 나당동맹(648년 당-대동강 이북, 신라-대동강 이남 ⇒ 십자외교 형성)

▲ 고구려 수 전투도

(5) 나당연합군 백제 공격(660년, 계백 황산벌전투×, 김유신 백제군 격파) → 백제 멸망(660년, 의자왕 항복), 백제 부흥 운동(복신, 도침, 흑치상지, 지수신)

(6) 당나라 백제 땅에 웅진도독부 설치(660), 신라 땅에 계림 도독부(663), 백강전투(663)

(7) 나당 연합군 고구려 공격 → 내분(연남생, 남건), 멸망(668, 평양성 함락)

(8) 당이 고구려 땅에 안동 도호부 설치(668) → 당나라가 한반도 지배 야욕

(9) 신라 웅진 도독부 공격

(10) 신라, 백제 지역 소부리주 설치(671, 사비에 설치, 백제 땅에 대한 지배권 확보)

(11) 당의 문무왕 관직 삭제(674), 문무왕이 안승을 보덕국왕으로 추대(674)

(12) 나당전쟁 → 매소성(육지, 675년, 당 이근행의 20만 대군 격파), 기벌포(바다) 전투(676년, 당 설인귀 수군 섬멸)

(13) 안동도호부를 요동으로 추출 → 신라 승리(문무왕, 삼국통일(676), 대동강~원산만 국경선)

▲ 나당 전쟁 전개

2 부흥운동

(1) 백제

① 흑치상지의 3만 부흥군 임존성을 거점으로 2백여성 회복

② 복신, 도침은 주류성을 근거지로 부흥운동 전개 → 왕자 부여풍을 왕으로 추대(661) → 내분 발생

③ 왜군의 수군 파병 → 백강전투 패배 (663.9) → 백제 부흥운동 실패(백강, 주류성 함락)

(2) 고구려

① 연개소문이 병사(665) 이후 남생과 남건의 갈등 → 연남생 당에 투항

② 연남생을 앞세운 당군은 부여성을 함락 → 평양성 함락 → 고구려 멸망 (668.9)

③ 부흥운동으로 검모잠이 평양성을 탈환하였으나 실패하고 이후 안승을 왕으로 하여 한성으로 이동(669)

④ 신라의 지원으로 고구려의 고연무(오골성)가 이근행이 이끄는 당군 격파

⑤ 문무왕의 안승 회유 : 안승을 소고구려 국왕에 봉함 → 안승 검모잠 살해 → 안승 금마저 이동(670)

⑥ 당군에게 안시성 함락(671) → 고구려 부흥운동 실패 → 대조영의 발해가 고구려 계승

⑦ 안승 : 금마저(문무왕 때 안승을 보덕국왕에 임명 674년, 신문왕때 안승을 진골 귀족으로 편입함

▲ 고구려, 백제 부흥운동

✅ 암기 TIP
백제 부흥 운동 : 복 도에서 주류 먹고 흑 임자 먹는다 : 복신 도침 주류성, 흑치상지 임존성

✅ 암기 TIP 오골계 고아 한 잠 자고 안 마받는다 - 오골성, 고연무, 한성, 검모잠, 안승, 금마저

3 비석

(1) 고구려

	장수왕 때 국내성
광개토대왕릉비(414)	• 초반 : 고구려 역사(천하 중심), 천제 → 주몽 → 태조 → 광개토대왕 연호 영락 사용 • 중반 : 광개토대왕 업적(영토 확장), 비려, 백제, 숙신, 후연, 왜구격퇴 (400) • 후반 : 수묘인(외국인 포함), 역동원
충주 고구려비 (중원 고구려비)	• 장수왕 때로 추정 • 고구려가 신라를 동이라 낮춰 부르면서 동이(신라) 매금(왕)에게 의복 하사하는 내용 • 5세기 고구려, 신라 관계 유추(신라토내당주(新羅土內幢主), 신라영토 안에 고구려 군대주둔) • 고구려 남한강 진출 증거, 고구려 관등명 기록(대사자, 발위사자, 대형, 당주)

(2) 백제

무령왕릉 지석	영동대장군 백제 사마왕(앞), 토지신에 제사하는 내용(뒤, 도교)
사택지적비	의자왕 때로 추정, 사택지적이라는 사람이 세운 비석, 인생무상(도교)

▲ 무령왕릉 지석

▲ 사택 지적비

(3) 신라

☑ 암기 TIP

포항 냉수가 증발 – 포항중성리, 냉수리, 지증왕

☑ 암기 TIP

ㅂㅂ – 법흥왕, 울진봉평비

☑ 암기 TIP

단북창황마 – 단양, 북한산, 창령, 황초령, 마운령

지증왕	• 포항 중성리 비석(501) : 신라 최고 비석, 모단벌 인물의 재산 분쟁과 관련된 판결문 기록 • 영일 냉수리비(503) : 절거리라는 인물의 재산 분쟁 판결, 왕의 소속부의 명칭을 씀(사훼부, 지도로 갈문왕), 6부 지도자 명칭 기록, 신라를 사라(斯羅)라 기록
법흥왕	• 울진 봉평비(524) : 화재 책임자 처벌, 동해안 진출 파악, 6부 지도자 명칭(훼부, 모즉지 매금), 노인법과 장형의 존재 확인 가능
진흥왕	• 단양적성비(551) : 한강상류진출, 고구려 영토였던 단양 적성을 차지한 뒤 공을 세운 야이차와 그 유가족에게 포상하는 내용, 신라의 조세 제도 및 사회상 유추 • 북한산비(555) : 한강 하류 진출 증거, 조선 후기 김정희가 고증(금석과안록), 이후 신주 설치 • 창녕비(561) : 대가야 정복 1년전 비화가야(창녕) 지역을 점령하고 세운 비석 • 황초령비&마운령비(568) : 함경도 진출 증거 → 비열홀주 설치 • 순수비 : 북한산비, 창녕비, 황초령비, 마운령비 • 적성비 : 단양적성비
진평왕	• 경주 남산 신성비(591) : 경주 남산에 산성을 축조하면서 부역동원을 기록한 비석

▲ 울진 봉평비

▲ 단양적성비

▲ 북한산비

■ 총정리 및 암기팁

1. 삼국통일 과정	살수대첩 → 대야성 전투 → 안시성 전투 → 나당동맹 → 백제 멸망(웅진도독부 설치) → 계림도독부 → 백강전투 → 고구려 멸망(안동도호부 설치) → 매소성 전투 → 기벌포 전투 → 삼국통일 완성
2. 부흥운동	백제 - 복신 도침 주류성, 흑치상지 임존성
	고구려 - 오골성, 고연무, 한성, 검모잠, 안승, 금마저
3. 비석	고구려 - 광개토대왕릉비, 충주고구려비
	백제 - 무령왕릉지석, 사택지적비
	신라 - 지증왕 : 영일냉수리비
	법흥왕 : 울진 봉평비
	진흥왕 : 단양적성비, 북한산비, 창녕비, 황초령비, 마운령비
	진평왕 : 남산 신성비

▲ 창녕비

▲ 황초령 비

▲ 마운령비

사료 및 심화자료

• 을지문덕 오언시

신비로운 계책은 하늘의 이치를 헤아리고
기묘한 꾀는 땅의 이치를 꿰뚫는구나.
싸움에서 이긴 공이 이미 높으니
족한 줄 알고 그만하기를 바라노라.
- 삼국사기

• 김춘추 나당동맹

"신의 나라가 대국을 섬긴 지 여러 해가 되었습니다. 그러나 백제는 강성하고 교활하여 침략을 일삼아 왔습니다. [중략] 만약 폐하께서 군사를 보내 그 흉악한 무리들을 없애지 않는다면 우리나라 백성은 모두 포로가 될 것입니다. 육로와 수로를 거쳐 섬기러 오는 일도 다시는 기대할 수 없을 것입니다." 태종이 크게 동감하고 군사를 보낼 것을 허락하였다.
-「삼국사기」

• 황산벌 전투

7월 9일에 김유신 등이 황산(黃山)의 벌판으로 진군하자 백제의 장군 계백(堦伯)이 군사를 거느리고 와서 먼저 험한 곳을 차지하여 세 군데에 진영을 설치하고 기다리고 있었다. 유신 등이 군사를 세 길로 나누어 네 번을 싸웠으나 이기지 못하였다. 장군 흠순(欽純)이 아들 반굴(盤屈)에게 말하기를 "신하된 자로서는 충성만한 것이 없고 자식으로서는 효도만한 것이 없다. 위급함을 보고 목숨을 바치면 충과 효 두 가지 모두를 갖추게 된다."라고 하였다. 반굴이 "삼가 분부를 알아듣겠습니다."라 하고 곧 적진으로 뛰어들어 힘을 다해 싸우다가 죽었다.

• 나당 전쟁

• 당의 이근행이 군사 20만 명을 거느리고 매소성에 주둔하였다. 우리 군사가 이를 쳐서 쫓아 버리고 군마 3만여 필과 병장기를 노획하였다.
• 소부리주 기벌포에서 당의 설인귀와 스물 두 번의 크고 작은 전투를 벌여 이기고 4천여 명의 목을 베었다.
- 삼국사기

기출문제

01 다음 가상 뉴스의 보도 내용이 나타난 시기를 연표에서 옳게 고른 것은? [2점]
■ 한능검 48회 고급 5회 문제

> **김춘추, 당의 군사 지원 약속받고 귀국**
> 당에 파견되었던 이찬 김춘추가 오늘 무사히 귀국하였습니다. 김춘추는 그곳에서 큰 환대를 받았고, 태종의 군사적 지원을 이끌어 내는 성과를 거두었습니다.

589	645	660	668	676	698
(가)	(나)	(다)	(라)	(마)	
수의 중국 통일	안시성 전투	황산벌 전투	평양성 함락	기벌포 전투	발해 건국

① (가)   ② (나)   ③ (다)
④ (라)   ⑤ (마)

🔍 **해설**

김춘추가 나당동맹을 체결한 시기는 648년이다. 그러므로 정답은 (나)에 해당된다.
김춘추는 태종 무열왕으로 신라 제29대 왕이다. 재위 기간은 654년~661년까지이다. 김유신과 함께 삼국 통일의 주역인 김춘추가 바로 무열왕이다. 642년(선덕여왕 11년)에 백제의 침입에 대항해 고구려 연개소문과 연합하려 고구려에 들어갔으나 성과 없이 탈출해 돌아왔다. 이후 648년 당나라와 동맹을 체결하였다. 654년 진덕여왕이 죽어 성골의 대가 끊기자, 진골 신분 최초로 왕위에 올랐다. 이후 당나라와 백제를 멸망시켰으며, 고구려 정벌을 준비하던 도중 병사했다. 군사 제도와 정치 제도를 정비해 삼국 통일의 기틀을 마련한 왕으로 평가받는다.

🔍 **정답** ②

02 (가) 왕의 업적으로 옳은 것은? [3점]
■ 한능검 고급 40회 7번 문제

> (가)
> 3년 4월   당이 신라를 계림대도독부로 삼고 왕에게 대도독의 관직을 내리다.
> 3년 5월   복신과 도침이 부여풍과 함께 부흥을 꾀하다.
> 8년 9월   고구려 왕이 항복하다.
> 10년 6월 검모잠이 안승을 임금으로 받들어 귀순하자 이들을 금마저에 머물게 하다.
> 출처: 『삼국사기』 신라본기

① 백성에게 정전을 지급하였다.
② 이사부를 보내 우산국을 복속시켰다.
③ 매소성에서 당의 군대를 격파하였다.
④ 유학 교육을 위하여 국학을 설립하였다.
⑤ 인재를 등용하기 위하여 독서삼품과를 실시하였다.

🔍 **해설**

계림도독부, 고구려왕 항복, 안승이 나오는 것으로 보아 (가) 왕은 삼국을 통일한 문무왕이라는 것을 알 수 있다. ③ 문무왕 집권기인 675년 매소성에서 당나라 군대를 격파하였다.

🔍 **오답분석**

① 정전을 지급한 왕은 성덕왕이다.
② 우산국을 복속시킨 왕은 지증왕이다.
④ 국학을 설립한 왕은 신문왕이다.
⑤ 독서삼품과를 실시한 왕은 원성왕이다.

🔍 **정답** ③

CHAPTER 09 통일신라

1 신라시대 구분

	혁거세 ~ 지증왕	법흥왕 ~ 진덕여왕	무열왕 ~ 혜공왕	선덕왕 ~ 경순왕
삼국사기(혈통)	상대(성골왕)		중대(진골, 김춘추 직계)	하대(범내물왕계)
삼국유사(왕명)	상고(고유왕명)	중고(불교식)	하고(중국식 시호)	
특징	국가기틀, 고대국가	귀족연합	진제왕권	왕위쟁탈, 호족↑

> ✅ 암기 TIP
>
> 신라 시대 구분 : 사중대무혜 / 유중고법진 – 삼국사기, 중대, 무열왕, 혜공왕 / 삼국유사, 중고, 법흥왕, 진덕여왕

2 신라 중대~하대 왕 업적

(1) 7세기

무열왕(김춘추, 654 ~ 661) : 외교달인	최초의 진골 왕, 백제정복(660), 집사부 시중 권한 강화, 중국식 시호 사용(태종 무열왕), 사정부 설치(659)
문무왕(김법민, 661 ~ 681) : 삼국통일	고구려 정복(668), 외사정 설치(673), 나당전쟁 승리(매소성, 기벌포 전투), 삼국통일(676), 대왕암에 장례(화장, 수중릉, 호국불교)

신문왕 (31대, 681 ~ 692)	① 정치
	  - 김흠돌의 난(장인×) ⇒ 귀족 숙청, 이후 김흠운의 딸과 결혼
	  - 상대등↓, 집사부 시중↑, 6두품↑
	  - 중앙 정치 기구(14부), 지방제도 정비 – 9주 5소경
	  - 군사제도 : 9서당 10정(9시당 : 신라핵심 군영, 민족 융합적 성격)
	  - 달구벌(대구)천도 계획
	② 경제
	  - 관료전(수조권) 지급
	  - 녹읍(수조권+노동력=군사력) 폐지
	③ 사회 : 상수리(인질)제도
	④ 문화
	  - 국학(국립교육기관, 유교)
	  - 만파식적(대나무 피리, 평화상징)
	  - 감은사 창건(문무왕 업적↑) – 대왕암 근처
	  - 화엄종 지원(의상)

> ✅ 암기 TIP
>
> 백 사

> ✅ 암기 TIP
>
> 매 기

> ✅ 암기 TIP
>
> 만 국 돌 9개 – 만파식적, 국학, 김흠돌, 9서당, 9주

▲ 문무왕 대왕암

(2) 8세기

☑ 암기 TIP
정 발 - 정전, 발해 공격

☑ 암기 TIP
녹색 석 화를 불에 태우다 -
녹읍, 석굴암, 한화 정책,
불국사, 태학

성덕왕 (33대, 702~737)	정전지급(722, 농민보호), 공자의 화상 국학 안치(712), 발해 공격(당 연합) 폭설로 실패
경덕왕 (35대, 742~765)	한화 정책(군현 명칭과 중앙 관부의 관직명을 중국식으로 바꿈), 불국사, 석굴암(김대성), 녹읍 부활 (왕↓, 귀족↑), 국학 → 태학(감)
혜공왕 (36대, 765~780)	8세 즉위, 왕권약화, 대공·대렴의 난(96각간의 난), 김지정의 난으로 혜공왕 피살 → 중대 끝
선덕왕 (37대, 780~785)	하대 시작, 김양상(내물왕 방계), 김지정의 난을 진압하고 즉위
원성왕 (785~798)	상대등 김경신이 즉위(무열계인 김주원과 경쟁에서 승리), 독서 삼품과 (국학 졸업 시험) → 진골 반발 실패

▲ 불국사 청운교 및 백운교

▲ 석굴암

▲ 완도 청해진 유적지

(3) 9세기

헌덕왕(809~826)	김헌창의 난(연호-경운, 김춘추 직계, 웅천주 도독, 김주원 아들) ☑ 암기 TIP 헌 헌 - 헌덕왕, 김헌창의 난
흥덕왕(826~836)	장보고 청해진 설치(828년 설치~문성왕때 폐지), 중국 법화원(신라절, 산둥반도), 사치 금지령(834) ☑ 암기 TIP 흥청법사 - 흥덕왕, 청해진, 법화원, 사치금지령
진성여왕(887~897)	각간 위홍♡, 위홍과 대구화상이 삼대목을 편찬, 최치원 시무 10조 → 현존×, 최초 농민 반란 - 원종·애노의 난(889, 최초 농민 반란), 견훤의 난(892, 무진주) 발생, 적고적의 난(896) ☑ 암기 TIP 애노 빨간바지 - 원종 애노의 난, 적고적의 난
경애왕(924~927)	견훤에게 포석정에서 자살 강요
경순왕(927~935)	신라 마지막 왕, 고려 왕건에게 귀순, 최초 사심관 임명

3 통치 체제

중앙 정치기구	14부(복수장관제), 사정부(감찰기구), 국학(국립교육기관)
지방 행정기구	• 9주 : 전국을 9개로 분할 - 총관, 도독(행정담당) • 5소경 : 지방행정, 군사요지 설치 - 사신 (관리) • 특수행정구역 : 향, 부곡(농업, 세금↑, 거주이전 자유×) • 지방감찰 : 외사정(문무왕), 상수리제도(지방 인질)
군사기구	• 9서당 : 민족융합(고구려 3, 백제 2, 신라3, 말갈 1) - 중앙군 ↳ 보덕국2, 순수고구려1 • 10정 : 지방군, 한 주에 1정, 한산주(국경지대)에 2정 주둔

▲ 통일신라 5소경

4 신라 하대 정치 변동

(1) 진골귀족 : 골품제도 집착, 왕위 다툼에 몰두, 상대등↑, 시중↓
(2) 6두품 : 골품제 비판, 도당 유학으로 새로운 문물 도입, 호족과 결탁해 새로운 사회 추구
(3) 호족
- 지방에서 호족이라는 새로운 세력 성장, 중앙 정부의 통제에서 벗어나면서 반독립적 세력으로 성장
- 자기 근거지에 성을 쌓고 군대 보유(행정권과 군사권 장악)

> 사료 TIP
> 스스로 성주 또는 장군이라고 칭함

■ 총정리

1. 통일 신라 왕 순서 암기팁
   7세기 – 진 선 진 무 문 신
   8세기 – 성 경 혜 원
   9세기 – 헌 흥 진 경

2. 통일 신라 왕 암기팁 정리

신문왕	만국돌 9개
성덕왕	정발문(정전, 발해 공격, 문묘)
경덕왕	녹색 석화를 불에 태우다
혜공왕	난, 중대 끝
선덕왕	하대 시작
원성왕	독서 삼품과
헌덕왕	헌헌
흥덕왕	흥청법
진성여왕	애노 빨간바지
경순왕	마지막 왕, 사심관

3. 통치체제

중앙	지방	군사
14부	9주 5소경	9서당, 10정

사료 및 심화 자료

• 신문왕의 즉위

16일에 교서를 내리기를, "공이 있는 사람에게 상을 내리는 것은 옛 성인의 아름다운 규범이요, 죄가 있는 사람을 처벌하는 것은 선왕(先王)의 훌륭한 법이다. … (중략)… 역적의 우두머리 흠돌(欽突)·흥원(興元)·진공(眞功) 등은 날마다 탐욕스러운 뜻을 거리낌 없이 드러내 보이고 포학한 마음을 멋대로 부렸으며, 흉악하고 간사한 자들을 불러들이고 궁중의 근시들과 서로 결탁하여 화가 안팎으로 통하게 하였으며, 나쁜 무리들이 서로 도와 날짜와 기한을 정하여 반란을 일으키려고 하였다. …(중략)… 이 때문에 병사들을 끌어 모아 효경 같은 무도한 자들을 제거하고자 하였더니, 혹은 산골짜기로 도망쳐 숨고 혹은 대궐 뜰에 와서 항복하였다. …(중략)… 지금은 이미 요망한 무리들이 숙청되어 멀고 가까운 곳에 우려할 것이 없으니, 소집하였던 병마(兵馬)들을 빨리 돌려보내고 사방에 포고하여 이 뜻을 알게 하라!"라고 하였다.
— 『삼국사기』 신라본기, 신문왕 원년

• 대공의 난

7월 3일에 각간(角干) 대공(大恭)의 반란이 일어나고 서울과 5도(道) 주군(州郡)의 총 96명 각간이 서로 싸워 (나라가) 크게 어지러웠다. 각간 대공의 집이 망하자 그 집의 재산과 보물과 비단 등을 모두 왕궁으로 옮겼다. 신성(新城)의 장창(長倉)이 불에 타자 사량(沙梁)·모량(牟梁) 등의 마을 안에 있던 역적들이 보(寶)와 곡식도 왕궁으로 실어 들였다. 난리가 3개월 만에 그치고, 상을 받은 사람도 제법 많았으나 죽임을 당한 자도 수없이 많았다. 표훈(表訓)의 말에 나라가 위태롭다고 한 것이 이것이었다.
— 『삼국사기』, 혜공왕

• 초적의 발생과 농민 봉기

- 3월에 초적(草賊)이 사방에서 일어났으므로, 여러 주(州)와 군(郡)의 도독(都督)과 태수에게 명하여 붙잡게 하였다.
— 『삼국사기』 신라본기, 헌덕왕

- 3년(889)에 나라 안의 여러 주(州)·군(郡)에서 공물과 조세를 보내지 않아 나라의 창고가 텅 비어 나라의 씀씀이가 궁핍하게 되었으므로 왕이 사자를 보내 독촉하였다. 이로 말미암아 도적들이 곳곳에서 벌떼처럼 일어났다. 이에 원종(元宗)과 애노(哀奴) 등이 사벌주(沙伐州)를 근거지로 반란을 일으키자 왕이 나마(奈麻) 영기(令奇)에게 명하여 (이들을) 붙잡아 오도록 하였다.
— 『삼국사기』 신라본기, 진성왕

- 적고적(붉은 바지를 입은 도적)이 서남 지역에서 일어났는데 서울 서부 모량리까지 와서 약탈하였다.
— 『삼국사기』 신라본기, 진성왕, 효공왕

기출문제

01 밑줄 그은 '왕'에 대한 설명으로 옳은 것은? [2점]

한능검 고급 50회 4번

> 용이 검은 옥대를 바쳤다. ……왕이 놀라고 기뻐하여 오색 비단·금·옥으로 보답하고, 사람을 시켜 대나무를 베어서 바다로 나오자, 산과 용은 홀연히 사라져 보이지 않았다. 왕이 감은사에서 유숙하고 …… 행차에서 돌아와 그 대나무로 피리를 만들어 월성의 천존고에 보관하였다. 이 피리를 불면 적병이 물러가고 병이 나으며, 가물 때 비가 오고 비올 때 개며, 바람이 잦아들고 파도가 평온해졌다. 이를 만파식적(萬波息笛)이라 부르고 국보로 삼았다.
>
> -『삼국유사』-

① 병부와 상대등을 설치하였다.
② 이사부를 보내 우산국을 복속하였다.
③ 마립간이라는 칭호를 처음 사용하였다.
④ 매소성 전투에서 당의 군대를 격파하였다.
⑤ 김흠돌을 비롯한 진골 귀족 세력을 숙청하였다.

해설

만파식적이라는 단어가 있는 것으로 보아 밑줄 그은 왕이 신문왕이라는 것을 알 수 있다. 신문왕은 신라 제31대 왕으로 문무왕의 맏아들이다. 665년 태자가 되었고 682년 인재를 양성하기 위해 국학을 설치하고 685년 9주 5소경을 정비하였다. 민족 융합 정책을 실시하였고, 689년 녹읍을 폐지하고 귀족의 권한을 약화시키고 왕권을 강화하였다. 설총과 강수가 활약하였다. ⑤ 신문왕 즉위 초에 김흠돌의 난이 일어나자 진골 귀족 세력을 숙청하였다.

오답분석

① 병부와 상대등을 설치한 왕은 법흥왕이다.
② 우산국을 복속한 왕은 지증왕이다.
③ 마립간 칭호를 처음 사용한 왕은 내물왕이다.
④ 매소성에서 당군을 격파한 왕은 문무왕이다.

정답   ⑤

02 다음 검색창에 들어갈 왕의 재위 기간에 있었던 사실로 옳은 것은? [1점]

한능검 고급 49회 9번

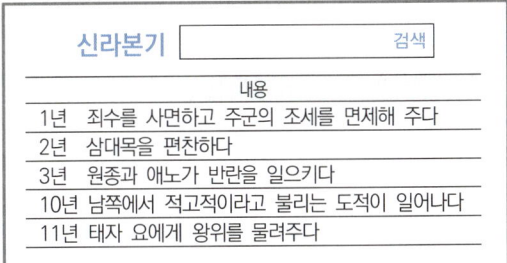

신라본기	검색
내용	
1년 죄수를 사면하고 주군의 조세를 면제해 주다	
2년 삼대목을 편찬하다	
3년 원종과 애노가 반란을 일으키다	
10년 남쪽에서 적고적이라고 불리는 도적이 일어나다	
11년 태자 요에게 왕위를 물려주다	

① 왕의 장인인 김흠돌이 반란을 도모하였다.
② 강조가 정변을 일으켜 김치양을 제거하였다.
③ 거칠부가 왕명을 받들어 국사를 편찬하였다.
④ 최치원이 왕에게 시무 10여 조를 건의하였다.
⑤ 복신과 도침 등이 부여풍을 왕으로 추대하였다.

해설

삼대목과 원종·애노의 반란, 적고적이 나오는 것으로 보아 왕은 신라 하대 진성여왕이라는 것을 알 수 있다. ④ 진성여왕시기 최치원이 왕에게 시무 10여 조를 건의했지만 진골귀족의 반발로 실현되지 못했다. 진성여왕은 신라 제51대 여왕으로 888년 각간 위홍과 대구화상에게 명하여 삼대목을 편찬하게 하였다. 진성여왕은 사치와 향락을 일삼아 국가 재정이 궁핍해져 백성들에게 세금을 독촉하였다. 당시 중앙에서는 왕위 쟁탈전으로 지방 통제가 약화되었다. 이 때 지방에서 독자적 세력인 호족이 성장하여 행정, 군사, 경제권을 장악하였다. 이에 따라 농민들은 국가와 호족에게 이중으로 세금을 내는 고통을 당하였다. 살기 어려워진 백성들은 민란을 일으켰고, 북원(현 원주)의 양길과 궁예, 완산주(현 전주)의 견훤 등이 봉기하였다. 이후 혼란한 시기인 후삼국시대가 전개되었다.

오답분석

① 김흠돌의 난은 신문왕시기에 일어났다.
② 강조의 정변은 고려 목종시기에 일어났다.
③ 거칠부가 국사를 편찬한 것은 진흥왕 시기이다.
⑤ 복신, 도침, 부여풍은 백제 부흥운동과 관련된 인물이다.

정답   ④

CHAPTER 10 발해

성적폭발에 최적화 된 전무후무 뇌과학 암기테크닉

1 왕

(1) 8C

✓ 사료 TIP 고구려 별종	고왕(대조영) **세우고!**	• 거란족 이진충의 반란을 틈타 고구려 유민이주 → 걸걸중상과 걸사비우 주도 • **동모산 기슭에서 '진' 건국 → 발해**(대조영은 걸걸중상 아들, 천문령 전투에서 이해고 격파) • 지배층 : 고구려계, 피지배층 : 말갈계 • 연호 : 천통(신라 효소왕 때) • 발해 군왕(당 현종에 의해 발해군왕으로 책봉)
✓ 사료 TIP 부여의 습속을 가지고 있습니다	무왕(대무예) **싸우고!**	• 연호 : 인안(신라 성덕왕 때) • **북만주 장악(흑수말갈 공격)** • **요서 지방에서 당과 충돌, 산둥반도 덩저우 공격(장문휴), 덩저우 자사 위준×** • 돌궐, 일본과 교류(일본도 개설, 727)
✓ 암기 TIP 중상동	문왕(대흠무) **화해하고!**	• 천도 : 동모산 → **중경 → 상경 → 동경** • **당과 교류(조공도, 빈공과 응시, 주작대로), 신라 교류(신라도, 신라 경덕왕 때), 안사의 난을 틈타 요하까지 영토 확장** • **일본 외교문서 : "나 고려국왕 대흠무"** • 중앙통치기구 : 3성 6부제, 국립교육기관 주자감 설치 • 연호 : 대흥 • 황제국 표방(정효공주묘 황상), 발해 국왕(당에서 책봉) • 불교 전륜성왕 이념 수용(대흥보력효감금륜성법대왕)
✓ 암기 TIP 동상	성왕(대화여)	• 천도 : **동경 → 상경(마지막 천도)** • 연호 : 중흥

(2) 9C

선왕(대인수) **전성기!**	• 대조영의 아우 대야발의 4대손(왕 계보 바뀜) • **전성기 : 해동성국, 최대영토 차지(요동-연해주), 요동 장악** • 연호 : 건흥(신라 흥덕왕 때) • **지방제도 : 5경(상, 중, 동, 서, 남경) 15부 62주(지방체제 정비)** • 대부분의 말갈족 복속
애왕(대인선) **망하고!**	• **발해 멸망, 거란족 야율아보기(926)**, 거란의 동단국 건설 • 발해 부흥운동 : 후발해, 정안국

✓ 암기 TIP

• 발해전체 흐름

고 무 문 성 선 애 – 고왕, 무왕, 문왕, 성왕, 선왕, 애왕
세 싸 화   전 망 – 세우고, 싸우고, 화해하고,   전성기, 망하고
천 인 대   건   – 천통,   인안,   대흥,   건흥

2 통치체제

(1) 중앙 : 3성 6부 - 당의 3성 6부제 수용했으나 명칭과 운영은 독자성 유지

① 3성 : 정당성(왕명집행, 대내상이 국정총괄), 선조성(왕명반포), 중대성(왕명작성)

② 6부 : 이원적 통치체제, 유교적 명칭 사용, 좌사정(충, 인, 의), 우사정(지, 예, 신)으로 구성

③ 중정대(감찰), 문적원(서적), 주자감(교육)

(2) 지방 : 5경 15부 62주(선왕)

① 5경 : 상경용천부, 중경현덕부, 서경압록부(조공도), 동경용원부(일본도), 남경남해부(신라도)

② 15부 : 지방 행정의 중심지, 도독 파견

③ 62주 : 부 아래 하부 행정 단위, 자사 파견

④ 현 : 현승 파견 / 촌락 : 수령이라 불리는 촌장(고구려 유민 출신)을 매개로 지배(자치)

(3) 군사

① 중앙군 : 10위 - 왕궁과 수도 경비, 대장군, 장군 지휘

② 지방군 : 농병일치로 지방관이 지휘

※ 발해 5도

- 거란도(담비의 길) : 상경-부여부
- 일본도 : 상경-동경
- 조공도(당) : 상경-서경압록부
- 신라도 : 상경-남경남해부
- 영주도 : 상경-영주

■ 총정리

1. 발해 왕

   고 무 문 성 선 애 - 고왕, 무왕, 문왕,　　성왕, 선왕, 애왕
   세 싸 화　 전 망 - 세우고, 싸우고, 화해하고,　전성기, 망하고
   천 인 대　 건　 - 천통, 인안, 대흥,　　　　건흥

2. 통치체제
   ① 정당성 → 최고기구 ② 중대성 → 3성 중 하나 ③ 중정대 → 감찰
   ④ 주자감 → 교육 ⑤ 문적원 → 서적

 암기 TIP

정 중하게 주 문한다

사료 및 심화 자료

• 남북국 시대

고려가 발해사를 편찬하지 않았으나 고려의 국세가 떨치지 못하였음을 알 수 있다. … (중략) … 부여씨가 망하고 고씨가 망한 다음 김씨가 차지하고, 대씨가 북쪽을 차지하고는 발해라 했으니, 이것을 남북국이라 한다.
- 유득공, 『발해고』

삼한의 여러 나라들이 통합되어 삼국을 이루었으니 신라, 가야, 백제가 그것이다. 그 후 가야가 망하고 고구려가 남쪽으로 천도하여 다시금 삼국을 이루었다. 고구려와 백제가 멸망한 뒤 50년 만에 발해가 다시 고구려의 옛 땅을 이어받아 신라와 더불어 200여 년 간 남북국을 이루었다.
- 김정호, 『대동지지』

• 발해 건국

발해 말갈의 대조영은 본래 고구려의 별종이다. 고구려가 망하자 대조영은 그 무리를 이끌고 영주로 이사하였다. …… 대조영은 드디어 그 무리를 이끌고 동쪽 계루의 옛 땅으로 들어가 동모산을 거점으로 성을 쌓고 거주하였다. 대조영은 용맹하고 병사 다루기를 잘하였으므로 말갈의 무리와 고구려의 남은 무리가 점차 그에게 들어갔다.
- 『구당서』

• 발해 기록 문헌

제왕운기(이승휴) : 발해를 우리 역사로 파악하여 서술한 최초의 사서이다.
발해고(유득공) : 최초로 발해만의 역사를 정리한 역사서이다. 발해를 고구려에 부속된 나라가 아니라 신라와 대등한 국가로 인식하여, 남북국 시대론을 주장하였다.

기출문제

01 (가) 국가에 대한 설명으로 옳은 것은? [2점]
■ 한능검 심화 47회 6번 문제

> **(가)의 무왕이 일본에 보낸 국서**
>
> 속일본기에 "(가)의 왕 대무예가 고인의(高仁義) 등을 보내어 국서와 선물을 보냈다."라고 기록되어 있다. …… 고인의, 덕주, 사나루 등 24명에게 서신을 가지고 가도록 하였고, 아울러 담비 가죽 300장을 정중히 보냅니다. 때때로 소식을 보내 우의를 두텁게 하고자 합니다.
> -『해동역사』-

① 지방의 22담로에 왕족을 파견하였다.
② 교육 기관으로 태학과 경당을 두었다.
③ 골품에 따라 관등 승진에 제한이 있었다.
④ 화백 회의에서 국가의 중대사를 논의하였다.
⑤ 거란도, 영주도 등을 통해 주변 국가와 교류하였다.

해설
대무예는 발해 무왕의 이름이다. 무왕은 고왕의 아들로 흑수말갈을 공격하고 당을 공격한 왕으로 이로 인해 발해는 주변의 여러 부족들과 소국을 거느린 강대국으로 성장할 수 있었다. ⑤ 발해는 거란도, 영주도, 신라도, 조공도, 일본도와 같은 발해 5도를 통해 주변 국가와 교류하였다.

오답분석
① 22담로를 파견한 나라는 백제이다.
② 태학과 경당을 설치한 나라는 고구려이다.
③ 골품이 있었던 나라는 신라이다.
④ 화백회의가 있었던 나라는 신라이다.

정답 ⑤

02 (가) 국가에 대한 설명으로 옳은 것은? [2점]
■ 한능검 심화 50회 8번 문제

> **(가), 남북국 시대를 열다**
>
> 〈1부〉 동모산에 도읍하고 나라를 세우다.
> 〈2부〉 당의 등주를 공격하고 요서에서 격돌하다.
> 〈3부〉 일본에 국서를 보내어 고려 국왕이라 칭하다.
> 2020년 10월 ○○일~○○일 밤 10시

① 9서당 10정의 군사 조직을 갖추었다.
② 정당성의 대내상이 국정을 총괄하였다.
③ 지방관을 감찰하기 위해 외사정을 파견하였다.
④ 위화부 등 13부를 두어 행정 업무를 분담하였다.
⑤ 마진이라는 국호와 무태라는 연호를 사용하였다.

해설
남북국, 동모산, 당 등주 공격, 고려 국왕이라는 단어를 통해 (가)국이 발해라는 것을 유추 할 수 있다. ② 발해 중앙 정치를 움직이는 핵심 부서는 정당성이었다. 정당성은 귀족들이 국가의 중요한 일을 의논하고 결정하는 회의기구였다. 장관은 대내상인데, 정당성의 대내상은 선조성과 중대성에 명령을 내렸다. 그리고 6부를 3부씩 나누어 각각 관리를 두어 통제하였다.

오답분석
① 9서당 10정은 통일신라 군사제도이다.
③ 외사정을 지방에 파견한 국가는 통일신라이다.
④ 위화부 등 13부를 두었던 국가는 통일신라이다.
⑤ 마진이라는 국호와 무태라는 연호를 쓴 사람은 궁예이다.

정답 ②

CHAPTER 11 녹읍, 민정문서(고대 경제)

1 토지제도 : 녹읍은 왕권과 밀접한 관련성을 가지고 있다.

(1) 녹읍 : 수조권 + 노동력 수취권(사병), 지역 단위로 지급

(2) 토지제도 변천과정

신문왕	관료전 지급(수조권), 녹읍 폐지 → 왕권 강화
성덕왕	정전 지급(농민에게 토지지급-세금) → 왕↑
경덕왕	진골의 강력한 요청으로 녹읍 부활 → 왕↓
혜공왕	진골 귀족 대공, 대렴의 난, 김지정의 난(→ 혜공왕×), 중대 끝
소성왕	청주 거노현을 국학생의 녹읍으로 삼았다

암기 TIP
ㄱㄴㅈㄴ - 관료전 지급, 녹읍폐지(신문왕), 정전 지급(성덕왕), 녹읍 부활(경덕왕)
신 성 경

2 민정문서(촌락문서, 신라장적)

의의	조세 징수 + 부역 징발 문서(현존 신라 유일한 자료)
발견	일본 동대사 정창원 발견(도다이샤 쇼소인) - 1933년
대상지역	서원경(청주) 4개 촌락 → 사해점촌, 살하지촌
작성 방법	촌주가 3년마다 작성(지방관×), 매년 조사, 매년 세금 납부
내용 (노동력 + 인구 + 생산자원)	• 촌 면적(촌락 크기, 토지 종류·면적) • 호 : 9등급(상상 ~ 하하, 사람 수 기준) • 민 : 6등급(나이, 남·녀 구분) • 가축 : 소, 말(개×, 닭×, 돼지×) • 유실수 : 뽕, 잣, 호두나무(사과×) + 삼밭 기록 • 주 생산층 : 일반인, 노비×(노비도 조사했지만 5%) • 하하호, 여자 대다수, 인구의 증감 기록했음
토지	촌주위답 - 촌주에게 지급(수조권) 관모답 - 관 소유 토지(공동경작) 내시령답 - 내시령(중앙장관, 공동경작) 연수유전답 - 민전, 개인사유지, 정(일반민) 마전 - 마을 공동 경작

▲ 신라 민정문서

▲ 장보고

3 무역

최대 무역항	울산항, 이슬람 상인 울산항 내왕, 장보고 활동(청해진(완도)설치, 법화원)
당나라 교류	공무역, 사무역 발달, 남로(영암-상하이), 북로(당항성-산둥반도) 신라방(거주지), 신라소(관청), 신라관(여관), 신라원(절, 법화원)
일본 교류	8세기 이후 교류, 쓰시마에 엮어서 만듦(통역관 양성)

▲ 청해진 유적지

4 발해

(1) 경제활동

농업	밭농사 중심(일부지역 벼농사)
수공업	금속가공, 직물, 도자기 발달
목축	솔빈부 말 수출, 모피, 녹용, 사향

(2) 무역

대당무역 발달	산둥반도 덩저우에 발해관 설치(당나라가 설치)
발해5도	조공도(당과 교류, 서경압록부 중심), 일본도(일본과 교류, 동경용원부), 신라도(남경남 해부), 거란도(거란과 교류, 담비의 길), 영주도(영주와 교류)
수출	모피, 인삼, 자기, 불상, 솔빈부 말
수입	비단, 책

▲ 남북국 시대 무역로

■ 총정리 및 암기팁

1. 토지제도
   ㄱ ㄴ ㅈ ㄴ - 관료전 지급, 녹읍폐지(신문왕), 정전 지급(성덕왕), 녹읍 부활(경덕왕)
   　　　　　　 신　성　경

2. 민정문서
   3 6 9 / 촌 민 호 - 3년마다 촌주가 작성, 민이 6등급, 호가 9등급

🔵 사료 및 심화 자료

• 토지 관련 사료 (삼국사기)

- 신문왕 7년 5월 문무 관료전을 지급하되 차등을 두었다.
- 신문왕 9년 1월 내외관의 녹읍을 혁파하고 매년 조를 내리되 차등이 있게 하여 이로써 영원한 법칙을 삼았다. → 녹봉지급
- 성덕왕 21년 8월 : 처음으로 백성에게 정전을 지급하였다.
- 경덕왕 16년 3월 : 여러 내외관의 월봉을 없애고 다시 녹을 나누어 주었다.
- 소성왕 원년 3월 : 청주 거노현을 국학생의 녹읍으로 삼았다.

• 민정문서

"이 고을 사해점촌을 조사하니, 마을 크기가 5,725보이다. 공연수(호수)는 합하여 11호가 된다. 마을의 모든 사람의 숫자를 합하면 147명이고, 그 가운데 전부터 계속 살아온 사람과 3년 사이에 태어난 자를 합하면 145명이 된다. 정이 29명(노비 1명 포함), 조자가 7명(노비 1명 포함), 추자가 12명, 소자가 10명, 3년간 태어난 소자가 5인, 제공은 1명이다. 가축으로는 말이 25마리가 있고 그 가운데 전부터 있던 것이 22마리, 3년 사이에 보충된 말이 3마리이다. 소는 22마리가 있고 그 가운데 전부터 있던 것이 17마리, 3년 동안 늘어난 소는 5마리이다. 논은 102결 2부 4속이며 관모전이 4결, 내시령 답이 4결, 연수유답이 94결 2부 4속이며 이 가운데 촌주가 그 직위로써 받은 논 19결 70부가 포함되어 있다. 밭은 62결 10부 5속이 있다. 뽕나무는 모두 1,004그루였으며 3년간 심은 것이 90그루, 그 전부터 있던 것이 914그루이다. ……"

• 해상 세력의 성장

장보고는 신라로 돌아와 흥덕왕을 찾아와 만나서 말하기를 "중국에서는 널리 우리나라 사람들을 노비로 삼으니 청해진을 만들어 적으로 하여금 사람들을 약탈하지 못하도록 하기를 원하나이다."라고 하였다. 청해는 신라의 요충으로 지금의 완도를 말하는데, 대왕은 그 말을 따라 장보고에게 군사 만 명을 거느리고 해상을 방비하게 하니 그 후로는 해상으로 나간 사람들이 잡혀가는 일이 없었다. — 『삼국사기』

문성왕 8년(846) 청해진 대사 궁복(장보고)이 자기 딸을 왕비로 맞지 않는 것을 원망하고 청해진을 근거로 반란을 일으켰다. 13년(851) 2월에 청해진을 파하고 그곳 백성들을 벽골군으로 옮겼다. — 『삼국사기』

기출문제

01 다음 문서를 제작한 국가의 경제 상황에 대한 설명으로 옳은 것은? [3점] ■ 한능검 고급 34회 8번

이 문서는 1933년 일본 도다이사(東大寺) 쇼소인(正倉院)에서 발견되었다. 이 문서에는 촌락마다 호(戶)의 등급과 변동 상황, 성별·연령별 인구의 규모가 파악되어 있으며, 논·밭의 면적 등이 기록되어 있다.

① 모내기법이 전국적으로 확산되었다.
② 빈민 구제를 위한 진대법이 실시되었다.
③ 시장을 감독하는 관청인 동시전이 있었다.
④ 감자, 고구마 등의 구황 작물이 재배되었다.
⑤ 우리 풍토에 맞는 농법을 기록한 농사직설이 편찬되었다.

해설
도다이사 쇼소인에서 발견된 문서는 신라의 민정문서이다. 통일신라는 촌락의 토지 크기, 인구 수, 소와 말의 수, 토산물 등을 파악하는 문서를 만들고, 조세·공물·부역 등을 거두었으며, 변동 사항을 조사하여 3년마다 문서를 다시 작성하였다. 이것이 민정문서로, 1933년 일본 도다이 사(東大寺) 쇼소인(正倉院)에서 발견되어 당시 촌락의 경제 상황과 국가의 세무행정을 알 수 있다. 이는 신라 장적, 또는 신라 촌락문서, 민정문서라고도 한다. ③ 시장을 감독하는 관청인 동시전은 지증왕시기에 만들어졌던 신라 시대 관청이다.

오답분석
① 모내기법이 전국적으로 확산된 시기는 조선시대이다.
② 진대법은 고구려 고국천왕이 실시하였다.
④ 감자, 고구마 등의 구황작물이 재배된 시기는 조선후기이다.
⑤ 농사직설이 편찬된 시기는 조선 세종시기이다.

정답 ③

---

02 밑줄 그은 '그'에 대한 설명으로 옳은 것은? ■ 한능검 중급 43회 7번

청해진 모형 전시물

당, 신라, 일본을 잇는 해상 무역권을 장악했던 그의 이름을 딴 기념관이 완도에 만들어졌습니다. 기념관 내부에는 그가 설치했던 청해진이 모형으로 재현되어 있습니다.

① 우산국을 정벌하였다.
② 강동 6주를 획득하였다.
③ 왕오천축국전을 저술하였다.
④ 산둥반도에 법화원을 건립하였다.
⑤ 안시성 전투에서 크게 승리하였다.

해설
청해진을 설치한 사람은 장보고이다. 장보고는 신라 말기에 활약한 장군이자 정치가이다. 지금의 완도 지방에 군사 기지인 청해진을 세운 뒤 해적을 소탕해 바다의 질서를 바로잡았다. 주변 국가들과의 무역으로 막대한 부를 쌓아 '해상왕'이라고 불렸으며, 846년에 그를 시기한 귀족들에 의해 암살당했다. ④ 장보고는 산둥반도에 법화원을 건립하였다.

오답분석
① 우산국을 정벌한 장군은 이사부이다.
② 강동 6주를 획득한 사람은 서희이다.
③ 왕오천축국전을 저술한 사람은 혜초이다.
⑤ 안시성 전투에서 승리한 사람은 정확히 알 수 없지만 야사에는 양만춘 장군이라고 한다.

정답 ④

CHAPTER 12 고대 신분제, 화랑, 화백, 골품제도

1 고구려

사회 특징	씩씩한 사회 기풍, 약탈 경제(부경), 5부족 연맹체, 귀족회의(제가회의), 계루부 고씨(왕족), 대외 정복 활발
법률	감옥(뇌옥)×, 형벌 엄격, 반역자 화형에 처한 후 다시 목을 베었고, 그 가족을 노비로 삼음, 적에게 항복한 자 사형, 전쟁에 패배한 자 사형, 1책 12법
혼인풍습	서옥제, 형사취수제, 평민층은 자유연애, 남자집에서 돼지고기 술을 보낼뿐 다른 예물을 주지 않음(매매혼×)
신분제	가, 대가(귀족), 호민(부유층), 하호(평민-물자운반, 무기×), 노비(천민, 전쟁노비)
진대법	고국천왕 때 을파소가 건의함, 춘대추납, 빈농구제, 왕권강화(귀족세력 억제)

2 백제

사회특징	상무적 기풍(말타기, 활쏘기), 고구려와 사회 기풍이 비슷하다
신분	• 귀족(8성 - 진,해,사,연,협,목,백,국), 부여씨(왕족), 진씨(왕비족) • 6관등 나솔이상은 은제관식
법률	• 간음한 자 남자집 노비(여자만), 도둑질한 자(귀양, 2배 배상), 뇌물·횡령(금고형, 3배 배상) • 반역, 전쟁에서 퇴각, 살인자는 사형

3 신라

(1) 화랑제도 : 원시사회, 청소년 조직 기원 → 진흥왕 때 국가 조직화(통일 이후 약화)

　① 구성 : 화랑(진골) 1명 + 국선(승려, 교사) + 낭도(귀족, 평민)

　② 신분 갈등완화 기능, 군사력↑

　③ 원광 세속오계(화랑규율, 호국불교 - 살생유택), 임신서기석(화랑 유교 경전 공부 약속), 최치원 난랑비문

(2) 화백회의 : 귀족회의, 상대등 주관, 만장일치제(남당에서 유래), 6세기(지증왕, 법흥왕, 진흥왕) 전성기 → 진지왕 폐위시킴(왕권 견제)

(3) 골품제 : 족장 편입 과정, 법흥왕 완비, 폐쇄적 신분 구조, 왕경인, 소경인 대상(지방민×), 일반생활규제(가옥규모, 복식, 수레 등 규정)

▲ 임신서기석

신분			관직		복색 (관등기준)
골 (혈통)	왕족	성골	진평왕 직계	혁거세 ~ 진덕여왕 → 소멸	
		진골	이벌찬 ~ 대아찬	무열왕 ~ 경순왕	자색
품 (관품)	6두품		아찬 ~ 급벌찬		비색
	5두품		대나마 ~ 나마		청색
	4두품		대사 ~ 조위		황색
	3 ~ 1두품		평민화		

☑ 암기 TIP
골품제 : 이대 아~ 급 – 이벌찬, 대아찬, 아찬, 급벌찬

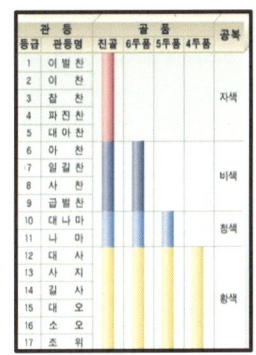
▲ 골품제

※ 6두품

- 대부족장 출신, 6관등 아찬까지 승진, 중앙장관×, 득난
- 중대 – 왕과 결탁 / 하대 – 호족과 결탁 ⇒ 신분제 한계 종교·학문 분야 진출, 중위제 실시
  (골품 한계성 보완, 아찬(4등급), 대나마(9등급), 나마(7등급))

※ 6두품 대표적 인물

① 원효 : 일심, 화쟁사상
② 설총 : 화왕계, 이두·향찰 정리
③ 강수 : 불교를 세외교라고 비판, 유교 공부, 외교문서–답설인귀서, 청방인문서
④ 최치원 : 도당유학생, 귀국 후 시무 10조, 토황소격문, 계원필경, 제왕연대력, 난랑비문

4 신라하대

호족 등장	지방의 반독립적 세력, 6두품과 결탁하여 골품제 비판, 스스로 성주나 장군 칭함, 선종, 풍수지리 유행, 농민반란↑
6두품	반 신라적 경향, 호족과 결탁, 대표적 6두품 – 최치원, 최승우, 최언위 등
통일 신라 귀족의 생활	금입택(호화주택), 사절유택(계절에 따라 거주지 변경), 녹읍, 식읍, 고리대로 재산 축적, 사치품 사용 cf. 흥덕왕 시기 사치금지령 실시
평민	자영농이 귀족에게 토지를 약탈당해 소작농이 되거나 귀족에게 진 빚을 갚지 못하고 노비로 전락하는 경우가 다수 생김(농민 몰락) → 민란 발생(원종 애노의 난, 적고적의 난)
노비	삼국 – 전쟁노비, 통신 – 채무노비

▲ 신라 동궁과 월지 전경

▲ 신라 동궁과 월지(안압지)

▲ 주령구(신라 주사위, 안압지 출토)

5 발해

지배층	왕족 대씨와 귀족 고씨 등 고구려계와 일부 말갈족(양씨) ⇒ 당 빈공과 응시 (등제서열)
피지배층	발해 주민 중 다수가 말갈인
사회 특징	당 제도와 문화 + 고구려문화 + 말갈 전통생활 모습

◉ 사료 및 심화 자료

• 최치원

> 최치원(崔致遠)은 「난랑비(鸞郎碑)」 서문에서 말하기를, "나라에 현묘(玄妙)한 도(道)가 있으니, (이를) 일러 풍류(風流)라고 한다. 가르침의 근원은 선사(仙史)에 자세히 실려 있는데, 실로 곧 삼교를 포함하여 뭇 백성을 교화하는 것이다. 장차 집에 들어와서는 효를 행하고 나가서는 나라에 충성을 하는 것이 노(魯)나라 사구의 가르침이요(유교), 자연 그대로 일을 하면서도 말없이 가르침을 실천하는 것이 주나라 주사의 근본이요(도교), 모든 악을 만들지 말고 모든 선을 받들어 행하는 것이 축건태자의 가르침(불교)이다"라고 하였다. - 『삼국사기』

• 골품제의 생활 규제

> 4두품에서 백성에 이르기까지는 방의 길이와 너비가 15척을 넘지 못한다. 느릅나무를 쓰지 못하고, 우물 천장을 만들지 못하며, 짐승 머리 모양의 지붕 장식이나 높은 처마 …… 등을 두지 못하며, 금은이나 구리 …… 등으로 장식하지 못한다. 섬돌로는 산의 돌을 쓰지 못한다. 담장은 6척을 넘지 못하고, 또 보를 가설하지 않으며 석회를 칠하지 못한다. 대문과 사방문을 만들지 못하고 마굿간에는 말 2마리를 둘 수 있다. - 『삼국사기』

• 골품제의 모순

> 최치원이 서쪽으로 당에 가서 벼슬을 하다가 고국에 돌아왔는데 전후에 난세를 만나서 처지가 곤란하였으며 걸핏하면 모함을 받아 죄에 걸리겠으므로 스스로 때를 만나지 못한 것을 한탄하고 다시 벼슬할 뜻을 두지 않았다. 그는 세속과 관계를 끊고 자유로운 몸이 되어 숲속과 강이나 바닷가에 정자를 짓고 소나무와 대나무를 심으며 책을 벗하여 자연을 노래하였다. - 『삼국사기』

> 설계두는 신라의 귀족 자손이다. 일찍이 친구 네 사람과 술을 마시며 각기 그 뜻을 말할 때 "신라는 사람을 쓰는 데 골품을 따져서 그 족속이 아니면 비록 뛰어난 재주와 큰 공이 있어도 한도를 넘지 못한다. 나는 멀리 중국에 가서 출중한 지략을 발휘하고 비상한 공을 세워 영화를 누리며, 높은 관직에 어울리는 칼을 차고 천자 곁에 출입하기를 원한다."라고 하였다. 그는 621년 몰래 배를 타고 당으로 갔다. - 『삼국사기』

기출문제

01 (가) 국가에 대한 설명으로 옳은 것은? [2점]

▎한능검 중급 42회 7번

> S# 12. 당 황제와 관리의 대화
> 황제 : 고구려와의 전투에서 용맹하게 싸우다 죽은 이 자는 누구인가?
> 관리 : (가)에서 온 설계두입니다.
> 황제 : 외국인이 우리를 위해 목숨을 바쳤으니 어떻게 그 공을 갚겠는가? 그의 소원이 무엇이더냐?
> 관리 : 설계두는 본국에서 진골이 고위 관직을 독점하는 데 불만을 품고 우리나라에 오게 되었다고 합니다. 그의 소원은 고관대작이 되어 천자의 곁에 출입하는 것이었습니다.
> 황제 : 그에게 대장군의 관직을 주고 예를 갖추어 장례를 치르도록 하라.

① 기인 제도를 시행하였다.
② 영고라는 제천 행사를 열었다.
③ 전성기에 해동성국으로도 불렸다.
④ 정사암 회의에서 국가의 중대사를 결정하였다.
⑤ 화랑도를 국가적인 조직으로 개편하여 운영하였다.

🔍 **해설**

설계두는 신라 6두품 출신 군인으로 신라에서 당으로 이주해 군인이 된 사람이다. ⑤ 신라는 청소년 군사조직인 화랑제도를 국가 조직으로 개편하여 운영하였다.

🔍 **오답분석**

① 기인제도는 고려시대 지방호족 인질제도이다.
② 영고는 부여의 제천행사이다.
③ 해동성국은 발해를 뜻하는 말이다.
④ 정사암회의를 한 나라는 백제이다.

🔍 **정답**   ⑤

CHAPTER 13 고대 불교 문화

1 불교 사상 발달(승려)

(1) 고구려 : 삼론종(승랑) → 혜관(일본전파)

(2) 백제 : 계율종(겸익 : 인도에서 율종 불경을 가지고 돌아와 번역) → 신라 자장에 영향

(3) 신라

원광	진골 출신, 진평왕, 중국 유학, **수나라에게 고구려 공격하는 〈걸사표〉 씀, 화랑계율 → 〈세속오계〉** ☑ 암기TIP 걸속 - 걸사표, 세속오계
자장	진골, 선덕여왕, 황룡사 9층 목탑(= 호국불교), 계율종 창시 ☑ 암기TIP 자장 9개 - 자장 황룡사 9층목탑
원효 (설서당)	• 6두품, 무열왕~문무왕 때 활동, 도당유학 실패(**해골물, 일체유심조**), 법성종 개창(**분황사**), **아미타불 숭상** • 무열왕 때 요석궁 공주와 파계 → **설총**(화왕계, 신문왕) → 파계 후 평상복 입고 **소성거사 자처(무애가, 나무아미타불, 불교대중화)** • 여러 종파 통합 시도(통합불교, 중관 + 유식) → **화쟁사상, 일심사상(일체유심조), 원융회통** • 불교 이해 기준 마련 • 서적 4개 ① 대승기신론소(대승불교해설) ② **금강삼매경론(금강삼매설명)** 　　　　　　③ **십문화쟁론(화쟁설명)** ④ 화엄경소(화엄경설명) • 대중 불교 → **정토종**, 무애가 - 일본전파, 하쿠호 문화 설립에 기여
의상	• 진골, 중국 유학파, 지엄문하에서 수학, 해동화엄종 시작, 원융사상(통합) • 문무왕~신문왕 때 활약, 문무왕의 축성건의를 반대, 전제왕권 지지(왕권 강화) • 사상 : **일즉다 다즉일, 〈화엄일승법계도〉 ⇒ 상호의존성, 상호연관성** • 교단 : **화엄종 창시, 부석사·봉정사·낙산사(관세음신앙)** • 관음신앙 : **나무아미타불 관세음보살** • 저서 : **화엄일승법계도**(화엄사상의 핵심요체를 그림과 글씨로요약)
원측	• 문무왕 때 당의 현장에게 유식 불교를 배움 • 중국(당) 서명사에서 자기 학설 강의, 〈**해심밀경소**〉 - 경전 해설서
혜초	• 〈**왕오천축국전**〉 : 인도, 중앙아시아 풍경 기록, 프랑스 펠리오가 중국 둔황에서 발견 → 프랑스 보관

☑ 암기TIP
광장에 원효 의원이 초친다 - 원광, 자장, 원효, 의상, 원측, 혜초

☑ 암기TIP
아정분 일화통일 - 아미타 사상, 정토종, 분황사, 일심, 화쟁, 원융회통(통합불교), 일본에 전파

☑ 암기TIP
일화 관부상 - 일즉다 다즉일, 화엄, 관음, 부석사, 상호의존성

☑ 암기TIP
원해 - 원측, 해심밀경소

☑ 암기TIP
왕초 - 왕오천축국전, 혜초

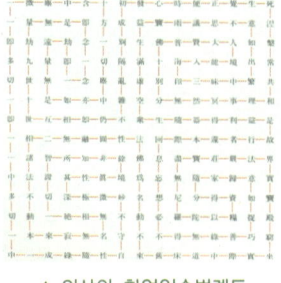
▲ 의상의 화엄일승법계도

▲ 영주 부석사

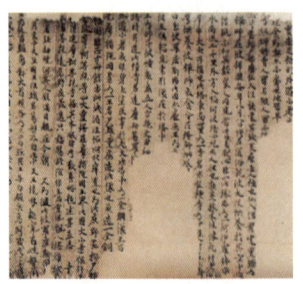
▲ 혜초의 왕오천축국전

● 교종 vs 선종

교 종	선 종
경전 중시	수행·참선
권위·전통	형식·권위 부정
조형미술↑	조형미술↓, 승탑유행
	불립문자

교종 5교	9산선문
열반종 – 보덕, 경복사 계율종 – 자장, 통도사 법성종 – 원효, 분황사 화엄종 – 의상, 부석사 법상종 – 진표, 금산사	최초의 9산 선문 – 가지산파(도의) 마지막 9산 선문 – 수미산파(이엄)

2 선종

(1) 전래 : 통일기 무렵 전래(법랑-선덕여왕, 신행-혜공왕) → 신라 말 혼란기에 유행(820년 도의선사, 선덕왕·헌덕왕)

(2) 성격

- 실천적, 혁신적 성격, 사색과 참선, 개인적 정신 세계 추구 → 불립문자, 견성오도, 이심전심, 염화미소
- 지방호족의 이념적 지주 → 9산 선문 형성
- 지방문화역량 증대, 고려 개창의 사상적 기반
- 조형미술쇠퇴(교종의 권위 배격)

▲9산 선문

3 풍수지리설

(1) 전래 : 신라 하대 도선이 중국에서 전래

(2) 성격 : 산세와 수세를 살펴 도읍, 주택, 묘지 선정 + 도참 사상 결합 ⇒ 예언

(3) 영향 : 경주 중심 개념에서 벗어나 지방의 중요성 자각, 신라 정부 권위 약화, 고려 개창 사상 기반

※ 호국불교

1. 황룡사 9층목탑 2. 백고좌회(인왕경) 3. 팔관회 4. 감은사(신문왕), 대왕암, 만파식적
5. 화랑도(세속 5계) 6. 대장경 조판(초조·재조) 7. 승병 : 별기군(항마), 임란(유정·휴정)

※ 미륵신앙

1. 화랑도 2. 미륵사 3. 향도 4. 세도정치기 민란 5. 궁예

■ 총정리 및 암기팁

불교 승려 : 광장에 원효 의원이 초친다 – 원광, 자장, 원효, 의상, 원측, 혜초		
원광	걸 속 – 걸사표, 세속오계	
자장	자장 9개 – 자장 황룡사 9층목탑	
원효	아정분 일화통일 – 아미타 사상, 정토종, 분황사, 일심, 화쟁, 원융회통(통합불교), 일본에 전파	
의상	일화 관부상 – 일즉다 다즉일, 화엄, 관음, 부석사, 상호의존성	
원측	원 해 – 원측, 해심밀경소	
혜초	왕 초 – 왕오천축국전, 혜초	

사료

• 원효의 불교사상

원효가 이미 계율을 잃어버려 설총을 낳은 이후 속인의 옷으로 바꾸어 입고 스스로 소성거사(小姓居士)라고 하였다. 우연히 광대들이 놀리는 큰 박을 얻었는데 그 모양이 괴이하였다. 그 모양대로 도구를 만들어 「화엄경(華嚴經)」의 "일체 무애인(無㝵人)은 한 길로 생사를 벗어난다"라는 (문구에서) 이름을 '무애'라고 하고 이에 노래를 지어 세상에 퍼뜨렸다. 일찍이 이것을 가지고 많은 촌락에서 노래하고 춤 추며 교화하고 읊으며 돌아오니 가난하고 무지몽매한 무리까지도 모두 부처의 호를 알게 되었고, 모두 나무아미타불을 부르게 되었으니, 원효의 법화(法化)가 컸던 것이다. ……(중략)……
– 『삼국유사』

• 원효의 사상

크다 하나 바늘구멍 하나 없더라도 쑥 들어가고, 작다 하나 어떤 큰 것이라도 감싸지 못함이 없다. 있다 하나 한결같이 텅 비어있고, 없다 하나 만물이 다 이것으로 나온다. 이것을 무어라 이름을 붙일 수 없으므로 억지로 대승이라고 하였다.…… 도를 닦는 자에게 온갖 경계를 모두 없애 '하나의 마음(一心)'으로 되돌아가게 하고자 한다.
– 「대승기신론소」

• 화엄일승법계도

법성은 원융하여 두 모습이 없으니 제법은 부동하여 본래 고요해 이름도 형상도 없어 일체를 여의었으니 깨달은 그것이지 다른 경지가 아니다. 진성은 참으로 깊고도 오묘하니 자성을 지키지 않고 연을 따라 이룬다. 하나 안에 일체요, 모두 안에 하나, 하나가 곧 일체요, 모두가 곧 하나이다.

• 신라 말기 선종 불교의 영향

820년 초에 승려 도의가 서쪽으로 바다를 건너가 당나라 서당 대사의 깊은 뜻을 보고 지혜의 빛이 스승과 비슷해져서 돌아왔으니, 그가 그윽한 이치를 처음 전한 사람이다. …… 그러나 메추라기의 작은 날개를 자랑하는 무리들이 큰 붕새가 남쪽으로 가려는 높은 뜻을 헐뜯고, 기왕에 공부했던 경전 외우는 데만 마음이 쏠려 선종을 마귀 같다고 다투어 비웃었다. 그래서 도의는 빛을 숨기고 자취를 감추어 서울에 갈 생각을 버리고 마침내 북산에 은둔하였다.
– 봉암사 지증대사 적조탑비 비문

기출문제

01 (가) 인물에 대한 설명으로 옳은 것은? [1점]

한능검 심화 47회 9번

> (가) 은/는 설총을 낳은 이후 속인의 옷으로 바꾸어 입고 스스로 소성거사라고 하였다. 우연히 광대들이 갖고 놀던 큰 박을 얻었는데 그 모양이 괴이하였다. 그 모양을 따라서 도구로 만들어 화엄경의 구절에서 이름을 따와 '무애(無㝵)'라고 하고, 노래를 지어 세상에 퍼뜨렸다.

① 부석사를 창건하였다.
② 백련결사를 주도하였다.
③ 왕오천축국전을 남겼다.
④ 금강삼매경론을 저술하였다.
⑤ 신편제종교장총록을 편찬하였다.

해설

설총, 무애가 나오는 것으로 보아 (가)는 원효라는 것을 알 수 있다. 원효는 통일 신라 중대의 교종 계통의 승려로 이두를 정리한 설총의 아버지이다. 661년 의상과 함께 당나라로 유학을 가다가 깨달음을 얻고 돌아왔다. 신라 상대, 중대 불교는 형식과 교리를 중시하여 귀족과 왕실에서 주로 신봉할 뿐 백성들은 불교를 믿지 못하였다. 원효는 누구나 나무아미타불 관세음보살만 믿고 따르면 극락 세계에 간다는 정토종을 만들어 귀족 불교에서 대중 불교로 확대시켰다. 〈금강삼매경론〉, 〈대승기신론소〉 등으로 불교 이해의 기본을 제시하였고, 화쟁 사상을 주장하여 불교 종파의 통합을 시도하였다. ④ 금강삼매경론은 원효가 저술한 서적이다.

오답분석

① 부석사를 창건한 사람은 의상이다.
② 백련결사를 주도한 인물은 요세이다.
③ 왕오천축국전을 남겼던 사람은 혜초이다.
⑤ 신편제종교장총록을 편찬한 사람은 의천이다.

정답 ④

02 밑줄 그은 '대사'의 활동으로 옳은 것은? [3점]

한능검 심화 51회 6번

> **부석사 창건설화**
>
> 당에 유학했던 대사가 공부를 마치고 귀국길에 오르자 그를 사모했던 선묘라는 여인이 용으로 변하여 귀국길을 도왔다. 신라에 돌아온 대사는 불법을 전파하던 중 자신이 원하는 절을 찾았다. 그런데 그곳은 이미 다른 종파의 무리들이 있었다. 이때 선묘룡이 나타나 공중에서 커다란 바위로 변신하여 절의 지붕 위에서 떨어질듯 말듯 하자 많은 무리들이 혼비백산하여 달아났다. 이러한 연유로 이 절을 '돌이 공중에 떴다'는 의미의 부석사(浮石寺)로 불렀다.

① 향가 모음집인 삼대목을 편찬하였다.
② 무애가를 지어 불교 대중화에 힘썼다.
③ 화랑도의 규범으로 세속 5계를 제시하였다.
④ 화엄일승법계도를 지어 화엄 사상을 정리하였다.
⑤ 인도와 중앙아시아를 다녀와서 왕오천축국전을 남겼다.

해설

부석사를 창건한 사람은 의상이다. 의상은 신라 승려로 당으로 건너가 지엄으로부터 화엄 사상을 공부했다. 의상은 당에서 약 8년간 머물렀다. 그동안 그는 불교의 경전 중 하나인《화엄경》의 뜻을 깨달아 깊은 경지에 이르렀다고 한다. 당시 의상이 연구했던 화엄 사상의 핵심 내용은 "우주에 있는 모든 것은 서로 조화를 이룬다."는 것이었다. 공부를 마치고 신라로 돌아온 의상은 자신이 깨달은 화엄 사상을 전파하기 위해 노력했다. 나라의 지원을 받아 낙산사와 부석사 등 많은 절을 세웠으며, 수많은 제자들을 길러 내 불교계의 큰 스승이 되었다. 의상은 적극적인 교화 활동을 펼치다 702년에 세상을 떠났다. ④ 의상은 화엄일승법계도를 지어 화엄 사상을 정리하였다.

오답분석

① 삼대목을 편찬한 사람은 대구화상과 각간 위홍이다.
② 무애가를 지은 사람은 원효이다.
③ 화랑도를 규범으로 세속 5계를 제시한 사람은 원광이다.
⑤ 왕오천축국전을 쓴 사람은 혜초이다.

정답 ④

CHAPTER 14 고대 유학, 역사서, 도교

1 학자

강수	• 6두품 출신, **외교문서↑(문무왕)** ⇒ 답설인귀서, 청방인문서(표) ☑ 암기 TIP 답청 - 답설인귀서, 청방인문서
설총	• 원효 아들, 6두품, **신문왕에게 화왕계**(할미꽃(충신)&장미꽃(간신)) 바침, 유교 조예↑, 이두 정리 ☑ 암기 TIP 눈꽃 - 설총, 화왕계
김대문	• 진골, 역사가, 신라 전통문화 중시, 성덕왕때 대표적 문장가, 신라문화를 주체적으로 인식함 • 서적 : 계림잡전(신라이야기), 한산기(한산지리지), 화랑세기(화랑역사), 고승전(승려전기), 악본(음악서)
최치원	• **도당유학생(12세), 빈공과 급제(18세)**, 호-고운, 해운, 6두품 • 황소의 난 → **토황소격문**으로 유명해짐, 귀국 후 **진성여왕에 시무 10조** 건의(아찬까지 함) • 저서 : 계원필경(문집), 사산비명, 제왕연대력(역사책), 사륙집, 난랑비문(유+불+도), 법장화상전(승려이야기), 해인사묘길상탑비(진성여왕 혼란기) ☑ 암기 TIP 왕 계란 10개 중국 황사 - 제**왕**연대력, **계**원필경, 난랑비문, 시무**10**조, **중국**유학, 토**황**소격문, **사**산비문

☑ 암기 TIP
닭 한 마리를 불에 고약먹었다.
- 계림잡전, 한산기, 화랑세기, 고승전, 악본

2 역사서

고구려	유기 100권 → 신집 5권(이문진, 영양왕)
백제	고흥 〈서기〉 - 근초고왕
신라	거칠부 〈국사〉 - 진흥왕
통일신라	김대문 5개(화랑세기, 계림잡전, 한산기, 고승전, 악본)

3 도교

특징	산천숭배, 신선사상과 결합, 귀족 취향 저격, 노장 사상, 도덕경, 무위자연, 불로장생, 신선, 지족
고구려	7세기 영류왕때 당에서 유입(당고조가 고구려에 도사 파견), **7세기 보장왕 때 연개소문의 도교 장려책**(불교,귀족세력 견제, 보덕이 반발해 백제로건너가 열반종 개창), **을지문덕 5언시(도덕경에 나오는지족 표현), 강서대묘 사신도(도교방위신 묘사)**
백제	산수무늬 벽돌(산수문전), **금동대향로(봉황, 용, 봉래산)**, 무령왕릉 지석(토지신제사), **사택지적비(인생무상을 4.6변려체로 기록)**
신라	화랑도, 풍류도, 무위자연, 명산대천에서 교육, 신선사상
통일신라	최치원 4산비문, 무덤 주위 둘레돌에 12지신상 조각
발해	정혜, 정효공주 묘지명(불로장생, 무산의 기운, 곤륜산 등 도교적 표현)

▲ 사택 지적비

▲ 백제 금동대향로

▲ 무령왕릉 지석

▲ 산수무늬 벽돌

▲ 강서대묘 현무도(고구려)

■ 총정리 및 암기팁

1. 학자
   ① 강수 : 답 청 - 답설인귀서, 청방인문서
   ② 설총 : 눈 꽃 - 설총, 화왕계
   ③ 최치원 : 왕 계란 10개 중국 황사 - 제왕연대력, 계원필경, 난랑비문, 시무10조, 중국 유학, 토황소격문, 사산비문
   ④ 김대문 : 닭 한 마리 불에 고악 먹는다. - 계림잡전, 한산기, 화랑세기, 고승전, 악본

2. 역사
   • 고구려 : 유기, 신집
   • 백제 : 서기(고흥)
   • 신라 : 거칠부(국사)
   • 통일신라 : 김대문(닭 한 마리 불에 고악 먹는다. - 계림잡전, 한산기, 화랑세기, 고승전, 악본)

3. 도교 - 산천숭배, 신선사상과 결합

사료 및 심화 자료

최치원의 저서

① 토황소격문 – 879년 황소의 난 때 「토황소격문」을 지어 난을 토벌하는 데 큰 공을 세웠다.
② 시무 10조 – 진성여왕 때 「시무 10조」를 올렸으나 실효를 거두지 못했다
③ 난랑비문 – 도교에 대한 관심과 유·불·선에 대한 이해가 나타나 있다.
④ 계원필경 – 우리나라 최초의 문집(현존)
⑤ 4산비명 – 선종 불교, 유교, 노장 사상, 풍수도참까지 수용하여 사상의 복합화를 보여준다. 〈숭복사창건비문〉, 〈쌍계사 진감선사 비문〉, 〈봉암사 지증대사 비문〉, 〈성주사 낭혜화상 비문〉
⑥ 제왕연대력 – 신라 말기의 학자 최치원이 저술한 신라사의 연표
⑦ 사륙집, 중산복궤집 – 전해지지 않고 최치원이 저술한 책이라고만 쓰여져 있다.

연개소문의 도교 장려

(보장왕(寶藏王) 2년(643)) 3월에 연개소문(淵蓋蘇文)이 왕에게 아뢰어 말하기를, "삼교(三教)는 비유하자면 솥의 발과 같아서 하나라도 없어서는 안 됩니다. 지금 유교와 불교는 모두 흥하는데 도교는 아직 성하지 않으니, 이른바 천하의 도술(道術)을 갖추었다고 할 수 없습니다. 엎드려 청하오니 당(唐)나라에 사신을 보내 도교를 구하여 와서 나라 사람들을 가르치게 하소서"라고 하였다.
– 『삼국사기』

사택지적비

갑인년(의자왕 14년으로 추정) 정월 9월, 내지성의 사택지적은 해가 쉬이 감을 슬퍼하고 달이 어렵사리 돌아옴이 서러워 금을 깨어 귀중한 당을 짓고 옥을 파서 보배로운 탑을 세웠다. 우뚝 솟은 자애로운 모습은 신성한 빛을 토해 구름을 보내고, 뾰족하니 슬픈 모습은 성스러운 밝음을 머금어……
– 『삼국사기』

기출문제

01 밑줄 그은 '그'가 활동할 당시의 사실로 옳은 것을 〈보기〉에서 고른 것은? [2점]

> 그의 자는 고운으로 신라 왕경(王京) 사량부 사람이다. 어려서부터 명민하였으며 학문을 좋아하였다. 12세 되던 해 부친의 권유로 당에 유학을 떠났다. 18세에 빈공과에 급제하여 당의 관리로 근무하던 중 황소의 난이 일어나자 '토황소격문'을 지었다. 29세 때 고국으로 돌아와 태산군 태수 등을 역임 하다가 국왕에게 시무책 10여조를 건의하였다. 이후 자신의 뜻을 제대로 펼치지 못하게 되자 관직을 그만두고 유랑 생활을 하면서 뛰어난 문장과 저술을 남겼다.

〈보 기〉
ㄱ. 무열왕의 직계자손이 왕위를 세습하였다.
ㄴ. 호족들이 반독립적인 세력으로 성장하였다.
ㄷ. 원종과 애노의 난 등 농민봉기가 일어났다.
ㄹ. 의상이 화엄사상을 바탕으로 교단을 형성하였다.

① ㄱ ㄴ ② ㄱ ㄷ ③ ㄴ ㄷ
④ ㄴ ㄹ ⑤ ㄷ ㄹ

🔍 **해설**

중국에 유학갔으며 토황소격문을 지은 사람은 최치원이다. 최치원은 신라의 학자로 본관은 경주(慶州)이고, 자는 고운(孤雲)·해운(海雲)이다. 12세 때 당나라로 유학을 떠나 18세 때 과거에 급제하였으며, 879년 황소의 난 당시 이를 비난하는 〈토황소격문〉을 지으면서 문장가로 유명해졌다. 신라로 귀국한 후에는 문란한 정치를 해결하기 위한 방법을 담은 시무 10여 조를 진성여왕에게 올리면서 아찬(阿湌)이 되었다. 그 후 벼슬에서 물러나 어지러운 현실을 비관하며 유랑하다가 가야산의 해인사에서 생을 마쳤다. 최치원이 살았던 시대는 신라 하대로 ㄴ. 호족들이 반독립적인 세력으로 성장하였으며 ㄷ. 원종과 애노의 난 등 농민봉기가 일어났다던 시기이다.

🔍 **오답분석**

ㄱ. 무열왕의 직계자손이 왕위를 세습한 시기는 신라 중대이다.
ㄹ. 의상이 화엄사상을 바탕으로 교단을 형성한 시기는 신라 중대이다.

 정답 ③

CHAPTER 15 고대 불상, 불탑, 승탑, 건축

1 불상

✅ 암기 TIP

7년된 서산 배리 석이버섯 –
연가7년, 서산마애, 경주 배리, 석굴암, 이불병좌상

고구려	연가 7년명 금동여래입상 : 광배 뒷면에 연가 7년이라는 연대를 새김
백제	서산마애삼존불(백제의 미소)
신라	경주배리(배동)석불입상
통일신라	• 석굴암 본존불(간다라 미술 양식, 불교 이상세계 실현) • 후기 : 비로자나불, 마애석불, 철불이 많이 제작됨
발해	이불병좌상(흙을 구워 만듦, 두 부처가 나란히, 고구려 영향 – 동경 절터에서 발견, 현재 일본에 소장)

▲ 연가 7년명 금동여래입상

▲ 서산 마애 삼존불

▲ 경주배리석불입상

▲ 석굴암 본존불

▲ 금동미륵보살 반가사유상(국보78호)

▲ 이불병좌상

◀ 금동미륵보살 반가사유상(국보83호): 삼국시대 공통 불상, 머리에 삼산관, 일본의 고류사 불상과 비슷

2 불탑

고구려	목탑, 현존×
백제	• **미**륵사지석탑(무왕) : 익산, 목탑양식기반, 현존최고, 미륵사 동·서탑 중 서탑 현존, 사리 장엄구에 사택적덕 딸이 미륵사 건립 기록 출토 • **정**림사지5층탑 : 부여, 목탑양식, 소정방의 백제 정복기록(평제탑)
신라	• **황**룡사 9층목탑 : 자장, 선덕여왕, 호국불교, 몽골침입 때 소실, 백제 기술자 아비지가 도움 • **분**황사 모전석탑 : 선덕여왕, 벽돌모양을 모사한 석재로 만듦, 인왕상 조각, 현재 3층만 남아 있음, 4면에 돌사자상
통일신라 (2중 기단 3층탑)	• **감**은사지 3층 석탑 : 쌍탑, 신문왕, 규모↑, 왕권↑ • 불국사 3층 석탑(**석**가탑) : 균형미↑, 가장 아름다운 석탑, 무구정광 대다라니경 발견, 통일 신라 정형 석탑 완성 • 다보탑 : 특이한 모양, 이형석탑 • 화엄사 4사자 3층석탑(구례)
신라 하대	• **진**전사지 석탑 : 하대 석탑, 규모↓, 벽면조각(부조)
발해	영광탑 : 발해의 유일한 탑, 5층 벽돌탑

✅ 암기 TIP
백미정 – **백**제 **미**륵사지, **정**림사지

✅ 암기 TIP
황분 – **황**룡사, **분**황사

✅ 암기 TIP
감석진 – **감**은사지, **석**가탑, **진**전사지석탑

▲ 복원 전 익산미륵사지 석탑

▲ 복원 이후 익산미륵사지 석탑

▲ 정림사지 5층 석탑

▲ 진전사지 석탑

▲ 황룡사 9층 목탑 터

▲ 감은사지 3층 석탑

▲ 분황사 모전석탑

▲ 발해 영광탑

▲ 불국사 3층 석탑(석가탑)

▲ 다보탑

▲ 화엄사 4사자 3층 석탑

3 승탑

- 선종, 승려 무덤(스승), 팔각원당형(기본형)
- 신라하대 : 쌍봉사 철감선사 승탑(전남화순, 팔각원당형),
  양양 진전사지 도의선사탑, 염거화상탑(도의제자, 팔각원당형)
- cf. 고려 : 고달사지 승탑, 법천사 지광국사 현묘탑(사각형)

☑ 암기 TIP

쌍(통·신) - 쌍봉사 / 고 지(고려)
- 고달사지, 지광국사현묘탑

▲ 쌍봉사 철감선사 승탑

▲ 염거화상 승탑

4 건축

고구려	• 안학궁(장수왕, 평양) : 규모가 큼, 사각형 한면의 길이가 620m • 평양성(장안성) : 평지성과 산성의 조합 나성 축조 • 석성 : 국내성이 방형 평면의 석성으로 이루어짐, 벽돌을 선호하는 중국과는 달리 돌을 다듬어서 축성함
백제	• 미륵사(익산) - 무왕, 궁남지(별궁 연못, 부여) - 가장 오래된 궁원지
신라	• 황룡사(진흥왕) : 경주, 몽골침략 때 소실됨
통일신라	• 불국사 : 경덕왕 ~ 혜공왕, 김대성, 유네스코 세계문화유산, 불국토 이상을 조화와 균형, 청운교와 백운교의 직선과 곡선의 조화, 임진왜란 때 소실 • 석굴암 : 경덕왕, 김대성, 유네스코 세계문화유산, 인공으로 축조한 석굴 사원(네모난 전실과 둥근 돔 형태의 주실), 본존불(불교이상사회 표현) • 안압지 : 문무왕, 14면체 주사위, 목간 발견, 임해전(호수) 건설, 도교 영향으로 인공섬(봉래산)
발해	• 상경성(당 영향), 주작대로(당 영향), 궁궐 내 온돌 장치(고구려 영향)

▲ 안학궁 복원 그림

▲ 황룡사 복원 그림

▲ 불국사

▲ 석굴암

▲ 안압지

▲ 발해 상경성 주작대로

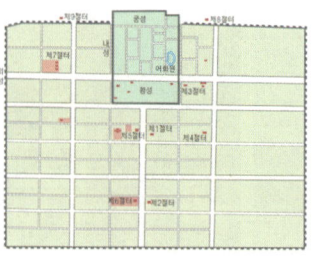
▲ 상경 용천부 평면도

■ 총정리 및 암기팁

불상	7년된 서산 배리 석이버섯 - 연가7년, 서산마애, 경주 배리, 석굴암, 이불병좌상
불탑	백미정 - 백제 미륵사지, 정림사지
	황분 - 황룡사, 분황사
	감석진 - 감은사지, 석가탑, 진전사지석탑
승탑	쌍(통·신) - 쌍봉사 / 고 지(고려) - 고달사지, 지광국사현묘탑
건축	고구려 - 안학궁, 석성
	백제 - 미륵사, 궁남지
	신라 - 황룡사
	통일신라 - 불국사, 석굴암, 안압지
	발해 - 상경성, 주작대로

◎ 사료 및 심화자료

• 불국사

불국사는 석굴암과 같은 서기 751년 신라 경덕왕 때 김대성이 창건하여 서기 774년 신라 혜공왕 때 완공하였다. 불국사는 신라인이 그린 불국, 이상적인 피안의 세계를 지상에 옮겨 놓은 것으로 법화경에 근거한 석가모니불의 사바세계와 무량수경에 근거한 아미타불의 극락 세계 및 화엄경에 근거한 비로자나불의 연화장세계를 형상화한 것이다.

• 석굴암

석굴암은 서기 751년 신라 경덕왕 때 당시 재상이었던 김대성이 창건하기 시작하여, 서기 774년인 신라 혜공왕 때 완공하였다. 건립 당시의 명칭은 석불사로 하였다. 석굴암의 석굴은 백색의 화강암재를 사용하여 토함산 중턱에 인공으로 석굴을 축조하고 그 내부 공간에는 본존불인 석가여래불상을 중심으로 그 주변에 보살상 및 제자상과 금강역사상, 천왕상 등 총 39체의 불상을 조각하였다. 석굴암 석굴은 국보 제24호로 지정 관리되고 있으며 석굴암은 1995년 12월 불국사와 함께 유네스코 세계문화유산으로 공동 등록되었다.

기출문제

01 (가)에 해당하는 문화유산으로 옳은 것은? [2점]
■ 심화 51회 9번 문제

─〈소 개〉─
현존하는 삼국 시대 석탑 중 가장 규모가 크며 목탑 양식을 반영하여 건립되었다. 탑의 중심에는 여러 개의 사각형 돌을 수직으로 쌓아 올린 기둥(심주)이 4층까지 연속된다. 1층 심주석에서 발견된 사리봉영기의 기록을 통해 석탑의 건립 연도가 639년으로 명확하게 밝혀졌다.

①
②
③
④
⑤

해설
현존하는 삼국 시대 석탑 중 가장 규모가 크며 목탑 양식을 반영하여 건립한 석탑은 미륵사지 석탑이다. 미륵사지 석탑은 백제의 석탑으로 국보 11호이다. 전라북도 익산시 금마면에 소재했으며 백제 말기 무왕 때 만든 탑으로 목탑 형식의 석탑이다. 일제 시대 붕괴를 막기 위해 콘크리트를 발라 훼손이 심했는데 최근 복원이 마무리되었다.

오답분석
① 정림사지 5층 석탑, ② 다보탑, ④ 발해 영광탑, ⑤ 익산 왕궁리 오층 석탑

정답 ③

02 (가)에 들어갈 문화유산으로 옳은 것은? [1점]
■ 한능검 기본 34회 9번

- 종목 : 사적 제 502호
- 유적 : 청운교, 백운교, 다보탑, 석가탑 등
- 소개 : 8세기 중엽 김대성에 의해 조성되었다고 전해지며, 불교의 이상 세계를 지상에 건설하고자 하였던 신라인의 신앙심을 잘 보여 주고 있다.

① 경주 불국사
② 구례 화엄사
③ 영주 부석사
④ 예산 수덕사
⑤ 합천 해인사

해설
김대성이 조성했고 백운교, 청운교가 있는 것으로 보아 (가)는 경주 불국사이다. 불국사는 통일신라 경덕왕(751년) 때 김대성이 석굴암과 함께 창건하여 신라 혜공왕(774년) 때 완공한 경주 토함산 서쪽 중턱의 경사진 곳에 자리하고 있는 사찰이다. 불국사는 이상적 극락세계 등 불교사상과 교리를 사찰 건축물로 잘 형상화하여 장대하고 화려하게 구성한 대표적 유물이다. 창건 당시 대웅전을 중심으로 극락전·무설전·비로전·범영루 등의 2,000여 칸의 건물과 불상·석탑·석교 등의 많은 유물을 보유한 장대한 사찰이었다. 하지만 1593년 임진왜란(1592~1598) 때 왜군에 의해 전소되었다가, 1604년경 이후 복원과 중건이 이루어졌다.

정답 ①

CHAPTER 16 고대 고분, 과학기술, 일본문화 전파

1 고분

(1) 고구려

돌무지무덤	돌을 쌓아올린 무덤, 벽화×, 만주집안(국내성)일대, **태왕릉**, **장군총**(규모↑, 7층)	
굴식돌방무덤	돌로 널방을 짜고 그 위에 흙으로 덮어 봉분을 만듦, **도굴·추가매장**(후장 가능), **모줄임천장구조**(발해에 **영향**), 만주 집안, 평안도 용강, 황해도 안악 분포(현무도)	
	벽화	• **초기** : 실생활 – **무용총**(무용도, 수렵도), **각저총**(씨름도) / **쌍영총** : 두 개의 8각 기둥 건축(서역 영향, 인물풍속도, 사신도 벽화), 덕흥리 고분 (견우직녀도)
		• **후기** : 사신도(도교방위신, **현무도 – 강서대묘**, 평안도) – 안악3호분

> **출제 POINT**
> 각 나라 고분 특징, 각 나라별 일본 문화 전파 특징

> ☑ 암기 TIP
> 고구려 : <u>무지방</u> – <u>돌무지</u>, 굴식 돌<u>방</u>

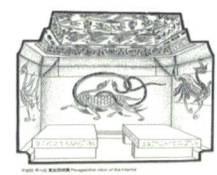
▲ 굴식 돌방무덤(투시도)

▲ 모줄임 천장 구조

▲ 장군총

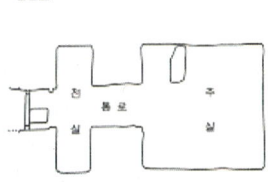
▲ 굴식 돌방무덤(단면도)

▲ 무용도

▲ 수렵도

▲ 씨름도

▲ 안악3호분 대행렬도

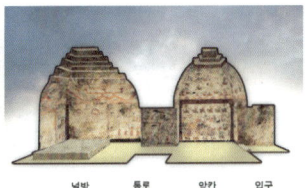
▲ 덕흥리 고분 단면도

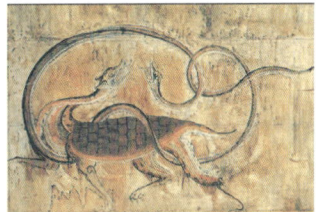
▲ 현무도

16. 고대 고분, 과학기술, 일본문화 전파 ··· 73

(2) 백제

한성(서울)	계단식 돌무지 무덤(규모↓), 고구려 양식 계승, 서울 석촌동 고분	
웅진(공주)	송산리 고분 1호~7호	• 1호 ~ 5호 : 굴식돌방무덤, 횡혈식 석실분 • 6호, 7호 : 벽돌무덤(6호-벽화○ / 7호-벽화×) • 7호 : 무령왕릉 - 지석(영동대장군 백제사마왕-앞면 / 토지신 제사-뒷면), 일본산 금송, 합장묘, 양직공도(양나라 사신단 파견 그림), 오수전, 석수(돌짐승), 금제관식, 매지권, 사비(부여)
사비(부여)	• 능산리고분(굴식돌방무덤, 사신도벽화), 금동대향로(불교+도교, 금속공예) • 은제관식 출토(6등급 관리인 나솔이상이 사용가능)	

암기 TIP
백제 : 계 벽 돌 - 계단식, 벽돌 /
송사리가 능글능글 - 송산리,
능산리

▲ 무령왕릉 지석

▲ 서울 석촌동 고분

▲ 공주 송산리 고분군

▲ 송산리 6호분 고분벽화 복원도

▲ 능산리 고분군에서 출토된 금동대향로

▲ 능산리 고분군

▲ 무령왕릉 내부

▲ 무령왕릉 석수

(3) 신라

돌무지 덧널무덤	• 시신과 껴묻거리를 넣은 나무 덧널을 설치하고 그 위에 돌을 쌓은 다음 흙으로 덮음(거대한 봉분) • 도굴×, 합장×(추가×), 벽화×, 껴묻거리(유물↑), 규모↑, 마립간시대(내물왕~지증왕) • 천마도(말안장)-천마총, 규모大-황남대총, 금관장식-금관총, 호우명그릇(광개토대왕 이름)-호우총, 금관(봉황)-서봉총(스웨덴 황태자 발굴참가)
굴식돌방무덤	규모↓, 해상무덤(문무왕, 경주 앞바다), 12지신상, 김유신묘, 괘릉, 순흥어숙묘(신라 유일 벽화 출토)

암기 TIP
덧돌방 - 돌무지 덧널, 굴식돌방

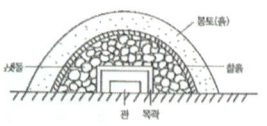
▲ 돌무지 덧널 무덤

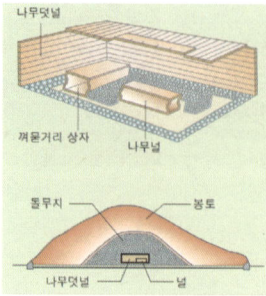
▲ 돌무지 덧널무덤 구조

▲ 천마도

▲ 황남대총

▲ 황남대총 출토 금관

▲ 경주 천마총 출토 금제 관식

▲ 경주 대릉원

▲ 김유신 묘

(4) 발해

정혜공주묘	• 1949년 출토, <mark>굴식돌방무덤</mark>, <mark>벽화 없음</mark>, 4·6변려체, 지석 발견 • 고구려양식, 모줄임천장구조, <mark>돌사자상</mark>, <mark>육정산 고분(동모산인근)</mark>, <mark>문왕 2째 딸</mark>
정효공주묘	• 1980년 출토, 평행고임천장구조(고구려영향), 지석 발견 • <mark>당나라 양식, 벽돌무덤, 4·6변려체, 불로장생(문왕), 용두산 고분(중경부근)</mark> • <mark>고분의 봉토 위에 벽돌 탑 조성, 벽화(12명 인물도), 문왕 4째 딸</mark>

> ✅ 암기 TIP
>
> 정혜공주묘 : <mark>돌사자들의 2번째 정모 - 돌사자, 문왕 2째 딸, 육정산 고분, 모줄임 천장 구조</mark>
>
> 정효공주묘 : <mark>4마리 용 벽화 - 문왕 4째 딸, 용두산 고분, 벽돌, 벽화</mark>

▲ 정혜공주묘 돌사자 상

▲ 정효공주 묘 벽화

▲ 발해 금제 관식

2 과학기술 발달

(1) 천문학

① **배경** : 농경과 관련, 왕의 권위 연결

② 고구려 천문도(정밀한 별자리 벽화) → 조선 태조 '천상열차분야지도'

③ 신라 첨성대(현존 최고 천문대, 선덕여왕)

▲ 경주 첨성대

(2) 인쇄술
① 목판 인쇄술 : 무구정광대다라니경(8C 석가탑 발견, 현존 최고 목판 인쇄물)
② 제지술 발달 : 통일신라 기록문화 발전에 영향(닥나무 종이)

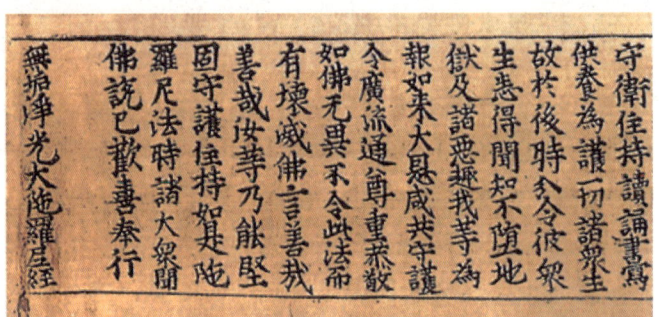

▲ 무구정광대다라니경

3 일본 문화 전파

고구려	① 담징 : 종이, 먹, 호류사 벽화(영양왕) ☑ 암기 TIP 종을 징~ - 종이, 담징 ② 혜자 : 쇼토쿠 태자 스승(영양왕) ☑ 암기 TIP 혜자~ 쇼! - 혜자, 쇼토쿠 ③ 혜관 : 불교전파, 일본 삼론종의 개조 ☑ 암기 TIP 혜삼 - 혜관, 삼론종 ④ 수산리 고분벽화 → 다카마쓰 고분 벽화	
백제	① 아직기 : 한자, 오진태자 스승(근초고왕) ☑ 암기 TIP 아직 한자도 몰라? - 아직기 한자 ② 왕인 : 천자문, 논어, 근초고왕(근구수왕) ☑ 암기 TIP 인천사람 - 왕인, 천자문 ③ 단양이, 고안무 : 5경박사, 유교경전 전파(무령왕) ☑ 암기 TIP 고양이 - 고안무, 단양이 ④ 노리사치계 : 불경, 불상(백제 성왕) ☑ 암기 TIP 불노리 - 불교, 노리사치계 ⑤ 위덕왕 때 아좌태자 : 쇼토쿠 태자 초상화, 그림 전수 (초상화) ⑥ 목탑 세우고, 백제 가람(사원) 건축 양식 생겨남 ⑦ 불상 : 고류사 미륵반가사유상, 호류사 백제 관음상 ⑧ 5경박사, 의박사, 역박사, 공예기술자(백제가람)	아스카문화 ※ 우리문화의 일본 전파 ① 청동기 - 야요이 문화 ② 삼국시대 - 아스카 문화 ③ 통일신라 - 하쿠호 문화
신라	조선술과 축제술을 전함 - 한인의 연못	
가야	일본 스에키 토기(수레토기 영향 받음)	
통일신라	강수, 설총, 원효 ⇒ 일본 전파(하쿠호 문화에 기여) 심상 : 의상의 화엄사상 전파	하쿠호 문화

▲ 고구려 수산리 고분변화

▲ 일본 다카마쓰 고분 벽화

▲ 호류사 금당 벽화

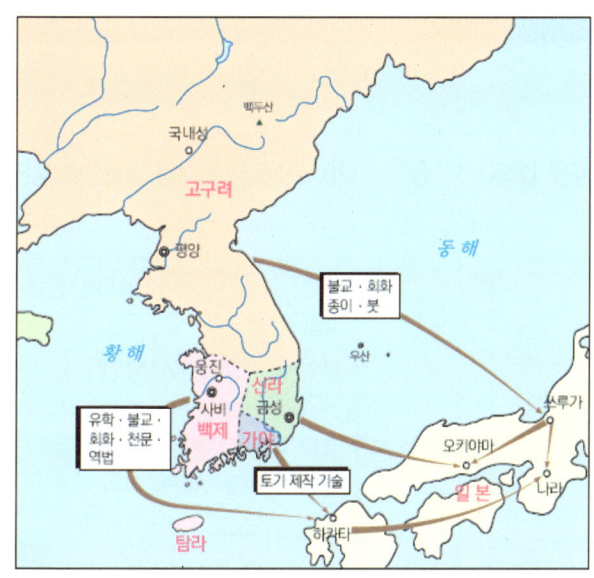

▲ 삼국 문화의 일본 전파

▲ 고류사 목조 미륵보살 반가사유상

▲ 호류사 백제 관음상

■ 총정리 및 암기팁

고분	고구려	무 지 방 - 돌무지무덤, 굴식 돌방무덤, 벽화 : 실생활, 사신도	
	백제	계 벽 돌, 송사리 능글능글 - 송산리, 능산리	
	신라	덧 돌방 - 돌무지덧널 무덤, 굴식돌방무덤 마립간 시대	
일본 문화	고구려	종을 징 - 담징, 종이 혜자 쇼 - 혜자 쇼토쿠 태자 스승	
	백제	아직 한자도 몰라 - 아직기, 한자 인천 사람 - 왕인, 천자문 불 노리야 - 불교, 노리사치계	아스카 문화에 영향
	신라	연못	
	통일신라	강수, 설총, 원효 ⇒ 하쿠호 문화	하쿠호 문화에 영향

◎ 사료 및 심화자료

• 무령왕릉

무령왕릉은 1971년 송산리 고분군의 배수로 공사 중에 우연히 발견되었다. 그래서 고구려나 백제의 다른 무덤과는 달리 완전한 형태로 세상에 빛을 보게 되었다. 중국 남조의 영향을 크게 받아 연꽃 등 우아하고 화려한 백제 특유의 무늬를 새긴 벽돌로 무덤 내부를 쌓았다. 무덤의 주인공이 무령왕과 왕비임을 알리는 지석(영동대장군 백제 사마왕)이 발견되어 연대를 확실히 알 수 있는 무덤이기도 하다. 왕과 왕비의 장신구와 금관 장식, 귀고리, 팔찌 등 3,000여 점의 부장품이 출토되어 백제 미술의 귀족적 특성을 알 수 있는 대표적인 무덤이다.

• 유네스코 지정 고구려 문화유산(2004년)

1. 북한 평양 유적 지구(고구려 고분군) : 강서 삼묘(3기, 벽화고분 2기) 등
2. 중국 집안 유적 지구(고대 고구려 왕국의 수도와 무덤군) : 오녀 산성, 국내성, 현도산성, 태왕릉과 광개토 대왕릉비, 장군총, 각저총, 무용총 등

기출문제

01 (가)에 들어갈 문화유산으로 가장 적절한 것은? [2점]
■ 한능검 중급 40회 7번 문제

```
수행평가 계획서
◎ 주제 : 한반도 고대 문화의 일본 전파
◎ 방법 : 문헌 조사, 인터넷 검색 등
◎ 조사 대상
  - 인물 : 아직기, 왕인, 혜자, 담징
  - 문화 유산
```

고구려 수산리 고분 벽화   가야 토기   (가)

①  금동 미륵보살 반가 사유상
②  청자 상감운학문 매병
③  수월관음도
④  앙부일구
⑤  동의보감

해설
한반도 고대 문화의 일본 전파와 아직기, 왕인, 혜자, 담징이 나오는 것으로 보아 삼국시대 문화가 일본에 전파된 것을 물어보는 문제이다. ① 금동 미륵보살 반가 사유상은 삼국시대 불상으로 이와 똑같이 생긴 불상이 현재 일본에 전해지고 있다. 이것은 이 불상 양식이 일본에 전파되었다는 증거로 정답으로 볼 수 있다.

오답분석
② 상감청자는 고려시대 청자로 일본에 전파되지는 않았다.
③ 수월관음도는 고려 후기 불화로 일본에 유출되었지만 삼국시대와는 거리가 있다.
④ 앙부일구는 조선 세종시대 해시계로 일본과 관련이 없다.
⑤ 동의보감은 광해군시기에 제작된 의서이다.

정답   ①

02 (가) 문화유산에 대한 설명으로 옳은 것은? [3점]
■ 한능검 심화 51회 4번 문제

```
학술 대회 안내
올해는 백제의 고분 중 피장자와 축조 연대가
확인되는 유일한 무덤인 (가) 발굴 50주년이 되
는 해입니다. 우리 학회는 이를 기념하여 '(가)
출토 유물로 본 동아시아 문화 교류'를 주제로
학술 대회를 개최합니다.

◆발표 주제◆
• 진묘수를 통해 본 도교 사상
• 금동제 신발의 제작 기법 분석
• 금송으로 만든 관을 통해 본
  일본과의 교류

■ 일시 : 2021년 ○○월 ○○일 13:00~17:00
■ 장소 : □□ 박물관 강당
■ 주최 : △△ 학회
```

① 서울 석촌동 고분군에 위치하고 있다.
② 나무로 곽을 짜고 그 위에 돌을 쌓았다.
③ 국보로 지정된 금동 대향로가 출토되었다.
④ 무덤의 둘레돌에 12지 신상을 조각하였다.
⑤ 중국 남조의 영향을 받아 벽돌로 축조하였다.

해설
백제 고분으로 진묘수가 발견된 무덤은 무령왕릉이다. 무령왕릉은 중국의 영향을 받아 벽돌로 축조된 무덤으로 정답은 ⑤이다.

오답분석
① 무령왕릉은 공주 송산리 고분에 있다.
② 나무로 곽을 짜고 그 위에 돌을 쌓아 만든 무덤은 신라 돌무지 덧널 무덤이다.
③ 금동대향로는 부여 능산리 고분에서 출토되었다.
④ 12지 신상 무덤은 신라 김유신 무덤이 유명하다.

정답   ⑤

CHAPTER 17 고려 초기 왕(태조, 광종, 성종)

1 호족 특징

신라 하대 지방 지배자(스스로 성주나 장군으로 칭함)
- 촌주 대다수 해상세력 무역을 통해 부 획득(왕건)
- 군진세력 군인출신(견훤)
- 초적 출신 혹은 민란 출신(궁예)
- 진골세력 신라 귀족이 낙향한 경우(김순식)

출제 POINT
① 호족 특징 ② 후삼국 통일 과정 ③ 10세기 왕 특징

2 후삼국 통일 과정(순서)

900	후백제 건국	견훤, 완산주(전주), 중국과 외교 cf. 무진주(광주)×
901	후고구려 건국	• 궁예, 송악 – 개성, 마진 → 태봉(철원으로 천도, 905), 신라 적대적 • 연호 – 무태, 성책, 수덕만세, 정개 / 9관등제, 광평성 설치
905	후고구려 국호 변경 (마진 → 태봉)	마진으로 변경하고 철원으로 천도 → 태봉으로 국호 변경(911)
918	고려 건국	왕건, 철원에서 송악으로 천도(개경, 919)
926	발해 멸망	• 거란족 야율아보기에게 멸망, 발해 왕족 대광현 등 귀순(934) • 태조 왕건의 우대, 동족의식
927	후백제의 경주 급습	견훤, 경애왕×, 신라 고려에 구원 요청
927	공산전투(대구)	후백제vs고려, 후백제의 승리(고려 대패 – 신숭겸, 김락 전사)
930	고창 병산 전투 (안동)	• 고려의 승리(왕건), 공산전투 복수, 경상도 안동 지역 ⇒ 김선평(안동김씨 시조)이 왕건 편들어 고려 승리
935	견훤 고려 망명	• 후백제 내분(신검, 금강 후계자 다툼) • 신검에게 견훤 금산사에 유폐, 견훤 고려 망명
935	신라 멸망	신라 경순왕(김부) 고려에 항복, 김부 최초의 사심관
936	일리천 전투(구미) 황산전투(논산)	고려 승리
936	후삼국 통일	고려가 후백제를 병합

암기 TIP
백구 고발 경주공고 견신일후 – 후백제, 후고구려, 고려, 발해, 경주급습, 공산전투, 고창, 견훤망명, 신라멸망, 일리천, 후삼국 통일

▲ 후삼국 통일

▲ 태조 왕건 상

3 10세기 왕 특징

(1) 전체 흐름

10c	태 광 성	–	고려 기틀 마련
11c	현 문 숙	거란(요, 3차례)	문벌귀족 형성기
12c	예 인	여진(금)	문벌귀족 몰락기
13c	고 원	몽고(원)	무신 시대
14c	열 선 숙 목 공	홍건적, 왜구	원간섭기, 고려 몰락기

(2) 10세기 왕 특징

✅ 암기 TIP

혼분사 / 사기 – 혼인정책,
역분전, 사성 / 사심관, 기인제도

✅ 암기 TIP

제주청에 광풍이 부니 노비들이
쌍수를 들고 귀싸데기 날린다. –
제위보, 주현공부법, 호족숙청,
광덕, 준풍, 노비안검법, 쌍기,
귀법사

▲ 논산 관촉사 석조미륵보살입상
 – 968년(광종 19)에 건립되었을 것으로 추정됨

✅ 암기 TIP

최승로가 학교가서 시험보고
도서관에서 목성공부

2(최승로)   2(학교)   2(시험)
2(도서관)   2(목성)

태조 918~943	호족정책	• 회유책 : 혼인정책, 역분전(공신들의 경제적 기반, 논공행상), 사성(왕씨 성 하사), 토성분정(본관있는 성씨) • 견제책 : 사심관 제도(자치, 연대책임, 부호장 이하 임명, 최초 : 김부, 개경거주,) 기인제도(인질제도)
	북진정책	서경 중시, 국호 고려, 국경선 – 청천강 ~ 영흥만, 거란배척(만부교사건), 발해유민포섭, 연호(천수) – 자주적
	민생안정	조세 1/10(취민유도), 흑창(춘대추납, 진대법 계승), 학보, 개경에 학교 설치
	숭불정책	연등회, 팔관회 개최
	교육 / 서적	훈요10조(불교, 풍수지리 중시), 계백료서, 정계(신하도리)
광종 949~975	왕권 강화책	① 주현공부법(949) : 지방세금 → 국가재정 강화 ② 노비안검법(956) : 불법으로 노비된 자 해방 → 호족세력↓, 국가재정확보, 호족약화 추구 cf 노비환천법(성종) ③ 과거제 실시(958) : 중국 후주 출신 쌍기(최초 지공거) 등용, 신진세력↑(유학자) ④ 공복제정 : 자·단·비·녹, 위계질서↑ ⑤ 공신, 호족 숙청 ⇒ 대상, 준홍, 좌승, 왕동을 모역죄로 숙청 ⑥ 칭제건원 : 황제 칭호, 광덕, 준풍, 개경을 황도로 서경을 서도로 칭함 ⑦ 제위보(963) : 기금 조성, 빈민 구제(귀법사 안에 설치) ⑧ 귀법사 : 균여 후원(보현십원가), 화엄종 중심으로 교종통합, 선종 통합시도 ⑨ 왕사·국사제도 ⑪ 송과 교류(962) : 문물교류, 거란 견제 ⑫ 논산 관촉사 석조 미륵보살입상(규모大, 국보지정됨)
성종 981~997		유교정치(6두품 출신 유학자들이 국정을 주도) ① 최승로 : 6두품 출신, 견훤 경주 침임때 태어남, 시무 28조 건의 　[시무 28조] – 유교정치↑, 12목에 지방관 파견, 향리제도, 중국모방×, 귀족정치상징(삼한공신 자제 등용), 팔관회, 연등회 폐지 ② 국자감 설치 : 국립 최고 학부 ③ 향교설치 : 지방 국립 학교, 지방에 경학박사·의학박사 파견, 향학 설치 ④ 과거제 정비, 문신월과법 ⑤ 비서성(개경), 수서원(서경) ⇒ 도서관 ⑥ 노비환천법
		중앙집권책 ① 2성 6부제, 중추원, 삼사 설치 ② 12목 파견(지방관) ③ 향리 제도(호장·부호장제도) ④ 화폐 – 건원중보(최초) ⑤ 의창(춘대추납), 상평창(물가조절)
		기타 • 거란 1차 침입 → 강동 6주 획득(서희) • 화폐 건원중보 간행(최초 화폐, 철전, 유통×)

■ 총정리 및 암기팁

호족 특징	촌. 해. 군. 초(촌주, 해상세력, 군진, 초적)
후삼국 통일 과정	백 구 나 고 발 경주 공 고 견 신 일 후
왕	태조 : 혼 분 사 사 기 광종 : 제 주 청 광 풍 노비 성종 : 최승로 학교 시험보고 도서관에서 목성공부한다.

사료 및 심화자료

• ※ 훈요 10조

① 불교숭상(연등회·팔관회)
② 간언의 경청과 민심수습
③ 서경(西京) 중시
④ 당의 풍속과 반드시 같게 하지 말고 거란에 대해 강경할 것.
⑤ 풍수지리에 맞게 사찰을 건립하고 함부로 짓지 말 것.
⑥ 왕위계승은 적자가 원칙이나 불초하면 형제로 추대할 것.
⑦ 요역·부역을 가벼이하고 상벌을 공평히 할 것.
⑧ 차현이남 인물은 등용하지 말 것.
⑨ 관리의 녹봉을 직무에 따라 균등히 할 것.
⑩ 경사(經史)를 참조하여 정치를 할 것.

• 노비안검법

후삼국 시대의 혼란기에 불법으로 노비가 된 자를 조사하여 양인으로 해방시켜 주기 위한 법으로 광종 7년에 실시되었다. 이로써 공신이나 호족의 경제적, 군사적 기반이 약화되었다.

• 시무 28조 (현재 22조만 전래, 귀족 정치 주장)

7조 : 외관(外官)을 파견할 것 – 지방세력 견제
11조 : 맹목적 중국 모방 비판 – 자주적, 주체적 개혁
13조 : 연등회·팔관회 행사를 줄일 것 – 불교행사 억제(재정 낭비 원인)
19조 : 광종이 공신을 숙청했으므로 그 자제를 등용하여 위로할 것 – 귀족정치
20조 : 불교는 수신의 도, 유교는 치국의 도 – 유교정치

• [5조정적평] - 최승로가 5대왕(태조 ~ 경종)의 치적에 대한 평가

5조정적평(五朝政績評)은 태조 때부터 경종에 이르는 5대 왕의 치적에 대한 잘잘못을 비판하여 교훈을 삼게 하였다. 태조를 가장 이상적인 군주로 묘사한 반면에 광종의 독단적 정치를 비판하였다.

기출문제

01 (가), (나) 사이의 시기에 있었던 사실로 옳은 것은? [2점]
■ 한능검 심화 51회 10번

> (가) 날이 밝아오자 (여러 장수들이) 태조를 곡식더미 위에 앉히고는 군신의 예를 행하였다. 사람을 시켜 말을 달리며 "왕공(王公)께서 이미 의로운 깃발을 들어 올리셨다."라고 외치게 하였다. …… 궁예가 이 소식을 듣고는 어찌할 바를 몰라 미복(微服) 차림으로 북문을 빠져나갔다. - 『고려사절요』
>
> (나) 여름 6월 견훤이 막내아들 능예와 딸 애복, 애첩 고비 등과 더불어 나주로 달아나 입조를 요청하였다. …… 도착하자 그를 상보(尙父)라 일컫고 남궁(南宮)을 객관(客館)으로 주었다. 지위를 백관의 위에 두고 양주를 식읍으로 주었다. - 『고려사』

① 견훤이 후백제를 건국하였다.
② 김흠돌이 반란을 도모하였다.
③ 장보고가 청해진을 설치하였다.
④ 신숭겸이 공산 전투에서 전사하였다.
⑤ 신검이 일리천에서 고려군에게 패배하였다.

해설
(가)는 궁예가 도망간 것으로 보아 왕건이 궁예를 몰아내고 고려를 건국하는 모습을 보여주는 사료이다. (나)는 견훤이 달아나 입조를 요청했다는 말을 통해 견훤이 아들 신검에 의해 금산사에 유폐되었다가 고려로 망명하는 것을 보여주는 사료이다. 두 사건 사이에 있는 일은 ④ 견훤이 경주를 급습하자 고려 왕건이 신라를 구원하기 위해 경주로 내려가다가 대구 팔공산에서 만나 전투를 하게 된 공산 전투이다. 이 전투에서 신숭겸, 김락 등이 전사하고 왕건은 패배하였다. (가)와 (나) 사이 사건으로 정답이다.

오답분석
① 후백제 건국은 (가) 이전이다.
② 김흠돌의 난은 통일 신라 신문왕시기 일어났다.
③ 장보고가 청해진을 설치한 시기는 통일신라 흥덕왕시기이다.
⑤ 신검이 패배한 사건은 (나) 이후이다.

정답 ④

02 밑줄 그은 '왕'의 재위 기간에 볼 수 있는 모습으로 가장 적절한 것은? [1점]
■ 한능검 심화 50회 13번

> A: 얼마 전 왕께서 친히 위봉루에 나가 과거 급제자를 발표하셨다더군.
> B: 한림학사 쌍기가 이번에 처음 치러진 과거의 지공거를 맡았다네.

① 녹과전을 지급받는 관리
② 만권당에서 책을 읽는 학자
③ 주전도감에서 화폐를 주조하는 장인
④ 노비안검법에 의해 양인으로 해방된 노비
⑤ 금속 활자로 직지심체요절을 인출하는 기술자

해설
과거가 나오고 쌍기가 나오는 것으로 보아 고려 광종시기 과거제 실시를 말하는 것으로 밑줄 그은 왕은 광종이다. ④ 광종은 왕권을 강화하기 위해 노비안검법을 실시해 재정을 확보하려고 하였다.

오답분석
① 녹과전은 원종시기에 지급되었다.
② 만권당은 충선왕이 원나라 연경에 설치한 학술 연구소이다.
③ 주전도감을 설치한 것은 고려 숙종시기이다.
⑤ 직지심체요절은 고려 우왕시기에 만들어졌다.

정답 ④

CHAPTER 18 고려 통치체제

1 중앙 통치 조직

출제 POINT
① 고려 독자적 기구(도병마사, 식목도감), 기타조직
② 2군 6위 명칭·성격
③ 과거제 종류

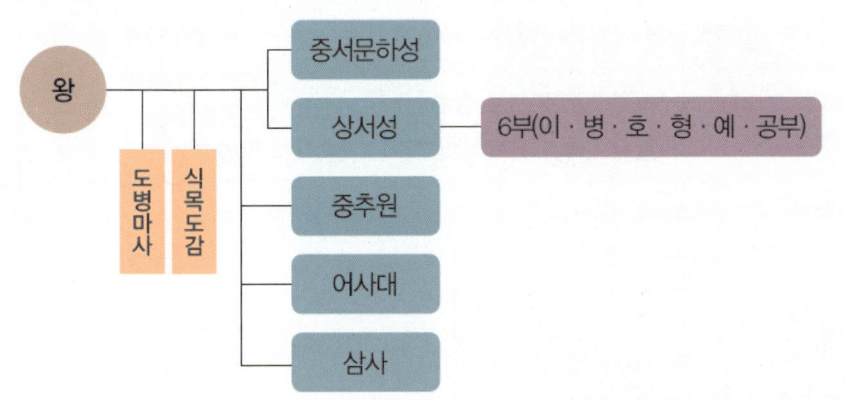

왕	도병마사 (군사, 외교) 식목도감 (법제, 격식) ⇒ 고려 독자적, 재추 회의	2성	중서문하성	문하시중, 정책 심의·결정, 재신, 낭사(3품이하, 대간) 구성	당 영향
			상서성	정책 집행 기구 6부 - 이부, 병부, 호부, 형부, 예부, 공부	
		중추원	의정&출납 (이원적)	군국기무, 군사기밀(추밀), 왕명출납, 궁궐 숙위(승선)	송 영향
		어사대	-	정치 잘잘못을 논하고 관리 비리감찰, 풍속 교정(대간)	당·송 영향
		삼사	-	곡식, 화폐 출납 회계 cf. 조선 삼사 - 언론 기구	송 영향

※ 도병마사는 원간섭기에 도평의사사로 개편된다.

 기타 기관 : 중방 - 무신들 최고 합좌기구
  국자감 - 최고 교육기관
  춘추관 - 역사 편찬 기관

2 지방행정조직

(1) 정비

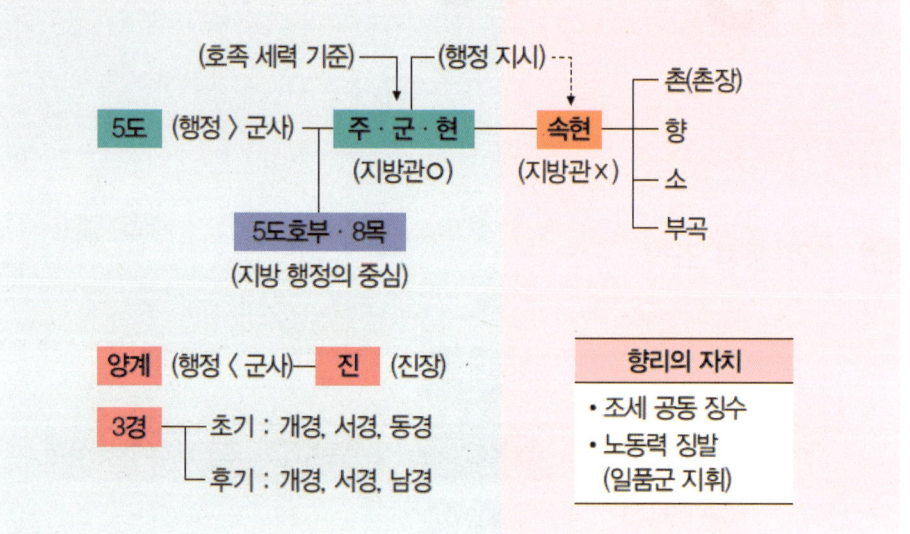

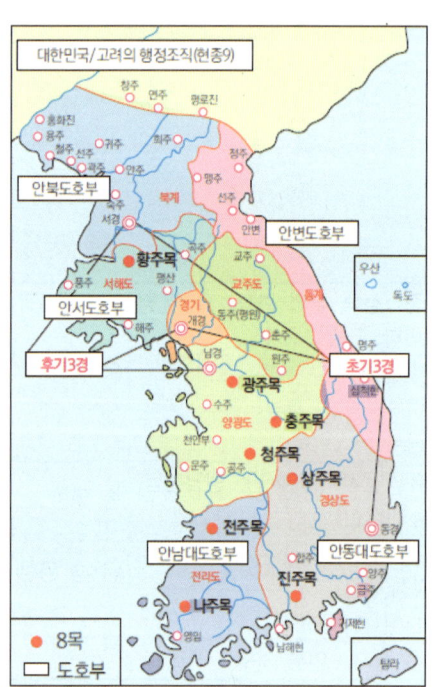
▲ 고려의 지방 행정 조직

(2) 이원적 체계

5도	① **5도 : 행정단위**, 안찰사 파견(5품~6품, 임기 6개월, 경직으로 도내의 지방을 순찰) ② 주, 군, 현 : 주, 군에는 자사, 현에는 현령 파견, **속현 수가 더 많음**(후 속현에 감무 파견), **속현과 특수 행정조직은 주현을 통해 간접 통제**(촌주나 향리가 자치)
양계	① 동계, 북계 : 군사적인 특수지역, 북방의 국경지대 설치 ② **병마사** : 양계에 상주, 주진군 지휘, 국경방어, 3품, 임기 6개월 ③ 국방상 요충지에 진 설치(진장파견)

(3) 특수행정구역

향·부곡(→ 농업)·소(→ 공업)	신분상 양인(양인보다 차별 받음), 거주이전 ×, 세금↑(천민×, 일반민), 과거응시 불가(일반적)

3 군사제도

중앙군 (직업군인)	2군	응양군, 용호군 → 국왕 친위 부대, 왕실수비 군인전 지급 - 역세습
	6위	수도, 국경 수비 좌우위, 신호위, 흥위위 - 수도 경비, 변방 경비 금오위 - 치안 천우위 - 의장 감문위 - 도성문 수비
	중방	• 2군 6위 지휘관인 상장군(정3품)과 대장군(종3품)으로 구성됨 • 최고 무신들로 구성된 합좌 기구로 군사문제 논의함
지방군	주현군	• 5도, 예비군 성격, 농민의무병으로 유사시 동원 • 지방관의 지휘를 받아 외적 방비, 치안유지, 노역에 동원
	주진군	• 양계, 상비군, 국경수비, 좌군·우군·초군으로 구성 • 양계 거주 농민 + 경군의 교대병력으로 구성, 둔전을 경작하여 군량미 충당함
특수군	광군	거란 침입 대비 → 정종, 청천강유역 배치, 주현군의 모체가 됨
	별무반	윤관(숙종), 여진정벌, 신기(기병)·신보(보병)·항마(승병), 양천혼성군
	삼별초	최우 사병, 몽골, 좌별초·우별초·신의군(몽고 포로 출신), 야별초 확대

※ 고려시대 군인은 직업군인으로 군적에 올라 군인전 지급 받음(세습)

※ 주현(관리 파견) < 속현(관리 파견 ×, 향리가 자치)

※ 향리
- 중·소 호족 출신, 중앙관제에 편입되지 못한 토착세력으로 향직을 세습하며, 조세, 공물징수, 노역징발 등을 수행함. 외역전을 지급받고 과거응시 가능함.
- 조선시대 향리는 수령의 실무를 보좌하는 세습적 아전으로 격하되고 녹봉과 토지를 지급받지 못함.

4 관리 등용 제도 - 광종때 과거제 실시로 최초 실시, 성종 때 정비

과거	문과	제술과	문학, 논술, 귀족 선호, 문학적 재능과 정책 시험	법제상 양인도 응시 가능 실제적 귀족·향리 자제 응시, 광종 때 최초, 성종 때 정비
		명경과	유교 경전 암기, 제술업이 명경업보다 중시됨, 향리 선호	
	잡과		의, 법, 지리, 서예 → 백정(일반농민) 주로 응시 cf. 조선도살업자(천민)-백정	
	승과		• 교종시 : 교종선, 화엄경 시험, 대덕 부여 • 선종시 : 선종선, 전등록 시험, 대덕 부여(승과에 합격해야 고위 승려 가능)	
	※ 무과는 조선시대에만 존재(공양왕 때 실시)			
음서	5품↑관리 자제 지급, 양도 가능(처족, 친족, 외족), 귀족화에 기여, 음서를 과거보다 더 중시함, 18세 이상 음직 수여 원칙이지만 10세 미만 사례도 있음			

■ 총정리 및 암기팁

중앙관제	2성 6부, 도병마사, 식목도감, 어사대, 삼사, 대간(구성, 내용)
지방행정	5도 양계, 향·부곡·소, 속현 수가 많음
군사제도	• 중앙군(2군6위) • 지방군(주현군 – 예비군, 주진군 – 좌군, 우군, 초군) • 특수군(광군, 별무반 – 신기·신보·항마, 삼별초 – 좌·우 신의군)
관리등용	과거(제술과, 명경과, 잡과, 승과), 음서(5품이상 관리 자제)

◉ 사료 및 심화 자료

• 도병마사 (고려)

1. 고려 성종 때 양계의 병마 통솔을 위해 첫 설치 ⇨ 현종 때 하나의 기구
2. 중추원(추신7명) + 중서문하성의 고관(재신5명) ⇨ 재추 합의기구
3. 도평의사사(원간섭기) ⇨ 70~80명에 이르는 재추가 참여하였고 후에 도당이라 불리면서 권한이 국정 전반에 미치는 최고의 상설 정치기구로 발전하였다. 재추직은 권문세족이 독점함으로써 왕권의 약화를 초래하였다.
4. 조선 정종 때 도평의사사 혁파 ⇨ 행정권(의정부), 군사권(삼군부), 왕명출납권(승정원)

• 고려 중앙 정치 조직의 특성 정리

① 고려의 중앙정치의 전반적인 특징
   ㉠ 고려는 당의 3성 6부 체제를 도입하였지만, 이를 고려의 실정에 맞게 재편
   ㉡ 중서성과 문하성을 합쳐 중서문하성으로 하고, 상서성과 함께 2성을 둠

• 향·부곡·소 역사적 변천

고려 무신정권 시기에 망이·망소이가 충남 공주 명학소에서 차별 대우에 반대해 난을 일으키기도 했다. 향과 부곡은 신라 시대에도 이미 있었으나, 소는 고려 시대에 신설된 것이다. 그러나 점차 사회가 발전하며 이러한 특수 행정 구역은 사라지기 시작했다.

• 과거제의 실시

삼국시대 이전에는 과거법(科擧法)이 없었고 고려 태조(太祖, 918~943)가 먼저 학교를 세웠으나 과거로 인재를 뽑는 데까지는 이르지 못하였다. 광종(光宗, 950~975)이 쌍기(雙冀, ?~?)의 의견을 받아들여 과거로 인재를 뽑자, 이때부터 학문을 숭상하는 풍습이 일어나기 시작하였다.   – 고려사

기출문제

01 (가) 기구에 대한 설명으로 옳은 것은? [1점]

■ 한능검 심화 48회 14번

> **(가)**
>
> 1. 개요
>   고려의 회의 기구로 중서문하성과 중추원의 고위 관료들이 모여 주로 국방과 군사 문제를 다루었다. 대내적인 법제와 격식을 관장하는 식목도감과 함께 합의제로 운영되었다.
>
> 2. 관련 사료
>   판사(判事)는 시중·평장사·참지정사·정당문학·지문하성사로 임명하였으며, 사(使) 이상의 관료가 모여서 의논하였으므로 합좌라는 이름이 있었다.
>   - 『고려사』-

① 수도의 치안과 행정을 담당하였다.
② 사헌부, 사간원과 함께 3사로 불렸다.
③ 원 간섭기에 도평의사사로 개편되었다.
④ 화폐와 곡식의 출납 회계를 담당하였다.
⑤ 관리 임명에 대한 서경권을 가지고 있었다.

● **해설**

중서문하성과 중추원 고위관료들이 모여 국방과 군사문제를 다루었던 회의기구는 도병마사이다. 도병마사는 식목도감과 함께 고려 귀족회의로 중서문하성의 재신과 중추원의 추밀이 모여 회의한다고 해서 재추회의라고 하기도 한다. ③ 도병마사는 이후 원 간섭기에 도평의사사로 개편되었고 조선 건국 이후에 폐지된다.

● **오답분석**

① 수도 치안과 행정을 담당하는 기관은 조선시대 한성부이다.
② 사헌부, 사간원과 함께 3사로 불린 기관은 홍문관이다.
④ 화폐와 곡식 출납 회계를 담당하는 기관은 고려시대 삼사이다.
⑤ 관리 임명, 서경권을 가지고 있었던 관리는 대간이다.

● **정답**   ③

02 다음 군사 제도를 운영한 국가에 대한 설명으로 옳은 것은? [2점]

■ 한능검 심화 51회

> 목종 5년에 6위의 직원을 마련하여 두었는데, 뒤에 응양군(鷹揚軍)과 용호군(龍虎軍)의 2군을 설치하고, 6위의 위에 있게 하였다. 뒤에 또 중방을 설치하고, 2군·6위의 상장군과 대장군이 모두 회합하게 하였다.

① 중정대를 두어 관리를 감찰하였다.
② 9주 5소경의 지방 제도를 운영하였다.
③ 고관들의 합좌 기구인 도병마사를 설치하였다.
④ 인재를 등용하기 위하여 독서삼품과를 시행하였다.
⑤ 왕족인 부여씨와 8성의 귀족이 지배층을 이루었다.

● **해설**

2군 6위, 중방, 응양군, 용호군이 있었던 나라는 고려이다. ③ 고려는 귀족 합의기구인 도병마사를 설치해 운영하였다.

● **오답분석**

① 중정대를 두어 관리를 감찰한 나라는 발해이다.
② 9주 5소경의 지방제도를 운영한 나라는 신라이다.
④ 독서삼품과를 시행한 사람은 통일신라 원성왕이다.
⑤ 부여씨와 8성 귀족이 있었던 나라는 백제이다.

● **정답**   ③

CHAPTER 19 고려 중기 정치 상황(중기 왕, 이자겸의 난, 묘청의 서경천도 운동)

출제 POINT
현종, 문종, 숙종, 예종, 인종 업적, 이자겸의 난과 묘청의 서경천도 운동 특징

✅ 암기 TIP
현종은 거칠조 5 - 거란침입, 칠대실록, 초조대장경, 5도양계,

✅ 암기 TIP
의천이 남경병원에서 사경 읽는다 - 의천, 남경승격, 동서대비원, 사학12도, 경정전시과

✅ 암기 TIP
활어를 삼분동안 해동 / 쑥씨 - 활구, 삼한통보, 동국통보, 해동통보 / 숙종, 서적포

1 11세기 왕

목종 997 ~ 1009	• 개정전시과(전현직관리대상, 인품배제), 강조 정변(목종 폐위, 현종즉위)
현종 1009 ~ 1031	• 지방제도 정비 : 5도(행정적) 양계(군사적) • 거란 2차례 침입(2차 - 강조·양규, 3차 - 강감찬) → 2군 창설 • 7대 실록, 초조대장경(호국불교) • 연등회, 팔관회 부활
문종 1046 ~ 1083	• 문벌귀족 전성기, 4째 아들 의천 → 흥왕사, 해동 천태종 창시 • 사학 12도 발달, 최충 문헌공도(9재 학당, 관학 쇠퇴, 왕권 약화, 문벌귀족 강화) • 동서대비원(병원, 개경, 서경) • 한양을 남경으로 승격 • 경정전시과(현직관리만, 공음전(5품↑)) • 삼복제(사형수 판결의 삼심제)
숙종 1095 ~ 1105	• 윤관 - 별무반(신기군+신보군+항마군) : 여진 대비 • 남경개창도감 설치, 김위제가 남경천도 상소 • 화폐(주전도감-의천건의) → 활구(고액화폐, 은병), 삼한통보, 동국통보, 해동통보 • 관학진흥책 - 서적포 설치

▲ 활구

▲ 해동통보

2 12세기 왕

예종 1105 ~ 1122	• 동북9성(여진정벌) → 1년 만에 반환 • 복원궁(도교사원) 설치. 감무 파견(지방관) • 관학진흥책 : 양현고(장학금), 7재(7개과목), 보문각, 청연각(도서관) ✅ 암기 TIP 9번 복감걸려 양재동 보청기 사러간다 - 9성, 복원궁, 감무, 양현고, 7재, 보문각, 청연각
인종 1122 ~ 1146	• 순서 : 이자겸의 난 → 척준경 진압 → 묘청 서경천도운동 → 김부식 진압 → 김부식 삼국사기 저술 ✅ 암기 TIP 이묘부가 사기친다 - 이자겸, 묘청, 김부식, 삼국사기
의종	• 문신↑, 무신↓, 숭문천무현상, 군인전 미지급 • 보현원 정변(무신정변 발생) - 이의방, 정중부
명종	• 무신시대 시작, 중방이 최고 기구가 됨, 최충헌에게 폐위됨, 최충헌이 봉사 10조 건의 • 이의방, 정중부, 경대승, 이의민, 최충헌 집권

▲ 연등회
(태조 실시, 성종 폐지, 현종 부활)

▲ 삼국사기

3 13세기 왕

고종	최우 집권, **몽골 침입** → 강화천도(1232), 쌍성총관부 설치(몽골, 1258)
원종	개경 환도(1270) → **삼별초 저항**, 진압 → 원간섭기 시작, **녹과전 지급**(경기8현), 탐라총관부 설치(몽골, 1273)

4 이자겸·묘청의 서경천도 운동

(1) 이자겸의 난(1126)

　① 경원 이씨 80년간 권력 장악, **이자겸은 왕실과 혼인을 통해 정권을 장악 후 횡포**

　② 인종(이자겸의 사위, 외손) 측근 등용 → 이자겸과 대립

　③ **이자겸이 척준경과 함께 난을 일으킴**(인종 유폐)

　④ **척준경을 인종이 회유하고 이자겸 진압**(영광유배)

　⑤ **척준경이 서경파 정지상 탄핵 받음**

　⑥ **결과** : 왕권↓, 민심↓, 궁궐 소실, 서경천도론 대두, 문벌귀족 사회의 붕괴 촉진계기

▶ 사료 TIP
十八子 왕이 된다, 인수절

▶ 사료 TIP
'까마귀가 떡을 먹고 죽었다'

(2) 묘청의 서경천도 운동(묘청의 난)(1135)

　① **묘청 자주적 혁신 정치 : 서경천도, 칭제 건원, 대화궁 건설, 금국 정벌, 고구려 계승**

　② **개경파 반발(김부식 반발)** → 천도 실패

　③ **서경에서 봉기 - 국호(대위), 연호(천개),** 고구려 계승 의식, 군대(천견충의군)

　④ 김부식 1년만에 진압, 서경파 몰락(정지상, 백수한, 묘청) → 고구려 계승×, 신라 계승↑, 보수적 성향, 문벌귀족 모순이 심화, 숭문천무 현상 강화

　⑤ 서경천도 운동으로 인식 - 신채호 "1천년 역사 이래 가장 큰 사건"(조선사 연구초)

▶ 사료 TIP
'대화세', '임원역'

▲ 묘청의 서경 천도 운동

(3) 서경파 vs 개경파

서경파	개경파
묘청, 정지상	김부식
서경 천도	서경천도 반대
금국 정벌	금에 사대
고구려 계승의식	신라 계승의식
불교, 낭가사상(국풍파)	유교사상(한학파)
진취적	보수적

■ 총정리 및 암기팁

1. 고려 중기 왕

현종	거칠조5
문종	의천, 남경에서 사경을 헤매다.
숙종	활어를 삼분 동안 해동 한다, 쑥서
예종	9번 복감 걸려 양재동에 보청기 사러 간다.
인종	이 묘 부 사 기
고종	최씨 정권, 몽골 침입
원종	원에 항복, 개경 환도

2. 문벌귀족사회 모순

이자겸의 난	이이제이, 토사구팽
묘청	서경파 vs 서경파

● 사료 및 심화 자료

· 신채호의 서경 천도 운동 인식

그러면 조선 근세에 종교나 학술이나 정치나 풍속이나 사대주의의 노예가 됨은 무슨 사건에 원인하는 것인가. …… 나는 한마디 말로 회답하여 말하기를 고려 인종 13년 서경(평양) 천도 운동 즉 묘청이 김부식에게 패함이 그 원인으로 생각한다.…… 묘청의 천도 운동에 대하여 역사가들은 단지 왕사(王師)가 반란한 적을 친 것으로 알았을 뿐인데 이는 근시안적인 관찰이다. 그 실상은 낭가와 불교 양가 대 유교의 싸움이며, 국풍파 대 한학파의 싸움이며, 독립당 대 사대당의 싸움이며, 진취 사상 대 보수 사상의 싸움이니, 묘청은 전자의 대표요 김부식은 후자의 대표였던 것이다. 묘청의 천도 운동에서 묘청 등이 패하고 김부식이 이겼으므로 조선사가 사대적, 보수적, 속박적, 사상인 유교 사상에 정복되고 말았다. 만약 김부식이 패하고 묘청이 이겼더라면 조선사가 독립적, 진취적으로 진전하였을 것이니 이것이 어찌 일천년래 제일대사건이라 하지 아니하랴. ―「조선사연구초」

· 최충헌의 봉사 10조

새 궁궐로 옮길 것
관원 수를 줄일 것
농민으로부터 뺏은 토지를 돌려줄 것
승려의 왕궁 출입과 고리대업을 금할 것
탐관오리를 징벌할 것 등

기출문제

01 다음 상황 이후에 전개된 사실로 옳은 것은? [2점]

한능검 중급 43회

> 내시지후 김찬과 내시녹사 안보린이 동지추밀원사 지녹연, 상장군 최탁, 오탁, 대장군 권수, 장군 고석 등과 함께 이자겸과 척준경을 암살하려고 시도하였으나 이루지 못하였다. 이자겸과 척준경이 군사를 동원하여 궁궐을 침범하였다.
> — 『고려사』 —

① 전시과가 제정되었다.
② 독서삼품과가 실시되었다.
③ 김흠돌의 난이 진압되었다.
④ 원종과 애노가 봉기하였다.
⑤ 묘청이 서경에서 난을 일으켰다.

해설

이자겸과 척준경이 군사를 동원했다는 말을 통해 인종시기 일어난 이자겸의 난에 대한 내용이다. ⑤ 이자겸의 난으로 개경의 궁궐이 불타고 정치가 혼란해졌다. 또한 나라 밖으로는 세력이 커진 여진의 압력을 받으며 위기를 겪었다. 이에 서경(평양) 출신의 승려 묘청은 "고려가 어려움을 겪게 된 것은 개경 땅의 기운이 쇠약한 때문"이라고 주장했다. 그는 풍수지리설에 따라 고려의 수도를 서경으로 옮겨야 한다며 서경 천도 운동을 벌였다. 인종도 서경에 궁궐을 짓는 등 동조했지만, 김부식을 비롯한 문벌귀족들의 반대에 부딪혀 실패했다. 즉 묘청의 서경천도운동은 이자겸의 난 이후에 일어난 사건으로 정답이다.

오답분석

① 전시과가 처음 제정된 시기는 고려 경종 때이다. 인종보다 앞선 시기이다.
② 독서삼품과는 통일신라 원성왕이 시행하였다.
③ 김흠돌의 난은 통일신라 신문왕 시기에 일어났다.
④ 원종 애노의 난은 통일신라 진성여왕 시기에 일어났다.

정답   ⑤

---

02 다음 상황이 나타난 시기를 연표에서 옳게 고른 것은? [2점]

한능검 심화 47회 14번

> A: 서경 임원역의 지세는 음양가들이 말하는 대화세(大華勢)에 해당합니다. 이곳에 궁궐을 세우고 옮겨 가시면 천하를 아우르게 되니 금나라가 예물을 가지고 와서 스스로 항복할 것입니다.
> B: 짐이 서경에 행차하여 지세를 살펴 보도록 하겠노라.

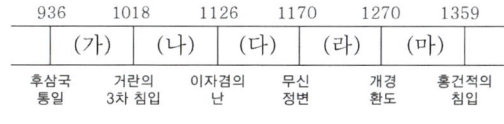

① (가)   ② (나)   ③ (다)
④ (라)   ⑤ (마)

해설

서경 임원역이 나오고 서경이 나오는 것으로 보아 묘청의 서경천도운동을 말하는 것으로 서경천도운동은 인종시기에 일어났고 서경천도가 실패하자 1135년(인종 13) 묘청 등이 서경(西京 : 지금의 평양)에서 반란을 일으켰다. 그러므로 정답은 (다)에 해당된다.

정답   ③

19. 고려 중기 정치 상황 ··· 91

CHAPTER 20 무신 집권기

출제 POINT
무신 집권자와 기구, 민란(집권자와 연결)

☑ 암기 TIP
방정맞은 **승민**이가 **헌우**에게 **항의**하다 – 이의**방**(중방) → **정중부**(중방) → 경대**승**(도방) → 이의**민**(중방) → 최충**헌**(교정도감) → 최**우** → 최**항** → 최**의**

1 무신 정변

배경	• 의종 실정(사치, 향락) • 숭문천무 현상(김돈중의 정중부 수염 태운 사건, 보현원에서 이소응과 한뢰 사건) • 군인전 미지급
과정	보현원 정변(보현원에서 정중부, 이의방, 이고 등이 문신들을 죽이고 정권 장악, 의종 폐위하고 거제도로 유배, 명종 옹립) → 이의**방**(중방) → **정중부**(중방) → 경대**승**(도방) → 이의**민**(중방) → 최충**헌**(교정도감) → 최**우** → 최**항** → 최**의** → 김준 → 임연 → 임유무

2 기구

중방	상장군, 대장군, 회의기구, 무신합좌기구, 응양군 장군(최고위직)
도방	무신 사병 집단 → 경대승, 최충헌
교정도감	최충헌이 만든 최고 기구, 교정별감(최고위직, 최충헌), 최씨정권 유지
정방	인사기구, 최우(가장 오래 유지, ~ 공민왕)
서방	문신숙위, 최우(이규보, 최자, 이인로)

3 최씨 정권(최충헌, 최우, 최항, 최의) – 명종, 신종, 희종, 강종, 고종, 원종 시기

☑ 암기 TIP
사교도 – **봉사**10조, **교정도감**, **도방**

최충헌	• **봉사** 10조(명종) • **교정도감**(최고기구, 교정별감) 설치, **도**방(사병) 설치 • 조계종 후원(지눌) • 이규보 등용 • 만적의 난 진압

☑ 암기 TIP
인정 문서 / 삼강 – 인사 **정방**, 문신 **서방** / **삼별초**, **강화천도**

최우(최이)	• **정**방 설치(**인**사장악, 정색승선) • **서**방(이규보, 이인로, 최자 – **문신** 등용) • 마별초(기병), **삼별초**(좌·우·신의군, 야별초 확대) • 몽골침입 → **강화천도**(1232) • 팔만대장경(대장도감-강화 선원사, 진주 남해 분사) 만듦 • 상정고금예문을 금속활자로 인쇄(1234)

4 무신정권 붕괴기

• 김준(최씨정권 붕괴시킴-무오정변(1258), 노비출신) → 임연(김준 제거하고 권력 장악) → 임유무(원종 때 임유무가 제거되고 개경환도) ⇒ 몽골 압력으로 붕괴, 왕정복고, 개경환도

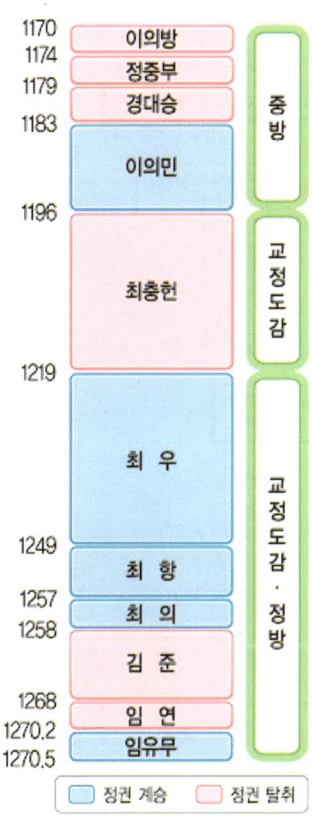

5 무신시기 민란

무신정변(1170)	경계의 난
서계민란(1172)	
김보당의 난(1173)	동북면 지역 - 최초 문신반란
교종 승려의 난(1174)	개경 귀법사, 흥왕사
조위총의 난(1174)	서경지역, 문신난
공주 명학소(망이·망소이)의 난(1176)	향·소·부곡 차별로 발생, 향·소·부곡 폐지 시작
전주 관노의 난	
김사미·효심의 난(1193)	신라 부흥
만적의 난	최충헌 가노, 신분해방 성격
진주 노비의 난(1200)	
이비·패좌의난(1202)	경주 호족 출신, 신라 부흥
최광수의 난(1217)	고구려 계승
이언년의 난(1237)	백제 계승, 김경손이 진압

☑ 암기 TIP

무서운 김교조가 소주와 김사서 빨간 진주를 가지고 비오는날 미친년에게 간다.

☑ 사료 TIP

'왕후장상의 씨가 따로 있겠느냐'

■ 총정리 및 암기팁

집권자	방정맞은 승민이가 헌우에게 항의하다
최충헌	사교도
최 우	인.정.문.서 / 삼강
민 란	무서운 김조교가 소주와 김사서 그리고 빨간진주를 가지고 비오는 날 미친년에게 간다.

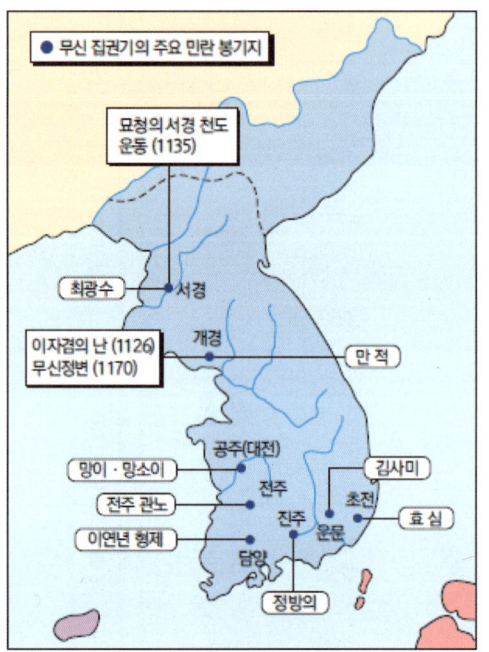

▲ 사회의 동요

◉ 사료 및 심화자료

• 보현원 정변

무신의 불만이 커져 가는 중에, 정중부는 김돈중으로부터 촛불로 수염을 불태우는 모욕을 당했고, 이의방과 이고 등이 정중부에게 거사를 제의하였다. 의종은 보현원(절)에서 술놀이를 하면서 흥을 돋우기 위해 무신들을 불러내어 '수박희'를 벌였고 수박희에서 진 대장군 이소응이 문신 한뢰에게 뺨을 얻어맞는 모욕을 당했다. 이 사건을 목격한 무신들은 칼을 뽑아 정변을 일으켰다.

• 무신정변 주도 인물

- 이의방 : 고려시대의 무신. 무신란을 일으켰고 이고가 정권을 마음대로 하려 하자 그를 제거하고 정권을 장악하였다. 중방(重房)을 강화하고 지방관에 하급 무신을 임명하여 그들을 회유하는 정책을 실시했다.
- 정중부 : 의종이 무신을 차별하는 데 불만을 품고 왕의 보현원 거동 때 문신을 죽이고 정권을 장악하였다. 하지만 이후 경대승에게 살해당하였다.
- 경대승 : 1179년 정중부(鄭仲夫) 등을 제거하고 실권을 장악하였다. 도방(都房)을 설치하고 문관(文官)과 무관(武官)을 고루 등용하여 무신정변으로 와해된 조정의 질서를 회복하려 했으나 1183년 30살의 나이로 병사하였다.
- 이의민 : 무신정변에 가담했고 의종 복위 음모와 조위총의 난을 평정해 큰 공을 세웠다. 천민출신으로 경대승이 죽은 후 무신 최고 집권자가 되었지만 최충헌에게 살해당하였다

• 만적의 난

사노비인 만적 등 6인이 뒷산에 나무하러 가서 공·사의 노비들을 불러 모았다. 음모를 꾸미면서 말하기를 "국가에는 경인의 난 이래로 공경 대부는 천예에서 많이 나왔다. 장상들의 씨가 따로 있겠는가. 때가 오면 누구든지 할 수 있는 것이다. 우리라고 해서 어찌 육체를 수고롭게 하고도 매질 아래에서 괴로워야 하겠는가."라고 하였다. …… 때가 되면 (누구나) 차지할 수 있는 것이다. 우리들이라고 어찌 뼈 빠지게 일만 하면서 채찍 아래에서 고통만 당하겠는가?"라고 하였다. 여러 노(奴)들이 모두 그렇다고 하였다. …… 가노(家奴) 순정이 한충유에게 변란을 고하자 한충유가 최충헌에게 알렸다. 마침내 만적 등 100여 명을 체포하여 강에 던졌다.
─「고려사」 129권 열전 최충헌전

• 무신집권기 주요 권력기구

▶ 중방
- 2군 6위의 지휘관인 상장군, 대장군이 장을 맡는 회의 기관
- 무신정변 후 무신들이 문반과 무반의 고위 관직을 독점한 후 중방에 모여 국가의 중대사를 공동으로 처리해 그 기능과 권한이 확대, 강화

▶ 교정도감
- 1209년(희종 5) 최충헌 암살 미수 사건을 계기로 교정도감(敎定都監)을 설치 → 최충헌이 책임자인 교정별감
- 반대 세력을 탄압하는 데 이용된 임시 기구였으나, 뒤에는 비위의 규찰, 인사 행정, 세정(稅政), 기타 서정(庶政)을 처리하는 초월적 기능을 발휘

▶ 정방
- 최우가 그의 사저에 설치한 인사 행정을 취급하는 기관으로 역대 무신 집권자들에 의해 계승 → 무신 정권이 몰락된 뒤에도 존속, 공민왕 때 다시 폐지됨

▶ 서방
- 최우가 문사(文士, 유학자)를 3번(番)으로 나누어 교대로 숙위하게 함.
- 문사를 우대한다는 목적도 있었으나, 고사(故事)에 밝고 식견이 높은 문사를 고문(顧問)에 등용함으로써 최씨 정권의 안정을 꾀하려는 의도에서 조직

기출문제

01 다음 사건 이후에 일어난 사실로 옳은 것은? [1점]
▌한능검 심화 51회 14번

> 만적 등 6명이 북산에서 땔나무를 하다가, 공사(公私)의 노복들을 불러 모아 모의하며 말하기를, "국가에서 경인년과 계사년 이래로 높은 관직도 천예(賤隷)에서 많이 나왔으니, 장상(將相)에 어찌 씨가 있겠는가? 때가 되면 (누구나) 차지할 수 있는 것이다. 우리들이라고 어찌 뼈 빠지게 일만 하면서 채찍 아래에서 고통만 당하겠는가?"라고 하였다. 여러 노(奴)들이 모두 그렇다고 하였다. …… 가노(家奴) 순정이 한충유에게 변란을 고하자 한충유가 최충헌에게 알렸다. 마침내 만적 등 100여 명을 체포하여 강에 던졌다.

① 묘청이 서경 천도를 주장하였다.
② 쌍기가 과거제의 시행을 건의하였다.
③ 왕실의 외척인 이자겸이 난을 일으켰다.
④ 정중부가 반란을 일으켜 권력을 차지하였다.
⑤ 최우가 정방을 설치하여 인사권을 장악하였다.

🔍 **해설**

자료에 만적이 반란을 일으키려고 하다가 최충헌이 진압하는 과정을 말하고 있다. 최충헌은 무신집권기 집권자 이름으로 최충헌 이후를 물어보는 문제이다. ⑤ 최우는 최충헌의 아들로 최충헌이 사망하자 집권한 사람으로 정방을 설치해 인사권을 장악하고 서방을 설치해 문신들을 등용한 사람이다. 옳은 지문으로 정답이다.

🔍 **오답분석**

① 묘청의 서경천도운동은 고려 인종시기에 일어난 사건 최충헌 집권기 이전이다.
② 쌍기의 과거제 시행 건의는 고려 초 광종시기이다.
③ 이자겸의 난은 인종시기로 무신정변 이전이다.
④ 정중부는 최충헌 집권 이전에 무신정변을 주도적으로 일으킨 인물 중 하나로 이후 경대승에게 제거된 사람이다. 즉 최충헌보다 이전 사람이다.

🔍 **정답**   ⑤

02 다음 사건이 일어난 시기를 연표에서 옳게 고른 것은? [2점]
▌한능검 중급 43회 13번

> 정중부의 종이 금령(禁令)을 어기고 자주색 비단 적삼을 입고 다니자, 어사대 관리가 사람을 시켜 옷을 벗기려 하였다. 그 종이 이를 거부하고 달아나다가 붙잡혔다. 다음 날 중승(中丞)송저 등이 그를 포박하고 문초하니, 정중부가 화를 내며 병사를 거느리고 어사대에 와서 송저 등을 죽이려 하였다. 그러자 명종은 정중부를 두려워하여 송저를 파직하였다.

918	1009	1104	1170	1270	1388
	(가)	(나)	(다)	(라)	(마)
고려 건국	강조의 정변	별무반 편성	무신 정변	개경 환도	위화도 회군

① (가)　② (나)　③ (다)
④ (라)　⑤ (마)

🔍 **해설**

정중부는 고려 후기에 무신들이 일으킨 정변을 주도한 사람이다. 묘청의 서경 천도 운동을 진압한 김부식 등 문벌 귀족은 숭문천무(崇文賤武, 문신을 우대하고 무신을 천시함)를 실시하여 무신을 천시하였다. 이에 1170년 정중부 등 무신들은 무력으로 문신을 물리치고 의종을 폐하고 명종을 세워 정권을 장악하였다. 그러므로 1170년 직후인 (라)가 정답이다.

🔍 **정답**　④

CHAPTER 21 고려 대외관계

1 11세기 – 거란(요나라) 침입

1차 (성종, 993)	• 친송북진정책이 원인이 되어 거란 침입(소손녕 80만) • 서희가 소손녕과 담판 – 송 교류×, 거란 교류○, 여진족 방해 때문에 교류× 주장 → 강동 6주(흥화진, 용주, 통주, 철주, 귀주, 곽주) 지역 차지(압록강 진출)
2차 (현종, 1010)	• 천추태후(목종 엄마, 경종 비)+김치양 → 불륜 ⇒ 강조 정변을 일으킴 ⇒ 현종 즉위 → 거란 2차 침입(거란 성종 40만 대군) ⇒ 강조 패배 ⇒ 현종 피난(나주) ⇒ 개경 함락 ⇒ 양규 흥화진 항전(보급로×) ⇒ 현종 친조 조건으로 화의, 초조대장경 조판(호국불교)
3차 (현종, 1018)	• 거란 3차 침입(현종의 입조 약속 불이행) → 강감찬(문신, 고려시대 최고 사령관은 문신)의 귀주 대첩(거란 소배압 10만 대군 침략 격퇴)
결과	• 7대 실록 • 초조대장경(호국불교) • 강감찬 건의로 개경에 나성 설치, 천리장성 축조(압록강~도련포) • 고려-송-거란 세력 균형, 문벌 보수화↑

출제 POINT
각 시대별 이민족 침입 과정에서 승리한 전투와 장군 이름

☑ **암기 TIP**
거란 침입: 서, 양, 감(1차 서희, 2차 양규, 3차 강감찬)

▲ 고려 대외 관계도

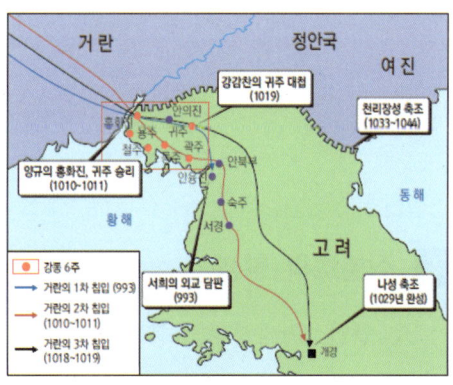
▲ 강동 6주와 천리장성

2 12세기 – 여진(금나라) 침입

① **여진과 충돌** : 정주성 패배
② 윤관 별무반 설치(1104, 숙종, 신기·신보·항마, 양천혼성군)
③ 여진토벌 → 동북 9성 축조(예종), 윤관 척경입비 설치(조선시대 척경입비도 현존함) → 1년만에 반환
④ 여진족 금 건국(아골타1115) → 사대 요구(고려에 군신관계 요구)
⑤ 이자겸, 김부식 사대 수락

☑ **암기 TIP**
여진 충돌 – 윤 별 9(윤관, 별무반, 동북 9성)

⑥ 금나라 사대 결과 묘청 서경 천도 운동의 원인이 됨

3 13세기 – 몽골 침입

접촉	• 몽골 압박으로 거란 고려쪽으로 이동 – 김취려 거란족 격퇴 • **강동성의 역** – 몽골과 연합해 거란 격퇴(최초만남), 김취려 활약 ⇒ 형제의 맹약
1차(1231)	저고여(사신)피살 → **살리타 침입** → **귀주성(박서) 항전** → 강화수락 : 다루가치 파견(여·몽 간의 화의 성립) ✅ 암기 TIP 박서 ~ 귀귀(박서, 귀주성 항전)
2차(1232)	최우 강화 천도(1232), 살리타 용인 처인성 전투에서 김윤후에게 사살, 초조대장경×, 교장×(2차설, 3차설 있음) ✅ 암기 TIP 용인에서 살려달라 살리타 – 용인 처인성, 살리타 사살
3차(1235)	의천 교장×, 황룡사 9층 목탑×, 재조대장경 시작(1236) ~ 재조대장경 완성(1251)
4차(1247) 5차(1253) 6차(1254)	• **5차 김윤후 충주방호별감으로 활약** • 6차 충주 다인철소 저항 • 국왕 친조(원종이 쿠빌라이 만남, 임유무 제거), 개경 환도(항복) • 원종이 쿠빌라이에게 항복하며 불개토풍의 원칙을 받아냄(고려풍속인정) – '세조구제'라 한다.

✅ 암기 TIP
강 진 제 / 배 통 – 강화도, 진도, 제주도 / 배중손, 김통정

✅ 사료 TIP
'저번에는 몽고 연호를 쓰더니 이번에는 쓰지 않았다' (고려첩장불심조조)1271, 원정 12년-일본에 외교문서 보냄

▲고려 강화 천도

▲몽골침략과 고려의 저항

4 삼별초의 항쟁

① **원인** : 최씨정권의 붕괴, 고려 정부의 개경환도(1270)
② **경과** : **강화도**(개경 환도에 반발하여 **배중손의 지휘**) → **진도**(용장성, 배중손) → **제주**(항파두성, 김통정)
③ **결과** : 몽골 제주 점령 후 탐라총관부 설치(목마장)

✅ 암기 TIP
홍건적 2차 침입 : **정세**는 **이성계**에게(정세운, 이성계)

✅ 암기 TIP
홍진을 띠니 **황산**을 뿌린다 – 홍산대첩, 진포대첩, 황산대첩

▲진도 용장성 유적지

▲제주도 항파두성 유적지 항몽 순의비

5 14세기 – 홍건적과 왜구 침입

홍건적	• 1차 : 공민왕시기, 홍건적 4만 침입 → 서경함락 → 이방실, 이승경 격퇴 • 2차 : 공민왕시기, 홍건적 10만 침입 → 개경 함락 → 복주(안동)피난, 정세운, 이성계, 안우 격퇴
왜구	• 홍산대첩(부여, 최영-호기가) • 진포대첩(1380, 금강 하구, 최초 화포, 최무선, 나세) • 황산대첩(1380, 남원 운봉, 아지발도, 이성계 격퇴, 황산대첩비) • 관음포 대첩(1383, 정지) • 대마도 정벌(박위, 창왕)

 ▲ 홍건적과 왜구 침입    ▲ 남원 황산대첩비    ▲ 최영 장군 초상화

■ 총정리 및 암기팁

11세기	거란	1차 – 서희, 2차 – 양규, 3차 – 강감찬
12세기	여진	숙종 – 별무반, 예종 – 동북9성(윤관) 인종 – 금나라에 사대
13세기	몽골	1차 박서(귀주성), 강화 천도, 2차 살리타 사살(김윤후)
14세기	홍건적, 왜구	홍건적 2차침입 – 공민왕 복주 피난 왜구 – 홍산대첩, 황산대첩

사료 및 심화 자료

• 강동 6주

안융진 회담 이후인 994년 성종은 서희에게 명하여 군사를 거느리고 강동 6주 지방의 여진 족을 몰아내고 압록강 동쪽 280리에 있는 흥화진(의주), 용주(용천), 통주(선주), 철주(철산), 귀주(귀성), 곽주(곽산) 등을 쌓아 우리의 영토로 만들었다. 이렇게 압록 강변의 요충지에 각각 성을 쌓은 다음 고려 정부는 압강도구당사(鴨江渡勾當使)라는 관청을 두어 도강(渡江)의 업무를 담당하게 하였다.

• 이자겸의 금나라 사대

3월에 백관을 소집하여 대금(大金)에 대해 신하로서 섬기는 문제에 대한 가부를 물으니, 모두 옳지 않다고 하였다. 오직 이자겸·척준경이 말하기를, "금나라가 옛날에는 작은 나라로 요나라와 우리나라를 섬겼으나, 지금은 갑자기 중흥하여 이미 요와 송을 멸하였고, 정치를 잘하고 군사가 강하여 날로 강대해지고 있으며, 또 우리나라와 국경이 연접해 있으니. 일의 형세상 섬기지 않을 수 없으며, 또한 작은 나라가 큰 나라를 섬김은 옛날 어진 왕의 도리이니, 마땅히 사신을 먼저 보내어 빙문(聘問)해야 합니다."하니, 그대로 좇았다.

- 「고려사절요」

• 강화천도

최우가 자기 집에 재추(宰樞)들을 모아, 도읍을 옮기는 일을 의논하였다. …… 사람들의 마음이 옮기는 것을 좋아하지 않았으나, 최우를 두려워하여 감히 한마디 말을 꺼내는 자가 없었다. 유승단이 말하기를, "…… 성곽과 종묘사직을 버리고 숨어서 구차하게 세월을 끌며, 변방의 백성들로 하여금 장정은 전투에서 다 죽고, 노약자는 묶여서 노예가 되게 하는 것은 국가의 장구한 계책이 아닙니다."라고 하였다. …… 최우가 녹전거(祿轉車)100여대를 빼앗아 집안의 재물을 강화도로 옮기니, 서울이 흉흉하였다. 또 사자를 여러 도(道)에 나누어 보내어, 백성을 산성(山城)과 섬으로 옮겼다.

- 「고려사절요」

• 김윤후

김윤후는 고종 때의 사람으로 일찍이 중이 되어 백현원에 있었다. 몽골병이 이르자, 윤후가 처인성으로 난을 피하였는데, 몽골의 원수 살리타가 와서 성을 치매 윤후가 이를 사살하였다. 왕은 그 공을 가상히 여겨 상장군의 벼슬을 주었으나 이를 사양하고 받지 않았다. …… (김윤후는) …… 뒤에 충주산성 방호별감(防護別監)이 되었다. 몽골병이 와서 포위한 지 무릇 70여 일 만에 식량이 거의 다 바닥나 버렸다. 윤후가 병졸을 설득하고 독려하면서 말하기를 "만일 힘을 합하면 높고 낮음을 가리지 않고 모두 벼슬을 내릴 것이니 너희들은 믿어 의심치 말라."하고 드디어 관노의 장부를 거두어 불살라 버리고 소와 말을 잡아 나누어 주었다. 이에 사람들이 모두 죽음을 무릅쓰고 적진으로 나아가니 몽골병이 차츰 기세가 꺾여 다시 남진하지 못하였다.

- 「고려사」 103권 열전 김윤후전

기출문제

01 (가)에 대한 고려의 대응으로 옳은 것은? [1점]

한능검 심화 51회 12번

이 그림은 윤관이 (가) 을/를 정벌하고 동북 9성을 설치한 후 고려의 경계를 알리는 비석을 세우는 장면을 그린 척경입비도입니다.

① 화통도감을 두어 활포를 제작하였다.
② 박위를 파견하여 근거지를 토벌하였다.
③ 연개소문을 보내어 천리장성을 축조하였다.
④ 대장도감을 설치하여 팔만대장경을 간행하였다.
⑤ 신기군, 신보군, 항마군 등으로 구성된 별무반을 조직하였다.

해설

윤관이 동북 9성을 설치했다는 것으로 보아 윤관의 여진 정벌에 대한 내용이고 (가)는 여진족을 의미한다. ⑤ 윤관은 정주성 전투 이후 기병의 필요성을 느끼고 특수군인 별무반을 조직해 여진을 정벌하였다. 옳은 지문으로 정답이다.

오답분석

① 화통도감을 두어 화포를 제작한 사람은 최무선으로 고려 후기인 우왕시기이다.
② 박위를 파견해 쓰시마를 정벌한 시기는 고려 후기인 창왕 때이다.
③ 연개소문은 고구려 시대 사람이다.
④ 대장도감을 설치해 팔만대장경을 만든 시기는 고려 중후기인 고종 때이다.

정답   ⑤

02 (가) 국가의 침입에 대한 고려의 대응으로 옳은 것은? [2점]

한능검 심화 49회 16번

이곳 죽주산성은 송문주 장군이 (가)의 침입을 격퇴한 장소입니다. 사신 저고여의 피살을 빌미로 (가)이/가 쳐들어오자, 송문주 장군은 귀주성과 이곳에서 거듭 물리쳤습니다.

① 화통도감을 두어 화포를 제작하였다.
② 진관 체제를 실시하여 국방을 강화하였다.
③ 별무반을 편성하고 동북 9성을 축조하였다.
④ 삼수병으로 구성된 훈련도감을 설치하였다.
⑤ 대장도감을 설치하여 팔만대장경을 간행하였다.

해설

저고여의 피살로 (가)가 쳐들어온다는 말을 통해 (가)는 몽골이라는 것을 유추할 수 있다. 몽골은 총 6차례 쳐들어왔는데 ⑤ 고려 정부는 강화로 천도하고 대장도감을 설치하여 팔만대장경을 간행해 부처님의 힘으로 몽골을 격퇴하려고 하였다.

오답분석

① 화통도감은 우왕시기 만들어졌다.
② 진관체제는 조선 세조시기에 시행되었다.
③ 별무반을 편성하고 동북 9성을 축조한 사람은 윤관으로 고려 예종시기이다.
④ 삼수병으로 구성된 훈련도감을 설치한 시기는 조선 선조시기이다.

정답   ⑤

CHAPTER 22 원간섭기

성적폭발에 최적화 된 전무후무 뇌과학 암기테크닉

출제 POINT
원 간섭기 기구, 관제격하, 수탈, 왕 업적(충렬, 충선, 공민), 권문세족 vs 신진사대부, 고려 멸망과정

✅ 암기 TIP
일본 제국에서 성경학문을 한다
- 일본원정, 제국대장공주, 성균감, 경사교수도감, 섬학전, 문묘

✅ 암기 TIP
만사가 짜다 - 만권당, 사림원, 각염법

✅ 암기 TIP
숙성하니 찰지다 - 충숙왕, 찰리변위도감

✅ 암기 TIP
편혜 / 소혜

✅ 암기 TIP
목을 치다 - 충목왕, 정치도감

1 원간섭기 시기 왕

왕	내용
충렬왕 1274~1298 1298~1308	• 제국대장공주(쿠빌라이 딸)와 결혼 - 부마국 • 정동행성(일본원정 동원, 승상은 고려왕) → 2차례 태풍으로 실패(김방경 참여) • 관제 격하(2성 6부 → 1부 4사), 동녕부 환부, 탐라총관부 설치·탈환 • 관학 진흥책 : 성균감 설치, 섬학전(장학재단, 안향건의), 경사교수도감(경전, 역사 교육), 문묘 설치(김문정) • 역사서: 삼국유사(일연), 제왕운기(이승휴) • 안향 성리학 전래(호-회헌, 섬학전 설치)
충선왕 1298 1308~1313	• 제국대장공주 아들, 계국대장공주 결혼, 조비(조인규 딸) → 조비무고사건으로 충선왕 퇴위 → 원소환 시기 원 무종 옹립에 기여해 심양왕에 봉해짐 이후 충렬왕 사후 1308년 복위함 • 즉위교서(권문세족, 왕실 결혼 가문 지정, 족내혼 금지-고려 초 유행) • 사림원 설치(개혁기구, 한림원 편입) • 각염법(소금 전매), 의염창 • 충숙왕에게 양위 후 연경에 만권당 설치(이제현, 백이정, 박충좌+조맹부 활동)
충숙왕 1313~1330 1332~1339	• 찰리변위도감 설치(개혁기구)
충혜왕 1330~1332 1339~1344	• 편민조례추변도감 설치 • 소은병
충목왕 1344~1348	• 정치도감 설치(개혁기구) - 이제현 주도 → 권문세족 반발로 실패 • 경천사지 10층 석탑 건립

2 원 내정 간섭

(1) 관제격하

① 2성(중서문하성, 상서성) 6부(이병호형예공)
　→ 1부(첨의부) 4사(전리사, 전법사, 군부사, 판도사), 공부×

② 도병마사 → 도평의사사(상설, 도당)

③ 어사대 → 감찰사, 중추원 → 밀직사, 국자감 → 성균관

④ ○조, ○종 → 충○왕

⑤ 짐, 폐하, 태자 → 고, 전하, 세자

✅ 암기 TIP
원 내정 간섭 : 첨 전 군 판 - 첨의부, 전리사, 전법사, 군부사, 판도사

(2) 내정간섭

부마국	원 공주를 왕비로 삼은, 제국대장공주, 계국대장공주, 노국대장공주
정동행성	일본원정 위해 만든 기구, 승상-충렬왕, 원정 실패 후 내정간섭기구
순마소	치안, 반원인사 색출
심양왕제도	만주지역통치
독로화	고려 세자 인질
이문소, 다루가치	감찰
기타	만호부(군대), 겁령구(원 왕녀 따라온 시종)

(3) 영토상실

쌍성총관부	철령이북(화주, 영흥) 설치(고종), 탈환(공민왕), 동북지역, 공민왕 무력 탈환
동녕부	자비령 이북, 설치(원종), 환부(충렬왕)
탐라총관부	제주도, 설치(1273), 환부(충렬왕)

▲ 고려의 영토 상실

(4) 수탈

인적	공녀(결혼도감, 조혼 유행)
물적	매(해동청, 응방 설치)

(5) 원 문화 전래

목화(문익점, 정천익), 아라비아 문화(역법), 농상집요(이암, 농법), 화약(최무선, 화통도감), 몽골어, 몽골풍, 라마불교(밀교, 경천사지10층석탑), 임제종 도입(보우)

▲ 안 향

▲ 경천사지 10층 석탑

3 공민왕 1351~1374

> ✅ 암기 TIP
> 공민왕 : 쌍 기 전 - 쌍성총관부
> 수복, 기철 숙청,
> 전민변정도감(신돈)

반원정책	• 정방 폐지 • 친원파×(기철×, 1356) • 관제복구(1부(첨의부) 4사(전리사, 전법사, 군부사, 판도사) → 2성(중서문하성, 상서성) 6부(이병호형예공), 몽골풍× • 원의 연호 폐지 • 정동행성 이문소×(1356) • 쌍성총관부 무력 수복(1356, 유인우, 이자춘 활약) • 요동 정벌(1369, 동녕부 공격, 이성계, 지용수)
왕권강화	• 흥왕사의 변(김용 공민왕 시해 시도) 진압 후 왕권 강화 추진 • 전민변정도감(1366, 임시기구, 권문세족↓, 신돈 ⇒ 실패) • 성균관(순수유교기구, 이색을 성균관 대사성 임명), • 과거제 정비, 신진사대부↑
대외	• 홍건적 침입(2차례) - 1차 이방실, 이승경 격퇴 - 2차 복주(안동)로 피난(이성계, 정세운), 원 나하추 격퇴(이성계) • 결과 : 신흥무인세력 성장

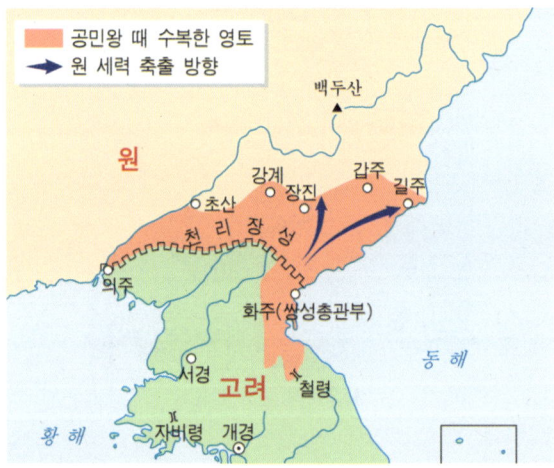

▲ 공민왕 영토 수복

4 고려 말기 왕

우왕 1374 ~ 1388	이인임(권문세족) 권력 장악 → 최영 권력 장악 → 명 철령위 설치 → 요동징벌 계획(철령이북 공격) → 이성계 4불가소 → 위화도 회군 → 우왕 폐위, 최영 처형
창왕 1388 ~ 1389	조민수 권력 장악 → 이성계 권력 장악 → 창왕 폐위 → 우왕, 창왕 처형(폐가입진), 박위 쓰시마 섬 정벌(1389)
공양왕 1389 ~ 1392	과전법 실시(조준 상소), 정몽주 살해, 고려멸망(공양왕 이성계에게 선위함), 조선건국, 삼척으로 유배, 조선건국 이후 살해됨

5 권문세족 vs 신진사대부

권문세족	신진사대부
이인임, 염흥방, 임견미	정도전, 정몽주, 이색
대농장 - 경제 독점 음서 - 정치 독점 불교 숭상 / 보수적/친원파	중소지주 / 과거출신 성리학 / 개방적 / 친명파 신진사대부 + 신흥무인세력 ⇒ 위화도 회군(신진사대부 분화)

6 급진파 사대부 vs 온건파 사대부

급진(혁명)	온건(유지)
정도전, 조준, 윤소종	정몽주, 길재, 이색
왕조 교체	왕조 유지
토지 개혁	전면적 토지 개혁×, 전시과를 회복하자
불교 비판	온건한 비판
↓	↓
조선 건국, 관학파(훈구파) '주례'를 국가 통치 이념	지방 낙향, 사림파, 주자가례 중시 사대적 중화 사상 '기자' 존중

7 멸망 과정

① 명 철령위 설치 통보 → 최영(요동정벌 주장)

② 요동 정벌 계획 - 이성계 4불가소

③ 이성계 위화도 회군 - 최영×, 우왕×, 창왕× ⇒ 폐가입진

④ 과전법(토지개혁), 정몽주 제거(이방원)

⑤ 공양왕 폐위(조선건국 이후 살해)

⑥ 조선 건국(1392)

▪ 총정리 및 암기팁

왕	충렬(일본.제국.성.경.학.문) / 충선(만사 짜다) / 공민(쌍 기 전)
원 간섭기	첨, 전², 군, 파(1부4사), 도평의사사, 밀직사, 감찰사
권문 vs 신진	친원파, 친명파
멸망과정	요동 → 위화도 → 과전법 → 멸망

🎯 사료 및 심화 자료

• 원간섭을 받았지만 고려 자주성 유지할 수 있었던 근거

- 고려의 끈질긴 항쟁으로 몽골이 고려를 직속령으로 정복하려던 계획을 포기하고 고려의 주권과 고유한 풍습 인정하였다.
- '원의 세조가 고려에 약속한 것 : 옷과 머리에 쓰는 관은 고려풍속 유지(불개토풍 인정)', 고종 말년 원종 직접 약속 받음, 원간섭기 원칙

• 원의 내정 간섭 기구

- 다루가치 파견 : 원나라 총독·지사를 의미한다. 감찰관으로 내정 간섭 및 공물의 징수, 감독 등을 통해 점령 지역을 다스리고 간섭하던 직책이다. 몽골의 제1차 침입 시에 설치되었다가 충렬왕 4년(1278) 폐지되었다.
- 정동행성(征東行省) 설치(1280) : 원이 일본을 정벌하기 위해 개경에 설치한 기구였으나 원정 이후에도 연락기구로 계속 유지되었다. 장관은 고려왕이 겸직하였고, 그 중심은 사법기구인 이문소였다. 정동행성의 이문소는 여·원 관계에 대한 범죄를 단속하는 기구였으나 고려인을 취조, 탄압하는 등 불법적 사법권 행사로 문제를 일으켰다.

• 신돈의 등용

공민왕은 당시 승려였던 신돈에 대해, "도(道)를 얻어 욕심이 없으며, 또 미천하여 친당(親黨)이 없으므로 큰 일을 맡길 만하다"라고 하였고, 이에 그에게 전권을 주면서 "스승이 나를 구하고, 나도 스승을 구하리라"는 다짐을 하였다. 공민왕 14년에 신돈을 등용함으로써 자신이 직접 정치에 참여함으로써 초래될 신변의 위험을 없앴고, 어떠한 정치세력과도 연결되지 않은 신돈을 통해 과감하게 기존 정치세력을 효과적으로 제거하는 일석이조의 효과를 얻을 수 있었다.

• 위화도 회군 역사적 의의

위화도 회군으로 정권을 장악한 이성계와 조민수는 우왕을 폐위시키고 강화도(江華島)로 유배하였으며, 최영은 고봉(高峰, 지금의 경기도 고양)으로 유배하였다가 처형하였다. 그리고 우왕의 아들인 창왕(昌王)을 왕으로 세웠으며, 조민수는 우시중(右侍中), 이성계는 좌시중(左侍中)의 지위에 올랐다. 그 뒤 조정의 주도권을 둘러싸고 이성계와 조민수가 대립하였으나, 군사력뿐 아니라 신진사대부들을 기반으로 정치적 기반도 튼튼히 확보하고 있었던 이성계가 승리하였다. 이성계는 1389년(창왕 1) 사전(私田) 개혁을 빌미로 조민수를 유배하였고, 조민수와 이색(李穡)의 추대로 왕위에 오른 창왕을 신돈(辛旽)의 후손이라고 주장하며 폐위시키고 공양왕(恭讓王)을 새로 왕으로 세웠다. 이처럼 이성계가 실권을 완전히 장악하게 되면서 조선(朝鮮) 왕조가 창건되는 기초가 마련되었다.

기출문제

01 밑줄 그은 '이 시기'에 있었던 사실로 옳은 것은? [2점]

▌한능검 심화 50회 11번

이곳은 김방경의 묘입니다. 그는 개경 환도 이후 몽골의 간섭이 본격화된 이 시기에 여·몽 연합군의 고려군 도원수로 일본 원정에 참여하였습니다.

① 삼수병으로 구성된 훈련도감이 창설되었다.
② 삼군부가 부활하여 군국 기무를 전담하였다.
③ 중서문하성과 상서성이 첨의부로 개편되었다.
④ 인재를 양성하기 위한 초계문신제가 시행되었다.
⑤ 국방 문제를 논의하기 위한 비변사가 설치되었다.

🔍 **해설**

김방경이 일본원정간 시기는 원간섭기인 충렬왕 때이다. 밑줄 그은 이 시기는 원간섭기이다. ③ 원간섭기 관제가 격하되어 중서문하성과 상서성이 첨의부로 개편되었다.(2성 6부가 1부 4사로 개편되었다.)

🔍 **오답분석**

① 훈련도감은 조선 선조시기에 유성룡이 창설하였다.
② 삼군부가 부활하여 군국기무를 전담한 시기는 흥선대원군 시기이다.
④ 인재를 양성하기 위한 초계문신제는 정조가 시행하였다.
⑤ 비변사가 설치된 것은 조선 중종시기이다.

🔍 **정답** ③

02 밑줄 그은 '왕'에 대한 설명으로 옳은 것은? [2점]

▌한능검 심화 49회 17번

왕이 지정(至正) 연호의 사용을 중지하고 교서를 내려 말하기를, "…… 기철 등이 군주의 위세를 빙자하여 나라의 법도를 뒤흔들었다. 자신의 기분에 따라 관리를 마음대로 임명하여 정령(政令)이 원칙 없이 바뀌었다. 남이 토지를 가지고 있으면 그것을 차지하고, 노비를 가지고 있으면 빼앗았다. …… 이재 다행히도 조종(祖宗)의 영령에 기대어 기철 등을 처단할 수 있었다." 라고 하였다.

-『고려사』-

① 중서문하성과 상서성을 복구하였다.
② 원의 요청으로 일본 원정에 참여하였다.
③ 조준 등의 건의로 과전법을 제정하였다.
④ 이인임 일파를 축출하고 왕권을 회복하였다.
⑤ 쌍기의 건의를 받아들여 과거제를 실시하였다.

🔍 **해설**

기철 등을 처단했다는 말을 통해 밑줄 그은 왕이 공민왕이라는 것을 알 수 있다. 공민왕은 원나라가 약해지자 각종 몽고 풍습(옷차림, 머리 모양 등)을 폐지했고, 내정 간섭 기구인 정동행성을 폐지하고 북방의 쌍성총관부를 탈환했다. 또한 원나라와 친척 관계를 맺고 있던 기철 등의 친원파를 세서했나. 그러면서 ① 첨의부를 중서문하성과 상서성으로 복구하는 등 1부 4사를 2성 6부 체제로 변경하였다.

🔍 **오답분석**

② 원의 요청으로 일본 원정에 참여한 왕은 충렬왕이다.
③ 조준의 건의로 과전법이 제정된 시기는 공양왕 시기이다.
④ 이인임 일파가 제거된 시기는 우왕 때이다.
⑤ 쌍기의 건의를 받아들여 과거제를 실시한 시기는 광종 때이다.

🔍 **정답** ①

CHAPTER 23 고려 경제
(토지제도, 수취제도, 무역, 화폐)

출제 POINT
① 전시과 변천 과정 ② 전시과 원칙 ③ 토지 종류

1 토지제도(전시과)

(1) 전시과 용어 정리 : 전(곡물) 시(땔감) 과(등급)

　① 국가에 봉사하는 대가로 지급(월급개념)
　② 토지(전) 임야(시)를 등급에 따라 차등 지급
　③ 수조권 지급(세금을 거둘 수 있는 권리), 소유권×

(2) 전시과 변천 과정

	역분전(태조(940)	논공행상, 토지 지급, 공훈(주관적, 관료제×)
전시과	시정전시과 (경종, 976)	관품(자·단·비·녹, 4단계) + 인품(주관적), 전·현직 관리 → 왕권↓, 지급기준 모호, 관료제↑, 주관적
	개정전시과 (목종, 998)	관품(18관등) 기준 + 문무관리(군인 최초), 전·현직 관리에게 토지 지급, 한외과 지급 ⇒ 토지 부족
	경정전시과 (문종, 1076)	토지 부족으로 현직 관리에만 토지 지급 무반과 일반 군인에 대우↑ 한외과 폐지 공음전 지급(5품 이상 관리 토지 지급, 세습 가능)
무신정변		군인전 미지급으로 발생 무신정변으로 전시과 붕괴↓(무신 대토지 소유) → 원종 때 녹과전 지급(경기 8현 한정, 신진관리에게 경기도 한정 토지 지급)
권문세족 집권		농장↑, 전시과 붕괴 ⇒ 신진사대부 과전법 실시(공양왕, 조선 토지제도 근간, 경기 사전)

▶ 전시과 변천과정 암기 TIP

역	시	개	경	녹	과
태	경	목	문	원	공

※ 전시과의 변천과 토지 지급 액수　*단위 : 결

시기		등급	1	2	3	4	5	6	7	8	9	10	11	12	13	14	15	16	17	18
경종 (976)	시 정 전시과	전지	110	105	100	95	90	85	80	75	70	65	60	55	50	45	42	39	36	33
		시지	110	105	100	95	90	85	80	75	70	65	60	55	50	45	40	35	30	25
목종 (998)	개 정 전시과	전지	100	95	90	85	80	75	70	65	60	55	50	45	40	35	30	27	23	20
		시지	70	65	60	55	50	45	40	35	33	30	25	22	20	15	10			
문종 (1026)	경 정 전시과	전지	100	90	85	80	75	70	65	60	55	50	45	40	35	30	25	22	20	17
		시지	50	45	40	35	30	27	24	21	18	15	12	10	8	5				

2 토지 종류

과전	문무관리 지급(18등급, 수조권)	한인전	하급관리 자제 중 무관직자 지급(백수)
구분전	하급관리, 군인 유가족 지급	공음전	5품 이상의 관리 자제 지급(세습)
군인전	군인 직역의 대가로 지급(세습)	외역전	향리 지급(세습)
내장전	왕실 지급 토지 cf. 조선 : 내수사전(세습)	공해전	관청경비
공신전	특별한을 세운 공신에게 지급	사원전	절 경비

☑ 암기 TIP
한백수가 분유가려 간다 – 한인전, 무관직자(백수) / 구분전, 유가족

3 수취제도

조세	• 토지세, 비옥도에 따라 3등급(토지) • 조세는 농민 동원 조창까지 운반 → 조운을 통해 개경 이동(경창 – 좌창, 우창)
공납	특산물징수, 9등호, 주현 단위로 부과, 향리 징수, 상공(정기적), 별공(비정기적)
역	노동세, 군역, 요역, 16~60세, 정남, 9등호제(지방 역 관리자 – 역리)

4 농업 기술

(1) 우경·심경법 일반화(보급 → 시작, 일반화 → 전부 다), 농기구 발달, 종자 개량
(2) 시비법 발달 : 가축 분뇨, 녹비법, 퇴비법 휴경지 감소, 상경지↑, 2년3작보급 (밭, 윤작법 – 조, 보리, 콩)
(3) 고려 말 남부 지방 이앙법 보급(논)(전국 전파 – 조선후기 : 영조)
(4) 문익점 목화 전래 → 정천익 재배 성공, 씨아, 물레 개발 → 의류 혁명
(5) 농서 : 이암, 원 농서 수입 〈농상집요〉

▲ 고려 후기 강화도의 간척지

☑ 암기 TIP
상 사 가 / 요 설 성 – 농상집요, 농사직설, 농가집성

5 상업, 수공업

도시 상업	• 시전(상설, 관청수요품, 왕실·귀족 생활용품 공급) • 경시서(개경 상행위감독, 물가조절) • 서적점, 약점, 주점, 다점 등의 관영상점 설치 • 비정기 시장(행상), 고리대 성행, 보 출현(기금 이자로 경비 충당, 제위보, 광학보 등)
지방 상업	• 행상활동, 사원 상행위(장생고-고리대), 후기에 원(여관) 발달

6 수공업

전기	후기
• 소 수공업 : 특수행정, 금, 은, 철, 종이 등 생산, 시장판매×, 무신집권기부터 해체 시작, 조선시대 완전 소멸 • 관청 수공업 : 기술자를 공장안에 올려 관청에서 장인이 물품생산하게 함, 관수품 제작	• 사원 수공업 : 사찰 수공업품 생산, 기와, 술, 소금, 생산규모가 큼, 장생고(고리대), 장생표(토지표지석) • 민간 수공업 : 가내수공업, 유통 경제발달, 전업수공업자 등장, 민간에서 삼베, 모시, 명주, 놋 그릇, 도자기 등 생산

7 무역·화폐

(1) 무역

송나라	• 벽란도(예성강 하구, 국제 무역항) • 수출 : 토산품(금, 은 나전칠기, 인삼 먹) • 수입 : 사치품(서적, 약재, 차, 비단)
거란(요) 여진(금)	• 교류↓, 곡식 수출, 농기구 수출 / 은·모피 수입, 말 수입
일본	곡식 수출, 수은·황 수입(11세기 후반에 교류-문종시기)
아라비아	코리아 유래(corea), 송나라 통해 들어옴, 향신료 수입, 수은, 산호 수입
원	공·사 무역 발달, 금·은·소·말 유출 → 사회문제 야기

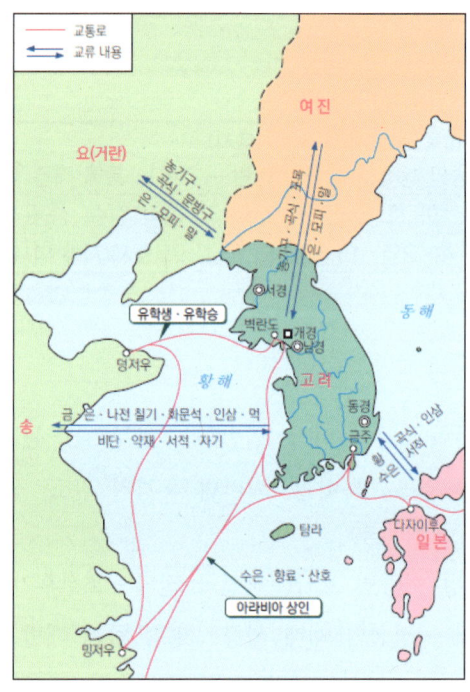

▲ 고려의 대외 무역

(2) 화폐

건원중보 (철전, 동전, 최초 화폐)	→	삼한통보, 해동통보, 동국통보, 활구(은병 – 고액화폐)	→	저화(종이화폐)
성종		숙종(주전도감 설치-의천)		공양왕

✓ 암기 TIP
건 활어를 삼분동안 해동한다.

▲ 건원중보   ▲ 삼한통보   ▲ 활구(은병)

■ 총정리 및 암기팁

1. 토지제도

역 (주관적)	시 (관품, 인품)	개 (관품, 전현직관리)	경 (현직, 공음전지급)	녹 (경기8현)	과
태	경	목	문	원	공

2. 수취제도 : 조세(3등급), 공납(상공, 별공), 역(요역, 군역)
3. 농업기술 : 우경 일반화, 2년 3작 보급, 상경지 증가, 녹비법
4. 무역 : **벽란도**, 북로(덩저우), 남로(밍저우)
5. 화폐 : 건 활어를 삼분동안 해동한다.

◉ 사료 및 심화 자료

• 시전전시과의 시행

경종 원년 11월 직관·산관의 각 품 전시과를 제정하였는데 관품의 높고 낮음은 논하지 않고 인품만으로 전시과의 등급을 결정하였다. 자삼 이상은 18품으로 나눈다. …… 문반 단삼 이상은 10품으로 나눈다. …… 비삼은 8품으로 나눈다. …… 녹삼 이상은 10품으로 나눈다. ……
- 「고려사」 권78, '지' 32, 식화1, 전제 전시과

• 고려의 농업과 산업

큰 산과 깊은 계곡이 많아 험하고 평지가 적다. 그러므로 경작지가 산간에 많은데, 오르내리면서 경작하는 데 힘이 많이 들고 멀리 보면 계단과 같다.   - 「고려도경」

주와 군의 토산물을 모두 국가에 바치게 되니 상인들이 멀리 가지 않는다. 다만 한 낮이 되면 고을(도시)로 가서 각각 자기가 가진 것으로 가지고 있지 않은 것과 바꾸게 되는데, 만족하는 것 같다.   - 「고려도경」

(명종 18년(1182)) 때에 맞추어 농사를 권장하고 힘써 제언(堤堰)을 수축하여 저수(貯水)하고 물을 대게 하여, 황모지(荒耗地)가 없도록 하여 백성들의 먹을거리를 풍족하게 하라.
- 「고려사」

• 고려의 화폐 정책

선대의 조정에서는 이전의 법도와 양식을 따라서 조서를 반포하고 화폐를 주조하니 수년 만에 돈꿰미가 창고에 가득 차서 화폐를 통용할 수 있게 되었다. …… 이에 선대의 조정을 이어서 전폐(돈)는 사용하고 추포(발이 굵고 바탕이 거친 베)를 쓰는 것을 금하게 함으로써 세상을 놀라게 하는 일은, 국가의 이익을 이루는 것이 아니라 한갓 백성들의 원성을 일으키는 것이라 하였다. …… 문득 근본을 힘쓰는 마음을 지니고서 돈을 사용하는 길을 다시 정하니, 차와 술과 음식 등을 파는 점포들에서는 교역에 전과 같이 전폐를 사용하도록 하고, 그 밖의 백성들이 사사로이 서로 교역하는 데에는 임의로 토산물을 쓰도록 하라.   - 「고려사」

기출문제

01 다음 정책을 실시한 국가의 경제 상황으로 옳은 것? [1점]
　　　　　　　　　　한능검 심화 50회 17번

> ○ 토지의 비옥함과 척박함을 구분하여 문무백관에서 부병(府兵), 한인(閑人)에 이르기까지 모두 과(科)에 해당하는 토지를 주고, 또 과에 따라 땔나무를 구할 땅을 주었다.
> ○ 도평의사사에서 방을 붙여 알리기를, "지금부터 은병 1개를 쌀로 환산하여 개경에서는 15~16석, 지방에서는 18~19석의 비율로 하되, 경시서에서 그 해의 풍흉을 살펴 그 값을 정할 것이다." 라고 하였다.

① 모내기법이 전국적으로 확산되었다.
② 덕대가 광산을 전문적으로 경영하였다.
③ 면화, 담배 등이 상품 작물로 재배되었다.
④ 예성강 하구의 벽란도가 국제 무역항으로 번성하였다.
⑤ 토지의 비옥도에 따라 6등급으로 나누어 전세를 거두었다.

해설
과에 따라 땔나무를 준다는 것은 과전법을 말하고 도평의사사는 고려 후기 관청이다. 그러므로 고려의 경제를 물어보는 문제라는 것을 알 수 있다. ④ 고려시대 예성강 하구 벽란도에 중국상인, 아라비아 상인 등 다양한 상인들이 교류하면서 국제 무역항으로 번성하였다.

오답분석
① 모내기법이 전국적으로 확산된 시기는 조선 후기이다.
② 덕대가 광산을 경영한 시기는 조선 후기이다.
③ 면화, 담배 상품 작물이 재배된 시기는 조선 후기이다.
⑤ 토지 비옥도에 따라 6등급으로 나누어 전세를 거둔 것은 공법으로 조선 세종 시기이다.

정답 ④

02 다음 상황이 나타난 시기에 볼 수 있는 모습으로 가장 적절한 것은? [2점]
　　　　　　　　　　한능검 심화 51회 심화

> **주전도감에서 해동통보 발행**
> 일전에 왕께서 화폐를 주조하여 재추와 문무 관료 및 군인에게 지급하라는 명을 내리셨습니다. 이에 따라 주전도감에서 해동통보를 발행하였습니다.

① 구황촬요를 읽고 있는 지방관
② 시장을 감독하는 동시전의 관리
③ 초량 왜관에서 인삼을 판매하는 내상
④ 벽란도에서 물품을 거래하는 송의 상인
⑤ 낙랑군에 수출할 덩이쇠를 주조하는 장인

해설
주전도감에서 해동통보를 발행한 시기는 고려 숙종 때이다. 그러므로 고려시대를 찾으면 된다. ④ 고려시대 예성강 하구 벽란도가 국제 무역항으로 번성했는데 송나라 상인, 아라비아 상인들이 들어와 교류하였다.

오답분석
① 구황촬요는 조선 명종시기 편찬되었다.
② 동시전은 신라 지증왕 시기에 만들어졌다.
③ 초량 왜관에서 인삼을 판매하는 내상은 조선시대 모습이다.
⑤ 낙랑군에 수출할 덩이쇠를 주조하는 장인은 가야시대 모습이다.

정답 ④

CHAPTER 24 고려 사회
(신분제도, 향도, 풍속, 여성의 지위)

1 신분제도

귀족	• 왕족 + 5품 이상의 관리 ⇒ 음서, 공음전, 폐쇄적 통혼, 개경거주(죄를 지으면 귀향형) • 발전과정 : 호족 → 문벌귀족 → 무신 → 권문세족, 신진사대부
중류층	• 행정실무담당 + 토지 지급 + 직역 세습 + 하급관리 • 종류 : 남반(궁궐), 잡류(중앙말단서리), 향리(지방), 군반(직업군인, 하급장교)·서리(중앙하급 관리), 기술관
양인	• 조세·공납·부역의 의무 → 대부분 농민(백정), • 신량역천(세금多, 관직진출 or 교육차별, 국학×, 과거×, 승려×) • 향·부곡·소 : 특수행정구역, 천민×, 양인, 높은 세금↑, 거주 이전 자유×, 과거응시 제한 ⇒ 변천 : 통일신라(향, 부곡) → 고려(+소) → 공주 명학소의 난 이후 소멸 → 조선시대(완 전히 소멸)
천민	• 대부분 노비, 공노비(입역노비, 외거노비-신공), 사노비(솔거노비, 외거노비-신공) • 일천즉천, 천자수모, 동색혼 원칙, 신분상승 가능

출제 POINT
중인 신분 특징, 향·소·부곡 변천과정, 향도 특징, 고려 여성의 지위

☑ 암기 TIP
지배층 변화 : 호 문 무 권 신
중류층 종류 : 남잡향 군서기

2 향도

고려 초	고려 중기	고려 후기, 조선 초	조선 중기
불교 신앙 조직 (매향, 사원, 탑 건축)	농민 공동체 (제사, 상장례, 마을노역)	상두꾼 (상, 장례 도움)	향약에 편입

▲ 사천매향비

☑ 암기 TIP
불 공 상 향

3 사회조직

흑창, 의창	흑창(태조), 의창(성종) → 춘대추납	상평창	물가 조정기구(성종)
동서대비원	약 + 곡식, 빈민구제, 병원(문종)	혜민국	약(예종)
제위보	빈민구제기금(광종)	구제도감 구급도감	재해 시 임시기구, 구제도감은 예종시기 설치

☑ 암기 TIP
창 – 창고, 원-병원, 국-약국,
구제 구급-재해

4 풍속

연등회 (순수불교)	전국	연초(1월)	규모 小, 국가적 차원의 불교 행사
팔관회 (불+도+민간)	개경, 서경	연말 (10월-서경, 11월-개경)	규모 大, 도교와 민간 신앙 및 불교가 어우러진 행사, 국제 교류의 장, 국가적 종교 행사, 외국 사신과 상인 참여

5 법률

- 당률을 기본으로 한 71개조(형법) + 관습법(일상생활), 형벌(5형-태장도유사), 반역죄와 불효죄는 중죄로 다스림
- 귀양형 때 부모상 당하면 7일간 휴가
- 70세 이상 노부모 봉양 시 형벌 보류, 귀향형(귀족을 향리로 편입), 속동제(돈내면 형면제)
- 지방관의 사법적 재량권 인정, 삼원신수법(중죄인에 대하여 3인 합의 재판)

6 여성 지위(조선과 비교)

고려(여성지위↑)	조선후기(여성지위↓)
균등 상속, 제사 여성 가능	장자 상속, 장자 봉사(남자만)
양자×, 호적 출생순	양자 일반화(친척중에서), 호적 남·녀 구분
음서 범위 : 사위 + 외손	
여성 재가 허용	여성 재가×
여성 호주 가능	여성 호주×
친가·외가 상복 차이×	상복 차이 있음(기간 차이)
남귀여가혼(남자 → 여자)	친영제도(여자 → 남자), 시집살이

* 주의할 점 : 지위는 높았지만 사회적 진출은 제한받았다. 고려 여성 중 정치적 인물은 천추태후 정도임

■ 총정리 및 암기팁

1. 신분제도 : 귀족(호 문 무 권 신), 중류층 특징, 양인, 천민
2. 향도 : 불 공 상 향, 사천매향비
3. 사회제도 : 창 - 창고, 원 - 병원, 국 - 약국
4. 여성 : 남귀여가혼 → 친영제도

사료 및 심화 자료

• 노비의 신분 상승

평량은 평상사 김영관의 집안 노비로 경기도 양주에 살면서 농사에 힘써 부유하게 되었다. 그는 권세가 있는 중요한 길목에 뇌물을 바쳐 천인에게 벗어나 산원동정의 벼슬을 얻었다. 그의 처는 소감 왕원지의 집안 노비인데, 왕원지는 집안이 가난하여 가족을 데리고 가서 위탁하고 있었다. 평량이 후하게 위로하여 서울로 돌아가기를 권하고는 길에서 몰래 처남과 함께 원지의 부처와 아들을 죽이고 스스로 그 주인이 없어졌으므로 계속해서 양민으로 행세할 수 있음을 다행으로 여겼다. ―「고려사」

• 사천 매향비

고려 우왕 13년(1387) 시기 사회가 혼란하던 때에 불교 승려들을 중심으로 4,100여 명이 계(契)를 조직하여, 왕의 만수무강, 나라의 부강, 백성의 평안 등을 기원하기 위해 매향의식을 치룬 내용을 기록하고 있다.

• 고려 시대 여성의 지위

박유가 왕에게 글을 올려 말하기를 "…… 우리나라는 남자는 적고 여자가 많은데 지금 신분의 높고 낮음을 막론하고 처를 하나 두는 데 그치고 있으며 아들이 없는 자들까지도 감히 첩을 두려고 생각하지 않고 있습니다. …… 그러므로 청컨대 여러 신하, 관료들로 하여금 여러 처를 두게 하되 품위에 따라 그 수를 점차 줄이도록 하여 보통 사람에게 이르러서는 1인 1첩을 둘 수 있도록 하며 여러 처에서 낳은 아들들도 역시 본처가 낳은 아들처럼 벼슬을 할 수 있게 하기를 원합니다. …… 부녀자들이 이 소식을 듣고 원망하고 두려워하지 않는 자가 없었다. 때마침 연등회 날 저녁 박유가 왕의 행차를 호위하여 따라갔는데 어떤 노파가 그를 손가락질하면서 "첩을 두고자 요청한 자가 저 놈의 늙은이이다."라고 하니, 듣는 사람들이 서로 전하여 서로 가리키니 거리마다 여자들이 무더기로 손가락질하였다. 당시 재상들 가운데 그 부인을 무서워하는 자들이 있었기 때문에 그 건의를 정지하고 결국 실행되지 못하였다.

-「고려사」

기출문제

01 (가)에 들어갈 내용으로 옳지 <u>않은</u> 것은? [2점]
　　　　　　　　　　　한능검 심화 48회 17번

> A: 고려 시대 민생 안정을 위해 시행한 정책에 대해 이야기해 보자.
> B: 감염병 확산 등에 대처하기 위해 구제도감을 설치하였어.
> C: 　　　　　(가)

① 물가 조절을 위해 상평창을 설치하였어.
② 병자에게 의약품을 제공하는 혜민국이 있었어.
③ 환자 치료와 빈민 구제를 위한 동·서 대비원을 두었어.
④ 국산 약재와 치료 방법을 정리한 향약집성방이 간행되었어.
⑤ 기금을 모아 그 이자로 빈민을 구제하는 제위보를 운영하였어.

🔍 **해설**

고려 시대 시행한 정책이 아닌 것을 찾는 문제로 ④ 향약집성방은 조선 전기의 의학 서적이다. 세종 때 편찬된 책으로 우리 나라의 풍토와 체질에 맞는 처방이나 약재들을 소개하고 있어 자주적인 성격을 나타낸 서적이다.

🔍 **오답분석**

① 고려 성종시기에 상평창을 설치하였다.
② 고려시대 의약품을 제공하는 혜민국이 있었다.
③ 고려시대 빈민구제하는 동서대비원이 있었다.
⑤ 고려 광종 시기에 빈민을 구제하는 제위보를 만들었다.

🔍 **정답**　④

02 다음 자료에 나타난 시기의 사회 모습으로 옳은 것은? [2점]
　　　　　　　　　　　한능검 고급 46회 18번

> 왕이 명하기를, "개경 내의 백성들이 역질에 걸렸으니 마땅히 구제도감을 설치하여 이들을 치료하고, 또한 시신과 유골은 거두어 묻어서 비바람에 드러나지 않게 할 것이며, 관리들을 나누어 보내 동북도와 서남도의 굶주린 백성을 진휼하라."라고 하였다.

① 을파소의 건의로 진대법이 실시되었다.
② 기근에 대비하기 위해 구황촬요가 발간되었다.
③ 우리 풍토에 맞는 농법을 소개한 농사직설이 편찬되었다.
④ 국산 약재와 치료 방법을 정리한 향약집성방이 간행되었다.
⑤ 기금을 모아 그 이자로 빈민을 도와주는 제위보가 운영되었다.

🔍 **해설**

개경 내에 구제도감을 설치하라는 단어를 통해 고려시대라는 것을 유추할 수 있다. ⑤ 고려 광종 시기에 기금을 모아 그 이자로 빈민을 도와주는 제위보가 운영되었다. 옳은 지문이다.

🔍 **오답분석**

① 을파소의 건의로 진대법이 실시된 시기는 고구려 고국천왕 시기이다.
② 구황촬요는 조선 명종시기에 편찬되었다.
③ 우리풍토에 맞는 농법을 소개한 농사직설은 세종시기에 편찬되었다.
④ 향약집성방은 조선 세종 시기에 편찬되었다.

🔍 **정답**　⑤

CHAPTER 25 고려 불교, 승려, 대장경, 도교와 풍수지리

1 고려 승려

출제 POINT
교선통합(의천, 지눌), 결사운동(지눌, 요세), 대장경

균여	• 광종 후원, 귀법사(주지) 화엄종 승려, 화엄사상 정비, 보현십원가(향가집), 보살실천행 주장 ☑ 암기 TIP 빛나는 귀한 보화 – 광종, 귀법사, 보현십원가, 보살의 실천행, 화엄종
의천	• 대각국사, 문종 4째 아들, 송 유학, 교종 승려, 원효 계승 → 통합불교 → 교종입장에서 선종 통합 • 천태종 창시, 흥왕사(교종통합), 국청사(선종통합, 천태종창시), 교단 통합했으나 의천 사후 → 선종 독립, 통합실패(교단 분열) • 속장경 편찬(교장도감 설치, 흥왕사) – 신편제종교장총록, 주전도감(숙종, 활구) • 사상 – 교관겸수, 내외겸전(교종+선종), 교선일치 ☑ 암기 TIP 교내교장 문흥국 – 교관겸수, 내외겸전, 교장, 문종 4째 아들, 흥왕사, 국청사
지눌	• 보조국사, 최씨 후원, 선종 승려, 수선사 결사(불교개혁운동, 권수정혜결사, 송광사), 독경과 선 수행 • 명리에 집착하는 불교 비판(교종 비판), 선종 중심으로 교종 통합 시도 → 조계종 창시 • 사상 : 정혜쌍수, 돈오점수 • 선교일치사상 완성(선종 중심의 교종 통합) ☑ 암기 TIP 최고로 정돈된 수조 – 최씨 후원, 정혜쌍수, 돈오점수, 수선사결사, 조계종
혜심	• 지눌 제자, 진각국사, 선종 승려 • 유불일치설(유학과 불교는 차이가 없다.), 심성도야 강조 → 성리학 수용의 토대 마련 ☑ 암기 TIP 혜 유 – 혜심, 유불일치설
요세	• 원묘국사, 백련결사(강진 만덕사), 지방민 호응 • 정토종(정토왕생 중시, 대중 불교, 원효 정토 사상 계승), 보현도량(기도처), • 천태종 승려(교종), 참회하는 법화신앙, 강력한 항몽 투쟁 표방(최씨 비호 받음) ☑ 암기 TIP 백지정보법참 – 백련결사, 지방민호응, 정토종, 보현도량, 법화사상, 참회
보우	• 원증국사(태고), 불교계 폐단(사원전 확대, 고리대↑, 상업↑), 임제종(중국) 도입, 개혁시도(공민왕 왕사), 조계종으로 선종 통합시도(9산선문 통합노력) ⇒ 실패 ☑ 암기 TIP 보임공조 – 보우, 임제종, 공민왕 왕사, 조계종

▶ 정리

	균여	의천	지눌
승려	빛나는 귀한 보화	교내교장 문흥국	최고로 정돈된 수조
	혜심	요세	보우
	해 유	백지정보법참	보임공조

☑ 암기 TIP
승려 정리 – 균 의지해요 보

▲ 권수정혜결사문

▲ 대각국사(의천) 초상화

▲ 칠곡 선봉사 대각국사비

▲ 보조국사(지눌) 초상화

▲ 순천 송광사

▲ 백련사 대웅전

2 대장경 → 불교 경전 : 경, 률, 논(삼장)

✅ 암기 TIP

초 속 재 - **초**조 대장경, **속**장경, **재**조대장경

초조대장경	• **거란 침입 때 격퇴 기원**, 현종(1011) ~ 선종(1087) → 70년에 걸쳐 제작, 호국불교, 대구 부인사 보관(몽골 침략 소실)
속장경 (교장)	• **의천**이 송·요·일본(금×) 경전 수집 → **흥왕사(교장도감 설치)에서 초조대장경 보완**, 불서 목록 작성, [신편제종교장총록], 대장경 주석서(대장경×) • 몽골 침입 때 소실 • 선종(1091) ~ 숙종(1101), 10여 년에 걸쳐 4,700여 권의 전적 간행
재조대장경 (팔만대장경)	• **몽골침입격퇴 기원**, 세계 기록 문화 유산 • **조선시대부터 해인사 장경판전 보관(세계문화유산)** • 강화천도기(고종, 최우 ~ 최항집권기 1236 ~ 1251) 제작(최우가 주도) • 강화도(대장도감 - 최우 때, 1236년)와 진주 남해분사(분사 대장도감)에서 제작, 선원사에서 주도

▲ 팔만대장경 목판

3 도교와 풍수지리

(1) 도교

① 불로장생, 현세구복, 국가 안녕 기원

② 초제거행(구요당), 도관(도교사원) 건립 → 복원궁 건립(예종)

③ 팔관회 개최(도교+민간+불교) : 겨울, 개경·서경 2회 개최, 광대공연, 외국 상인과 거래

④ **한계** : 일관된 체제(×), 교단성립(×) ⇒ 민간신앙화

(2) 풍수지리설

① **초기** : 통일신라 도선에 의해 수용 → 훈요 10조(풍수지리 중시), 도선비기, 해동비록

② 중기
- 서경길지설 → 묘청 서경천도 운동(인종), 북진정책
- 한양명당설 → 북진정책↓, 보수화 경향, 남경승격(문종, 궁궐축조), 남경개창도감 설치(숙종, 천도 시도-실패), 김위제 천도 상소(숙종)

▲ 송광사 보조국사 비

■ 총정리 및 암기팁

1. 승려 순서 : 균 의지해요 보
2. 승려 특징 : 균(빛나는 귀한 보화), 의(교내교장 문흥국), 지(최고로 정돈된 수조), 해(혜요), 요(법지정보법참), 보(보임공조)
3. 대장경 : 초(거란), 속(의천), 재(몽골, 최우, 대장도감, 팔만대장경)
4. 도교 : 초제, 도관(복원궁), 민간신앙화
5. 풍수지리 : 도선, 서경길지설, 한양명당설, 지기쇠왕설, 비보사탑설

▲ 진각국사 혜심 초상화

사료 및 심화 자료

• 의천의 교관겸수

의천(義天)은 당시 고려 불교계의 병폐였던 교종과 선종 간의 대립을 해소하고자 노력하였다. 그의 이러한 사상은 화쟁(和諍)과 원융회통(圓融會通)을 주장하며 종파 간 대립 문제를 해결하고자 했던 원효와, 화엄종을 중심으로 선종과 교종을 융합하고자 했던 당나라 종밀의 선교일치(禪敎一致) 사상의 영향을 받은 것이었다. 특히 그는 교(敎)와 선(禪)을 동시에 실천하는 방법으로서 중국의 천태종(天台宗)에 주목하였다. 교학을 중심으로 각 종파를 통합하여 회통불교를 추구하고자 했던 의천은 국내에 천태사상을 들여와 천태종을 개창하였다. 그는 천태종을 통해 고려시대 불교계의 종파 대립 문제를 해결하는 한편, 교종과 선종 고유의 수행 방식을 상호 보완하여 한 차원 높은 수준의 불교를 이룩하고자 하였다.

▲ 합천 해인사 대장경판

▲ 팔만대장경이 보관중인 해인사 장경판전

• 지눌의 정혜결사문

- 지금의 불교계를 보면 아침 저녁으로 행하는 일들이 비록 부처의 법에 의지하였다고 하나 자신을 내세우고 이익을 구하는 데 열중하며 세속의 일에 골몰한다. …… 하루는 같이 공부하는 사람 10여 인과 약속하였다. 마땅히 명예와 이익을 버리고 산림에 은둔하여 같은 모임을 맺자. 항상 선을 익히고 지혜를 고르는 데 힘쓰고, 예불하고 경전을 읽으며 힘들여 일하는 것에 이르기까지 각자 맡은 바 임무에 따라 경영한다.
  - 「권수정혜결사문(勸修定慧結社文)」

- 한 마음(一心)을 깨닫지 못하고 한없는 번뇌를 일으키는 것이 중생인데, 부처는 한 마음을 깨달았다. 깨닫고 아니 깨달음은 오직 한 마음에 달려 있는 것이니, 이는 마음을 떠나서 따로 부처를 찾을 곳은 없다.
  - 지눌 「정혜결사문」

- 먼저 깨치고 나서 후에 수행한다는 뜻은 못의 얼음이 전부 물인 줄은 알지만 그것이 태양의 열을 받아 녹게 되는 것처럼 범부가 곧 부처임을 깨달았으나 불법의 힘으로 부처의 길을 닦게 되는 것과 같다는 것이다.
  - 지눌 「수심결사문」

• 도선의 풍수지리 사상

도선은 선종 계통의 승려로서 전 국토의 자연 환경을 유기적으로 파악하는 인문지리적 지식에다 경주 중앙 귀족들이 부패와 무능, 지방 호족들의 대두, 오랜 전란에 지쳐서 통일의 안정된 사회를 염원하는 일반 백성들의 인식을 종합하여 체계적인 풍수 도참설을 만들었다.

기출문제

01 밑줄 그은 '그'에 대한 설명으로 옳은 것은? [2점]

한능검 심화 48회 15번

이것은 경상북도 칠곡군 선봉사에 있는 비석입니다. 문종의 아들인 그가 국청사를 중심으로 천태종을 개창한 행적이 기록되어 있습니다.

① 보현십원가를 지어 불교 교리를 전파하였다.
② 불교 개혁을 주장하며 수선사 결사를 조직하였다.
③ 선문염송집을 편찬하고 유불 일치설을 주장하였다.
④ 불교 관련 설화를 중심으로 삼국유사를 저술하였다.
⑤ 이론 연마와 수행을 함께 강조하는 교관겸수를 제시하였다.

🔍 **해설**

국청사를 중심으로 천태종을 개창한 사람은 대각국사 의천이다. 의천은 고려 중기의 승려이다. 문종의 넷째 아들로 11살 때 승려가 되었고, 1084년 송나라에서 불법을 공부하였다. 개경의 흥왕사의 주지로 있으면서 교장도감을 설치하고, 송·요·일본 등지에서 불경을 수집하여 초조 대장경의 부족한 점을 보완하기 위해 속장경을 간행하였다. 1095년 은으로 만든 화폐인 은병을 만들어 사용을 건의하였다. 원효의 화쟁 사상을 계승하여 교종 중심으로 선종을 통합하여 천태종을 창시하였다. ⑤ 의천의 사상은 교종과 선종을 통합하는 교관겸수와 내외겸전이 있다.

🔍 **오답분석**

① 보현십원가는 균여가 저술하였다.
② 수선사 결사를 조직한 사람은 지눌이다.
③ 유불일치설을 주장한 사람은 혜심이다.
④ 삼국유사를 저술한 사람은 일연이다.

🔍 **정답** ⑤

02 밑줄 그은 '그'에 대한 설명으로 옳은 것은? [2점]

한능검 심화 51회 16번

원돈성불론·간화결의론 합각 목판

이 목판의 글은 '불일보조국사'라는 시호를 받은 그가 지은 것입니다. 그는 화두를 바탕으로 수행하는 참선법을 강조하고 돈오점수를 주장하였습니다.

① 화왕계를 지어 국왕에게 바쳤다.
② 천태종을 개창하여 불교 통합에 힘썼다.
③ 정혜결사를 통해 불교 개혁에 앞장섰다.
④ 심성의 도야를 강조한 유불 일치설을 제창하였다.
⑤ 불교 관련 설화를 중심으로 삼국유사를 저술하였다.

🔍 **해설**

돈오점수를 주장한 승려는 지눌이다. ③ 지눌은 정혜쌍수, 불립문자, 돈오점수 등을 주장하면서 정혜결사를 만들고 불교 개혁에 앞장 섰다. 그리고 선종을 중심으로 교종을 통합하여 조계종을 창시하였다.

🔍 **오답분석**

① 화왕계를 지어 국왕에게 바친 사람은 설총이다.
② 천태종을 개창한 사람은 의천이다.
④ 심성도야를 강조한 유불일치설을 제창한 사람은 혜심이다.
⑤ 삼국유사를 저술한 사람은 일연이다.

🔍 **정답** ③

CHAPTER 26 고려 유교 문화, 역사서

1 유학자

(1) 훈고학

☑ 암기 TIP

고려 훈구학자 : **충식보** – 최충,
김부식, 이규보

최 충	• 해동공자, 문헌 공도(9재학당) 사학12도 융성 • 문종, 훈고학적 유학에 철학적 성향 주입
김부식	• 보수적, 현실적 유학자, 금 사대 • 삼국사기(유교적 합리주의 사관, 기전체, 신라계승)
이규보	• 이름 : 인저, 과거 3번×, 4번째 꿈 – 규성(과거 담당하는 별)에서 합격통지 → 합격 ⇒ 이름 규보 → 최충헌 때 등용(서방), 최우 때 활약 → 재상(동국이상국집) • 〈**동**국이상국집〉–이규보 문집, 〈**동**명왕편〉–명종, 이의민 집권기, 고구려 계승, 〈**백**운소설〉–패관소설, 〈**국**선생전〉–술 의인화, 임춘 국순전 영향

☑ 암기 TIP

동2**백국** – **동**명왕편,
동국이상국집, **백**운소설,
국선생전

(2) 성리학

☑ 암기 TIP

향 제 색 정 / 안향, 이제현,
이색, 정몽주

안 향	• 충렬왕, 원나라 사신으로 가서 주자책 모사해 옴, **최초 성리학 소개**, 회헌
이제현	• 충선왕, **만권당**에서 조맹부(송설체) 등과 교류, 성리학 이해↑, 〈사략〉, 〈역옹패설〉
이 색	• 중국 과거 1등, 이색 학당 → **성균관 대사성** → 성리학 전파에 기여, 제자(정도전, 정몽주)
정몽주	• 공민왕 ~ 공양왕, 온건파 사대부, 성리학 이해↑(동방이학의 조), 외교의 달인

▲ 안향 초상

▲ 이제현 초상

▲ 이색 초상

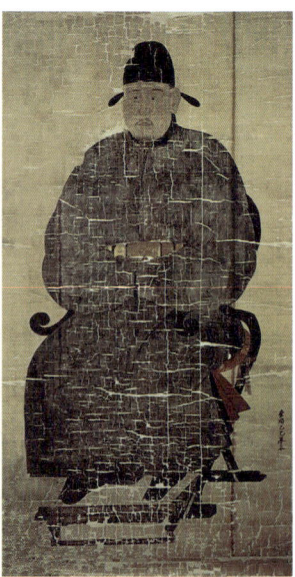

▲ 정몽주 초상

2 교육기관

(1) 교육기관

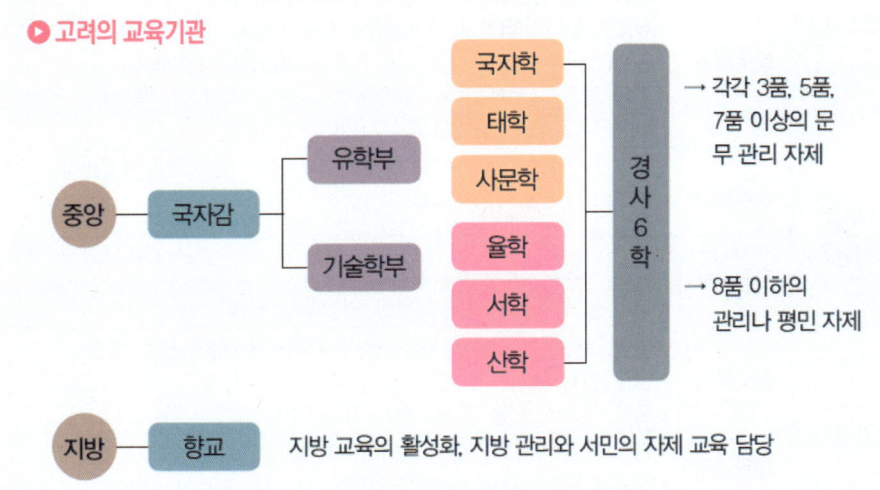

(2) 관학 진흥책

① **숙**종 : 서적포(인쇄, 출판) → 서적 간행 활성화   ☑암기 TIP 쑥써 – 숙종, 서적포

② **예**종 : **양**현고(장학재단), 7**재**(전문 강좌, 강예재=무학재 포함), **보**문각, **청**연각   ☑암기 TIP 양재동에 보청기 – 양현고, 7재, 보문각, 청연각

③ **인**종 : 경사6학(무학재×), **향**교↑(유신지교 中 제15조)   ☑암기 TIP 6 향

④ **충렬왕** : **성**균감, **경**사교수도감(경전, 역사교육, 참하관에게 교육), 섬**학**전(장학재단), **문**묘(공자제사, 김문정)   ☑암기 TIP 성 경 학 문

⑤ **공민왕** : 성균관 - 순수 유교 교육기관, 대사성 - 이색, 유교 교육 강화

3 역사서

(1) 역사 서술체

기전체	정사체, 본기, 세가, 열전, 지, 표 구성, 사마천 사기 기원, 분류사 → 삼국사기, 고려사, 동사, 해동역사
편년체	시간순 편찬, 사마광 자치통감 기원 → 실록, 절요, 통감 종류
기사본말체	사건 중심으로 편찬 → 삼국유사, 연려실기술
강목체	사관중심, 정통·비정통 구분 주자, 자치통감 기원 → 강목집요, 동사강목

(2) 역사서

> ✅ 암기 TIP
>
> 역사서 순서 : **대국왕해유제사** –
> 7**대**실록, 삼**국**사기, 동명**왕**편,
> **해**동고승전, 삼국**유**사, **제**왕운기,
> **사**략

고려 중기	7대 실록	태조 ~ 목종에 이르는 7대, 거란 침입으로 실록 소실 → 복원, 현종, 현존×(임진왜란 때 소실)
	삼국사기	• 인종, 김부식(1145), 기전체, 현존최고 역사서 • 유교적 합리주의(불교, 신화, 설화 내용 없음), 신라계승(김유신 열전↑), 본기(삼국왕), 열전(인물) 지, 연표 구성, 신이사관 배격 • 발해·고조선 기록 없음, 고유명칭 그대로 사용(신라 왕호) ⇒ 자주적, 신채호 사대주의 사관이라고 비판
무신 집권기	동명왕편	• 이규보, 고구려 계승(주몽 일대기, 서사시), 고구려의 계승의식 • [동국이상국집] 안에 수록 • 명종 때 이의민 집권기
	해동고승 전	• 각훈, 삼국 ~ 고려시대 승려기록 • 우리 불교사를 중국과 대등한 입장에서 서술
원 간섭기	삼국유사	• 일연, 충렬왕, 불교사 정리, 신이·기이사관, 불교 내용 중심 • 단군 신화 기록, 기사본말체 • 고유 문화와 전통 중시, 향가 기록(14수)
	제왕운기	• 이승휴, 고조선 ~ 충렬왕(단군이야기 수록), 최초 발해사 기록 • 중국과 우리나라를 대등하게 파악, 서사시, 자주적 사관,
고려 말기	사략	이제현, 정통의식과 대의명분을 강조하는 성리학적 유교사관, 공민왕 시기 저술

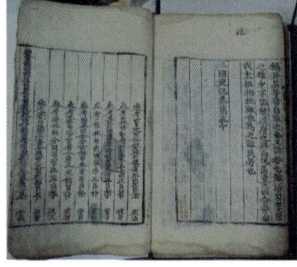
▲ 삼국사기

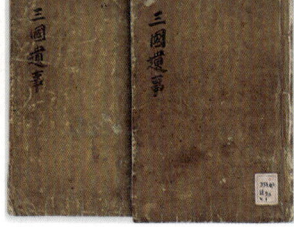
▲ 삼국유사

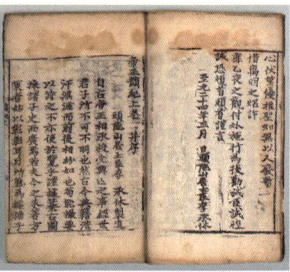
▲ 제왕운기

■ 총정리 및 암기팁

1. 훈구학자 : **충 식 보**
2. 성리학자 : **향 제 색 정**
3. 교육기관 : 국자감, 향교
4. 관학진흥책 : 숙종(쑥 써), 예종(양재 보청기), 인종(6 향), 충렬왕(성 경 학 문), 공민왕(순수)
5. 역사서 : **대 국 왕 해 유 제 사**

🔵 사료 및 심화 자료

• 사학의 발달

> 현종 이후 전쟁이 겨우 그쳤으나 미처 문교(文敎)에 힘쓸 겨를이 없었는데, 재상직에서 물러난 최충이 후진을 모아 교육에 힘을 쏟자 학도들이 거리를 메울 정도로 떼지어 모여들었다. 그리하여 그들을 9재(齋)로 나누어 가르치니 …… 이를 시중 최공도라 했다. …… 무릇 과거에 나아가려는 자는 모두 9재에 적을 두니, 이를 문헌공도라 불렀다. 또, 유신(儒臣)으로 도(徒)를 세운 자가 11명이 있으니, 문헌공 최충의 도와 아울러 세칭 12도라 하였지만, 최충의 도가 가장 성하였다.
> – 고려사 선거지

• 섬학전

안향은 학교가 날로 쇠함을 근심하여, "지금 양현고가 메말라 선비를 기를 수 없으니 6품 이상은 각각 은 한근을 내고 7품 이하는 포를 차등 있게 내도록 하여 이를 양현고에 돌려 본전은 두고 이식만 취하여 섬학전을 삼자."고 하니 양부(兩府 : 첨의부와 밀직사)가 이를 아뢰고 왕도 내고(內庫)의 전곡(錢穀)으로 도왔다.　　　　　　　　　　　　　　　　－ 고려사 안향

• 삼국사기

신라, 고구려, 백제가 기틀을 잡고, 세 세력이 서로 대립하면서 …… 삼가, 본기 28권, 연표 3권, 지 9권, 열전 10권을 찬술하였습니다. 여기에 표문을 붙여 성상께 올립니다.
　　　　　　　　　　　　　　　　　　　　　　　　　　　　　　－ 진삼국사표

• 동명왕편

김부식은 삼국사기를 편찬할 때, 국사란 세상을 바로잡을 책이니 신이(神異)한 일로서 후세에 보여줌은 옳지 않다고 생각하여 동명왕의 사적을 매우 간략하게 다루었다. 그러나 동명왕의 사적은 변화, 신이하여 사람의 눈을 현혹시키는 것이 아니라, 실로 나라를 창시하신 신의 자취인 것이다. …… 이런 까닭에 시를 지어 기록하여 천하 사람들로 하여금 우리나라의 근본이 성인의 나라임을 알게 하려 할 뿐이다.　　－ 이규보,『동국이상국집』동명왕편 서

• 〈삼국유사〉 편찬

삼국의 시조가 모두 신이한 데서 나왔다는 것이 무엇이 괴이하겠는가. 이것이 신이(神異)로써 다른 편보다 먼저 놓는 까닭이다.　　　　　　　　　　－ 일연,『삼국유사』서

기출문제

01 (가) ~ (마)에 들어갈 내용으로 옳은 것은? [3점]
■ 한능검 심화 51회 18번

> 〈한국사 교양 강좌〉
>
> ■ **인물로 보는 고려의 성리학**
> 우리 박물관에서는 '인물로 보는 고려의 성리학'을 주제로 한국사를 이해하는 자리를 마련하였습니다. 관심 있는 분들의 많은 참여 바랍니다.
>
> ◆ 강좌 순서 ◆
> 제1강. 안향,   (가)
> 제2강. 이제현,   (나)
> 제3강. 이색,   (다)
> 제4강. 정몽주,   (라)
> 제5강. 정도전,   (마)
>
> • 기간 : 2021년 ○○○○월 ○○○○일 ~ ○○○○월 ○○○○일
> • 장소 : ○○○○대학교 대강당
> • 주최 : △△ 박물관

① (가) - 봉사 10조를 올려 시정 개혁을 제안하다.
② (나) - 만권당에서 원의 학자들과 교류하다.
③ (다) - 9재 학당을 세워 유학 교육에 힘쓰다.
④ (라) - 경제문감을 저술하고 재상 중심의 정치를 주장하다.
⑤ (마) - 성학십도에서 군주의 도를 도식으로 설명하다.

해설
이제현은 고려 시대의 문신이며, 호는 역옹(櫟翁)이다. 1301년(충렬왕 27년)에 과거에 급제해 관직에 나아갔다. ② 1314년 원나라로 건너가 만권당에서 새로운 유학인 성리학을 익혔다. 당대의 명필가인 조맹부와 교류해 그의 필체를 배우기도 했다. 고려의 왕들이 바뀔 때마다 원나라와의 관계를 조정하는 데 앞장섰다. 특히 문장에 뛰어나 이전 시대의 명문을 모아 《역옹패설》이라는 책을 편찬하기도 했다.

오답분석
① 봉사 10조를 올린 사람은 최충헌이다. 안향은 성리학을 도입한 학자이다.
③ 9재학당을 세운 사람은 최충이다. 이색은 성균관 대사성이었다.
④ 경제문감을 저술한 사람은 정도전이다. 정몽주는 성리학을 발전시킨 학자였다(동방 이학의 조).
⑤ 성학십도를 저술한 사람은 이황이다. 정도전은 불씨잡변, 조선경국전 같은 책을 저술하였다.

정답
②

02 교사의 질문에 대한 학생의 답변으로 옳은 것은? [2점]
■ 한능검 고급 45회 14번

> 신라, 고구려, 백제가 기틀을 잡고 세 세력이 서로 대립하면서 …… 삼가, 본기 28권, 연표 3권, 지(志) 9권, 열전 10권을 찬술하였습니다. 여기에 표문(表文)을 붙여 성상께 올립니다.
> - 『진삼국사표(進三國史表)』 -
>
> 이 글은 왕명을 받들어 역사서 편찬을 주도한 인물이 왕에게 올린 진삼국사표입니다. 이 글과 함께 올린 역사서에 대해 발표해볼까요?

① 기전체 형식으로 서술하였습니다.
② 조선 건국의 정통성을 강조하였습니다.
③ 남북국이라는 용어를 처음 사용하였습니다.
④ 단군 조선에서 고려까지의 역사를 정리하였습니다.
⑤ 불교사를 중심으로 고대의 민간 설화 등을 수록하였습니다.

해설
본기, 연표, 지, 열전은 기전체로 진삼국사표는 삼국사기 일부이다. 삼국사기에 대한 내용을 옳은 것을 찾는 문제이다. ① 삼국사기는 기전체로 서술되었다. 옳은 지문이다.

오답분석
② 조선 건국의 정통성을 강조한 책은 고려국사이다.
③ 남북국 용어를 처음 사용한 책은 유득공의 발해고이다.
④ 삼국사기에는 단군이 기록되어 있지 않고 고려사도 기록되어 있지 않다.
⑤ 불교사를 중심으로 고대 민간설화 등을 수록한 책은 삼국유사이다.

정답
①

CHAPTER 27 고려 과학 기술, 예술

1 과학 기술과 예술 발달

(1) 천문학의 발달

① 사천대(서운관)에서 관장, 첨성대(개성)에서 관측.

② **역법** : **선**명력(당, 신라에서 고려 초기까지) → **수**시력(원, 충선왕) → **대통력**(명, 공민왕) 사용 → **칠**정산(세종) → **시**헌력(조선후기, 효종 때 김육 주도, 아담샬)

(2) 인쇄술 발달 : 인쇄기관(서적포 – 숙종, 서적원 – 공양왕)

목판 인쇄술 발달	고려대장경판목(세계최고수준), 초조대장경, 재조대장경
금속활자	여러가지 책을 소량 인쇄하는 데 적합 • **상정**고금예문(고종1234), 남명천화 상송증도가(1239) → 현존(×) • **직**지심체요절(우왕1377) → 청주 흥덕사 간행, 백운화상 저술, 현존 최고 금속활자본, 프랑스 보관

▲ 재조대장경 목판

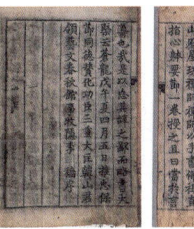
▲ 직지심체요절

(3) 의학 발달

① **태의감 설치** : 의료업무, 의학교육 실시, 의과 시행(의원 선발)

② **중기** : **향약방**(독자적 처방전)

③ **후기** : **향약구급방** – 현존 최고 의서, 대장도감에서 편찬, 국산 약재 180여 종 소개

(4) 화약 제조기술과 조선 기술

① **화약 제조법** : 고려말 최무선 개발, 화통도감 설치, 화포사용, 진포대첩

② **조선기술** : 대형범선 제조(송무역에 이용), 조운선 등장, 해안 조창에 배치, 누전선(수군 배)

출제 POINT
① 고려 시대 역법 순서 / 의학서 ② 인쇄술 특징(목판, 금속활자) ③ 주심포 건축, 석탑, 승탑, 불상 특징

✅ 암기 TIP
선 수 대 칠 시

✅ 암기 TIP
정 직 / 청주를 먹으니 흥난다 – 상정고금예문, 직지 / 청주 흥덕사

✅ 암기 TIP
방이 구질 해서 집에서 냄새 난다 – 향약방, 향약구급방, 향약집성방, 의방유취

2 청자와 공예

자기	• 11세기 : 순수비색청자(독자적 발전+송자기 기술), 송 사신 서긍 극찬(고려도경) • 12세기 ~ 13세기 : 상감청자(나전칠기, 은 입사 기술 응용), 도요지 – 전북 부안, 전남 강진 • 원 간섭기 : 상감청자 퇴조, 분청사기 나타남 → 소박하고 천진스런 무늬, 16세기부터 생산↓
금속공예	은 입사 기술↑, 청동 은입사 포류 수금문정병(대표적)
나전칠기	옻칠한 바탕에 자개를 붙여 무늬 표현, 경함, 화장품함, 문방구 등
범종	신라계승 ⇒ 화성 용주사 종, 대흥사 탑신사 종

암기 TIP
순 상 분 백 청 – 순청자, 상감청자, 분청사기, 백자, 청화백자

▲ 청동 은입사 포류 수금무늬 정병

▲ 고려 나전칠기 경함

▲ 순청자 참외모양병

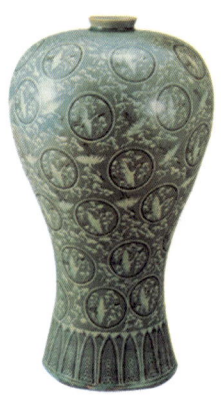
▲ 상감청자 운학문매병

▲ 분청사기

3 건축과 조각

(1) 궁궐 : 개성 만월대 궁궐터(건물을 계단식으로 배치) – 세계 문화유산
(2) 사찰

주심포	안동 봉정사 극락전	• 현존하는 가장 오래된 목조 건축물 • 맞배지붕, 기둥 위에 공포가 있음
	영주 부석사 무량수전	배흘림 기둥양식, 팔작지붕
	예산 수덕사 대웅전	맞배지붕, 주심포 양식
다포	성불사 응진전(사리원)	원의 영향, 기둥 사이에 공포가 있음
	석왕사 응진전(안변)	조선시대 건축물에 영향, 규모↑
	심원사 보광전	응진전-맞배지붕, 보광전-팔작지붕

암기 TIP
주심포 – 봉부수 극무대
다포 – 성석심 응보

▲ 고려 용주사 종

▲ 봉정사 극락전

▲ 부석사 무량수전

▲ 수덕사 대웅전

▲ 성불사 응진전

▲ 주심포 양식

▲ 다포 양식

(3) 석탑 : 고려 석탑 특징 신라 양식 + 독자적 형태 = 다각 다층탑

전기	개성 **현**화사 7층석탑	신라 영향 계승
	부여 **무**량사 5층석탑	백제 영향
	개성 **불**일사 5층석탑	고구려 영향
	월정사 8각9층 석탑	송 영향, 다각다층 탑
후기	**경천사 10층 석탑**	• 원 영향, 라마교 영향, 충목왕때 건립, 대리석으로 제작, 일본에 불법 반출되었다가 다시 반환되어 현재 중앙박물관에 소장 • **조선 원각사지 석탑의 원형**

▶ 암기 TIP

전현(7)무(5)집에 **불**(5)나서 – 고려 전기, **현**화사 7층, **무**량사 5층, **불**일사 5층석탑

월경(고려) 원(조선) – **월**정사8각9층 석탑, **경**천사 10층 석탑, **원**각사지 10층석탑

27. 고려 과학기술, 예술 ⋯ **129**

 ▲ 현화사 7층 석탑
 ▲ 무량사 5층 석탑
 ▲ 불일사 5층 석탑(개성)

 ▲ 월정사 팔각 9층 석탑(강원평창)
 ▲ 경천사지 10층 석탑
 ▲ 원각사지 10층 석탑

 ▲ 고달사지 승탑
 ▲ 법천사 지광국사 현묘탑

(3) 부도

8각 원당	고달사지 승탑 – 선종의 영향, 쌍봉사 철감선사 승탑(통일신라) 영향 받음
특수형태	법천사 지광국사 현묘탑(사각형)

(4) 불상

철불	광주 춘궁리 철불(= 하남 하사창동 철불)	고려 초기
대형 석불	논산 관촉사 석조 미륵보살 입상(은진미륵) 안동 이천동 마애여래입상(규모↑)	지방문화(호족)
대표 불상	부석사 소조 아미타 여래 좌상(진흙으로 제작)	신라양식 계승, 균형미

▲ 광주 춘궁리 철불

▲ 관촉사 석조 미륵 보살 입상(논산)

▲ 부석사 소조 아미타여래 좌상

▲ 안동 이천동 마애여래입상

✓ 암기 TIP
춘관부 / 철돌흙

4 서예, 그림, 음악

(1) 서예
- 전기 : 구양순체(유신), 왕희지체(탄연)
- 후기 : 송설체(조맹부체, 이암, 이제현)

(2) 회화
- 전기 : 예성강도(이령), 이광필 → 현존×
- 후기 : **천산대렵도**(공민왕, 원대북화영향, 우리나라 소장), 관음보살도(혜허, 일본), 부석사 조사상 벽화(사천왕상 + 범천 + 제석천), 사경화

▲ 천상대렵도(공민왕)

▲ 혜허의 양류 관음도

▲ 부석사 조사당 벽화

5 문학

고려 전기	향가 : 균여 보현십원가 11수
고려 중기	한시 유행, 정지상, 김부식
고려 후기	• 폐관문학 – 이인로 〈파한집〉, 최자 〈보한집〉, 이규보 〈백운소설〉, 이제현 〈역옹패설〉 • 가전체 문학 – 사물 의인화(교훈적 내용), 임춘 〈국순전〉, 이규보〈국선생전〉, 이곡 〈죽부인전〉 • 경기체가 – 한림별곡, 관동별곡 등 • 고려가요(장가, 속요) – 창산별곡, 가시리, 쌍화점, 정읍사

■ 총정리 및 암기팁

1. 역법 순서 : 선 수 대 칠 시
2. 금속활자 : 상(1234, 고종) 직(1377, 우왕, 백운화상, 충주 흥덕사)
3. 의학서 : 방이 구질 구질 해서 냄새가 난다.
4. 청자 : 순 상 분 백 청
5. 건축 : 봉 부 수, 극 무 대(주심포) / 응진(다포)
6. 석탑 : 전 현 무 불 / 월 / 경 / 원
7. 부도 : 쌍 / 고 지
8. 불상 : 춘관부 / 철돌흙
9. 회화 : 천산대렵도, 관음보살도, 부석사 벽화
10. 문학 : 이규보 – 동백국, 이인로 – 노파, 최자 – 보한집, 임춘 – 국순전

◉ 사료 및 심화 자료

• 화약 제조법

고려 우왕 3년(1377)에 최무선의 노력으로 흑색화약을 제조했다. 최무선은 중국인 이원으로부터 화약의 중요한 원료인 염초를 만드는 기술을 배워서 화약 제조법을 완전히 알아냈다고 한다. 염초는 질산칼륨을 말한다. 이후 최무선은 우왕시기에 화통도감을 만들고 화약을 이용한 무기를 개발하여 진포대첩에서 왜구를 물리치는 데 큰 역할을 한다.

• 고려 가요

청산별곡

살으리 살으리랏다 청산에 살으리랏다.
머루랑 다래랑 먹고 청산에 살으리랏다.
울어라 울어라 새여 자고 일어나 울어라 새여
너보다 시름이 많은 나도 자고 일어나 울도다
이럭저럭하여 낮은 지내왔지만
올 이도 갈 이도 없는 밤은 또 어찌할 것인가
어디에 던지면 돌인고 누구를 맞히려던 돌인고
미워할 사람도 사랑할 사람도 없어 맞아서
울고 있노라.
　　　　　　　　　　　　　　　　　　　－「악장가사」

• 송나라 사람이 본 고려청자

도자기의 빛깔이 푸른 것을 고려 사람들은 비색이라 부른다. 근년에 와서 만드는 솜씨가 교묘하고 빛깔도 더욱 예뻐졌다. 술 그릇의 모양은 오이 같은데 위에 작은 뚜껑이 있어서 엎드린 오리 형태를 이루고 있다. 또한 주발, 접시, 술잔, 사발, 꽃병, 옥으로 만든 술잔 등도 만들 수 있지만 모두 일반적으로 도자기를 만드는 법을 따라 한 것들이므로 생략하고 그리지 않는다. 단 술 그릇만은 다른 그릇과 다르기 때문에 특히 드러내 소개해 둔다. 사자 모양을 한 도제 향로 역시 비색이다.

- 「고려도경」

기출문제

01 다음 사진전에 전시될 사진으로 적절하지 않은 것은? [2점]

한능검 심화 50회 14번

> **불상으로 보는 불교 문화 사진전**
> 제3전시실
>
> 이 실에서는 ○○시대 불상의 사진을 전시합니다. ○○시대에는 대형 철불이 유행하였으며, 논산 관촉사 석조 미륵보살 입상처럼 거대한 불상이 조성되기도 하였습니다.

①  ②  ③

④  ⑤

🔍 **해설**

논산 관촉사 석조 미륵보살 입상은 고려시대 만들어진 불상이다. ② 석굴암 본존불로 통일신라 불상이다.

🔍 **오답분석**

① 광주 춘궁리 철불, ③ 안동 이천동 석불, ④ 영주 부석사 소조여래좌상, ⑤ 하남 교산동 마애약사여래좌상 모두 고려시대 불상이다.

🔍 **정답** ②

---

02 (가)에 들어갈 문화유산으로 옳은 것은? [2점]

한능검 고급 37회 16번

- 종목 : 국보 제15호
- 소재지 : 경상북도 안동시
- 소개 : 단층 맞배지붕의 주심포계 건물로 초석 위에는 배흘림기둥을 세웠다. 이 건물은 우리나라에 남아 있는 목조 건축물 중 가장 오래된 것으로 인정받고 있어 그 가치가 높다.

(가)

①  ②
봉정사 극락전   수덕사 대웅전

③  ④
쌍계사 대웅전   화엄사 각황전

⑤
전등사 대웅전

🔍 **해설**

① 안동에 있는 건물 중 가장 오래된 것이 바로 안동 봉정사 극락전이다.

🔍 **오답분석**

② 수덕사 대웅전은 예산에 위치해 있다.
③ 쌍계사 대웅전은 하동 지역에 있다.
④ 화엄사 각황전은 구례 지역에 있다.
⑤ 전등사 대웅전은 강화도 지역에 있다.

🔍 **정답** ①

CHAPTER 28 조선 전기 왕(15세기 왕)

[조선 흐름]

15C	태 정 **태 세** 문 단 **세** 예 **성**	**관학파의 시대(훈구)** – 조선기틀 완성, 왕권과 신권 변화 보기
16C	**연 중** 인 명 **선**	**사화의 시대** – 훈구와 사림의 갈등, 왕권·신권 혼란기
17C	**광** 인 **효 현 숙**	**붕당의 시대** – 예송, 환국, 신권 강화 → 서로 갈등
18C	**경 영 정**	**탕평의 시대** – 영조, 정조의 탕평정치, 왕권↑
19C	**순 헌 철**	**세도정치 시대** – 안동김씨 등 일부 가문의 권력 독점, 신권↑

> 출제 POINT
> 태종, 세종, 세조, 성종 특징

1 태조 (이성계 1392 ~ 1398)

① 조선건국(1392)
② 국호 조선 제정(고조선 계승, 1393),
③ 한양천도(1394), **한양도성 정비**(경복궁, 숭례문, 종묘(왕과 왕비의 신주를 모신 사당), 사직(토지신과 곡식신 제사), 시장, 도로 등 건설)
④ 의흥삼군부(1393, 군사 총괄 기구), 도첩제 실시, 중농억상 정책, 사대교린 정책
⑤ **1차 왕자의 난 발생(무인정사, 1398)** : 이방원이 방석, 정도전 제거 → 정종(이방과) 옹립

※ 태조의 3대 정책 : 숭유억불(도첩제 실시), 중농억상 정책, 사대교린 정책

※ **재상 정도전**
- **재상중심정치(총재정치)·억불정책**
- 성리학통치이념↑, 서울시내 건축물 이름 지음(유교식)
- 1차 왕자의 난(무인정사, 1398) 때 이방원에게 살해 당함
- **저서** : 조선경국전(최초사찬법전), **불씨**잡변(불교비판·조선건국이후), **경제문감**(정치조직), **고려국사**(고려역사, 패가입진, 조선건국 정당성), 진도(진법서, 요동정벌 준비)

▲ 태조 이성계 어진

> ✔ 암기 TIP
> 정도전 서적 : **불씨경고** – 불씨잡변, 조선**경**국전, **고**려국사

2 태종 (이방원 1400~1418) - 왕권강화 추구

(1) 권력 장악

① 2차례 왕자의 난 통해 권력장악
- 1차 : 무인정사, 방석, 정도전 제거
- 2차(1400) : 방간, 박포제거 → 정종이 방원을 세제로 삼고 양위

(2) 재정 확보

① 양전사업, 호구 조사, 호패법(민증-세금징수·역)

② 사원전 몰수(242개 사원만 인정)

③ 호패법(16세 이상 남자)

④ 노비변정도감(노비해방, 재정↑)

(3) 인사권 장악

① 6조직계제(왕-6조, 왕이 모든 업무를 직접 처리함)

② 사간원 독립(대신견제)

③ 의금부, 승정원 설치

(4) 군사권 장악

① 사병혁파

② 공신 및 처남숙청(민무구·민무질)

(5) 기타

① 신문고(등문고)

② 서얼차대법(한품서용제)

③ 혼일강리역대국도지도

④ 계미자(금속활자), cf. 세종 - 갑인자

3 세종 (이도 1418~1450)

(1) 즉위 직후

태종 3째 아들(충녕대군), 태종이 4년간 상왕으로 인사와 군사권 장악

(2) 재정 확보

① 공법(토지세) : 여론조사, 연분9등(풍흉에 따라 20두~4두), 전분6등(비옥도 따라 6등급)

(3) 왕도정치(왕권과 신권 조화) - 인사권

① 명재상(황희, 맹사성, 허조) 등용

② 의정부서사제(왕-의정부-6조, 왕은 인사·군사 처리, 나머지는 재상이 처리)

③ 집현전(학술 연구 기관), 경연 실시

▲ 창덕궁 돈화문
(태종시기 창덕궁 건설)

✅ 암기 TIP

의사가 신문을 보며 6개 떡을 호로록 먹었다 - 의금부, 사병혁파, 사간원, 신문고, 6조직계제, 창덕궁 건설, 호패법, 노비변정도감

(4) 군사
  ① **4군(압록강, 최윤덕), 6진(두만강, 김종서)**, 토관제도(토착민 등용), 사민정책(평안도&함경도)
  ② **쓰시마 섬 정벌(1419, 이종무)** → 계해약조(1443, 배 50척, 쌀 200석)

(5) 과학기술
  ① **혼천의, 간의, 측우기, 자격루, 앙부일구(장영실)**
  ② 조선통보(화폐), **갑인자 주조(밀랍대신 식자판)**

(6) 불교정책 : 선종 18개, 교종 18개만 인정, 왕실에는 내불당 설치, 석보상절(부처님일대기)과 월인천강지곡 간행

(7) 문화 발전
  ① **농서 - 농사직설(정초)**
  ② **의서 - 향약집성방, 의방유취**
  ③ **음악서 - 여민락(음악), 정간보(악보), 박연(아악정리)**
  ④ 병서 - 총통등록(화약)
  ⑤ **역법 - 칠정산**
  ⑥ **훈민정음** - 용비어천가(이씨 찬양), 석보상절(석가모니 일대기), 월인천강지곡(노래)
  ※ **핵심 서적 우리나라 독자적 서적 ⇒ 농사직설(농업), 향약집성방(의서), 칠정산(역법)**
  ※ 유교 이념 강조 서적 - 삼강행실도(예절서), 정간보·여민락(음악서), 동국세년가(역사서), 신찬팔도지리지(지리서)

✅ 암기 TIP
일본과의 약조 : 계기오이백 – 계해약조, 기유약조, 50척 200석, 20척 100석

▲ 혼천의

▲ 앙부일구

✅ 암기 TIP
용석쌤 월요일

✅ 암기 TIP
농 약 칠

✅ 암기 TIP
세종시기 서적 총정리 : **칠갑통집의 정직녀와 훈삼 먹는다.** – 칠정산, 갑인자, 총통등록, 향약집성방, 의방유취, 정간보, 농사직설, 여민락, 훈민정음, 삼강행실도

▲ 측우기

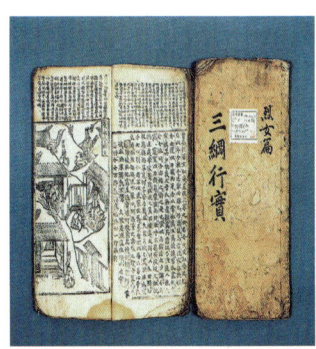
▲ 삼강행실도

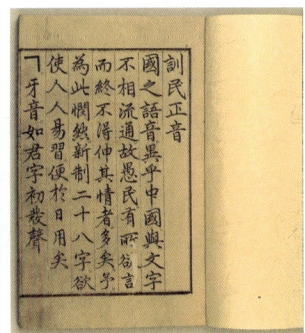
▲ 훈민정음 서문

▲ 자격루

4 문종 (1450 ~ 1452)

(1) 고려사, 고려사절요, 동국병감 저술, 2년만에 사망

5 단종 (1452 ~ 1455)

① 12세 즉위, 재상 중심 정치(김종서, 황보인)

② 계유정난(1453, 수양대군 정변, 김종서×, 황보인×, 한명회 주도), 폐위 후 노산군 → 살해 당함

6 세조 (1455 ~ 1468) - 왕권 강화 추구

(1) 즉위 과정 : 세종의 둘째 아들 → 수양 대군에 봉해짐, 계유정난으로 권력 장악(김종서×, 한명회 주도) → 즉위 후 단종 복위운동(1456) 발생(사육신이 주도(성삼문, 박팽년, 하위지, 이개, 유성원, 유응부))

(2) 재정권

① 토지 측량 : 인지의·규형

② 직전법 실시(수신전×, 휼양전×) → 현직관리 지급

③ 내수사 설치(왕실재산 관리)

▲ 세조 어진 복원도

✅ 암기 TIP
세조 업적 : 6명 원시인의 경직된 진보 - 6조직계제, 원각사지 10층석탑, 이시애의 난, 인지의, 경국대전 시작, 직전법, 진법, 보법

(3) 인사권

① 집현전·경연폐지, 원상제(한명회, 신숙주) → 훈구파 형성

② 6조 직계제

(4) 군사권

① 보법(3인 1조-1정군 2보인), 5위체제, 진관체제(국경지대 방어)

② 이시애의 난(함경도) : 이준, 남이 등 진압 → 유향소 폐지(태종, 세조 시기 폐지)

(5) 기타

① 불교 진흥 : 간경도감(불경번역), 원각사지 10층 석탑

② 서적 : 월인천강지곡 + 석보상절 → 월인석보

③ 팔방통보(유엽전-화살촉모양), 종친등용, 장례원 설치, 경국대전 편찬 시작

7 성종 (1469 ~ 1494) - 조선 통치체제 완성

① 조선 문물 완성, 예종이 즉위 후 1년만에 사망, 어머니 인수 대비와 장인 한명회 힘으로 13세에 즉위

② 경국대전 완성(cf. 시작은 세조 때) → 조선 성문법, 서얼차대법, 재가금지법 시행

③ 집현전 계승하는 홍문관(옥당) 설치 → 3사 완성, 성균관 내 존경각 건립

④ 억불정책(도첩제× → 산간 불교화), 간경도감 폐지

⑤ 관수관급제(국가 토지 지배력↑), 사창제 폐지(흥선대원군 때 부활)

⑥ 김종직 등용(영남 사림, 훈구 견제), 유향소 부활

⑦ 서적 : 동문선(문학집, 서거정), 동국통감(최초 편년체 통사, 서거정), 동국여지승람(지리서), 악학궤범(음악 백과사전, 성현), 삼국사절요, 국조오례의,

✅ 암기 TIP
성종업적 : 문경에서 동국대 음악학과 간다. - 동문선, 경국대전, 동국여지승람, 동국통감, 악학궤범

표해록(최부), 해동제국기(신숙주)

※ 유교통치이념 완성 : 예절서-국조오례의 / 음악서-악학궤범 / 역사서 – 동국통감 / 지리서 – 동국여지승람

■ 총정리 및 암기팁

1. 태조 : 조선 건국, 한양천도(사직, 경복궁, 종묘 설치), 정도전 : 불씨경고
2. 태종 : 의사가 신문을 보며 6개 떡을 호로록 먹는다.
3. 세종 : 빅 3 – 농약친다 / 칠갑통의 정직녀와 훈삼을 먹는다.
4. 세조 : 6명 원시인의 경직된 진보
5. 성종 : 문경에서 동국대 음악학과 간다.

📁 사료 및 심화 자료

• 집현전

▶ 기능
집현전 학사들은 학문 연구와 아울러 경연에 참여하여 국왕의 통치를 자문하였다. 이 기능은 뒤에 홍문관으로 이어졌다.

▶ 변천
세조 때 집현전 학자들이 단종 복위 운동을 주도하다 발각되어 폐지되었다가 성종 때 홍문관(옥당)으로 부활하였고 정조 때는 규장각으로 변화되었다.

• 의정부 서사제 6조

직계제를 시행한 이후 일의 크고 작음이나 가볍고 무거움이 없이 모두 6조에 붙여져 의정부와 관련을 맺지 않고, 의정부의 관여 사항은 오직 사형수를 논결하는 일뿐이고 옛날부터의 재상을 임명한 뜻에 어긋난다. …… 6조는 각기 모든 직무를 먼저 의정부에 품의하고, 의정부는 가부를 헤아린 연후에 왕에게 아뢰어 왕의 전 지를 받아 6조에 내려 보내어 시행한다. 다만 이조 병조의 제수(除授), 병조의 군사 업무, 형조의 사형수를 제외한 판결 등은 종래와 같이 각 조에서 직접 아뢰어 시행하고 곧바로 의정부에 보고한다. 만약 타당하지 않으면 의정부가 맡아서 심의 논박하고 다시 아뢰어 시행토록 한다. －「세종실록」

• 6조 직계제

의정부의 서사를 나누어 6조에 귀속시켰다. …… 처음에 왕(태종)은 의정부의 권한이 막중함을 염려하여 이를 혁파할 생각이 있었지만, 신중하게 여겨 서두르지 않다가 이때에 이르러 단행하였다. 의정부가 관장한 것은 사대문서와 중죄수의 심의뿐이었다. －「태종실록」

상왕(단종)이 어려서 무릇 조치하는 바는 모두 대신에게 맡겨 논의 시행하였다. 지금 내(세조)가 명을 받아 왕통을 계승하여 군국 서무를 아울러 모두 처리하며, 조종의 옛 제도를 모두 복구한다. 지금부터 형조의 사형수를 제외한 모든 서무는 6조가 각각 그 직무를 담당하여 직계한다. －「세조실록」

기출문제

01 다음 정책을 추진한 왕의 업적으로 옳은 것은? [2점]

▎한능검 심화 49회 15번

> ○ 왕은 우리나라에 서적이 대단히 적어서 유생들이 널리 볼 수 없는 것을 염려하여 주자소를 설치하고 구리로 글자 자형을 떠서 활자를 만드는 대로 인출(印出)하게 하였다.
> ○ 왕이 시경·서경·좌전의 고주본(古註本)을 자본(字本)으로 삼아 이직 등에게 십만 자를 주조하게 하였는데, 이것이 계미자이다.

① 경국대전을 완성하여 법령을 정비하였다.
② 청과 국경을 정하는 백두산정계비를 세웠다.
③ 문하부 낭사를 분리하여 사간원으로 독립시켰다.
④ 신해통공을 실시하여 시전 상인의 특권을 축소하였다.
⑤ 함길도 토착 세력이 일으킨 이시애의 난을 진압하였다.

● **해설**

자료에 주자소를 설치하고 계미자를 만들었다는 것을 통해 정책을 추진한 왕이 태종이라는 것을 알 수 있다. 태종은 왕권을 강화하기 위해 6조직계제를 시행하고 의금부, 승정원을 만들었으며 ③ 문하부 낭사를 분리하여 사간원으로 독립시켰다.

● **오답분석**

① 경국대전을 완성한 왕은 성종이다.
② 백두산정계비는 숙종시기 세워졌다.
④ 신해통공을 실시한 왕은 정조이다.
⑤ 이시애의 난을 진압한 왕은 세조이다.

● **정답** ③

02 밑줄 그은 '왕'의 재위 기간에 있었던 사실로 옳은 것은? [2점]

▎한능검 심화 51회 19번

> **역사 신문**
> 제 △△호   ○○○○년 ○○월○○일
>
> **육조 직계제 부활하다**
> 계유년에 황보인 등을 제거하고 권력을 장악한 이후 즉위한 왕은 강력한 왕권을 행사하고자 육조 직계제를 부활시켰다. 이번 조치는 형조의 사형수 판결을 제외한 육조의 서무를 직접 왕에게 보고하도록 한 것이다. 따라서 이전보다 더욱 강력한 육조 직계제가 시행될 것으로 예상된다.

① 주자소가 설치되어 계미자가 주조되었다.
② 조의제문이 발단이 되어 무오사화가 일어났다.
③ 통치 체제를 정비하기 위해 대전회통이 편찬되었다.
④ 제한된 범위의 무역을 허용한 계해약조가 체결되었다.
⑤ 현직 관리에게만 수조지를 지급하는 직전법이 시행되었다.

● **해설**

육조직계제를 부활하고 계유년에 황보인 등을 제거한 사람은 수양대군 즉 세조이다. ⑤ 세조시기 관리들에게 주는 토지가 부족해지자 전직관리에게는 토지를 지급하지 않고 현직관리에게만 토지를 지급하는 직전법을 시행하였다.

● **오답분석**

① 계미자 주조는 태종이다.
② 무오사화는 연산군시기 일어났다.
③ 대전회통은 흥선대원군이 만들었다.
④ 계해약조는 세종시기이다.

● **정답** ⑤

CHAPTER 29 조선 중기 왕(16세기 왕)

1 연산군 (1494 ~ 1506) - 사화 발생

① 삼사 기능 약화, 신언패, 신문고×, 한글탄압, 사치·향락(장녹수, 흥청망청)
② 무오사화(1498) : 조의제문(김종직, 세조비판) - 김일손이 올린 사초문제로 발생 → 영남 사림 제거(김종직 부관참시, 김일손 능지처참), 훈구파 주도(유자광, 이극돈)
③ 갑자사화(1504) : 폐비윤씨(연산군 생모) 사건 빌미로 일으킨 사화(한명회, 정인지 부관참시), 김굉필 처형, 궁중파가 부중파를 제거하기 위해 일으킨 사화(임사홍 주도), 훈구·사림 모두 피해 → 중종반정(박원종, 성희안 등이 주도)으로 연산군 폐위

출제 POINT
사화 특징과 내용 파악하기

암기 TIP
무갑 - 무오사화, 갑자사화

▲ 연산군 묘

2 중종 (1506 ~ 1544)

(1) 즉위 과정 - 중종반정(1506)으로 집권(박원종, 성희안), 훈구세력↑, 서원(주세붕)
(2) 조광조(호-정암)의 혁신 정치
　① 향약(최초, 여씨향약)　　② 소격서 폐지(초제×)
　③ 방납 폐단 시정 요구　　④ 현량과 실시(관리 추천)
　⑤ 유향소 폐지 주장　　　⑥ 경연강화, 도학정치(도덕, 의리 중시)
　⑦ 위훈삭제(공신 평가 다시 하자) → 훈구 반발 - 주초위왕 → 조광조 사사(기묘사화)
　⑧ 소학 교육 및 주자가례 장려
(3) 기타 - 비변사 설치, 백운동 서원 설치, 동몽수지, 이륜행실도 편찬

암기 TIP
조광조 업적 : **약** 먹은 **소현**이가 **훈방**되었다. 유 - **향약**, **소격서** 폐지, **현량과**, 위**훈**삭제, **방납** 폐단 시정요구, **유**향소 폐지 주장

▲ 조광조

▲ 문정공 조광조 묘 및 신도비

3 명종 (1545 ~ 1567)

① **문정왕후 정치 주도** → 불교 진흥(보우, 승과부활-일시적) → **소윤(윤원형) 권력 장악** → 외척 끼리 다툼 : 소윤 vs 대윤(윤임, 인종외척)
② **을사사화**(양재역 벽서 사건 - 여주(여자군주)) → 대윤(윤임일파 제거) + 사림 피해
③ 을묘왜변 → 비변사 상설화
④ 방납폐단↑
⑤ 백운동 서원(중종) → 사액(소수서원, 이황의 건의)
⑥ **임꺽정의 난(백정) : 1559, 경기·황해도 일대**
⑦ 기타 - 구황촬요 보급, 직전법 폐지(수조권 지급제 소멸, 녹봉만 지급)

> **암기 TIP**
> 명종 시기 사건 : **돼지불백 직구**
> - **백**정 임꺽정의 난, 불교진흥(보우), **백**운동서원이 소수서원으로, **직**전법, **구**황촬요

▲ 주세붕 초상

▲ 소수서원

▲ 소수서원 현판(명종의 글씨)

4 선조 (1567 ~ 1608)

① 최초 방계 출신 왕, 사림집권, 왕권↓
② 붕당 발생 → 이조전랑직 다툼 → 동인·서인
③ 임진왜란 발생 : 왜군 **부**산포 침입 → **탄**금대 전투 → **옥**포전투 → **사**천포전투 → **한**산도대첩 → **진**주대첩 → **평**양성탈환 → **행**주대첩 → 휴전 → 정유재란 → **칠**천량해전 → **직**산전투 → **명**량대첩 → **노**량해전

▲ 이 황

> **암기 TIP**
> 임진왜란 순서 : 부탄 옥사한진 평행 칠직 명노

5 붕당 출현

(1) 사림 권력 장악 → 사림 세력간 갈등 - 선조 때 집권 후 척신정치, 청산을 둘러싼 갈등

(2) 붕당의 시작(1575)

① 척신 정치 잔재 청산과 이조전랑직 다툼(인사권) - 김효원(신진사림) vs 심의겸(기존사림)

김효원(신진사림, 동인)	심의겸(외척, 기성사림, 서인)
신진사림, 척신정치 청산 적극적	기성사림, 척신정치 청산 소극적
이황(주리), 조식(북인), 서경덕(주기)	이이(이 = 기), 성혼
공통점 : 붕당 토대 - 경제(농장, 전호) + 인적·학연 + 지연(출신지) + 혈연(문벌)	

※ 이조전랑 : 정5품 정랑과 정6품 좌랑, 낭천권(인사추천권), 자대권(후임자 추천), 통청권(3사 선발권)

> **암기 TIP**
> 붕당 변천 과정 : **이기정경사** -
> **이**조전랑직 다툼, **기**축옥사, **정**철처리문제, **경**신환국, **사**도세자 죽음

② **정여립모반사건** : 정여립 서인에서 동인으로 변경, 낙향 후 대동계 조직 → 서인의 밀고로 **기축옥사 발생**(동인 1000명 제거, 서인 정철 주도) → 정철 세자 건저의 문제 → 정철 처리문제(동인분파) → **강경파(북인·이산해), 온건파(남인·유성룡)** → 북인분열(대북 - 광해군 지원(이산해, 이이첨)/소북 - 영창대군 지원(유영경))

※ 이황 문인 : 유성룡, 김성일(남인 형성)
　서경덕 문인 : 이지암, 이산해(북인 형성)
　조식 문인 : 정인홍, 이이첨(북인 형성)
　이이 문인 : 정철, 윤두수, 김장생(서인 형성)

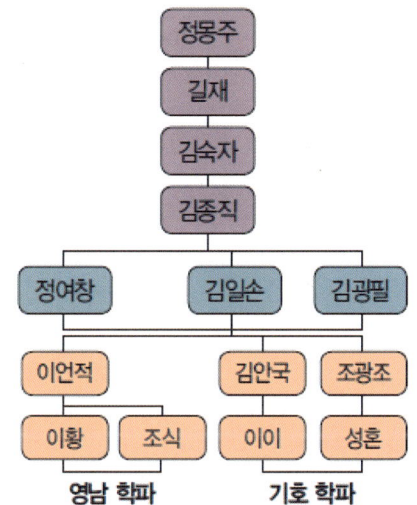

6 붕당 정치

(1) 성격

　① 상호, 견제 비판 인정

　② 공론 중시(비변사, 3사기능↑)

　③ 재야 여론수렴(산림, 서원↑)

(2) 한계

　① 국론분열 ② 현실문제 경시

◎ 사료 및 심화 자료

> • 훈구파의 세력 형성
>
> - 고위관직 독점 및 세습, 왕실과의 혼인으로 성장·세조의 즉위에 수반된 논공행상으로 1453년 정난공신, 1455년 좌익공신들이 공신전을 분급 받았으며, 3정승과 6조판서 등 요직을 독점하고, 인사권과 병권을 장악
> - 이후 남발된 공신직을 독차지하였으며, 승정원 원상제를 통해 특정한 직사를 가지지 않고도 정권을 장악할 수 있는 기반을 공고히 다짐
> - 한명회, 권람, 홍윤성, 정인지, 신숙주, 조석문, 정창손, 최항, 구치관, 김국광 등이 대표적 인물로 한명회, 한확, 한백륜 등은 왕실과 혼인 관계를 맺어 그 정치적 기반 구축

• 무오사화

김종직은 미천한 선비로 세조 때에 과거에 급제하였고, 성종 때에 발탁되어 경연에 두어 오랫동안 시종의 자리에 있었다. 병으로 물러나자 성종은 소재지의 관리로 하여금 특별히 미곡을 내려 주도록 하였다. 지금 김종직의 제자 김일손이 수찬한 시초에 도리에 어긋난 말로 선왕 때의 일을 거짓으로 기록하고 스승 김종직의 「조의제문」을 실었도다. - 「연산군일기」

• 기묘사화 (중종 14년, 1519)

중종반정 이후 중종의 발탁에 의해 조광조가 등용되어 개혁을 추진하자 이에 위협을 느낀 훈구파는 반정공신(反正功臣)의 위훈삭제(僞勳削除)를 계기로 반격에 나섰다. 남곤, 심정, 홍경주 등 훈구파 대신들은 조광조의 민심 장악을 이유로 왕권이 위태로움을 주장하고 조광조 등이 붕당을 만들어 중요한 자리를 독차지하고 임금을 속이고 국정을 어지럽혔으니 벌을 주어야 한다고 건의하였다. 중종은 이를 받아들였으며 이로 인해 사림들은 또 다시 큰 피해를 입었다. 조광조는 능주(綾州)로 귀양가서 사사(賜死)되었다.

• 동서분당

심의겸(沈義謙)은 그 자신이 척신(명종의 비인 인순왕후(仁順王后)의 동생)이었지만 기성 사림의 지지를 받고 있었다. 심의겸은 신진 사림의 대표 인물이었던 김효원(金孝元)이 이조전랑으로 천거되자 명종 때의 척신이며 권신이던 윤원형의 집에 기거했던 사실을 들어 권신에게 아부했다는 이유로 이를 반대하였다. 1574년 결국 김효원은 이조전랑에 발탁되었는데, 이번에는 1575년 그의 아우 충겸(忠謙)이 이조전랑에 추천되자, 김효원이 전랑(銓郎)의 직분이 척신의 사유물이 될 수 없다 하여 반대, 다툼이 발생하였다.

• 이조전랑

조선시대 이조와 병조의 정5품 정랑 및 정6품 좌랑을 합하여 부르던 말이다. 다른 조의 낭관을 조랑이라 한데 대해 이조와 병조의 낭관은 전랑이라 하였다. 내외문·무관을 천거·전형하는 임무를 맡아보았으며, 장관인 판서도 간여하지 못하는 특유의 권한이 부여되어 있어 낮은 품계에 비해 중요한 관직으로 꼽혔다. 이들의 권한은 판서는 물론 의정부의 3정승도 간여하지 못했으며, 가장 중직으로 꼽혔던 3사의 관원 임명은 반드시 이조 전랑의 동의가 있어야 하는 등 거의 모든 인사권을 이들이 좌우하였다. 전랑직은 큰 잘못이 없는 한 재상으로 이르는 최상의 관로였다.

기출문제

01 밑줄 그은 '임금'이 재위했던 시기의 사실로 옳은 것은? [3점] ■ 한능검 고급 45회 29번

> A: 자네, 양재역에 벽서가 붙었다는 소문 들었나? 대비께서 권력을 잡고 간신이 설치니 나라가 망한다는 내용이라고 하네.
> B: <u>임금</u>의 상심이 크시겠군. 대비마마와 이기, 윤원형 등이 가만있지 않을테니, 이로 인해 곧 조정에 큰 변고가 생길까 두렵네.

① 신유박해로 천주교인들이 처형되었다.
② 사림이 동인과 서인으로 나뉘게 되었다.
③ 홍경래 등이 봉기하여 정주성을 점령하였다.
④ 외척 간의 대립으로 을사사화가 발생되었다.
⑤ 자의 대비의 복상 문제로 예송이 전개되었다.

🔍 **해설**

양재역에 벽서가 붙었다는 것과, 윤원형이 있는 것으로 보아 밑줄 그은 임금은 명종이다. ④ 명종시기 외척들의 다툼으로 을사사화가 발생하였다.

🔍 **오답분석**

① 신유박해는 순조시기 발생하였다.
② 동인과 서인으로 나뉘게 된 시기는 선조시기이다.
③ 홍경래의 난은 순조시기 발생하였다.
⑤ 예송은 현종시기 발생하였다.

🔍 **정답** ④

---

02 (가)~(라) 사건을 일어난 순서대로 옳게 나열한 것은? [3점] ■ 한능검 심화 48회 21번

> (가) 갑자년 봄에, 임금은 어머니가 비명에 죽은 것을 분하게 여겨 그 당시 논의가 참여하고 명을 수행한 신하를 모두 대역죄로 추죄(追罪)하여 팔촌까지 연좌시켰다.
> (나) 정문형, 한치례 등이 의논하기를, "지금 김종직의 조의제문을 보니, 차마 읽을 수도 볼 수도 없습니다. …… 마땅히 대역의 죄로 논단하고 부관참시해서 그 죄를 분명히 밝혀 신하들과 백성들의 분을 씻는 것이 사리에 맞는 일이옵니다." 라고 하였다.
> (다) 정유년 이후부터 조정 신하들 사이에는 대윤이니 소윤이니 하는 말들이 있었다. …… 자전(慈殿)*은 밀지를 윤원형에게 내렸다. 이에 이기, 임백령 등이 고변하여 큰 화를 만들어 냈다.
> (라) 언문으로 쓴 밀지에 이르지를, "조광조가 현량과를 설치하자고 청한 것도 처음에는 인재를 얻기 위해서라고 생각했더니 …… 경들은 먼저 그를 없앤 뒤에 보고하라." 라고 하였다.

*자전(慈殿) : 임금의 어머니

① (가) - (나) - (다) - (라)
② (가) - (나) - (라) - (다)
③ (나) - (가) - (라) - (다)
④ (나) - (다) - (가) - (라)
⑤ (다) - (라) - (나) - (가)

🔍 **해설**

사화순서이다. (나)에 김종직이 나오는 것으로 보아 연산군시기 일어난 무오사화이다. (가) 어머니 죽은 것을 분하게 여겨라는 말을 통해 연산군시기 일어난 갑자사화라는 것을 알 수 있다. (라) 조광조의 현량과가 있는 것으로 보아 조광조가 제거된 기묘사화라는 것을 알 수 있다. (다) 대윤, 소윤, 윤원형이 있는 것으로 보아 을사사화라는 것을 알 수 있다. 그러므로 순서는 (나) → (가) → (라) → (다)이다.

🔍 **정답** ③

CHAPTER 30 조선 통치 체제

출제 POINT
통치체제(중앙, 지방)특징

1 중앙 통치 체제

왕	의정부	• 의정부 : 의정(정승)의 합좌기구, 정1품-영·좌·우의정(정승), 국정을 총괄하는 최고기구	
		• 6조 : 이조(인사), 호조(재정), 예조(외교, 교육), 병조(군사), 형조(형법), 공조(토목)	
	의금부	왕 직속 사법 기구, 반역죄, 강상죄 등 국가 중죄 처결	왕권 강화기구
	승정원	왕명 출납, 도승지(정3품), 6승지, 별칭 - 후원, 은대	
	삼사 (언관)	• 홍문관(=옥당, 정책자문, 대제학, 정2품)	왕권 견제기구
		• 사간원(간쟁, 대사간, 정3품)	
		• 사헌부(감사, 대사헌, 종2품)	
		• 삼사는 청요직으로 불리며 언론을 담당함	
		• 양사(대간)은 사간원과 사헌부	
	춘추관	역사편찬, 실록 편찬	
	한성부	수도 행정, 치안	
	성균관	최고학부, 국립교육, 대사성	

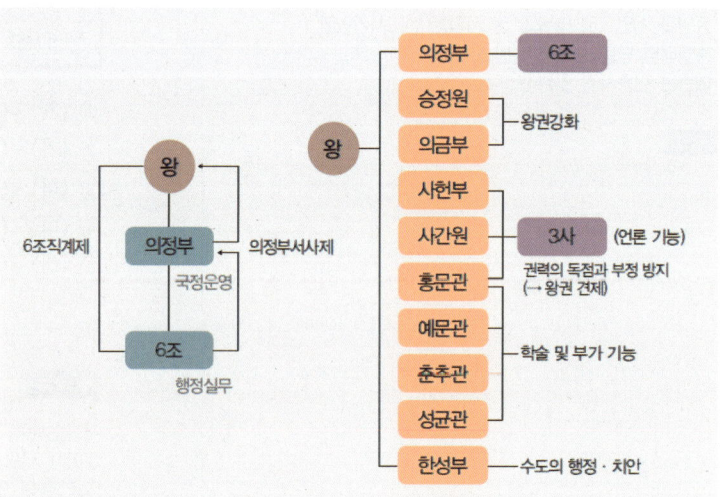

(1) 왕권↑

① **6조 직계제(태종, 세조)** : 왕 ⇔ 6조, 왕권↑

② **의금부(의금부 판사)** : 왕 직속 사법 기구, 역모, 대역죄

③ **승정원** : 왕명 출납, 도승지, 6승지(왕비서)

④ 과거제, 호패법, 정조 - 장용영, 규장각

(2) 신권↑

① **의정부 서사제** : 왕 ⇔ 의정부 ⇔ 6조, 신권↑(세종)

② **삼사** : 홍문관(정책자문), 사간원(간쟁), 사헌부(감찰) ⇒ 양사, 대간

③ **상소, 경연** : 언론↑

※ 언관 : 양사·사간원·홍문관과 홍문관이 맡은 업무 성격 때문에 부르는 명칭

(3) 기타 조직

장례원	노비송사	예문관	왕 교서
승문원	외교문서	교서관	인쇄, 인장
상서원	옥쇄, 마패	포도청	치안

☑ 암기 **TIP**
장비 상옥이가 예수왕교회 교인이다. – 장례원 노비송사, 상서원 옥쇄, 예문관 왕교서, 교서관 인쇄

(4) 조선 후기 변화

① **의정부, 6조 → 비변사** : 조선후기 국방, 외교, 내정 총괄하는 최고 기구

② 3사(공론) → 3사(자당대변), 상대방 비판

③ 이조전랑 권한↑ → 자기 세력 유지수단으로 이용·이조전랑↓(영, 정조)

※ **비변사**

내용	시기	계기	특징
임시기구	중종	삼포왜란	임시기구(군사전담)로 설치
상설기구	명종	을묘왜란	상설기구
기능확대	선조	임진왜란 후	최고 의결·집행기구(국정 전반)
폐지	흥선대원군	고종	의정부, 삼군부 부활, 비변사 폐지

2 지방 통치체제

8도	관찰사(임기 1년)			
	부, 목, 군, 현	• **수령**(부윤 + 목사 + 군수 + 현령) 파견 • 병렬적 구조 : 각자 관찰사만 상대		
			면, 리, 통	면장 + 이장 + 권농(자치)
수령	• **부, 목, 군, 현 이하 담당(임기 5년)** • **상피제 + 임기제의 적용**			
향리	• 6방으로 구성 • 고려와 달리 세습아전, 특권 없음			
유향소	• 양반으로 구성　• **좌수 + 별감 선출** • 풍속 교화 + 향리 감찰		고려의 사심관에서 분화	
경재소	유향소 통제			

(1) 중앙집권 강화

① 일원적 조직(8도)

② 관찰사↑ → 수령↑(고과제)

③ **속현×, 향·소·부곡×**

④ 면·리·통 정비(인구파악, 부역징발 보조)

⑤ **향리를 세습적 아전으로 격하**(봉급×, 토지×, 과거×) – 부정부패↑

(2) 양반 중심의 향촌 사회 : 향촌 자치와 중앙집권 조화
  ① 유향소(향청)
    - 지방 양반으로 구성(좌수와 별감), 수령보좌(감시) - 향리 규찰, 풍속 규정 (농민 지배)
    - 향회(양반모임), 향규(규칙), 향안(양반명단) - 향촌자치
    - 변천 : 고려 사심관에서 유래 → 태종 폐지 → 세종 부활 → 세조 폐지 → 성종 부활 → 향청
  ② 경재소
    - 서울에 설치, 지방출신 고관 임명, 유향소와 정부의 연락기능 담당, 유향소 견제(좌수와 별감 임명)
    - 중앙의 지방통제력↑, 서울에서 근무, 세종 때 설치, 선조 때 혁파

(3) 지방통치
  ① 관찰사(8도) - 감사, 방백이라고도 하며 종 2품 이상 고위관리가 임명
    - 관내 수령 지휘, 감독, 감찰권, 상피제
    - 행정·사법·군사권, 임기제(360일), 감영 상주
  ② 지방관(수령)
    - 목민관(부윤, 부사, 목사, 군수, 현령 / 정4~6품)
    - 수령7사(농업↑, 교육↑, 소송간결, 치안↑, 군대↑, 호구↑, 부역균등)
    - 상피제, 임기제(1800일), 행정·사법·군사(감찰권×), 모든 군현파견(330개) → 중앙집권 강화

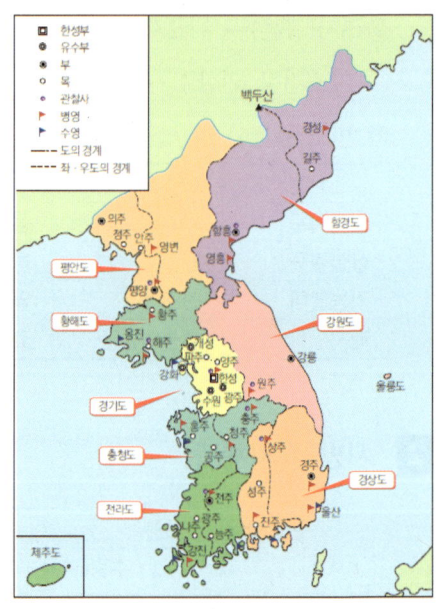
▲ 조선 8도

  ③ 향리
    - 6방 아전 : 수령보좌, 행정실무
    - 무보수, 과거×, 직역 세습, 중인층 형성

(4) 지방행정조직 비교(고려 vs 조선)

구분	고려	조선
지방관 파견	전국에 파견× 주현 〈 속현	중앙집권체제 완성 모든 군·현 관리 파견
특수행정구역	향·소·부곡(○)	향·소·부곡(×)
향리 역할	실질적 토착 지배자 (조세징수, 외역전 수급)	수령의 단순 보좌역

■ 총정리 및 암기팁

1. 중앙 정치 조직 : 의정부 – 6조, 승정원, 의금부, 3사, 한성부, 춘추관, 성균관
2. 6조 직계제 : 태종, 세조, 왕권강화, 6조 보고를 왕에게 직접
3. 의정부 서사제 : 세종, 6조 보고를 의정부로 의정부가 왕에게 보고, 신권강화
4. 왕권강화 기구 : 6조직계제, 의금부, 승정원
5. 신권 강화 기구 : 의정부 서사제, 삼사
6. 기타 조직 : 상옥이랑 장비 교인 예수왕, 승문원이 외교한다.
7. 지방 정치 조직 : 8도-부목군현-면리통(일원적 조직)
8. 관찰사 : 1년, 상피제, 감찰, 행정, 사법, 군사권, 수령지휘
9. 지방관 : 5년, 상피제, 군사, 행정, 사법, 수령 7사

사료 및 심화 자료

3사의 연관

벼슬의 등급은 높지 않았으나 학문과 덕망이 높은 사람이 주로 임명되었다. 이들은 특별한 일이 없는 한 나중에 판서나 정승 등 고위 관직에 오를 수 있었다.

▶ 양사(대간)
사간원(간쟁), 사헌부(감찰) → 5품 이하 관원에 대한 서경권 행사(관리 임명 동의권으로 임명 후 50일 이내에 동의해주게 되어있음)

▶ 서경
관리를 처음 임명할 때 사헌부와 사간원에서 심사하여 동의해 주는 절차

군현의 등급

조선의 지방 통치에서 기본 행정 구역인 군현은 그 고을의 인구와 토지의 크기에 따라 부·목·군·현으로 구획되었다. 이에 따라 지방의 총 책임자인 수령도 종2품에서 최하 종6품까지의 부윤(종2품), 대도호부사(정3품), 목사(정3품), 도호부사(종3품), 군수(종4품), 현령(정5품), 현감(종6품)으로 구분되었다. 이들은 행정 체계상으로는 모두 병렬적으로 관찰사의 관할 아래에 있었다. 단 군사 업무에서만 상하 관계에 있었다.

수령 7사

농상성(농업과 잠업의 장려), 학교흥(교육의 진흥), 간활식(치안의 확보), 호구증(호구의 증가), 부역균(부역의 균등), 사송간(소송의 신속 처리), 군 정수(군사훈련의 실시)

원악향리 처벌법

수령을 조종 농락하여 권력을 제 마음대로 부려 폐단을 일으키는 자, 토지를 넓게 차지하고 백성을 부려 경작하게 한 자, 뇌물을 받고 부역을 불공평하게 하는 자, 조세를 수납할 때 과징하여 남용하는 자, 양민을 불법으로 끌어다 남몰래 부려 먹은 자 등을 원악향리라 하여 본 도나 타도의 작은 역리에 영원히 속하게 하였다.

기출문제

01 (가) 기구에 대한 설명으로 옳은 것? [1점]

▌한능검 고급 46회 20번

옥당선생안

조선 시대 옥당, 옥서로 불렸던 (가)의 관직을 역임한 인물들의 성명, 주요 관직, 본관 등을 기록한 책이다. (가)은/는 집현전의 기능을 이었으며, 직제에는 영사, 대제학, 부제학, 응교, 교리 등이 있다.

① 수도의 행정과 치안을 담당하였다.
② 사헌부, 사간원과 함께 3사로 불렸다.
③ 검서관에 서얼 출신 학자들이 기용되었다.
④ 임진왜란을 거치면서 국정 전반을 총괄하였다.
⑤ 국왕 직속 사법 기구로 반역죄, 강상죄 등을 처결하였다.

해설

옥당이라고 불리고 집현전 기능을 했던 기구는 홍문관이다. ② 홍문관은 사헌부, 사간원과 함께 3사 중 하나로 왕의 정책을 자문하는 역할을 담당했으면 왕권을 견제하는 기구였다.

오답분석

① 수도의 행정과 치안을 담당하는 곳은 한성부이다.
③ 검서관에 서얼 출신을 임명한 곳은 규장각이다.
④ 임진왜란을 거치면서 국정 전반을 총괄한 기구는 비변사이다.
⑤ 국왕 직속 사법기구는 의금부이다.

정답 ②

02 (가)에 대한 설명으로 옳은 것? [2점]

▌한능검 심화 50회 21번

이 그림은 평양에 새로 부임한 (가)을/를 환영하는 모습을 묘사한 부벽루연회도입니다. (가)은/는 감사 또는 방백이라고도 불리었는데, 대개 종2품 이상의 고위 관리가 임명되었습니다.

① 간관으로서 간쟁과 봉박을 담당하였다.
② 6조 직계제의 실시로 권한이 약화되었다.
③ 호장, 기관, 장교, 통인 등으로 분류되었다.
④ 관내 군현의 수령을 감독하고 근무 성적을 평가하였다.
⑤ 출신지의 경재소를 관장하고 유향소 품관을 감독하였다.

해설

평양에 새로 부임했으며, 감사, 방백이라고도 하며 종2품 이상 고위 관리가 임명되는 관직은 관찰사이다. ④ 관찰사는 관내 군현의 수령을 감독하고 근무성적을 평가하였다.

오답분석

① 간쟁과 봉박을 담당한 관청은 사헌부와 사간원이다.
② 6조직계제로 실시로 권한이 약화된 것은 재상들이다.
③ 호장은 지방 토착 세력을 말한다.
⑤ 출신지 경재소를 관장하는 관리는 중앙 고위 관리이다.

정답 ④

CHAPTER 31 조선 통치체제 2(군사, 관리 등용)

1 군역제도 : 호적, 호패제도 강화

(1) 원칙 : 양인개병제, 정남(16~60세), 면제 - 현직관리, 학생, 향리
(2) 중앙 : 5위체제(세조) → 정군(농민), 갑사(직업군인), 잡색군(태종 때 설치된 예비군, 서리, 신량역천, 노비)
(3) 지방
  - 영진군(태조, 육군과 수군이 국방상 요지인 영·진에 소속)
  - 진관체제(지역단위 방어체제, 수령이 지휘 통제)
(4) 방어체제 변천

영진군 → 진관체제(지역방어, 세조) → 제승방략체제(명종, 대규모 방어) → 속오군(진관 복귀, 양반, 노비) → 영장군(속오군 내 변화, 직업군인)

2 군사조직

구분	전기(보법)	후기
중앙	• 정군(농민, 의무병) • 갑사(직업군인) • 특수군(왕실, 공신, 고관자제) • 5위(5위 도총부) : 궁궐, 서울 수비	**5군영** ① 훈련도감 : 선조, 임진왜란, 삼수병(살수·포수·사수), 장기근무, 일정 급료 받는 상비군, 재원: 삼수미세(1결당 2.2두) ② 어영청 : 인조 설치, 효종시기 북벌 중심기구 ③ 총융청 : 인조, 북한산성 수비, 이괄의 난 직후 설치 ④ 수어청 : 인조, 남한산성 수비(경기 남부) ⑤ 금위영 : 숙종, 수도치안, 궁궐수비
지방	영, 진군 + 잡색군 (정병)(예비군)	속오군 : 양반(회피) + 상민 + 천민

출제 POINT
방어체제 변천, 과거제 특징(과정, 종류), 5군영 특징(훈련도감 중심)

암기 TIP
영진제속영

사료 TIP
진관체제 – '거진을 중심으로'
제승방략체제 – '천리 밖 장수를 기다린다'

암기 TIP
삼수병 : 살사포 – 살수, 사수, 포수
훈어총수금한다

3 관리등용 제도

(1) 문과

종류	정기	식년시(3년마다)
	비정기	증광시(국가 경사), 알성시(문묘배향, 성균관)
절차	소과	문과 예비 시험인 생원시(유교경전), 진사시(논술) ① 초시(1차) : 각 도의 인구비례로 선발 ② 복시(2차) : 성적순으로 선발 ③ 합격자 : 백패(합격증) 지급, 성균관 입학하거나, 문과 응시, 하급관리가 되기도 함
	대과	소과합격자(생원, 진사) 응시 가능 ① 초시(1차) : 각 도의 인구비례 선발 ② 복시(2차) : 도별 안배를 없애고 성적순 선발 ③ 전시(3차) : 왕 직접 선발하는 시험, 합격자에게 홍패 지급
최종 합격		전시 합격자 - 갑·을·병(갑: 3명, 을: 7명, 병: 23명) - 총 33명 선발
응시 제한		원칙적 양인 응시 가능, 탐관오리의 아들, 재가녀 자제, 서얼 제한

(2) 무과, 잡과, 승과, 음서

무과	소과×, 초시(활쏘기,190명 선발), 복시(무경, 경국대전, 28명 선발), 전시에서 28명 순위 결정, 장원×, 홍패 수여
잡과	• 소과×, 초시·복시, 전시×, 식년시 실시, 해당 관청에서 교육 • 역(사역원), 율(형조), 의(전의감), 음양(관상감) - 초시, 복시(백패 지급) / 산학·도학·화학·악학(실기시험)
승과	건국초 시행, 중종 때 조광조 건의로 폐지, 명종 때 보우의 건의로 일시 부활(문정왕후 지원) → 폐지
음서	2품이상 - 전, 현직 관리 자제 3품이상 - 현직 관리 자제	⇒ 고위직 진출 위해서는 과거 필수

※ 합리적 인사제도

- 임기제 : 관찰사 1년, 수령 5년
- 상피제 : 친척 同×, 부서×, 출신지역×
- 고과법(포폄) : 근무 성적 평가

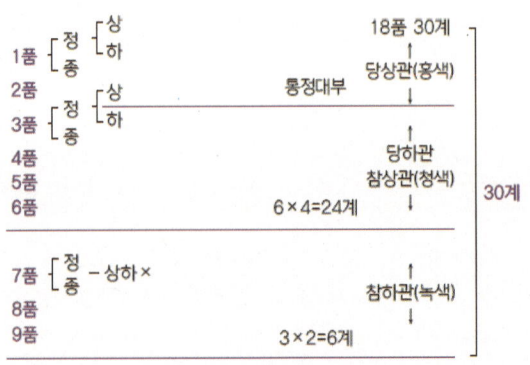

▲ 관리체계 18품 30계

사료 및 심화 자료

진관체제

조선 전기 지방 방위 체제이다. 세조 이전에는 영진 체제였으나 세조 때 진관 체제로 변경되었다. 진관 체제는 각 요충지마다 진관을 설치하여 진관을 중심으로 독자적으로 적을 방어하는 체제이다. 진관 체제는 작은 규모 전투에는 유리하지만 큰 규모의 적이 침입할 경우에는 문제점이 많다. 이에 16세기 이후 각 지역의 군사를 한 곳에 집결시켜 한 사람의 지휘 하에 두게 하는 제승방략 체제를 실시하였다.

제승방략 체제

을묘왜변 이후 김수문이 전라도에서 처음으로 도내의 여러 읍을 순변사·방어사·조방장·도원수와 본도 병사·수사에게 소속시키니 여러 도에서 이를 본받았다. …… 이리하여 한번 위급한 일이 있으면 반드시 멀고 가까운 곳의 군사를 모두 동원하여 빈 들판에 모아놓고 1,000리 밖에서 오는 장수를 기다리게 하였다. 그러므로 장수는 아직 때맞추어 이르지 않았는데, 적은 이미 가까이 오게 되니 군심이 동요하여 반드시 궤멸하는 도리밖에 없다.

– 유성룡의 상계

기출문제

01 (가) 군사 조직에 대한 설명으로 옳은 것은? [2점]

▌한능검 고급 29회 22번

> **(가)**
> 조선 후기 5군영 가운데 가장 먼저 설치된 것으로 훈국(訓局)이라고도 하였다. 정예 병사 양성과 기민 구제를 목적으로 양반, 공사천(公私賤) 등을 가리지 않고 병사를 모집하였다. 이들은 이전과는 달리 일정한 급료를 받고 모집된 상비군으로 직업 군인의 성격을 띠었다.

① 을묘왜변을 계기로 설치되었다.
② 순조가 즉위하면서 혁파되었다.
③ 국방상 요지인 영이나 진에 배치되었다.
④ 포수, 사수, 살수의 삼수병으로 편제되었다.
⑤ 응양군과 용호군으로 구성된 국왕의 친위 부대였다.

🔍 **해설**

자료에서 5군영 중 가장 먼저 설치되었다는 말과 일정한 급료를 받았다는 말이 있는 것으로 보아 (가) 군사조직이 임진왜란 중에 설치된 훈련도감이라는 것을 알 수 있다. ④ 훈련도감은 포수, 사수, 살수의 삼수병으로 편제되어있고 급료를 받는 직업군인이었다.

🔍 **오답분석**

① 을묘왜변을 계기로 설치한 것은 비변사이다.
② 순조가 즉위하면서 혁파된 것은 장용영이다.
③ 조선시대 지방군인 영진군을 설명하는 것이다.
⑤ 응양군, 용호군은 고려시대 중앙군인 2군이다.

🔍 **정답** ④

CHAPTER 32 조선 대외관계

1 대명관계 – 사대 책봉 관계(고명, 금인)

(1) 태조
- 정도전의 요동정벌 문제로 갈등, 표전문 사건(정도전의 외교문서가 불손하다)으로 명과 대립
- 요동수복운동(진법), 종계변무 문제발생(이성계가 이인임 아들이다)
- 금인을 받지 못함(왕 도장, 나라로 승인받지 못함)

(2) 태종
- 양국관계 호전, 고명, 금인 받음(책봉관계), 요동수복×, 문물교류, 조공무역(실리적 외교)

(3) 세종 : 조공무역, 선진문화 수입 목적, 금·은 세공×, 공녀·공환× - 실리외교

(4) 세조 : 요동수복시도(명, 토목의 변) – 실시하지 않음

2 대여진관계

(1) 회유책 : 귀순장려, 무역소(경성, 경원, 태종) 설치, 북평관 설치(한양, 사신접대)
(2) 강경책 : 진·보설치(지역방어), 여진 토벌(4군6진, 세종), 최윤덕(4군 압록강), 김종서(6진, 두만강) ⇒ 압록강~두만강 국경선 확대
(3) 북방정책 : 사민정책(삼남지방 주민 북방 이주), 토관제도(토착민 하급관리 임명)

※ 사신접대소 : 명 - 태평관, 모화관 / 일 - 동평관 / 여진 - 북평관

출제 POINT
대명관계, 대일관계, 임진왜란 특징

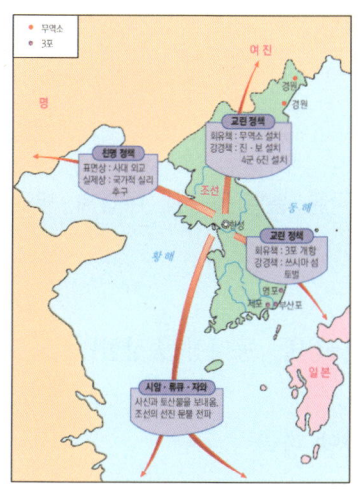

▲ 조선 초기 대외 관계

▲ 4군 6진

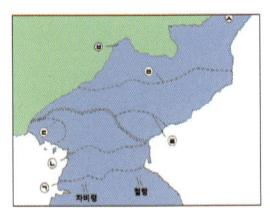

▲ 국경선 변천

● 시대별 영토 확장 과정

㉠ 통일신라(대동강~원산만)
㉡ 고려초(청천강~영흥만)
㉢ 서희의 강동 6주 회복
㉣ 윤관의 동북 9성(동북지리설, 한백겸)
㉤ 공민왕의 영토회복
㉥ 4군 개척(세종, 최윤덕)
㉦ 6진 개척(세종, 김종서)

3 대일관계

(1) 세종
  ① 쓰시마 정벌(이종무, 1419)
  ② 3포 개항(부산포/염포/제포, 1426) → 왜관설치
  ③ 계해약조 - 1443, 제한무역(50척 200석), 신숙주 『해동제국기』 - 성종 때 출간

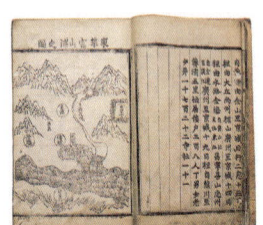

▲ 해동제국기

(2) 중종
  ① 3포 왜란(1510) → 비변사 설치
  ② 임신약조(1512, 25척 100석)

(3) 명종
  ① 정미약조(1547, 25척, 인원규정 위반시 벌칙강화) → 을묘왜란(1555), 비변사 상설화

(4) 선조
  ① 임진왜란(1592) → 비변사 최고 권력기구
  ② 유정(사명대사) → 포로 송환, 정유재란(1597, 명량·노량대첩)

(5) 광해군 : 기유약조(1609) - 부산포개항(20척100석) → 왜관 설치

(6) 통신사 파견 : 1607~1811, 12번, 300~500명 국빈 대우 → 조선전기 8회(태종~선조), 임진왜란 이후 12회

(7) 숙종 : 안용복 - 일본 가서 울릉도·독도 인정 → 「통항일람」 기록에 따르면 1693년

4 임진왜란

(1) 배경 : 장기간 평화, 일본 통일(전국시대), 국내 국론 분열(동-서), 대립제, 방군수포로 국방력 약화

(2) 임진왜란·정유재란 순서
  ① 부산포 점령(임진왜란시작, 1592.4, 부산진-정발, 동래성-송상헌) → 상주 전투(이일)
  ② 탄금대 전투(충주, 신립) 대패(4.28), 5.2 한양 함락
  ③ 옥포 해전(1592.5, 이순신 최초 승리)

☑ 암기 TIP
부탄 옥사한진 평행 칠직 명노
* 임진왜란 3대 대첩 : 한 진 행
  (한산도, 진주, 행주)
* 이순신 3대 대첩 : 한 명 노
  (한산도, 명량, 노량)

④ 사천포(1592.5, 거북선 최초 사용), 당포, 옥포, 6.15 평양 함락

⑤ 한산도 대첩(1592.7 학익진-크게 승리), 부산포 해전

⑥ 진주성 싸움(1592.10, 김시민 항전)

⑦ 평양성 탈환(1593.1, 조·명 연합군) → 벽제관 전투에서 명군 대패(평양으로 후퇴)

⑧ 행주대첩(1593.2, 권율)

⑨ 진주성 전투 패배(관군+의병, 김천일 전사, 논개)

⑩ 선조 한양 복귀(1593. 10) → 휴전 협정(명,일본) → 정유재란 발발(1597.1)

⑪ 칠천량 해전(원균 대패, 1597.7)

⑫ 직산전투(1597.9, 육지, 조·명 승리)

⑬ 이순신 장군 파견

⑭ 명량대첩(1597.9, 울돌목, 12척 배 승리, 이순신), 노량해전(1597.11, 이순신 전사)

▲ 이순신 영정

▲ 임진왜란 주요 전투

(4) 결과

① **정치** : 비변사↑, 군영 정비(훈련도감, 속오법)

② **경제** : 인구격감, 양안, 호적소실로 국가재정↓

③ **사회** : 신분제 이완(납속, 공명, 군공…)

④ **문화** : 불국사×, 경복궁×, 사고×(전주○)

⑤ **국제적** : 일본문화↑(도자기-이삼평, 이황〈성리학〉전파-강황이 기여함), 여진족 급성장 → 후금 → 청(정묘·병자)

▲ 난중일기(유네스코 기록문화 유산)

▲ 거북선

▲ 판옥선

▲ 임진왜란 해전도

5 정묘호란, 병자호란 과정

① 후금 건국, 광해군 - 실리외교, 중립외교(강홍립 밀서)
② 인조 반정 후 친명배금(모문룡(명) 가도 주둔, 후금 자극), 이괄의 난(인조 공주피난)
③ 정묘호란(후금, 형제맹약) - 인조 강화도 피난, 정봉수·이립 항전
④ 후금 → 청 건국, 군신관계 요구
⑤ 주전파(오달제, 윤집, 홍익한) vs 주화파(최명길)
⑥ 병자호란(청 : 군신관계) - 강화도 점령(왕족 포로), 남한산성에서 항전, 김준룡 광교산에서 청군에 승리, 임경업 항쟁
⑦ 삼전도 굴욕(삼궤구고두례, 인조 항복)
⑧ 삼학사 처형(윤집, 오달제, 홍익한) → 소현세자, 봉림대군 인질
⑨ 효종 : 북벌 추진, 나선 정벌(2차례)

✅ 암기 TIP
후인괄형하고 군이야기 하다가 남한산성에서 삼계탕 먹는다.

▲ 정묘호란과 병자호란

▲ 이완 투구

▲ 나선 정벌

사료 및 심화 자료

• 사대 교린 정책

조공 관계로 맺어진 중국 중심의 동아시아 국제 질서 속에서 나타난 외교 정책이다. 그러나 이것은 서로의 독립성이 인정된 위에서 이루어진 것으로 예속 관계에 의한 것이 아니었다.

▶ 조공외교
조공은 국가가 국가를 상대로 하는 공무역의 성격을 가지고 있었다. 당대의 조공 원칙인 '조공이 있으면 사여(賜與)가 있다'에 따라 조공품의 가액을 넘는 사여품들을 챙겨 돌아올 수 있었던 것이다.

• 쓰시마섬(대마도) 토벌

왜구의 소굴인 쓰시마 섬에 대한 토벌은 고려 말과 조선 초에 이루어졌다. 1419년(세종 1) 이종무는 병선 227척, 병사 1만 7,000명을 이끌고 쓰시마 섬을 정벌하여 왜구의 근절을 약속받고 돌아왔다.

• 임진왜란 해전 설명

왜군은 경상 좌수영, 우수영을 격파하였으나 전라 좌수영 이순신 장군은 거제도 앞바다인 옥포에서 최초의 승리를 하고 수군의 작전 지역인 사천, 당포, 당항포에 서는 거북선을 이용하여 승리하였다. 한산도에서 대승하여 왜군의 수륙 병진 작전을 분쇄하였고, 이후 정유재란 때에는 명량해전에서 최대의 승리를 이끌고 노량대첩의 승리를 끝으로 전쟁은 끝났다.

• 여진족의 흥기와 후금의 건국

압록강 북쪽에 살던 여진의 추장 누르하치(奴兒哈赤)는 16세기 말에 이르러 여러 부족을 통합하고 마침내 '대금'이라는 국호로 후금을 건국(1616년, 광해군 8)하고 명에 대항하였다. 비옥한 남만주의 농토를 차지하려고 남하하던 후금이 누르하치(奴爾哈齊)는 1618년에 '7대한(七大恨)'을 내세우며 명의 변경요지(邊境要地)를 공격하여 점령하였다. 그러자 명은 이를 해결하기 위해 10만 대군으로 후금 토벌에 나서는 한편, 조선에 대해서도 공동 출병을 요구하였다.

기출문제

01 다음 가상 뉴스 이후에 전개된 상황으로 옳은 것은?
[2점]   한능검 심화 51회 23번

> **조·명 연합군, 평양성을 탈환하다**
>
>
>
> 며칠 전 우리 군사들이 명군과 연합하여 일본군으로부터 평양성을 탈환하였습니다.
> 이번 승리는 불리했던 전세를 역전시킬 계기가 될 것으로 보입니다.

① 이순신이 명량에서 대승을 거두었다.
② 최무선이 진포에서 왜구를 격퇴하였다.
③ 신립이 탄금대에서 배수의 진을 치고 싸웠다.
④ 김종서가 6진을 개척하여 영토를 확장하였다.
⑤ 배중손이 삼별초를 이끌고 진도에서 항전하였다.

🔍 **해설**

평양성 탈환이 나오고 조명 연합군이 나오는 것으로 보아 임진왜란 시기 조명 연합군의 평양 탈환에 대한 내용이라는 것을 알 수 있다. ① 평양성 탈환 이후 조선군은 행주대첩에서 크게 승리하였다. 이후 이순신 장군은 명량에서 대승을 거두기도 하였다.

🔍 **오답분석**

② 최무선의 진포대첩은 고려 우왕시기이다.
③ 신립의 탄금대 전투는 임진왜란 초반으로 평양성 전투 이전이다.
④ 김종서의 6진 개척은 세종시기이다.
⑤ 배중손 삼별초 항쟁은 고려 원종 시기이다.

🔍 **정답**   ①

CHAPTER 33 조선 후기 17세기~18세기 초반 왕

1 광해군(1608~1623)

① **전란수습**(양전, 토지대장, 호적(인구조사)) ⇒ 세금↑, 개간 장려
② **북인집권**(대북), 회퇴변척소(조식을 높이고 이언적, 이황의 문묘종사를 반대함)
③ **대동법 실시**(1결 12두, 경기도, 1608)-한백겸, 이원익
④ **폐모살제**(계축옥사, 칠서의 옥-일곱서자의 역모시도, 영창대군 사사(죽음), 인목대비(영창대군 어머니, 계축일기 주인공) 유폐)
⑤ 후금 건국(1616, 누르하치) → **중립외교(후금vs명)** - 강홍립 밀서(상황 따라 결정, 후금 자극하지 않으려 휴전)
⑥ 5대사고 정비, 동의보감 편찬(허준, 세계기록 문화유산), 지봉유설, 동국지리지
⑦ 경희궁(경덕궁)건립, 왜란 때 소실된 창덕궁 중건

> **출제 POINT**
> 전후 복구, 예송, 환국 특징
>
> ✓ 암기 TIP
> **전북대폐교** - **전**란수습, **북**인집권, **대**동법, **폐**모살제, 중립외교

▲ 허준의 동의보감

2 인조(1623~1649)

(1) 순서

① **후금 건국(1616, 누르하치)** ② **인조반정(1623)** ③ 모문룡 가도사건(1623)
④ **이괄의 난(1624)** '반란군이 한양을 점령하고 왕이 피난길에 올랐다'
⑤ 인조 공주 피난 후 진압
⑥ **후금 침입(정묘호란**, 1627, 이괄의 잔당들이 후금에 들어가 조선 상황을 말함, 광해군 원수를 갚겠다는 명분으로 침입)
⑦ 인조 강화도로 피난 → 정봉수(용골산성), 이립(의주) 의병
⑧ **형제의 맹약(정묘약조)**
⑨ **후금이 청 건국(1636)**
⑩ **군신관계요구**
⑪ 주화파(최명길) vs 주전파(김상헌, 윤집, 홍익한, 오달제, win)
⑫ **병자호란**(1636, 인조 남한산성으로 피난, 봉림대군 등 왕족 일부 강화도로 피난 후 인질)
⑬ **남한산성 항복**(45일간 저항 후 항복 - 삼전도의 굴욕) → 군신관계 체결, 명과 관계 단절, **소현세자, 봉림대군, 척화론자(3학사) 등 청에 압송**, 수만명의 백성이 청에 인질로 끌려감, 서북 지역 황폐화 → 청에 대한 적개심과 문화적 우월감으로 북벌론 제기(서인의 정권유지로 이용)

> ✓ 암기 TIP
> **후인괄형 군**이야기 하면서 **남한산성**에서 **삼계탕** 먹는다 - **후**금 건국, **인**조반정, 이**괄**의 난, **형**제맹약, **군신**관계 요구, **남한산성**, **삼**전도 굴욕

(2) 기타
- 영정법 시행(인조 13, 1635), 대동법 확대(강원도)
- 상평통보 주조
- 중강개시와 북관쌍시(회령 및 경원개시) 개설

▲ 남한산성 남문

▲ 삼전도 비

3 효종(1649~1659)

① 봉림대군(둘째), 명에 대한 의리와 치욕 설욕 명분(복수설치)으로 북벌추진 (청을 정벌하겠다는 의미, 서인 정권 유지 목적, 어영청 강화, 이완 등용 - 어영청대장)

② 청 요청으로 러시아 원정(나선정벌) → 1차 : 변급(1654), 2차 : 신유(1658, 조총부대 파견)

③ 기타
- 대동법 확대(충청도, 전라도 - 김육), 시헌력(역법, 김육, 1644), 속오군 강화(영장 파견)
- 농가집성(신속, 이앙법 보급, 농사직설 + 금양잡록 + 구황촬요)

☑ 암기 TIP
북벌 러시아 변신 - 러시아
원정, 변급, 신유

4 현종

기해예송 (1659)	효종×, 자의대비(효종 새엄마) 상복 기간을 두고 논쟁 서인 1년 주장 - 신권중심, 송시열(기년복, 왕사동례) 남인 3년 주장 - 왕권중시, 윤휴, 허목(3년복, 왕자례부동사서) ⇒ 서인 승리, 1년복 결정, 신권 강화
갑인예송 (1674)	효종비×, 자의대비 상복 기간을 두고 논쟁 서인 9개월 vs 남인 1년 ⇒ 남인 승리, 1년복 결정

☑ 암기 TIP
예송순서 : 기갑 / 서남 / 11 –
기해예송, 갑인예송 / 서인집권,
남인집권 / 1년, 1년

▲ 허 목

▲ 송시열

5 숙종 (1661~1720) – 환국 (편당적인 인사정책)

(1) 환국

① **경신환국** : 유악사건(기름친 천막 - 왕 전용, 허적 무단 사용), 삼복의 변(복창군, 복선군, 복평군 + 남인 역모) → 남인 제거(허적·윤휴 사사), 서인 집권 (남인 처벌 문제로 강경파 노론 - 송시열, 온건파 소론 - 윤증으로 분열)

② **기사환국** : 장희빈 아들(윤) 출생 → 원자 정호 문제 → 남인 찬성, 서인 반대 → 서인 제거, 인현왕후 폐비 → 남인 집권(장희빈 중전으로 임명, 송시열 사약 받음)

③ **갑술환국** : 폐비 민씨 복위 운동 전개, 숙종이 남인을 축출하고 서인(노론, 소론) 집권, 장희빈 강등

④ **무고의 옥(신사환국)** : 장희빈 무당 불러서 저주 발각 → 장희빈 사사, 세자를 위해 희빈을 용서할 것을 주장한 남구만 등 소론 축출, 노론집권

⑤ **병신처분** : 회니시비 논쟁(회 - 회덕, 송시열 / 니 - 이성, 윤증) → 노론 vs 소론 갈등 → 숙종 노론편

⑥ **정유독대** : 노론 이이명 독대 → 세자(경종) 병약을 구실로 연잉군 부탁함(노론 연잉군 지지)

(2) 기타

- 숭명의식 : 대보단(창덕궁, 1704), 만동묘(충북 괴산, 1704) → 명나라 신종·의종 제사
- **안용복 독도(1693)·울릉도(1696) 우리나라 영토 인정**
- **백두산정계비(1712)** : 간도문제(서위압록, 동위토문)
- 장길산의 난(1697) 발생
- **금위영 설치(수도 방어)**, 대동법 전국확대
  ※ 여자 3명(인현왕후, 장희빈, 숙빈 최씨)

> ✅ 암기 **TIP**
> 숙종 환국 순서 : **경기갑 무병정 / 서남서노노노** - 경신환국, 기사환국, 갑술환국, 무고의 옥, 병신환국, 정유독대 / 서인, **남**인, 서인, 노론, 노론, 노론

▲ 윤증 초상화

▲ 백두산 정계비 위치

6 경종

① 장희빈의 아들로 소론의 지지를 받음, 건강 문제로 왕세제 책봉(연잉군 → 노론 건의 ⇒ 소론, 노론 갈등)

② **신축옥사** : 경종 때 연잉군 대리청정 문제로 노론 vs 소론 대립 → 노론 4대신 탄압(유배) → 소론 집권

③ **임인옥사** : 목호룡(남인 서자 출신) 고변으로 노론 4대신 사사(소론 집권) → 경종 병 걸림 → 연잉군 간장게장+감(이인좌의 난 배경) → 경종 사망

> ✅ 암기 **TIP**
> **신임 / 소소** - **신**축옥사, **임**인옥사 / **소**론, **소**론

7 붕당정치 변질 결과

① 왕위계승문제(보복↑) ② 벌열가문 권력독점 ③ 양반층 분화
④ 사원 사우 남설(특히 경상도) ⑤ 왕권 약화 → 탕평책 대두

8 각 붕당의 비교

(1) 서인과 남인 비교

구분	서인	남인
정치	신권↑(재상 중심)	왕권↑
경제	부국강병, 상업·기술↑	수취제도 개혁, 자영농↑, 공납폐단 시정에 소극적
사회	노비속량, 서얼허통	기존 신분질서↑
사상	주자가례, 이이, 주기론, 치인, 지주제 옹호	국조오례의, 이황, 수기, 소농민 육성
학파, 인물	송시열, 송준길, 기호	윤선도, 허목, 윤휴(청남), 허적(탁남, 온건파), 영남·기호 남인

(2) 노론과 소론 비교

노론(강경파)	소론(온건파)
송시열 중심 노장파, 이이 계승 대의명분, 민생안정, 성리학만 추구	윤증 중심 소장파, 성혼 계승, 실리 북방개척, 성리학, 양명학, 노장사상 포용, 정제두 강화 학파 발전

◉ 사료 및 심화 자료

• 이괄의 난

인조반정에 공이 큰 이괄을 2등 공신으로 삼아 도원수 장만(張晩) 휘하의 부원수 겸 평안병사로 임명하였으나 공신 간의 알력으로 아들이 체포되고 반역의 의심을 받자 이괄은 1624년(인조 2) 난을 일으켰다. 이괄의 군세가 자못 강해 서울이 점령되자, 인조는 공주까지 남천(南遷)했으나 도원수 장만이 이끄는 관군이 이괄을 격파한 뒤 환도했다.

• 예송 논쟁

예송은 차남으로 왕위에 오른 효종의 정통성과 관련하여 1659년(현종 1) 효종의 사망 시(기해예송)와 1674년(현종 14) 효종 비(인선왕후, 仁宣王后)의 사망 시(갑인예송)에 두 차례에 걸쳐 일어났다. 이 때 인조의 계비였던 자의대비(조대비)의 복제가 쟁점이 되었다. 서인은 효종이 적장자가 아님을 들어 왕과 사대부에게 동일한 예(禮)가 적용되어야 한다는 입장에서 1년 설과 9개월 설을 주장하였고, 남인은 왕에게는 일반 사대부와 다른 예가 적용되어야 한다는 입장에서 3년 설과 1년 설을 각각 주장하여 대립하였다.

• 붕당 정치의 변질

왜란 이후 17세기의 사회 경제적 변화 가운데 농법의 개량과 개간 사업의 확대로 농업 생산력이 크게 증대한 결과(잉여 생산 증대), 이것은 상품 경제·시장 경제의 발달로 이어지고 이로 인해 피지배층의 경제력이 향상되면서 농민들은 두레·계 등을 통하여 결속력을 강화시켜 나가게 된다. 결국 지금까지 지주 전호제는 봉건적 토지제도에 기반을 두고 정치적, 사회적 특권을 유지해 왔던 양반들은 크게 위기의식을 느끼게 되고 권력에의 집착이 더욱 강해져서 일당 전제화를 추구하면서 붕당정치의 폐단이 나타나게 되었다.

기출문제

01 밑줄 그은 '이 왕'의 재위 기간에 있었던 사실로 옳은 것은? [2점]
■ 한능검 고급 42회 24번

> 제시된 자료는 이 왕이 세자 시절 쓴 칠언시입니다. 척화를 주장했던 신하들과 함께 청에 볼모로 잡혀갔다 돌아온 후에 지은 것으로 보입니다.
>
>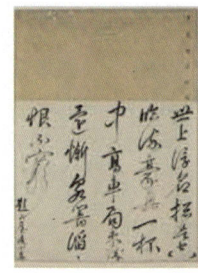
> 세상의 뜬 이름 모두 다 헛되니 물가에서 뛰어난 흥취를 한 잔 술에 붙이노라. 높은 수레 발이 묶여 참으로 부끄러운데 샘물 소리 도도하니 나의 한도 끝이 없노라.

① 나선 정벌에 조총 부대가 동원되었다.
② 왕권 강화를 위해 장용영이 설치되었다.
③ 청과의 경계를 정한 백두산정계비가 건립되었다.
④ 역대 문물을 정리한 동국문헌비고가 편찬되었다.
⑤ 전통 한의학을 집대성한 동의보감이 완성되었다.

🔍 **해설**

청에 볼모로 잡혀갔다가 왕이 된 사람은 조선시대 효종이다. 효종 재위기간에 있었던 것을 고르는 문제로 ① 효종은 청의 요청으로 군대를 파견한 나선정벌이 있었는데 나선정벌에서 조선 조총부대가 큰 활약을 하였다.

🔍 **오답분석**

② 장용영을 설치한 왕은 정조이다.
③ 백두산정계비를 건립한 왕은 숙종이다.
④ 동국문헌비고를 편찬한 왕은 영조이다.
⑤ 동의보감이 완성된 시기 재위한 왕은 광해군이다.

🔍 **정답** ①

---

02 밑줄 그은 '이 왕'이 추진한 정책으로 옳은 것은? [2점]
■ 한능검 심화 51회 25번

> 명릉은 이 왕과 왕비인 인현왕후의 무덤입니다. 이 왕에 대해서 알고 있는 사실을 대화창에 올려주세요.
>
>
> A: 경신환국 등 여러 차례 환국을 통해서 정국을 주도하였어요.
> B: 대동법을 황해도까지 확대 시행하였어요.

① 수도 방어를 위하여 금위영을 창설하였다.
② 국가의 통치 규범인 경국대전을 반포하였다.
③ 청의 요청으로 나선 정벌에 조총 부대를 파견하였다.
④ 농민들의 군역 부담을 줄여주고자 균역법을 시행하였다.
⑤ 유능한 인재를 양성하기 위해 초계문신제를 실시하였다.

🔍 **해설**

경신환국과 대동법 확대를 통해 이 왕이 숙종이라는 것을 알 수 있다. ① 숙종은 수도방어를 위해 금위영을 창설해 5군영 체제를 완성시켰다.

🔍 **오답분석**

② 경국대전을 반포한 왕은 성종이다.
③ 나선정벌에 조총부대를 파견한 왕은 효종이다.
④ 균역법을 시행한 왕은 영조이다.
⑤ 초계문신제를 실시한 왕은 정조이다.

🔍 **정답** ①

33. 조선 후기 17세기~18세기 초반 왕

03 밑줄 그은 '이 전쟁' 중에 있었던 사실로 옳은 것은? [3점]

■ 한능검 심화 48회 22번

> A: 현 세자께서 돌아가셨다네. 그런데 시신이 검은빛 이었고 이목구비에서 모두 피가 흘러 나왔다는군.
>
> B: 이 전쟁에 패하여 청에 인질로 갔다가 8년 만에 돌아오실 때도 건강하셨던 세자께서 어찌 두 달만에 그리되셨는가?

① 이괄의 반란 세력이 도성을 장악하였다.
② 곽재우, 고경명 등이 의병장으로 활약하였다.
③ 김준룡이 근왕병을 이끌고 광교산에서 항전하였다.
④ 외적의 침입에 대응하여 임시 기구로 비변사가 처음 설치되었다.
⑤ 포수·사수·살수의 삼수병으로 편제된 훈련도감이 신설되었다.

 해설

소현세자가 청에 인질로 가게된 전쟁은 병자호란이다. ③ 병자호란 시기 승리한 전투인 광교산 전투는 병자호란 때인 1637년 1월 29일부터 1월 31일까지 경기도 용인의 광교산 일대에서 벌어진 전투이다. 청나라 군대에 포위되어 남한산성에 고립되어 있던 인조를 구하기 위해 상경한 전라도 근왕군(勤王軍)이 청나라 군대와 싸워서 적장인 양굴리를 전사시키며 승리를 거두었다.

오답분석

① 이괄의 반란은 병자호란 이전이다.
② 곽재우, 고경명 의병장은 임진왜란 시기이다.
④ 비변사가 처음 설치된 것은 중종 시기이다.
⑤ 훈련도감이 신설된 시기는 임진왜란 때이다.

정답 ③

CHAPTER 34
조선 후기 18세기~19세기 왕 (영조, 정조, 세도정치기)

1 영조

(1) 즉위 과정
  ① 최숙빈 아들, 어머니 신분이 천함(무수리출신), 노론의 지지를 받아 즉위함
  ② 즉위 후 탕평교서(1725, 완론 탕평, 노론+소론 등용)
  ③ 을사처분(1725, 신임사화 재조사, 김일경 효시, 목호룡 육시, 소론×)
  ④ 정미환국(1727, 노론 강경파×, 소론 온건파 집권)
  ⑤ 이인좌의 난(1728, 소론 강경파+남인 강경파 반란, 경종의 원수를 갚는다. 영조 정통성 부정, 청주성 함락 → 안성, 죽산에서 관군에게 진압)
  ⑥ 기유대처분(1729, 왕과 신하간의 의리 확립 주장, 탕평파 육성) - 왕권 강화 추구
  ⑦ 임오화변(1762, 노론 나경언이 세자 비행 10조목 상소, 사도세자(장헌세자) 뒤주에서 죽음) → 노론이 벽파(강경파, 사도세자 부정)와 시파(온건파, 사도세자 긍정)로 분열

(2) 탕평정치(인사권 확보)
  ① 완론탕평(소극적 탕평)
  ② 탕평비(성균관 반수교, 편당 짓지 않는다.)
  ③ 서원정리(산림부정), 이조전랑직↓(자천권, 통청권 폐지)
  ④ 산림존재 인정하지 않음
  ⑤ 산림과 공론 부정

(3) 재정권 확보
  ① 균역법(1750) : 2필 →1필, 군역의 폐단 해소 노력, 부족분 → 결작(1결 2두), 선무군관포(부자에게, 양반×), 어장세, 어염세, 선박세 징수
  ② 청계천 준설(1760, 서울 홍수 방지, 임노동자 동원-돈주고)
  ③ 노비종모법(1731, 양인 증가, 어머니가 양인이면 자식도 양인, 재정 확보 목적), 노비공감법(1775, 신공↓)

(4) 군사권 확보
  ① 수성윤음(1751) : 군영정비(훈련도감, 어영청, 금위영 중심 도성 방어체제)

(5) 기타
  ① 기로과 실시(노인시험)

출제 POINT
영조, 정조 탕평정치, 호란 순서와 내용, 조선후기 일본과 관계

☑ 암기 TIP
탕을정인기사 – **탕**평교서, **을**사처분, **정**미환국, **이**인좌의 난, **기**유대처분, **사**도세자 죽음

☑ 암기 TIP
균청탕 – **균**역법, **청**계천 준설, 완론 **탕**평책

② 사형수 3심제, 가혹한 형벌 개선(압슬형, 낙형 금지)

③ 신문고 부활, 상언, 격쟁(백성들이 왕을 직접 만나 억울한 일 호소) 실시

④ 고구마 도입 - 조선통신사(1763, 일본, 조엄), 금주령, 사치금지

(6) 문물정비

① **속대전(법전), 속오례의(의례서), 속병장도설(군대훈련)**

② **동국문헌비고(관찬백과사전, 홍봉안)**

③ **동국여지도(전국지도)**, 해동지도(전국 군현을 총망라한 군현 지도), 여지도서(전국 읍지)

④ **무원록**(법 의학서, 세종 신주무원록 계승)

⑤ 해동악장(음악서 총정리)

(7) 한계 : 강력한 왕권에 의한 일시적 탕평, 붕당갈등으로 임오화변 발생

> 암기 TIP
> 속³동²무 - 속대전, 속오례의, 속병장도설, 동국문헌비고, 동국여지도, 무원록

▲ 영조 어진

▲ 탕평비

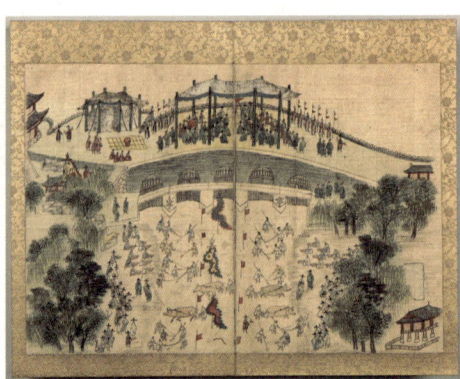
▲ 청계천 준설(어전준천제명첩)

2 정조(이산)

(1) 탕평정치

① **준론탕평**(각 붕당의 주장이 옳은지 그른지 명백히 가리는 **적극적 탕평**), 시파 등용 + 남인(채제공, 정약용), 척신·환관 제거(홍인한 제거)

② **탕평현판** : 탕탕평평실   cf. 탕평비 : 영조, 성균관 반수교

③ **문체반정** : 기존 문체에 얽매이지 않는 신문체 탄압, 노론 탄압(박지원)

(2) 개혁정치(왕권강화책)

① **장용영(왕 직속 군대)** : 내영(한성), 외영(화성), 4유수부 완성

② **규장각**

 - 왕실도서관(역대 왕의 글과 책 수집 보관) + 비서 + 문한 기능(과거시험 주관, 문신 교육 임무), 서얼 출신 규장각 검서관(4검서 이덕무, 박제가, 유득공, 서이수)

 - 강화도에 외규장각 건설(병인양요때 프랑스가 도서 약탈)

③ **신해통공**(채제공의 건의로 시행, 육의전 제외 금난전권 폐지, 1791, 상공업 발달)

④ **초계문신제**(관리재교육) : 37세 이하 당하관 중 젊고 재능있는 문신들로 선

▲ 정조 어진

> 암기 TIP
> 초화신규대장수 - 초계문신제, 화성건설, 신해통공, 규장각, 대유둔전, 장용영, 수령강화

발, 선발범위↑, 경사를 매월, 장문을 열흘마다 평가, 규장각에서 교육, 40세가 되면 졸업

⑤ 대유둔전(지방군경비)

⑥ **화성 신도시 건설**(사도세자 묘 이장 - 현륭원), 주교사(배다리 건설 이후 호서·호남 등의 조운에 관한 사무 주관)

⑦ **수령 강화** : 수령이 군현 단위 향약 직접 주관, 지방사림 영향력 감소, 수령, 향리 권한 강화

⑧ 이조전랑 자대권, 통청권 완전폐지

(3) 문물정비 : **고금도서집성**은 중국에서 수입한 서적(주의)

① 홍재전서(문집) '태극이 나다' - 만천명월주인옹자서, 초월적 군주

② **일성록(일기)** : 세계기록문화유산

③ 동문휘고(외교문서)

④ 대전통편(법전)

⑤ 탁지지(호조-재정)

⑥ 추관지(형조)

⑦ **무예도보통지(무술정리)** : 세계기록문화유산

⑧ 고금도서집성(중국 백과사전 수입)

⑨ 만천명월주인옹자서(창덕궁 존덕정 현판) - 태극이 나다(왕권↑)

> ☑ 암기 TIP
> **대전**에서 **무예배워 홍재동문**에서 **탁치니 고추**나간다 – **대전통편, 무예도보통지, 홍재전서, 동문휘고, 탁지지, 고금도서집성, 추관지**

▲ 정조 파초도

▲ 정조 국화도

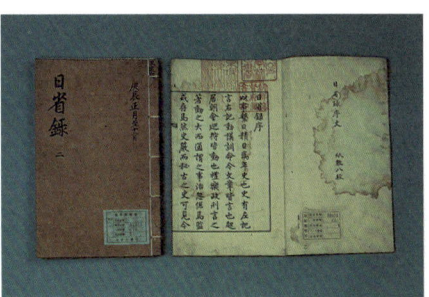
▲ 일성록

▲ 화성행행도 병풍

▲ 규장각(창덕궁)

3 순조, 헌종, 철종 ⇒ 세도정치, 소수가문(안동김씨, 풍양조씨) 권력 장악

(1) 순조

① 정조 사후 11세 즉위 정순왕후 수렴청정 → 장용영×, 신유박해(1801, 노론 벽파가 남인제거)

② 안동김씨 + 반남박씨 권력 장악, 특정 가문(안동김씨) 권력 독점, 중앙 공노비 6만명 해방(1801), 효명세자 개혁 추진(일찍 요절해 개혁 실패)

③ **홍경래의 난(평안도 차별로 발생)**

(2) 헌종 : 풍양조씨(조만영) 세도 정치, 기해박해(1839, 척사윤음, 정하상 〈상재상서〉 ⇒ 처형), 병오박해(1846, 우리나라 최초 신부 김대건 순교)
(3) 철종 : 안동김씨, **임술농민봉기(백낙신의 폭정, 양반 유계춘 주도)**

▲ 조선 후기 민란   ▲ 홍경래의 난

사료 및 심화 자료

• 탕평(   )의 의미

> 탕평이란 서경에서 나온 말로, 임금의 정치가 한쪽을 편들지 않고 사심이 없으며, 당을 이루지도 않는 상태에 이르는 것을 의미한다.
>
> ▶ 탕평 정치의 기본 구도
> 숙종 때에 제기된 탕평론은 영조 때 탕평책으로 정책화하여 정조까지 계승되었다.
> ㉠ 영조의 탕평책 : 사색 안배를 통한 세력 균형에 중점
> ㉡ 정조의 탕평책 : 사림의 사기 진작에 초점을 맞추어 정계 구도를 시파와 벽파로 재편

• 탕평교서

> 당의 폐해가 요즈음보다 심각한 적이 없었다. 처음에는 예절 문제로 분쟁이 일어나더니, 이제는 한 쪽이 다른 쪽을 역적으로 몰아붙이고 있다 …… 우리나라는 땅이 좁고 인재도 그리 많은 것이 아닌데, 근래에 들어 인재를 등용할 때 붕낭의 인사들만 등용히고자 한다. 조정의 대신들이 서로 상대 당을 공격하면서 반역인가 아닌가로 문제를 집중하니 모두가 동의할 수 있는 정책이 나오지 못하고, 정책의 옳고 그름을 판단하기 어렵다 …… 이제 유배된 사람들의 잘잘못을 다시 살피도록 하고, 관리의 임용을 담당하는 관리들은 탕평의 정신을 잘 받들어 직무를 수행하도록 하라.   -〈영조의 탕평교서 가운데 일부〉

• 시파와 벽파

> 시파는 사도 세자의 잘못은 인정하면서도 죽음 자체는 지나치다는 입장이었고, 벽파는 사도 세자의 죽음은 당연하고 영조의 처분은 정당하다고 하였다.

• 화성

정약용, 채제공이 주도, 사도세자 묘 이장(현륭원), 방어와 공격을 겸한 성곽시설로 종합적 도시계획을 통해 추진, 장용영외영 설치하고 행궁 건설, 대유둔전 설치(국영농장으로 지방군 경비), 건설 내용을 기록한 〈화성성역의궤〉가 남아 있음, 유네스코 세계 문화유산

• 초계문신제

내각에서 초계문신의 강제절목을 올렸다. 절목의 내용은 이러하다. 이제 이 문사들을 선발하여 강제를 시험하는 것은 대개 인재를 양성하려는 성의에서 나온 것이 아니겠는가? …… 강제 인원은 반드시 문신으로서 과원에 분관된 사람들 가운데 참상이나 참외를 막론하고 정부에서 상의하여 37세 이하로 한하여 초계한다. 정조의 만천명월주인옹자서(滿川明月主人翁自書) 달은 하나이고 물은 수만이다. 물이 달빛을 받으므로 앞 시내에도 달이요, 뒤 시내에도 달이어서 달과 시내의 수가 같은데, 시내가 만 개에 이르더라도 그러하다. …… 달은 각기 그 형태에 따라 비춰 줄 뿐이다. 물이 흐르면 달도 함께 흐르고, 물이 멎으면 달도 함께 멎고, 물이 거슬러 올라가면 달도 함께 거슬러 올라가고, 물이 소용돌이치면 달도 함께 소용돌이친다. 그러나 그 물의 원뿌리는 달의 정기(精氣)이다. 거기에서 나는 물이 세상 사람들이라면 달이 비춰 그 상태를 나타내는 것은 사람들 각자의 얼굴이고, 달은 태극인데 그 태극은 바로 나라는 것을 알고 있다.
- 「홍재전서」

• 규장각의 설치

규장각은 본래 역대 왕의 글과 책을 수집·보관하기 위한 왕실 도서관의 기능을 갖는 기구로 설치되었다. 그러나 정조는 여기에 비서실의 기능과 문한 기능을 통합적으로 부여하고, 과거 시험의 주관과 문신 교육의 임무까지 부여하였다.

• 장용영

왕권 강화를 위해 정조가 설치한 부대로 호위전담을 위해 설치한 장용위(1785)를 확대, 개편하여 장용영이라는 군영으로 발전시켰다(1793). 내영(한성 중심)과 외영(수원 화성 중심)으로 구성되있으며 대장, 영장 등의 지휘관이 있었고 군병의 총수는 12,000명에 달하였다. 정조가 승하하자 정순왕후에 의해 1802년(순조 2년)에 혁파되었다.

기출문제

01 (가) 왕의 재위 기간에 있었던 사실로 옳은 것은? [3점]

■ 한능검 고급 46회 26번

이 책은 이승원이 무신란(戊申亂)의 전개 과정을 기록한 일기로, 경상도 거창에서 반란군을 이끌던 정희량 세력의 활동 내용 등이 기록되어 있다. 무신란은 이인좌, 정희량 등이 세제(世弟)였던 (가) 의 즉위 과정에 의혹을 제기하며 일으킨 반란이다.

통정공 무신일기

① 허적과 윤휴 등 남인들이 대거 축출되었다.
② 박규수의 건의로 삼정이정청이 설치되었다.
③ 자의 대비의 복상 문제로 예송이 전개되었다.
④ 붕당의 폐해를 경계하기 위한 탕평비가 건립되었다.
⑤ 왕조의 통치 규범을 재정비한 대전통편이 편찬되었다.

🔍 **해설**

무신란 즉 이인좌의 난이 있는 것으로 보아 (가)는 영조라는 것을 유추할 수 있다. ④ 영조는 즉위 후 붕당의 폐해를 경계하기 위해 탕평비를 건립하는 등 탕평정책을 실시하였다.

🔍 **오답분석**

① 허적과 윤휴 등 남인들이 대거 축출된 시기는 숙종 때이다.
② 삼정이정청이 설치된 시기는 철종 때이다.
③ 예송은 현종시기에 발생하였다.
⑤ 대전통편은 정조시기 편찬되었다.

🔍 **정답** ④

02 (가) 왕의 재위 기간에 있었던 사실로 옳지 않은 것은? [2점]

■ 한능검 심화 48회 26번

초계문신제명록

이 책은 초계문신제로 선발된 학자들의 명단을 정리한 인명록입니다. (가) 때부터 초계문신제는 인재 양성과 문풍 진작을 위한 문신 재교육 과정으로 37세 이하의 문신 중 학문에 재능이 뛰어난 이들을 선발하여 운영하였습니다.

① 경기도에 한해서 대동법이 실시되었다.
② 국왕의 친위 부대인 장용영이 설치되었다.
③ 서얼 출신의 학자들이 규장각 검서관에 기용되었다.
④ 통치 체제를 정비하기 위해 대전통편이 편찬되었다.
⑤ 육의전을 제외한 시전 상인의 금난전권이 폐지되었다.

🔍 **해설**

초계문신제는 정조가 실시한 관리 재교육제도이다. 그러므로 (가) 왕은 정조이다. ① 경기도에 대동법을 실시한 시기는 광해군 때이다. 틀린 지문으로 정답이다.

🔍 **오답분석**

② 정조는 다양한 왕권강화책을 추진했는데 그 중 군사권을 확보하기 위해 국왕의 친위 부대인 장용영을 설치하였다.
③ 서얼을 규장각 검서관에 임명한 왕은 정조이다.
④ 대전통편을 편찬한 왕은 정조이다.
⑤ 금난전권을 폐지한 왕은 정조이다.

🔍 **정답** ①

CHAPTER 35 조선 경제 – 토지제도, 수취제도

1 과전법 변천과정 : 과(18등급) + 전(땅의 수조권), 수조권↓, 사적소유욕↑, 지주전호제)

(1) 과전법
① 신진사대부 경제적 기반 확보, 고려 말 대토지 해결(권문세족×)
② 조준의 상소, 공양왕, 신진사대부 경제 기반 마련
③ 경기 토지 관리에게 지급(수조권), 최고 150결에서 최하 10결 과전 지급, 전현직 관리가 수조권 행사(1/10)
④ 전·현직 관리, 죽거나 반역시 반납 원칙 → 공신전, 수신전(관리 미망인), 휼양전(관리 유가족) 세습 ⇒ 토지 부족

(2) 직전법
① 세조, 토지 부족 해결을 위해 현직 관리에게만 지급
② 수신전×, 휼양전×, 현직 관리 수취↑(농민↓)

(3) 관수관급제
① 성종, 직전법 안에서 변화, 관에 답험 후 관리에게 분급, 수조권 대행,
② 국가 토지 지배력 강화 ⇒ 관리 사유재산 확보(토지 소유욕↑) → 농민 몰락 (지주전호제)

(4) 직전법 폐지 : 명종, 수조권 지급 소멸(통·신~조선), 토지소유↑, 지주전호제↑

(5) 토지 종류

• 과전	전·현직 관리	• 공신전	공신에게 지급
• 수신전	관리 미망인	• 휼양전	관리유가족(자녀)
• 내수사전	왕실경비	• 공해전	관청경비
• 학전	성균관, 4부 학당, 향교	• 늠전	지방관청경비
• 별사전	준공신에게 지급된 토지(3대까지만 세습가능)	• 군둔전	지방군 경비

2 조세(토지세)

(1) 조선 전기
① 생산량(300두) 1/10(답험손실법-풍흉을 조사해 수확량에 따라 납부액 결정) → 30두 수취
② 세종 : 17만호 설문조사, 답험손실법 폐지 → 공법 실시 ⇒ 풍흉에 따라 1결

출제 POINT
과전법 변천 과정, 토지종류, 공법, 공납, 역의 특징, 수취제도 변화과정

암기 TIP
과 직 관 × / 공 세 성 명 – 과전법(공양왕), 직전법(세조), 관수관급제(성종), 직전법 폐지(명종)

당 20두~4두(연분9등법, 공법상정소), 토지 비옥도에 따라 6등급(전분6등급, 전제상정소)

(2) 조선 중·후기
① 조선 중기 - 수취제도 문란, 양반 토지 소유↑ → 지주전호제↑, 최저 세율 적용(4두)
② **인조 영정법(1결 4두 고정)**, 농민에게 도움되지 않음

3 공납(특산물세) - 상공, 별공, 진상

(1) 15세기
① 상공(정기적), 별공(비정기적), 진상(왕실예물)

(2) 16세기
① 변질, 불산공물(생산되지 않는 특산물) 징수 → **방납(대신 납부, 이자 받음)** → **방납 폐단**(대가 - 2배~40배) → **농민몰락**
② 상납미 증가(중앙에 바치는 쌀), 유치미(지방관아 자체소비) 감소, 농민 유망·몰락, 족징·인징 폐단
③ 경저리, 상인, 서리가 방납 주도 불산공물 부과 → 고리대↑, 중간 착취↑(중간관리)

(3) 대응책 : 수미법 주장(이이, 유성룡), 농민통제(오가작통, 호패법, 향약)

(4) 광해군
① **대동법 실시(특산물 대신 쌀 납부, 1결당 12두), 이원익(남인) 주장**
② **효종 때 김육 전국 실시 주장 → 충청도, 전라도 실시**
③ **숙종 때 전국 실시**
④ 제외 지역 : 잉류 지역 - 평안도(사신접대, 군사비), 함경도(군사비), 제주도(운송 불편)
⑤ **대동법 실시 결과 - 조선의 금납화, 공납의 전세화**, 공인 등장, 상업 발달, 상품화폐경제 발달
⑥ 한계 : 상납미 증가, 유치미 감소로 농민 수탈, 별공·진상은 존재, 지주가 대동세를 소작농에게 전가

4 역(노동세, 군역, 요역)

(1) 15세기 : 정남(16~60세)
① 요역(8결당 1명, 6일 이내 - 성종, 경국대전)
② 군역(농병일치제, 보법 - 1정군 2보인)

(2) 16세기
① **군역의 요역화** → 군역 기피 → 대립제(개인 불법), 방군수포(관청 불법) → 군적수포제(국가 실시, 1인 2필)
② **군역 문란** : 인징(이웃), 족징(친척), 황구첨정(어린이), 백골징포(죽은 사람),

강녕채(60세이상), 마감채(일시불) → 양역변통론(소변통, 대변통)

③ 영조 때 균역법 실시(1인 1필), 부족분 - 결작(1결당 2두 징수), 염세, 어장세, 선박세, 선무군관포 징수(부자들에게 징수)

5 조운(조세운반)

(1) 군현 → 조창 → 경창

① 전라, 충청, 황해 → 서해안

② 강원, 경기 → 한강

③ 경상도 → 육로, 남한강, 낙동강)

④ 상주 → 가흥창(충주) → 경창(경상도 육로 상주 → 충주 가흥창)

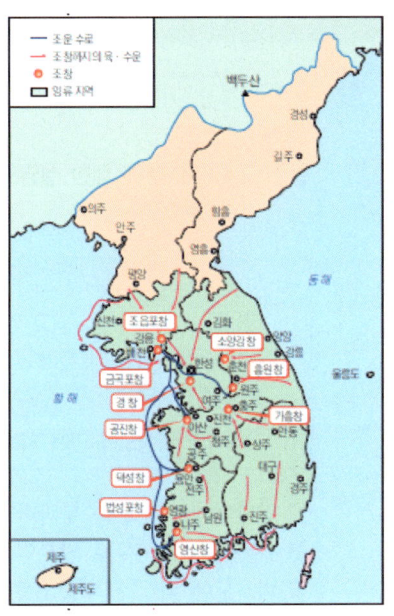

▲ 조운도

■ 총정리 및 암기팁

1. 과전법 : 과 직 관 × / 공 세 성 명 − 과전법(공양왕), 직전법(세조), 관수관급제(성종), 직전법 폐지(명종)
2. 조세(토지세) : 답험손실법 − 공법 − 수취제도 문란 − 영정법
3. 공납(특산물세) : 상공, 별공, 진상 − 방납의 폐단 − 수미법 − 대동법
4. 역(노동세) : 요역, 군역 − 대립제, 방군수포, 군적수포제 − 균역법

◉ 사료 및 심화자료

• 공납의 문란(방납의 성행)

방납은 상납하기 어려운 불산공물과 고급 물품에 한하여 대납하는 제도로 조선 초부터 존재하였다. 그러나 점차 사주인(私主人)들이 백성의 희망이나 물품 종류에 관계없이 공납을 자의로 대신한 다음 공정가의 규정이 없는 것을 빌미로 백성들에게 비싼 대가를 강제로 징수하여 폭리를 취하는 방납(防納)이 성행하였다.

• 대동법의 실시

선혜청을 설치하였다. 전에 영의정 이원익이 의논하기를 "각 고을에서 진상하는 공물이 각사의 방납인들에 의해 중간에서 막혀 물건 하나의 가격이 몇 배 또는 몇 십 배, 몇 백 배가 되어 그 폐단이 이미 고질화되었는데, 기전의 경우는 더욱 심합니다. 그러니 지금 마땅히 별도로 하나의 청을 설치하여 매년 봄·가을에 백성들에게서 쌀을 거두되, 1결당 매번 8말씩 거두어 본청에 보내면 본청에서는 당시의 물가를 보아 가격을 넉넉하게 헤아려 정해 거두어들인 쌀로 방납인에게 주어 필요한 때에 사들이도록 함으로써 간사한 꾀를 써 물가가 오르게 하는 길을 끊으셔야 합니다. — 광해군 일기 즉위년 5월(임진)

• 균역법의 실시

양역을 절반으로 줄이라고 명하셨다. 왕이 말하였다. "구전은 한 집안에서 거둘 때 주인과 노비의 명분이 문란해지고, 결포는 이미 정해진 세율이 있어 더 부과하기 어렵다. …… 호포나 결포는 모두 문제점이 있다. 이제는 1필로 줄이는 것으로 온전히 돌아갈 것이니 경들은 대책을 강구하라." —「영조실록」권71, 영조 26년 7월 기유

기출문제

01 밑줄 그은 '이 법'에 대한 설명으로 옳은 것은? [1점]
■ 한능검 심화 49회 23번

> A: 이 법은 공납의 폐단을 해결할 목적으로 경기도와 강원도 지역에서 실시되고 있습니다. 고통받는 백성을 위해 충청도와 전라도에도 이 법을 확대 시행해야 합니다.
> B: 그렇다면 충청도에 먼저 시행하시오.

① 양반에게도 군포를 부과하였다.
② 1결당 쌀 4~6두로 납부액을 고정하였다.
③ 비옥도에 따라 토지를 6등급으로 나누었다.
④ 일부 상류층에게 선무군관포를 징수하였다.
⑤ 특산물 대신 쌀, 베, 동전 등으로 납부하게 하였다.

해설
공납의 폐단을 해결할 목적으로 실시했다는 말을 통해 대동법이라는 것을 알 수 있다. 대동법은 호를 기준으로 특산물을 징수하는 대신 토지를 세금의 기준으로 삼고 세금을 징수한 법으로 광해군시기 처음 실시하고 효종시기 충청도, 전라도에 숙종시기 전국으로 확대되었다. ⑤ 대동법은 특산품 대신에 1결당 쌀 12두를 징수하였는데 쌀이 기준이 될 뿐 쌀 이외에서 동전이나 면포를 납부해도 되었다.

오답분석
① 양반에게도 군포를 부과한 시기는 흥선대원군 시기이다.
② 1결당 4~6두는 영정법이다.
③ 비옥도에 따라 토지를 6등급으로 나눈 것은 세종시기 공법이다.
④ 선무군관포는 영조시기 균역법이다.

정답 ⑤

02 밑줄 그은 '대책'으로 옳은 것은? [2점]
■ 한능검 심화 47회 23번

> A: 양역의 폐단을 개선하기 위해 논의한 호포와 결포는 여러 문제점이 있다고 하니, 그렇다면 군포를 1필로 줄이는 법을 시행하는 것으로 하라. 경들은 1필로 줄였을 때 생기는 세입 감소분을 채울 수 있는 대책을 강구하라.
> B: 분부를 받들겠습니다.

① 수신전과 휼양전을 폐지하였다.
② 토지 1결당 미곡 12두를 부과하였다.
③ 양전 사업을 시행하여 지계를 발급하였다.
④ 풍흉에 따라 9등급으로 전세를 부과하였다.
⑤ 어장세, 염세 등을 국가 재정으로 귀속하였다.

해설
양역의 폐단을 개선하기 위해 군포를 1필로 줄이라는 말을 통해 영조의 균역법이라는 것을 알 수 있다. ⑤ 균역법 실시로 군포부담은 감면되었으나 국가재정이 감소되어서 영조는 어장세, 염세, 선박세, 결작, 선무군관포를 통해 세액을 보충하게 하였다.

오답분석
① 수신전과 휼양전을 폐지는 직전법으로 세조시기 실시하였다.
② 대동법에 대한 설명이다.
③ 지계 발급은 대한제국에서 발급하였다.
④ 공법에 대한 설명이다.

정답 ⑤

CHAPTER 36 조선 경제 - 농업, 상업, 수공업, 화폐, 대외무역

1 농업

(1) 농법

조선 전기	조선 후기
• 논농사 : 직파법 대부분, 남부 일부 지방 이앙법(모내기), 정부 반대(저수지↓, 가뭄↑)	• 논농사 : 이앙법(모내기, 이모작 가능, 노동력↓) → 생산력↑(2배~4배) → 대규모 농업 출현(광작), 농민 신분 이완 - 부농(소수), 빈농(대다수), 도시·포구·광산 이동 → 상품화폐 경제 발전
• 밭농사 : 농종법(이랑)에 농사 시행, 2년 3작 일반화(조, 보리, 콩),	• 밭농사 : 견종법(밭고랑에 파종), 수리시설 발달(저수지, 보 축조, 제언사, 제언절목),
• 시비법 발달(인분, 덧거름, 밑거름) → 연작상경 일반화	• 시비법↑ → 생산력 증가
• 목화재배(문익점, 정천익) → 의류 혁명	
• 쟁기, 호미, 낫 등 농기구 개량, 약초, 과수 재배 확대	• 상품작물 재배 확대 - 쌀, 담배, 인삼, 채소류

출제 POINT
이앙법으로 인한 변화, 상품화폐경제 발달 특징

☑ 암기 TIP
직농 / 이견 - 직파법 농종법 / 이앙법 견종법

▲ 모내기

(2) 지대의 변화 - 소작료

타조법	도조법
정률제 1/2, 병작반수, 신분적 관계, 지주지위↑ 조선 전기에 일반적, 조선 후기에도 실시 수확량에 따라 지주의 이익이 좌우됨(지주감시↑)	조선후기에 등장, 경제적 관계 소작인 도지권 행사(소작인에게 유리함) 풍흉에 관계없이 일정액 납부(정액제)

☑ 암기 TIP
타도 - 타조법, 도조법

(3) 농서

① **세종 : 정초, 변효문 〈농사직설〉** - 우리나라 농법, 우리 풍토에 맞는 농법 소개
② 세조 : 강희안 〈양화소록〉 - 원예 농업
③ 성종 : 강희맹〈금양잡록〉 - 강희맹이 퇴직 후, 시흥지방 농법
④ 명종 : 〈구황촬요〉 - 도토리 가공법, 나무껍질, 뿌리 가공하는 구황방법 제시
⑤ **신속(효종) - 「농가집성」** : 이앙법 보급, 농사직설, 금양잡록, 구황촬요 등 조선 전기 농서 집대성
⑥ 박세당(숙종) - 「색경」 : 상권 - 농업의 총론적 내용, 하권 - 양잠 관련 내용
⑦ 홍만선(숙종) - 「산림경제」 : 농업, 임업, 축산, 양잠, 식품 저장 등 소개
⑧ 서호수(정조) - 「해동농서」 : 우리나라 농학을 중심에 두고 중국 농학 수용 (남북농법 종합)
⑨ 서유구(서호수子, 헌종) - 「임원경제지」 : 농촌백과사전, 둔전 주장

☑ 암기 TIP
조선시대 농서 순서 : 상사가·요설성·이정신 - 농상집요, 농사직설, 농가집성 / 이암, 정초, 신속

☑ 암기 TIP
박세당의 농서 : 쎈 아저씨 사색되었다 - 박세당, 사변록, 색경

홍만선 농서 : 선산 - 홍만선, 산림경제

서호수의 농서 : 서쪽 호수에 해 떴다 - 서호수, 해동농서

서유구의 농서 : 구원투수 - 서유구, 임원경제지

2 상업

(1) 조선전기

① **시전** : 종로 점포, 상세납부, 독점판매권, **육의전**(명주, 종이, 어물, 모시, 삼베, 무명 독점 판매), 금난전권(신해통공으로 혁파), 경시서에서 감독(불법 상행위 감독)

② **장시** : 15세기 이후 등장, 일부 5일장으로 발전, **보부상** 주도 → 18세기 중엽 상설화 전국 1000여 개 설치

(2) 조선 후기

① **관허 상인** : 시전상인, 보부상, **공인(대동법 이후 특수상인, 독적점 도매상인 도고로 성장)**

② 사상

- **객주, 여각** : 포구, 중간상인, 사상, 운송, 보관, 숙박, 금융 등의 영업
- **경강상인(선상)** : 서울 상인, 운송업, 선박제조(규모↑, 선상)
- **송상** : 개성상인, 인삼, 전국지점(송방), 중계무역 주도(만상, 내상)
- 만상 : 의주 상인, 중국 무역 ex) 임상옥(중강, 책문 후시에서 활동)
- 내상 : 동래 상인, 일본 무역(은, 구리, 황, 후추 수입)
- 난전 : 이현(동대문 시장), 칠패(남대문 시장) 발달

(3) 금난전권 폐지(신해통공) : 정조 난전 허용(육의전 제외)

(4) 장시발달

- 18C중엽, 1천여 개 개설, 지역 시장권 형성, 보부상 활약(보부상단 결성, 본부는 임방)
- 일부 장시 상설시장화

(5) 포구 발달 : 세곡, 조작료 운송 기지, 18세기 상업 중심지로 성장, 선상, 객주, 여각 활동

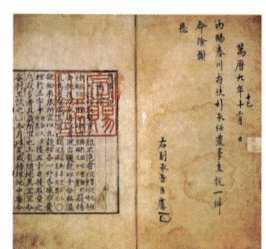
▲ 농사직설

▲ 농가집성

✅ 암기 TIP

조선 후기 사상 : 만주 – 만상, 의주상인
내래 – 내상, 동래상인
이동/남칠 – 이현, 동대문 / 남대문, 칠패

▲ 조선 후기 상업

▲ 장시

▲ 보부상

3 수공업

① 조선전기에는 공장안에 등록(장인등록제)하고 식비만 주고 부역에 동원, 목표량 이외는 판매가능함
② 상품화폐경제 발전 → 민영수공업↑, 공장안×(장인등록제×), 납포장↑(장인세), 점 발달(작업장, 사기점, 철점)
③ **선대제수공업** : 대금, 원료 미리 지급 → 물건 생산(주문생산)
④ **독립수공업** : 물건생산 → 판매

4 농민안정책

(1) 구황방법제시 : 『구황촬요』 도토리 가공법, 명종
(2) 농민통제강화 : 호패법, 오가작통법
(3) 지방양반 : 향약시행 → 양반중심 농촌사회 안정 도모

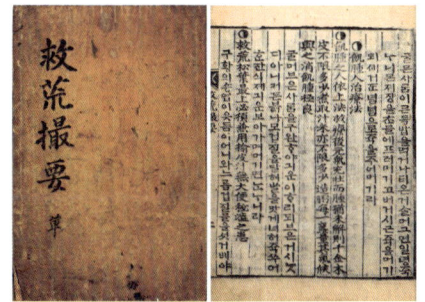

▲ 구황촬요　　　　　▲ 호패

5 광업 : 철, 은, 국가 주도

(1) 철광업 발달
　① 15세기 : 염철법(공철제)/철장제(부역제)
　② 15세기 후반 : 철장도회제(농한기 부역동원)
(2) 금·은 채굴
　① 17세기 : 설점수세제 → 사채허용(은광개발), 별장이 징세(별장수세제)
　② 18세기 : 금광개발↑, 잠채 형성, 수령수세제(물주에게 설점허가)
　③ **조선후기 광산경영** : 물주(상인, 자본) → 덕대(경영인) → 혈주(토지주인-광산경영자), 분업에 토대를 둔 협업

▲ 금 채취

6 화폐

(1) 전기 : 저화(태종, 사섬서)·조선통보(세종)·팔방통보 - 유엽전(세조, 화살촉)

(2) 후기
- 인조 : 상평통보(최초)
- 효종 : 상평통보(개성지역), 십전통보(고액화폐)
- 숙종 : 상평통보(허적의 건의, 전국유통) → 세금, 소작료 납부(18C)
- 신용화폐 : 환·어음(상업자본 성장), 전황 발생 : 동전 부족 현상(재산 축적 수단) → 물가 하락, 디플레이션

▲ 조선시대 어음

▲ 상평통보

7 무역(공무역 위주)

(1) 전기 : 사무역↓, 공무역↑

① **명** : 사신 왕래시 공무역

② **여진** : 경원, 경성교역

③ **일본** : 동래 왜관 교역

(2) 후기

① **청** : 공 무역 - 개시(경원, 회령, 중강), 사무역 - 후시(중강, 책문)

② **일** : 공 무역 - 왜관 개시, 사무역 - 왜관 후시

③ **중계무역** : 송상(개성)주도

■ 총정리 및 암기팁

1. 농업
   ① 2년 3작, 농종법, 남부 일부 지방 이앙법, 시비법 발달
   ② 농서 : 농사직설, 사시찬요, 금양잡록, 양화소록, 구황촬요
2. 상업 : 관 중심 상업 → 민간 중심 상업(사상 출현)
3. 수공업 : 관영수공업 발달 → 민영수공업
4. 광업 : 관 중심 광업 → 민간 중심 광업으로 변화
5. 화폐 : 조선후기 상평통보 유통

사료 및 심화 자료

• 보부상

보부상이란 봇짐장수와 등짐장수를 말한다. 그들은 자신들의 이익을 지키고 단결을 굳게 하기 위하여 보부상단이라는 조합을 이루고 있었다. 부상은 나무 그릇, 도기 등의 비교적 조잡한 일용품을 지게에 지고 다니면서 판매하는 등짐장수를 말하며, 보상은 비교적 값비싼 필묵, 금, 은, 동제품 등을 보자기에 싸서 들고 다니거나 질빵에 걸머지고 다니며 판매하는 봇짐장수를 가리킨다. 정부에 의해 관상 조직으로 인정받았다.

• 공인

공인은 대동법이 실시되면서 나타난 어용상인이다. 이들은 관청에서 공가를 받아 필요한 물품을 사서 바쳤다. 그러나 18세기 이후 상품 화폐 경제의 발전과 더불어 도시를 중심으로 난전이 발달하면서 보다 큰 자본력과 상술을 갖추고 상품 유통 과정에서 매점매석과 독점을 바탕으로 사상(私商)인 도고 상인으로 성장하여 권력과 결탁하기도 하였다.

• 상품 작물의 재배

- 진안의 담배밭, 전주의 생강밭, 임천과 한산의 모시밭, 안동과 예안의 왕골밭은 우리나라에서 으뜸으로 손꼽히는 곳이다. 이곳들은 부유한 이들이 이익을 얻는 원천이다.
  - 「택리지」

- 농민들이 밭에 심는 것은 곡물만이 아니다. 모시, 오이, 배추, 도라지 등이 농사도 잘 지으면 그 이익이 헤아릴 수 없이 크다. 도회지 주변에는 파 밭, 마늘 밭, 배추 밭, 오이 밭 등이 많다. 특히 서도 지방의 담배 밭, 북도 지방의 삼 밭, 한산의 모시 밭, 전주의 생강 밭, 강진의 고구마 밭, 황주의 지황 밭에서의 수확은 모두 논에서 나는 수확보다 그 이익이 10배에 이른다.
  - 「경세유표」

• 모내기법의 이점

이앙을 하는 것은 세 가지 이유다. 김매기 노력을 더는 것이 첫째요, 두 땅의 힘으로 모아 하나를 서로 기르는 것이 둘째며, 좋지 않은 것은 솎아내고 싱싱하고 튼튼한 것을 고를 수 있는 것이 셋째다. 어떤 사람은 큰 가뭄을 만나면 모든 노력이 헛되니 이를 위험하다고 하나 그렇지 않다. 벼를 심는 논은 반드시 하천이 있어야 물을 끌어들일 수 있으며 하천이 없다면 논이 아니다. 논이 아니라도 가뭄을 우려하는 데 어찌 이앙만 그렇다고 하는가?
  - 「임원경제지」

• 조선 후기 광산촌의 모습

황해도 관찰사의 보고에 의하면, 수안에는 본래 금광이 다섯 곳이 있었다. 두 곳은 금맥이 다하였고, 세 곳만 금맥이 풍성하였다. 그런데 지난해 장마가 심해 작업이 중지되어 광군들 대부분이 흩어졌다. 금년(1799년, 정조 23) 여름 새로이 39개소의 금혈을 팠는데, 550여 명의 광군들이 모여들었다. 이들은 일부가 도내의 무뢰배들이지만 대부분은 사방에서 이득을 쫓아 몰려온 무리들이다. 그리하여 금점 앞에는 700여 채의 초막이 세워졌고 광군과 그 가족, 행상, 객주 등 인구도 1,500여 명에 이른다. 갑자기 많은 사람들이 모여들어 그 곳에서는 생필품의 값이 폭등하는 사태가 종종 일어나고 있다고 한다.
  - 「비변사등록」

기출문제

01 다음 왕의 재위 기간에 있었던 경제 상황으로 옳은 것은? [2점]   한능검 고급 18회 16번

> A: 드디어 우리 풍토에 맞는 농서를 처음으로 완성하였습니다.
> B: 경들은 이 책을 널리 보급하여 생산을 늘리는 데 힘쓰도록 하시오.

① 모내기법의 확산으로 광작이 나타났다.
② 담배와 인삼 등 상품 작물이 재배되었다.
③ 전국의 장시가 하나의 유통망으로 연계되었다.
④ 전세액이 풍흉에 따라 9등급으로 차등 부과되었다.
⑤ 강경, 원산 등이 전국적 상업 중심지로 성장되었다.

🔍 **해설**

농사직설을 편찬된 시기 왕은 세종이다. ④ 세종시기 전세액을 풍흉에 따라 9등급으로 차등 부과하는 공법이 실시되었다.

🔍 **오답분석**

① 광작은 조선 후기에 나타난다.
② 담배, 인삼은 조선 후기 나타난다.
③ 전국 장시가 하나의 유통망 연계는 조선 후기이다.
⑤ 강경, 원산 상업 중심시 성장은 조선 후기이다.

🔍 **정답**   ④

02 다음 자료의 상황이 나타난 시기에 볼 수 있는 모습으로 적절하지 않은 것은? [1점]   한능검 심화 50회 28번

> 김상철이 말하기를, "도성 백성들의 생계는 점포를 벌여 놓고 사고파는 데 달려 있습니다. 그런데 근래 기강이 엄하지 않아서 어물과 약재 등 온갖 물건의 이익을 중간에서 독점하는 도고(都庫)의 폐단이 한둘이 아닙니다. 대조(大朝)께서 여러 차례 엄하게 다스렸으나, 점차 해이해져 많은 물건의 가격이 폭등한 것은 오로지 이 때문이라고 합니다. 평시서(平市署) 등에서 적발하여 강하게 다스렸다면 어찌 이런 일이 있었겠습니까?"라고 하였다.

① 청요직 통청을 요구하는 서얼
② 한글 소설을 읽고 있는 부녀자
③ 동국문헌비고를 열람하는 관리
④ 염포의 왜관에서 교역하는 상인
⑤ 장시에서 판소리를 구경하는 농민

🔍 **해설**

도고의 폐단이 나오는 것으로 보아 조선 후기 상황을 물어보는 문제이다. ④ 염포는 삼포 중 하나로 삼포는 조선 전기 세종시기 개항되었다. 그러므로 조선 전기 상황으로 봐야 한다.

🔍 **오답분석**

① 청요직 통청을 요구하는 서얼은 영조, 정조 시기로 조선 후기 상황이다.
② 한글소설은 조선 후기 유행한다.
③ 동국문헌비고는 영조시기에 편찬되었다.
⑤ 판소리는 조선 후기 유행하였다.

🔍 **정답**   ④

CHAPTER 37 조선 신분제도

출제 POINT
중인 특징, 조선후기 신분제 변동, 조선 후기 가족 제도 특징

1 조선 전기 신분제도

(1) 큰 흐름
   ① 15세기 양천제(법제적, 신분을 양인과 천민으로 구분)
   ② 16세기 반상제(실제적, 양반, 중인, 상민, 천민으로 구성)

(2) 양반

특권	• 조선 지배층으로 각종 국역 면제, 과거, 음서, 천거 등으로 고위관직 독점, 특권 유지위해 서얼, 중인, 기술관 차별
변천	• 15세기 – 문무관직자, 관리 본인만 양반(문관, 무관) • 16세기 – 계층화, 관리 + 가족 + 가문(확대) • 조선후기 – 공명첩, 납속책으로 양반 수 증가(70 ~ 80%)
신분 유지 수단	• 재산, 족보, 서원(청금록), 향안(양반명단)

(3) 중인

의미	• 넓은의미 – 중간계층(서얼 + 기술인 + 향리 + 서리) • 좁은의미 – 기술관, 행정실무 담당
구성	• 서리(중앙하급), 향리(지방하급, 6방소속) • 기술관(역관·의관, 향리, 서리, 토관, 군교, 역리) • 서얼(중서, 서얼금고법, 문과응시×, 무과, 잡과 가능) • 직역세습, 상호결혼
지위	• 전문기술, 행정실무 담당
변화	• 임진왜란 이후 공명첩, 납속책으로 과거 응시 가능, 차별 감소 • 정조 규장각 검서관(4검서) : 유득공, 박제가, 이덕무, 서이수 • 철종 : 기술관 소청운동(청요직 임용 운동–실패) • 조선후기 시사를 조직해 위항문학 활동을 하였음 • 개화기 : 통상개화파(오경석–역관, 유홍기–의관)

(4) 상민 : 법제적 과거응시○, 실제 ×

농민	• 조세·공납·역의 의무, 농본억상으로 농민우대(법적)
수공업자	• 관영·민영 수공업에 종사
상인	• 시전, 보부상
신량역천	• 양인 중 천역을 담당 – 칠반천역
유외잡직	• 장인에게 하급관리임명, 노비도 임명

2 조선 사회구조 변동

(1) 신분제 동요

양반수↑ 분화	벌열양반(권반), 향반(토반), 잔반(몰락양반)
신분제 변동	• 특징 : 양반수↑, 상민수·노비수↓ • 이유 : 부농지위 상승욕구, 역부담 회피 목적으로 족보 매입 및 위조, 납속, 공명첩

▲ 공명첩

(2) 중간계층 신분상승운동

서얼	• 영·정조 때 서얼허통 상소 • 정조 때 서얼출신 규장각 검서관 등용 • 철종 때 서얼차별 폐지(신해허통)
중인(기술관)	• 재산↑, 실무능력↑, 철종 때 소청운동 전개 ⇒ 개화파 형성(오경석, 유홍기)

(3) 양민 신분 변화(농민)

- 부농 → 신분 상승 도모
- 소작농(빈농)·임노동자 – 도시 이동, 상공업↑

(4) 노비의 해방

① **노비신분상승** : 군공, 납속, 도망(추노), 노비종모법(양민화 촉진), 노비공감법(1755, 영조),

② **노비해방** : 공노비 해방(1801) → 노비세습제 폐지(1886) → 노비제×(1894)

③ 호적에 신분대신 직업 기록(대한제국)

(5) 가족제도와 혼인

내용	전통적 가족제도 → 성리학적 가족제도				
	15C	16C	17C	18C	19C
혼인제도	남귀여가혼			친영제도 정착	
제사상속	자녀윤회봉사		과도기	장자봉사	
재산상속	자녀균분상속		중간형	적장자 우선, 여자×, 양자O	
족보수록 범위	외손 전부		외손범위 축소	사위만	
족보남녀기재	남녀 차별 없이 출생순서대로			남자 먼저 여자 나중	

■ 총정리 및 암기팁

1. 양반 : 조선 전기 지배층 → 후기 양반수 증가로 분화됨(권반, 향반, 잔반)
2. 중인 : 기술관, 향리, 서얼, 조선 후기에 신분상승 운동 펼침(신해허통, 소청운동)
3. 상민 : 농민, 수공업자, 상인, 신량역천
4. 천민 : 노비가 대다수, 조선 후기 노비 종모법, 공노비 해방, 갑오개혁 신분제 폐지
5. 여성의 지위 : 조선 전기 – 여성지위↑, 조선 후기 – 여성지위↓

사료 및 심화 자료

기술관의 직역 세습

기술관은 잡과를 통해서 선발했으므로 엄밀한 의미에서는 세습이 아니다. 다만, 그런 잡과 응시가 기술관들에게만 거의 고착화되어 세습으로 볼 수 있을 정도가 되었다. 즉, 기술관 집안에서는 자제들에게 그 잡과 응시를 당연하게 부과하고 당사자도 그렇게 수락하는 경향이 강했으므로 직역이 세습되었다고 본 것이다.

▶ 서리·향리의 중간 계층의 형성
하급행정실무와 대민업무(對民業務)에 종사하고 해당 지역 사정이나 소관 업무에 정통해 조선 양반관료체제의 하부조직을 형성 → 일반 민중을 수탈하고 통제함으로써 일정한 특권과 실리 확보

서얼 차대법의 제정 (태종 15, 1415)

태종은 세자였던 1차 왕자의 난 시기 이복동생 방석을 죽이고, 권력을 장악한 후 자신의 경험을 토대로 서얼 차대법을 제정하였다. 이로서 서얼은 현관(顯官)으로 등용될 수 없다는 규정에 의해 관직 진출의 기회를 제약받게 되었다.

신량역천

칠반천역이라고도 한다. 수군, 조례(관청의 잡역 담당), 나장(형사 업무 담당), 일수(지방 고을 잡역), 봉수군(봉수 업무), 역졸(역에 근무), 조졸(조운 업무) 등 힘든 일에 종사한 일곱 가지 부류

신분제의 동요

- 옷차림은 신분의 귀천을 나타내는 것이다. 그런데 어찌된 까닭인지 근래 이것이 문란해져 상민·천민들이 갓을 쓰고 도포를 입는 것이 마치 조정의 관리나 선비와 같이 한다. 진실로 한심스럽기 짝이 없다. 심지어 시전 상인들이나 군역을 지는 상민들까지도 서로 양반이라 부른다. -「일성록」

- 근래 아전의 풍속이 나날이 변하여 하찮은 아전이 길에서 양반을 만나도 절을 하지 않으려 한다. 아전의 아들·손자로서 아전의 역을 맡지 않은 자가 고을 안의 양반을 대할 때 맞먹듯이 너나 하며 자(字)를 부르고 예의를 차리지 않는다. -「목민심서」

기출문제

01 다음 자료의 모습이 나타난 시기의 사회 현상으로 옳지 <u>않은</u> 것은? [2점] ▌한능검 고급 19회 28번

> ○ 옷차림은 신분의 귀천을 나타내는 것이다. 그런데 어찌된 까닭인지 근래 이것이 문란해져 상민·천민들이 갓을 쓰고 도포를 입는 것을 마치 조정의 관리나 선비와 같이 한다. 진실로 한심스럽기 짝이 없다. 심지어 시전 상인들이나 군역을 지는 상민들까지도 서로 양반이라 부른다. - 「일성록」 -
>
> ○ 근래 아전의 풍속이 나날이 변하여 하찮은 아전이 길에서 양반을 만나도 절을 하지 않으려 한다. 아전의 아들·손자로서 아전의 역을 맡지 않은 자가 고을 안의 양반을 대할 때 맞먹듯이 너 나 하며, 자(字)를 부르고 예의를 차리지 않는다. - 「목민심서」 -

① 정부는 경재소를 설치하여 유향소를 통제하였다.
② 향회가 수령의 부세 자문 기구로 점차 변화하였다.
③ 상민층이 납속과 공명첩을 이용하여 신분 상승을 꾀하였다.
④ 수령을 중심으로 한 관권이 강화되고 향리의 역할이 커졌다.
⑤ 일부 노비는 도망, 군공 등의 방법으로 노비 신분에서 벗어났다.

🔵 **해설**

상민들까지 서로 양반이라 부른다. 양반을 만나도 절을 하지 않으려 한다는 말을 통해 조선 후기 신분제 이완 과정을 보여주는 자료이다. ① 정부가 경재소를 설치하고 유향소를 통제한 시기는 조선 전기 세종시기로 옳지 않은 지문이다.

🔵 **오답분석**

나머지 지문은 모두 조선 후기에 대한 설명이다.

🔵 **정답** ①

---

02 (가) 신분에 대한 설명으로 옳은 것은? ▌한능검 45회 22번

> A: 허생전에 나오는 변 부자는 조선 시대 역관 변승업의 할아버지를 모델로 하고 있다고 해.
> B: 변승업은 사역원 소속의 일본어 역관으로 큰 부자가 된 인물이야.
> C: 변승업과 같은 역관들이 속한 신분을 (가)(이)라고 하는데, 여기에는 의관, 천문관, 율관 등도 포함되었어.

① 소속 관청에 신공(身貢)을 바쳤다.
② 매매, 상속, 증여의 대상이 되었다.
③ 원칙적으로 과거에 응시할 수 없었다.
④ 장례원(掌隷院)을 통해 국가의 관리를 받았다.
⑤ 조선 후기 시사(詩社)를 조직해 위항 문학 활동을 하였다.

🔵 **해설**

역관, 의관, 천문관, 율관 등이 나오는 것으로 보아 (가)는 중인 중에서 기술관이라는 것을 알 수 있다. ⑤ 중인들은 조선 후기 시사를 조직해 위항 문학 활동을 하였다.

🔵 **오답분석**

① 신공을 바치는 것은 노비계층이다.
② 노비에 대한 설명이다.
③ 기술관은 원칙적으로 과거에 응시할 수 있었다. 서얼이 원칙적으로 문과 응시가 안되었다.
④ 노비에 대한 설명이다.

🔵 **정답** ⑤

CHAPTER 38 조선 사회제도 (유향소, 향약, 서원, 향전, 서학, 동학)

1 조선 사회정책

(1) 환곡제
  ① **의창(15C 무이자)** → **상평창**(16C, 물가조절, 의창 보완, 이자↑, 고리대)
  ② **사창제** : 민간운영(향촌통제, 농민생활 안정, 고리대로 변질), 성종 폐지 (1470), 흥선대원군 부활

(2) 의료
  ① **전의감** : 중추적 의료 기관
  ② **내의원** : 왕과 왕족의 치료 담당
  ③ **혜민국** : 수도권 내 의원 파견, 약재 판매 → **혜민서**(세조, 1466)
  ④ **동서대비원** : 수도권 서민환자 치료(구호), 숙식 → 동서활인원 → **활인서**
  ⑤ **제생원** : 기금 만들어 서울·지방민 구호 담당(기아, 고아, 의녀교육) → 혜민서
  ⑥ **동서활인서** : 유랑자 수용, 구휼

2 조선의 법률제도(신분 관련 없이 소송가능, 처벌은 신분차별)

법전	형법(대명률)	민법(관습법)
• 형법 : 대명률(명나라 법) • 행정법 : **경국대전** • 민법 : 관습법(종법)	• 중죄 : 강상죄, 반역죄 • 형벌 : 태·장·도·유·사	• 소송 : 초기 – **노비문제** 　　　　후기 – **산송문제** • 상속 : 종법 의거(소유권↑)

▲ 대명률

3 향촌 사회와 촌락운영

(1) 유향소

변천	• 사심관 제도에서 유래 • 고려 말·조선 초 성립 → 태종 때 폐지 → 세종 때 부활, 경재소 설치 → 세조 때 이시애의 난(함경도)-폐지 → 성종 때 부활, 유향소 → 향청(관 하부 조직)
역할	• **수령보좌, 향리규찰, 풍속규정**
구성	• 향촌의 덕망 있는 인사(양반) • **좌수, 별감 선출, 향규**(자율적 규칙), 향안(양반명단), 향회(양반모임)

▲ 석전

✅ 암기 TIP

향수(안향,소수서원) / 발간
옥(이언적, 옥산서원) /
황도(이황, 도산서원)

(2) 경재소

① 세종 때 설치, 지방출신 중앙 고관 임명

② 유향소 관리, 수령 관리, 연락 업무, 1603년 폐지(선조)

③ 경재소 혁파 후 유향소는 향청(향소)으로 개편(기능강화)

(3) 촌락 구성과 운영(사족-양반이 주도)

① 촌락 구성 : 대개는 양반, 평민, 천민이 혼합 → 반촌·민촌

② 촌락풍습 : 석전(돌팔매), 향도계, 동린계(백성들 문화조직) → 양반이 음사라 비판 → 임란 이후 동계와 결합

(4) 16세기 향약

① 전통적 공동조직 + 삼강오륜 유교윤리 ⇒ 양반 - 노비, 남·여 모두 포함

② 간부 : 약정, 부약정, 직월, 유사

③ 송나라 여씨 향약 기원(조광조) 발전 → 이황 〈예안향약〉, 이이 〈해주향약〉

④ 농민 강제 가입(농민공동체) + 성리학적 이념(사족)

⑤ 4대 덕목 : 덕업상권, 과실상규, 예속상교, 환난상휼

⑥ 풍속교화, 향촌 사회 질서 유지, 치안담당, 향촌 사림 결집, 주민 통제와 교화의 수단으로 이용, 유교 윤리 보급에 기여, 지방 사림의 지위 강화

⑦ 폐단 : 백성 수탈 수단으로 기능

(5) 서원

① 기능 : 선현 제사(공자 제사×), 후진 양성, 성리학 연구

② 종류 : 백운동서원(중종, 주세붕, 안향 제사) → 소수서원(명종, 최초 사액서원, 이황 건의)

③ 기능 : 서재(교육) + 사묘(선현제사), 유교윤리 보급, 향음주례(봄, 가을, 술 예절), 향사례(활쏘는 예절), 향촌 교화에 공헌, 사림의 지위 강화

④ 폐단 : 각종 국역 면제로 국가재정 악화, 붕당 근거지로 당쟁 격화 원인

※ 대표 서원 : 소수서원(안향 제사), 옥산서원(이언적), 도산서원(이황)

▲ 소수 서원

▲ 옥산서원

▲ 도산서원

(6) 예학 : 종족 내부의 의례 규정(양반 질서 유지 목적)

① 17세기 예학의 시대

② 장자 중심, 남존여비, 과부재가 금지, 서얼차대 원칙 확립, 가부장적 종법 질서로 구현

③ 양반의 신분적 우월성 강조, 가묘와 사당 건립

④ **예학자** : 김장생(서인, 가례집람), 정구(남인, 오선생예설분류) ⇒ 예송

(7) **보학(족보)** : 안동권씨 성화보(현존최고)

　① **기능** : 종족의 종적인 내력과 횡적인 종족관계 확인

　② **역할** : 종족 내부 결속 강화, 신분 우월 의식 표출

　③ **영향** : 결혼 상대자 구하거나 붕당 구별, 양반 문벌제도 강화 수단

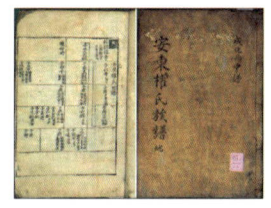
▲ 안동권씨 성화보

4 향전

구향	신향
• 재지사족 • 사림 • 서원 + 향약 기반 → 패배, 향청 주도권↓ • 신분유지수단 : 동약(규모↓), 사우(규모↓), 동성마을, 청금록, 족보↑	• 부농, 부상 출신(경제력↑) • 모칭유학, 환부역조, 신향(족보매입, 위조, 공명첩) • 수령, 향리 결탁 → 승리, 향청주도권↑ • 향회가 부세 자문기구로 전락 • 수령 권한↑(부정부패↑)

5 종교

(1) **천주교**

　① **서학** : 자발적 도입(남인, 학문성격), 천주실의(이수광 〈지봉유설〉 소개)

　② **종교** : 18C 후반 남인계열 신앙적 수용(이승훈 최초 영세), 평등사상, 제사 거부

　③ **신해박해(정조)** - 윤지충, 권상연 어머니 위패 소각, 진산사건 발생

　④ **신유박해(순조)** - 대대적 탄압, 남인×, 이승훈·이벽·이가환·주문모 사형, 정약전(흑산도)·정약용(강진) 유배, 황사영 백서 사건(프랑스에 도움 요청하는 편지)

　⑤ **기해박해(헌종)** : 척사윤음 반포, 정하상 〈상재상서〉 발표

　⑥ **병오박해(헌종)** : 최초 신부 김대건 처형

　⑦ **병인박해(고종)** : 남종삼 등 천주교인 8000명 사형, 병인양요 원인

(2) **동학**

　① **창시** : 경주 잔반 최제우 창시(1860), 인내천, 시천주(인간 평등, 어린이, 여성 중시)

　② **탄압** : 혹세무민으로 1대 교주 최제우 처형 → 2대 최시형

　③ 교세↑, 최시형 용담유사(한글), 동경대전(한문) 저술

　④ **조직** : 포접제(조직) ⇒ 동학농민운동의 기반이 됨, 반봉건·반외세 성격

암기 TIP
신기병 해유~ 해오~ - 신해박해, 신유박해, 기해박해, 병오박해

▲ 위패

▲ 동경대전, 용담유사

▲ 최제우, 최시형

■ 총정리 및 암기팁

1. 사회정책 : 의창, 상평창, 혜민국, 동서활인서, 혜민서
2. 조선 법률 : 5형(태장도유사), 대명률, 경국대전, 관습법
3. 유향소 : 수령보좌, 향리규찰, 풍속규정, 좌수,별감 선출 / 경재소 - 유향소 견제
4. 향약 : 약정, 부약정, 조광조 여씨 향약이 최초, 전통조직 + 유교윤리
5. 서원 : 사립교육기관, 교사 자체 조달, 향음주례, 향사례, 선현제사 소수서원, 옥산서원, 도산서원
6. 향전 : 구향 vs 신향(win), 구향 신분 유지 수단 → 청금록, 사우, 동족마을, 동약
7. 종교 (1) 천주교 : 신 기 병 / 해 유 해 오
   (2) 동학 : 창시 - 최제우(인내천, 시천주), 최시형(동경대전, 용담유사)

사료 및 심화 자료

• 서원 심화 설명

조선 중기 이후 사림들이 학문연구와 선현제향(先賢祭享)을 위해 설립한 사설교육 기관인 동시에 향촌 자치기관이다. 우리나라의 경우 1543년 풍기군수 주세붕이 고려 말 학자 안향(安珦)을 배향하고 유생을 가르치기 위해 백운동서원을 세운 것이 그 효시이다. 사림들은 향촌 사회에서 세력기반을 구축하기 위해 일찍부터 사창제(社倉制), 향음주례(鄕飮酒禮) 등을 개별로 시행해왔으나, 연산군 시대의 거듭된 사화로 큰 성과를 거두지 못했다. 서원이 정착, 보급된 것은 이황에 의해서이다. 그는 풍기군수로 임명되자, 서원을 공인하고 그 존재를 널리 알리기 위해 백운동서원에 대한 사액과 국가지원을 요청했으며, 10여 곳의 서원 건립에 참여하거나 서원기(書院記)를 짓는 등 그 보급에 주력했다. 그 결과 이황의 거주지이며 그 문인의 활동이 활발하던 경상도 지역에 전체 서원의 반 이상이 세워졌다.

• 해주향약 입약

무릇 뒤에 향약에 가입하기를 원하는 자에게는 반드시 먼저 규약문을 보여 몇 달 동안 실행할 수 있는가를 스스로 헤아려 본 뒤에 가입하기를 청하게 된다. 가입을 청하는 자는 반드시 단자에 참가하기를 원하는 뜻을 자세히 적어서 모임이 있을 때에 진술하고, 사람을 시켜 약정(約定)에게 바치면 약정은 여러 사람에게 물어서 좋다고 한 다음에야 글로 답하고 다음 모임에 참여하게 한다.
― 「율곡전서」

• 천주교의 전파와 유교 의례의 대립

죽은 사람 앞에 술과 음식을 차려 놓는 것은 천주교에서 금하는 바입니다. 살아 있을 동안에도 영혼은 술과 밥을 받아먹을 수 없거늘 하물며 죽은 뒤에 영혼이 어떻게 하겠습니까? 먹고 마시는 것은 육신의 입에 공급하는 것이요, 도리와 덕행은 영혼의 양식입니다. 비록 지극한 효자라 할지라도 맛 좋은 것이라 하여 부모가 잠들어 있는 앞에 차려 드릴 수 없는 것은 잠들었을 동안에는 먹고 마시는 때가 아닌 까닭입니다. 잠시 잠들어 있을 동안도 그러하거늘 하물며 영원히 잠들었을 때는 어떻겠습니까? 사람의 자식이 되어 어찌 허위와 가식의 예로써 이미 돌아간 부모를 섬기겠습니까?
― 「상재상서」

• 동학 사상

사람이 곧 하늘이라. 그러므로 사람은 평등하며 차별이 없나니 사람이 마음대로 귀천을 나눔은 하늘을 거스르는 것이다. 우리 도인은 차별을 없애고 선사의 뜻을 받들어 생활하기를 바라노라.
― 「최시형의 최초 설법」

기출문제

01 (가) 교육 기관에 대한 설명으로 옳은 것은? [2점]

■ 한능검 39회 20번

> 주세붕이 처음 (가)을/를 세울 때 세상에서는 의심하였습니다. 주세붕은 뜻을 더욱 가다듬어 많은 비웃음을 무릅쓰고 비방을 물리쳐 지금까지 누구도 하지 못했던 장한 일을 이루었습니다. 아마도 하늘이 (가)을/를 세우는 가르침을 동방에 흥하게 하여 [우리나라가] 중국과 같아지도록 하려는 것인가 봅니다.
>
> -『퇴계선생문집』-

① 학술 연구 기구로 청연각이 설치되었다.
② 전국의 부·목·군·현에 하나씩 설립되었다.
③ 중앙에서 파견된 교수나 훈도가 지도하였다.
④ 유학을 비롯하여 율학, 서학, 산학을 교육하였다.
⑤ 국왕으로부터 현판과 함께 노비 등을 받기도 하였다.

해설

주세붕이 나오는 것으로 보아 백운동 서원이라는 것을 유추할 수 있다. 그런데 교육기관에 대해 물어보는 문제이므로 서원의 특징을 찾으면 된다. ⑤ 서원은 지방 사립 학교로 교육과 선현제사를 같이 하는 곳이다. 그런데 사액을 받으면 국왕으로부터 토지와 노비, 편액 등을 받고 면세, 면역의 특권을 받았다.

오답분석

① 청연각은 고려 예종시기 만들어진 도서관이다.
② 전국 부 목 군 현에 하나씩 설립된 것은 향교이다.
③ 교수 훈도는 향교에 파견되었다.
④ 고려시대 국자감에 대한 설명이다.

정답 ⑤

02 다음 상황이 나타난 시기에 볼 수 있는 모습으로 적절한 것을 〈보기〉에서 고른 것은? [3점]

■ 한능검 심화 47회 25번

> 경상도 영덕의 오래되고 유력한 가문은 모두 남인이고, 이른바 신향(新鄕)은 서인이라고 자칭하는 자들입니다. 요즘 서인이 향교를 장악하면서 구향(舊鄕)과 마찰을 빚고 있던 중, 주자의 초상화가 비에 젖자 신향은 자신들이 비난을 받을까 봐 책임을 전가시킬 계획을 꾸몄습니다. 그래서 주자의 초상화와 함께 송시열의 초상화도 숨기고 남인이 훔쳐 갔다는 말을 퍼뜨렸습니다.

〈보기〉
ㄱ. 염포의 왜관에서 교역하는 상인
ㄴ. 시사(詩社)에서 문예 활동을 하는 역관
ㄷ. 시전의 상행위를 감독하는 경시서의 관리
ㄹ. 장시에서 상평통보로 물건값을 치르는 농민

① ㄱ, ㄴ ② ㄱ, ㄷ ③ ㄴ, ㄷ
④ ㄴ, ㄹ ⑤ ㄷ, ㄹ

해설

구향, 신향이 다투는 것으로 보아 조선 후기 향전에 대한 내용이다. 조선후기 상황으로 옳은 것을 찾는 문제로 ㄴ. 조선후기 중인 기술관들이 시사를 조직해 문예활동을 하였다. ㄹ. 조선 후기 상평통보가 유통되어 장시에 사용하였다.

오답분석

ㄱ. 염포는 조선 전기 세종시기 개항한다.
ㄷ. 경시서는 조선 전기 관청으로 세조시기에 평시서로 변경되었다.

정답 ④

38. 조선 사회제도 … 191

CHAPTER 39 조선 성리학(이황, 이이)

> **출제 POINT**
> 성리학의 발달, 서경덕, 조식, 이언적, 이황, 이이 특징

> ✅ 암기 TIP
> 성리학 5형제 **이황·이이**가 **빨간**(이언적) **떡**(서경덕)을 조식으로 먹는다.

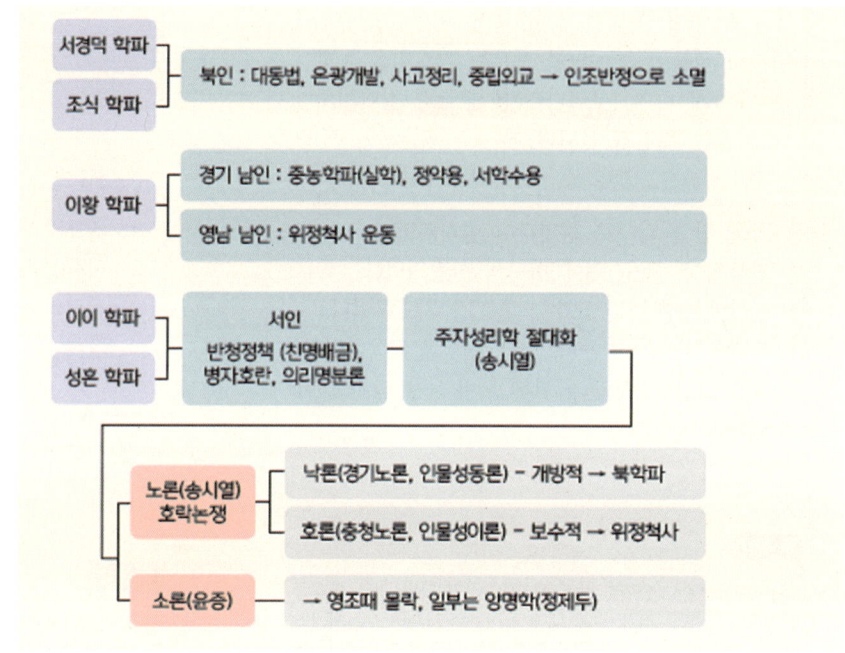

▲ 성리학의 변화

▲ 옥산서원

▲ 남명 조식

1 성리학 발달

(1) 성리학의 정착

① **수용** : 고려후기 신진사대부가 학문과 이념을 지표로 수용(안향, 이색, 정몽주-동방이학의 조)

② **정책** : 조선 통치이념으로 정착

2 성리학자

① **서경덕** : 화담(호), 개성, 송도 3절, '기' 중심 사상(현실중시), 불교·노장사상 개방적

② **조식**
  - 남명(호), 경상도 산청, 실천 강조, 노장사상 포용적, 지리산 처사, 칼·방울 차고 자신 행동 반성
  - 제자 : 임진왜란 때 의병(정인홍-최초의 산림, 곽재우-홍의장군) → 북인형성, 서리망국론

※ 경상도 성리학자 : 경상우도(서쪽) - 조식, 정인홍, 곽재우 / 경상좌도(동쪽) - 이황, 유성룡, 김성일

③ **이언적** : 회재(호), '이' 중심으로 사상 전개 〈일강십목소〉 → 이황에게 영향, 옥산서원

④ <mark>이황</mark>

구분	• <mark>퇴계 이황(이기이원론-주리론)</mark> - 동방의 주자, 학문의 본원적 연구에 치중, 근본적, 이상주의적 성격, <mark>도산서원</mark>
지향	• 이 : 원리 - 순선, 존귀 / 기 : 실제 - 선 + 악, 비천 → <mark>이귀기천론(이존기비론, 이는 귀하고 기는 천하다.)</mark>, 이기이원론(주리론, 이와 기는 서로 성격이 다르다.), 이기호발설(이와 기는 동시에 발한다) • <mark>이 능동성 강조</mark>, 주리론 바탕, 근본적, 형이상학적 ⇒ '경' 강조, 보수적
저서	• 전습록변(양명학 이단으로 비판) • 주자서절요(주자책 정리, 일본에 전해짐) • <mark>성학십도(군주 스스로 성학, 10개 그림)</mark>
붕당	• <mark>영남학파(김성일, 유성룡)</mark> → 동인 → 남인, 도산서원(안동)
영향	• <mark>일본성리학↑(주자서절요 전래)</mark>, 4단7정 논쟁(이황vs기대승), • 개항 이후 위정척사 사상, 예안 향약을 만들어 향약↑
한계	• 지나친 도덕주의 강조로 인해 현실 개혁에 소극적

⑤ <mark>이이</mark>

구분	• <mark>율곡 이이(이기일원론-주기론)</mark> - 동방의 공자, 구도장원공(9번 과거 모두 장원, 천재), <mark>강릉 오죽헌(태어난 곳, 신사임당 친정)</mark>
지향	• 이 : 통한다(공통성) / 기: 국한된다(차별성) → <mark>이통기국론(이는 통하고 기는 국한된다.)</mark>, 이기일원론(주기론, 이와 기는 분리될 수 없다.) • 기발이승일도설 : 기가 발할 때 이가 그 위를 타고 오른다. • 관념세계와 현실세계 동시 존중 ⇒ '성' 강조
저서	• 동호문답(왕도정치 구현을 문답형식으로 서술, 수미법) • <mark>성학집요(신하가 국왕을 가르쳐 기질을 변화시켜야 함)</mark> • 격몽요결(소학장려) • 만언봉사(시대에 맞는 법률 제도 강조, 십만양병설, 개혁책) • 기자실기(존화주의 역사서)
붕당	• <mark>서인 → 노론</mark>, 자운서원(파주), 이이 → 김장생 → 김집 → 송시열 → 권상하
영향	• <mark>사회 경장론(개혁론)</mark> : 통치체제 정비와 수취체제 개혁(수미법), 10만 양병설 • <mark>기호학파(조헌·김장생)형성</mark> → 서인(노론), 자운서원(파주) • 해주 향약(황해도), 서원향약(청주) 만들어 향약 발전시킴 • 북학파 실학과 개항 이후 개화사상과 연결

✅ 암기 **TIP**

이황은 **전주성**에서 **일본산 황도** 먹는다 - **이황**, 전습록변, 주자서절요, 성학십도, 일본영향, 이황, 도산서원

▲ 이 황

▲ 도산서원

✅ 암기 **TIP**

이이는 **이요**를 좋아해 - **이이**, 성학집요

똥성격 만기 - **동**호문답, **성**학집요, **격**몽요결, **만**언봉사, **기**자실기

▲ 율곡 이이

▲ 강릉 오죽헌

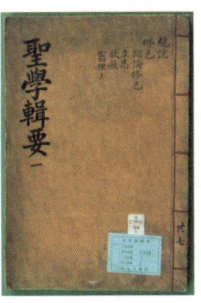
▲ 성학집요

■ 총정리 및 암기팁

1. 서경덕 : 기 중심, 불교 노장사상 개방적
2. 조식 : 노장사상에 포용적, 학문의 실천성 강조, 제자 북인 형성
3. 이언적 : 이 중심 사상, 이황에게 계승, 〈일강십목〉
4. 이황 : 이황은 전주성에서 일본산 황도 먹는다
5. 이이 : 이이는 이요를 좋아해, 똥성격만기

◉ 사료 및 심화 자료

• 성학십도

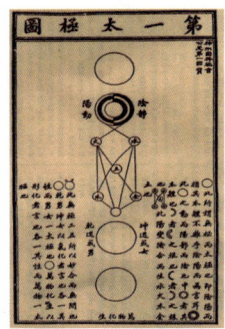

▲ 성학십도

판중추부사 신 이황은 삼가 재배하고 아룁니다. …… 옛 현인과 군자들이 성학(聖學)을 밝히고 심법을 얻어서 도(圖)를 만들고 설(說)을 만들어 사람들에게 도에 들어가는 문과 덕을 쌓는 기초를 가르친 것이 오늘날 세상에 행해져 해와 별같이 환합니다. …… 이제 여기에 그 도(圖)와 해설을 겨우 열 폭밖에 안 되는 종이에 베풀어 놓았습니다. 이것을 보고 생각하고 익히는 것은 평소 조용히 혼자 계실 때에 하는 것이지만, 도를 깨달아 성인이 되는 요령과 근본을 반듯하게 하여 나라를 다스리는 근원이 다 여기에서 나옵니다.
– 퇴계선생 문집

• 이황의 주리론

- 천하의 사물은 반드시 각각 그렇게 되는 까닭이 있으며 그렇게 되어야 하는 법칙이 있는데 그것이 이(理)이다. 무릇 모든 사물은 모두 능히 그렇게 되며 반드시 그렇게 되는 것이니 이는 사물에 앞서 존재한다.
- 4단 7정이 다 같이 하나의 정감이지만 4단은 인의예지라는 본성에서 발동해 나오고, 7정은 기질에서 발동해 나온다. 즉, 그것이 각각 유래된 곳이 다르다. 4단과 7정이 모두 이치와 기운이 겸하여 발동하는 것이지만 좇아 나오는 곳이 같지 않고, …… 4단은 이치가 발동하여 기운이 따라오는 것이고, 7정은 기운이 발하여 이치가 타고 올라오는 것이다.
– 퇴계집

• 이이의 주기론

- 모두 힘하여 성학집요라 이름 하니, 마지막으로 도를 전하는 책임을 성상에게 바른 것이라 해도 너무 지나친 말은 아니옵니다. …… "신하가 착한 도를 베풀고 사심을 막아서 임금이 혹시나 허물 있는 지경에 빠질까 하고 염려하는 것은 임금을 공경하는 것이 지극한 까닭이다." 하였습니다.
- 이기가 원래 떨어지지 아니하며 일물인 것 같으나, 그 구별되는 바는 이는 무위이며, 기는 유위입니다. 이는 무형이고, 기는 유형이므로 이는 통하고 기는 국한됩니다. 이는 무위하고 기는 유위하므로 기는 발하고 이는 승합니다.
- 이와 기는 논리적으로 구분할 수 있지만 현실적으로 분리시킬 수 있는 것은 아니며, 모든 사물에 있어 이는 기의 주재 역할을 하고 기는 이의 재료가 된다는 점에서 양자는 불리의 관계에 있다.

기출문제

01 다음 인물의 활동으로 옳은 것은? [2점]

■ 한능검 31회 24번

칼을 찬 선비 남명(南冥)
조선 중기의 성리학자로 호는 남명이다. 그는 경의(敬義)를 배움의 바탕이라 하면서 '경(敬)'과 '의(義)'를 새긴 칼을 차고 다녔다고 한다. 성리학을 중시하면서도 천문·지리·의학·병학 등의 여러 분야에 능통하였다. 당대의 사람들은 그를 경상우도의 대표적인 학자로 칭송하였다.

① 노론의 영수로 북벌론을 주장하였다.
② 최초의 서원인 백운동 서원을 건립하였다.
③ 양명학을 체계적으로 연구하여 강화 학파를 형성하였다.
④ 성학집요를 저술하여 군주가 수양해야 할 덕목을 제시하였다.
⑤ 학문의 실천성을 강조하여 정인홍, 곽재우 등의 제자를 배출하였다.

🔍 **해설**

중기 성리학자로 호가 남명인 학자는 조식이다. 조식은 자신의 행동에 반성하면서 칼과 방울을 가지고 다녔다고 한다. 또한 학문의 실천성을 강조하였고 그 제자들은 임진왜란 중에 의병장으로 활약하였다(정인홍, 곽재우).

🔍 **오답분석**

① 송시열 ② 주세붕 ③ 정제두 ④ 율곡 이이

🔍 **정답**   ⑤

02 (가) 인물에 대한 설명으로 옳은 것은? [3점]

■ 한능검 심화 51회 22번

이곳 파주 자운 서원에는 (가)의 위패가 모셔져 있습니다. 그는 군주가 수양해야 할 덕목과 지식을 담은 성학집요를 집필하여 임금에게 바쳤으며, 해주 향약 등을 시행하였습니다.

① 불씨잡변을 지어 불교를 비판하였다.
② 노론의 영수로 북벌론을 주장하였다.
③ 양명학을 연구하여 강화학파를 형성하였다.
④ 북한산비가 진흥왕 순수비임을 고증하였다.
⑤ 다양한 개혁 방안을 담은 동호문답을 저술하였다.

🔍 **해설**

파주 자운서원은 율곡 이이를 모시는 서원이다. 또한 율곡 이이는 성학집요를 집필하였고 해주 향약을 시행하였다. ⑤ 이외에도 동호문답을 저술하여 정치개혁을 주장하였다.

🔍 **오답분석**

① 정도전 ② 송시열 ③ 정제두 ④ 김정희

🔍 **정답**   ⑤

CHAPTER 40 조선 교육기관, 역사서

출제 POINT
교육기관(성균관·향교·서원), 한글 창제, 15세기·16세기 역사서 특징, 조선왕조 실록 특징, 지도, 지리서, 윤리서, 의례서, 법전

✅ 암기 TIP

용석 쌤이 **월**요일에 수업하신다
- **용**비어천가, **석**보상절, **월**인천강지곡

1 한글창제

(1) 배경 : ① 우리글의 필요성 ② 한자사용 불편함 ③ 피지배층 교화

(2) 창제와 반포 : 세종과 집현전 학자의 음운 연구(정음청) → 창제(1443), 반포(1446), 최만리 등 양반 반발

(3) 보급

① **용비어천가(이씨찬양), 석보상절(불경), 월인천강지곡(불교노래집)**, 동국정운(옥편), 농서·윤리서·병서 한글 간행, 번역(삼강행실도, 두시언해, 소학언해 등)

② 서리 채용 시험, 실무 행정 한글 사용

③ 문학작품 창작 : 가사, 평민, 부녀자 작품

(4) 의의 : 일반 백성 문자생활 가능, 민족문화기반 확대, 민족적 긍지↑

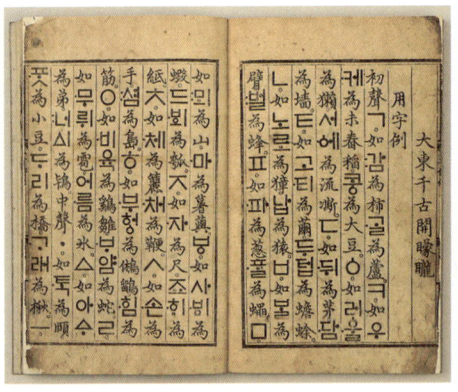
▲ 훈민정음

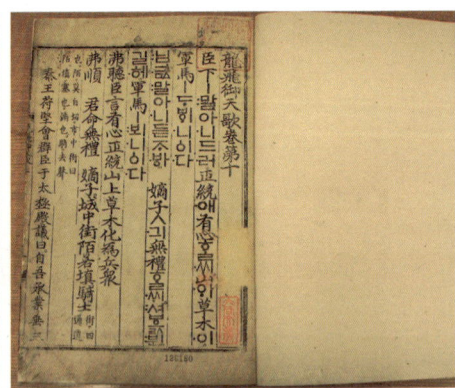
▲ 용비어천가

2 교육기관

(1) 국립교육기관

① **성균관(최고학부, 소과합격자 입학, 대사성)**

② 4학(서울중등교육, 동학·서학·남학·중학, 정원 각각 100명)

③ **향교(지방중등교육, 부목군현에 하나씩 설립, 교수, 훈도 파견, 성적 나쁜 교생은 군역)**

- 성균관
  - 최고학부, 수업 연한 9년, 원칙적으로 생원·진사 입학(상재생), 하재생(기재생)·문음 입학가능, 순수유교교육기관
  - 명륜당(강의), 문묘 대성전(제사), 동재·서재(기숙사), 존경각(도서관), 성현 + 18선현 제사
  - 특권-권당(수업거부, 단식 투쟁), 알성시(문묘시 성균관에서 문과시험), 공관(동맹휴학), 소행(집단시위)

▲ 성균관 명륜당

- 향교 VS 서원

구분	향교	서원
기능	성현 제사(공자), 교육	선현 제사(선배유림), 교육
역할	과거 준비, 유생 교육, 지방민 교화	사림 활동 근거지, 붕당 근거지, 교육
내용	군현마다 하나씩 설립 중앙에서 교관 파견 ⇒ 쇠퇴	향음주례(술 예절), 향사례(활쏘기 예절), 인재교육, 향촌교화, 사액서원↑(최초 백운동-주세붕, 중종)
공통점	제사, 지방민 교화, 기숙, 향음주례, 향사례	

▲ 성균관 문묘 제사

3 역사서 편찬

(1) 건국초기 역사서

「고려국사」	정도전	조선건국의 정당성, 태조
「동국사략」	권근	상고사 정리(삼국시대정리), 고대사 체계 수립, 태종
「동국세년가」	권제	단군 조선에서 고려 말까지 역사를 노래형식으로 편찬, 세종
건국초 특징		왕조의 정통성에 대한 명분, 성리학적 통치 규범 정착

▲ 강릉향교

✅ 암기 TIP

고동 – 건국초(고려국사, 동국사략)

(2) 15세기 관찬서

「고려사」	김종서 정인지	• 세종 시작 – 문종 완성, 기전체, 본기×, 세가○, 왕 중심, 자주적 성격 • 고려 말 우왕과 창왕을 열전에서 다룸(신우, 신창, 폐가입진) • 종, 폐하, 태후 등 칭호 그대로 사용(자주적입장)
「고려사절요」		문종, 보급용, 신하 중심, 편년체, 자주적
「삼국사절요」	서거정 노사신	성종, 고조선–삼국통일(삼국사기+삼국유사), 편년체
「동국통감」	서거정	• 성종, 최초 우리나라 편년체 통사 • 중국 사마광 「자치통감」을 모델로 삼음 • 고조선 – 고려(삼국사절요 + 고려사절요) • 훈구(서거정) + 사림(사관사론) → 조화 • 외기(단군 – 삼한) – 삼국기 – 신라기 – 고려기 구성
15세기 특징		우리나라 역사를 자주적 입장에서 재정리

✅ 암기 TIP

고삼절요통 – 자주적 성격(고려사, 고려사절요, 삼국사절요, 동국통감)

(3) 16세기 역사서

16C (화이론적 사관)	「동국사략」	박 상	동국통감 비판, 요약
	「표제음주 동국사략」	유희령	중종, 단군-고려시대, 편년체
	「기자실기」	이 이	화이론적 역사관(사대주의), 기자정통론
	16세기 사서 특징 : 사림의 존화주의 사관, 명분론 강조		
17C	「동사찬요」	오 운	남인 입장(북인입장설 논란되고 있음), 애국 명장 소개, 기전체

> ✅ 암기 TIP
> **동기요** - 화이론적 역사관
> (**동**국사략, **기**자실기, 동사찬**요**)

> ✅ 암기 TIP
> 전주 충성

※ **실록(태조-철종) : 가치 - 유네스코 세계기록문화유산**
① 편찬 : 국왕 사후, 춘추관에서 임시기구 실록청 설치
  편년체 편찬 시작(사초 + 시정기 + 의정부 등록 + 비변사 등록 + 승정원일기 + 일성록 + 개인자료) → 3단계 편집 : 초초(초안), 중초(수정, 보완), 정초(최종수정) → 최종판 완성 이후 나머지는 세초(북한산에서 자료파기)
② 보관 : 4대 사고(춘추관, 충주, 성주, 전주)
  ↓ 임란 소실
  5대 사고(춘추관(현재소실), 오대산(도쿄대 → 한국반환), 태백산(부산국가기록소), 묘향산 → 적상산(김일성대), 마니산 → 정족산(서울대))
③ 특이점
  • 일기(연산군, 광해군), 총독부 편찬(고종, 순종), 수정(선조, 경종, 현종)
  • 국조보감(후대 왕에게 귀감이 될 만한 내용만 발췌수록(감계사관), 요약)
  • 왕은 실록을 볼 수 없음
④ 포쇄 : 3년마다 햇빛에 말리는 작업

> ✅ 암기 TIP
> 봄에 오태가 적정하다

▲ 조선왕조실록 태백산 사고본

※ **조선왕조의궤**
유네스코 세계 기록 유산, 왕실의 큰 행사의 과정, 비용, 인원을 기록한 책, 조선 초기부터 제작했으나 현존하는 의궤는 임란 이후에 만들어진 것이다. 현존 최고 의궤는 선조시기에 만들어진 의인왕후 〈반전 혼전도감의궤〉와 〈산릉도감의궤〉이다. 외규장각의궤는 프랑스가 병인양요 때 약탈했다가 최근에 반환되었다.

▲ 조선왕조의궤

(4) 17세기 역사서
- ① **동사찬요** : 1609년, 오운, 신라-고려시대, 애국명장 소개, 기자조선 중시, 기전체
- ② **휘찬여사** : 1639년, 인조 시기, 남인 홍여하, 고려사 정리, 기자 - 마한 - 신라, 강목체
- ③ **여사제강** : 1667년, 현종 시기, 서인 유계, 고려시대 역사 정리(고려의 북방 민족에 강력히 항전한 것을 기록)
- ④ **동사** : 1667년, 현종, 남인 허목, 기전체, 단군 - 삼국시대 서술, 자연환경·풍속·인성·독자성 강조

(5) 18세기 역사서
- ① **이익** : 중국 중심의 역사관 비판(독자적 정통론) → 성호사설(삼한정통론)
- ② **안정복**
    - ㉠ **동사강목** : 고증사학 토대 마련, 고조선~고려 말, 통사, 강목법을 가미한 편년체, 독자적 **삼한(마한)정통론**, 고구려 강대함 강조, 이익의 역사의식 계승(단군 → 기자 → 마한 → 신라 → 통일신라)
    - ㉡ 열조통기 : 조선사 연구(당대사) 태조~영조까지 역사 서술, 편년체
- ③ **한치윤** : 19세기 초, 순조 시기,
    - 해동역사 - 다양한 외국 자료(500여종의 중국·일본자료) 이용, 고조선 - 고려 통사, 기전체
- ④ **이긍익** : 19세기 초, 순조 시기
    - 연려실기술 - 실증적·객관적 조선의 정치·사회사, 당대사 기록, 야사총서, 기사본말체
- ⑤ **이종휘** : 19세기 초, 순조 시기,
    - 동사(고구려사 강조) - 고대사 연구시야를 만주·연해주로 확대, 반도적 사관 극복
- ⑥ **유득공 : 1784년 정조시기**
    - **발해고(발해사) - 최초 남북국 시대, 구고로 구성되어 있음, 반도 중심의 역사관 극복**

> ✅ **암기 TIP**
> 안정복 역사서 : 안동에서 열난다 - 안정복, 동사강목, 열조통기

> ✅ **암기 TIP**
> 한치윤 역사서 : 한해 - 한치윤, 해동역사

> ✅ **암기 TIP**
> 이긍익 : 술이 익는다 - 연려실기술, 이긍익

> ✅ **암기 TIP**
> 이종휘 역사서 : 휘동 - 이종휘, 동사

> ✅ **암기 TIP**
> 유득공 역사서 : 유발 - 유득공, 발해고

4 불교

(1) 태조 : 도첩제 → 태종 : 사원전 몰수, 정
(2) 세종 : 선·교 통합 36사만 인정, 왕실 내 내불당 설치
(3) 성종 : 억불정책, 도첩제 폐지(위상↓) → 이후 산간 불교화
(4) 불교명맥 유지
- 세종(내불당, 〈석보상절〉〈월인천강지곡〉 간행)
- 세조(간경도감, 한글 불경, 원각사지 10층탑)
- 명종(문정왕후 지원-보우 등용, 승과 일시 부활) / 임진왜란-휴정(서산대사), 유정(사명당)

5 도교, 민간신앙

(1) **도교** : 소격서 설치, 초제(참성단에서 하늘에 제사), 조광조 폐지

(2) **풍수지리설** : 한양 천도에 반영, 산송 유발

(3) **기타 민간신앙** : 무격신앙, 산신신앙, 삼신신앙, 촌락제(마을제사) 등

■ **총정리 및 암기팁**

1. 한글창제 : 훈민정음 – 용석 쌤 월 수업
2. 성균관 : 최고교육기관, 원칙적 생원·진사 입학, 명륜당, 문묘 대성전,
3. 향교 vs 서원 : 성현제사, 선현제사 구분하기
4. 역사서
   전기 – 고 동 / 고 삼 절요 통 / 동 기 요
   후기 – 이익(시세), 안정복(안동열), 한치윤(한해), 이긍익(술이 익는다), 이종휘(휘동), 유득공(유발)
5. 실록 : 3단계 편찬, 사초 + 시정기 + 관청문서 + 개인문서 등, 4대사고 – 5대사고

● 사료 및 심화자료

• 서원 교육

원생 각자에게는 일종의 생활 기록부가 있어 원생의 출석 여부를 확인하고, 학업 성적을 평가하면서 독서 지침도 마련해 놓고 있는데 생활이 불량한 자는 서원에서 쫓겨나기도 하였다. 학업 평가는 대통(大通)·통(通)·약통(略通)·조통(粗通)·불(不)의 5단계 평가가 대표적인데 대통은 구두(口頭)에 밝고 설명에 막힘이 없어서 책의 취지를 두루 알고 있는 최상위의 학생에게 주어지는 성적이고, 가장 낮은 단계인 불(不)은 낙제를 의미하였다.

• 소중화(   ) 사상

주나라 때 기자가 건너옴으로써 중화(中華)의 문물을 건네 받았으므로 조선의 전통과 역사의 뿌리를 단군보다 기자에 두어야 한다는 역사 의식. 이른바 우리는 중국의 작은집[小中華]임을 자처하면서 중국을 큰집[中華]으로 섬기고[事大] 하늘에 대한 제사도 천자(天子)의 나라인 중국을 통해서만 가능하다는 것으로 16세기 사림들의 존화주의와 사대주의의 원천이기도 하였지만, 한편으로 주변 오랑캐(왜·여진)와 문화민족인 우리민족을 구분지으려는 의식이 밑바탕에 깔려 있었다.

• 소격서

고려 시대부터 있던 소격전을 태조가 한양 천도 후 수도에 새로 설치하였다. 1466년 세조가 관제 개정을 할 때 소격서로 바뀌었고, 이후 경국대전에도 수록되었다. 소격서는 성종 때 최초의 혁파 논의가 나온 후, 1496년 연산군 때 공식 폐지되었다. 그 후 중종 때에는 소격서의 치폐에 몇 번의 변동이 있었다. 즉, 소격서는 중종이 즉위하면서 다시 복원되었으나, 조광조 등의 건의로 혁파(1518)되었고, 1522년에 다시 복원되는 변화를 겪게 된 것이다. 이 소격서는 결국 최종적으로 임진왜란 이후에 완전히 폐지되었다. 이와 같은 소격서의 혁파와 복설은 유교주의 정치의 정착 과정에서 전통적인 관습·제도와의 갈등에서 빚어진 것이다.

• 유득공의 발해 인식

부여씨가 망하고 고씨(고구려)가 망한 다음, 김씨(신라)가 남방을 차지하고 대씨(발해)가 북방을 차지하고는 발해라 하였으니, 이것을 남북국이라 한다. 남북국에는 남북국의 사서가 있었을 텐데, 고려가 편찬하지 않은 것은 잘못이다. 저 대씨가 어떤 사람인가? 바로 고구려 사람이다. 그들이 차지하고 있던 땅은 어떤 땅인가? 바로 고구려 땅이다. -「발해고」

기출문제

01 밑줄 그은 '이 자료'에 대한 설명으로 옳지 <u>않은</u> 것은? [1점]
한능검 고급 26회 28번

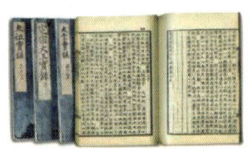

<u>이 자료</u>는 조선 역대 왕들의 역사를 후대에 남기기 위해 실록청에서 편찬되었습니다.

① 기전체 형식으로 서술되었다.
② 태조 왕대부터의 기록이 남아 있다.
③ 사초와 시정기 등을 근거로 편찬되었다.
④ 춘추관 관원들이 편찬 업무에 참여하였다.
⑤ 임진왜란 이전에는 4대 사고에 보관되었다.

해설

실록청에서 편찬한 책은 실록이다. 실록은 왕이 죽으면 춘추관에서 실록청을 만들고 편찬한다. 실록은 다양한 자료를 검토해 만든다. 기본적으로 편년체로 편찬한다. ① 기전체는 삼국사기, 고려사, 동사, 해동역사 등이다. 실록은 편년체이다.

오답분석

나머지는 모두 실록에 대한 내용이다.

정답 ①

02 다음 수행평가 보고서의 제목으로 적절한 것은 〈보기〉에서 고른 것은? [2점]
한능검 중급 33회 28번

한국사 수행평가 보고서 안내

조선 후기에 편찬된 역사서와 지리서를 조사하여 보고서로 제출하시오.

• 보고서 제목의 예시
  아방강역고 – 우리나라 국경과 영토의 변천 과정 고증
• 분량 : A4 용지 2장 이내
• 제출 기간 : 2016년 ○○월 ○○일~ ○○일

〈보기〉
ㄱ. 발해고 - 발해 관련 지식의 정리
ㄴ. 기자실기 - 사림의 역사 의식 반영
ㄷ. 연려실기술 - 기사본말체로 조선의 역사 기록
ㄹ. 신증동국여지승람 - 군현의 연혁, 산천, 인물 등 수록

① ㄱ, ㄴ ② ㄱ, ㄷ ③ ㄴ, ㄷ
④ ㄴ, ㄹ ⑤ ㄷ, ㄹ

해설

조선 후기 역사서와 지리서를 알고 있는지 물어보는 문제이다. ㄱ. 발해고는 조선 후기 유득공이 쓴 역사서이다. ㄷ. 연려실기술은 조선 후기 이긍익이 쓴 역사서이다.

오답분석

ㄴ. 기자실기는 조선 중기 율곡 이이가 쓴 기자 관련 서적이다.
ㄹ. 신증동국여지승람은 조선 중기 중종시기에 편찬된 지리지이다.

정답 ②

CHAPTER 41 조선시대 서적 (농서, 의서, 윤리서, 지도, 지리서, 백과사전 등)

1 농서

(1) 조선 전기

① **농사직설**(세종-정초, 독자적 우리 농법 소개, 농부 실제 경험)

② **양화소록** : 강희안(세조, 양잠·원예)

③ 금양잡록(성종-강희맹, 경기도 시흥지방 농법 소개)

④ **구황촬요** : 명종, 구황법(나무껍질, 도토리)

(2) 조선 후기

① **신속(효종) - 「농가집성」** : 이앙법 보급, 농사직설, 금양잡록, 구황촬요 등 조선 전기 농서 집대성

② 박세당(숙종) - 「색경」 : 상권 - 농업의 총론적 내용, 하권 - 양잠 관련 내용

③ 홍만선(숙종) - 「산림경제」 : 농업, 임업, 축산, 양잠, 식품 저장 등 소개

④ 서호수(정조) - 「해동농서」 : 우리나라 농학을 중심에 두고 중국 농학 수용 (남북농법 종합)

⑤ 서유구(서호수子, 헌종) - 「임원경제지」 : 농촌백과사전, 둔전 주장

2 의서

(1) 조선 전기

① **향약집성방(세종)** : 우리 풍토에 맞는 약재, 치료방법 개발, 정리
cf. 고려 - 향약구급방

② 태산요록(세종) : 출산과 영아의 질병 정리

③ 의방유취(세종) : 의학백과사전, 의관 전순의 저술, 중국 + 국내 의서

(2) 조선 후기

① 17세기
- 허준 「동의보감」(한의학 총정리, 중국과 일본에서 간행, 세계 기록문화 유산)
- 허임 「침구경험방」 : 침구술 집대성
- 안경창 「벽온신방」 : 장티푸스(온열) 연구, 전염병 연구

② 18세기 - 정약용 「마과회통」 : 지석영 종두법 최초 보급

③ 19세기 - 이제마 「동의수세보원」 : 사상 의학 확립

출제 POINT
농서, 의서, 윤리서 특징

암기 TIP
중요 농서 정리 : 상사가·요설성·이정신 – 농상집요, 농사직설, 농가집성, 이암, 정초, 신속

암기 TIP
박세당 농서 : 쎈 아저씨 사색되었다 – 박세당, 사변록, 색경
홍만선 농서 : 선산 – 홍만선, 산림경제
서호수 농서 : 서쪽 호수에 해떴다 – 서호수, 해동농서
서유구 농서 : 구원투수 – 서유구, 임원경제지

암기 TIP
의서 정리 : 방이 구질구질해서 집에서 냄새가 난다 – 향약방, 향약구급방, 향약집성방, 의방유취

3 윤리·의례서 편찬

(1) 15세기

　① **삼강행실도 : 세종, 설순편찬**, 그림 + 글, 충신 + 효자 + 열녀

　② **국조오례의** : 성종, 신숙주 편찬, 국가의례정비, 가례(관혼)·빈례(사신접대)·군례(군사)·흉례(상례)·길례(제사)

(2) 16세기

　① **이륜행실도** : 연장자와 연소자, 친구 사이에 지켜야 할 윤리, 중종, 조신, 김안국 편찬

　② **동몽수지** : 주자, 어린이가 지켜야 할 예절

　③ **격몽요결** : 어린이 성리학 윤리서, 이이

(3) 18세기 - 속오례의 : 영조, 의례서 재정비

4 지도

(1) 목적 : 중앙집권과 국방강화

(2) 조선 전기 지도

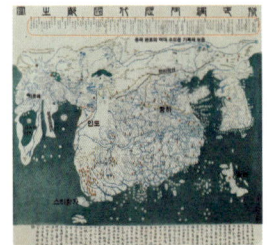
▲ 혼일강리역대국도지도

　① **혼일강리역대국도지도(태종, 이회)**

　　• **원나라 세계지도 + 한반도 지도(아메리카×), 김사형, 이회 제작, 권근이 발문을 지음, 동양 최고 세계지도(일본보관)**

　　• 아라비아 영향을 받은 원나라 세계지도와 한반도 지도, 일본지도 첨가, 유럽, 아프리카 표기, 단 아메리카 대륙은 발견 전이라 표기가 안됨

　② **팔도도(태종, 이회)** : 조선 최초 전국지도 / 팔도도(세종, 정척)

　③ **동국지도(세조, 양성지)** : 규형·인지의 이용, 최초 실측 지도, 북방기록↑, 현존×   cf. 조선후기 동국지도 비교

　④ **조선방역지도(명종)** : 유일하게 현존 원본 지도, 8도를 다른 색으로 표시, 주현, 병영, 만주·대마도 표기, 명종

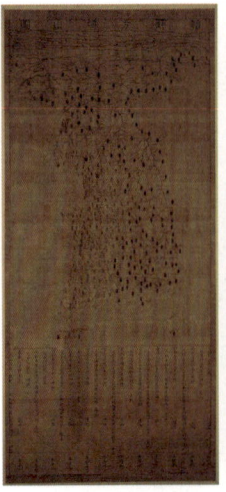
▲ 조선방역지도

▲ 대동여지도

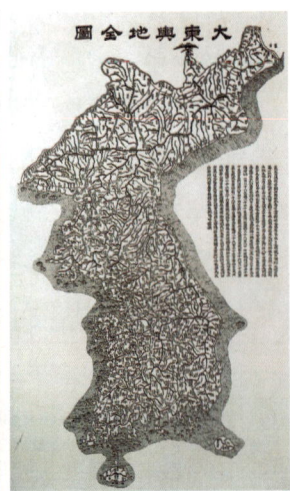
▲ 동국지도

(3) 조선 후기 지도
   ① **동국지도(정상기)** : 영조, 실측지도(백리척, 축적법), 최초의 100리척
   ② **청구도(김정호)** : 1834년, 순조, 관찬지도 집대성, 정상기의 동국지도를 바탕으로 제작함
   ③ <mark>**대동여지도(김정호)** : 철종, 실측지도, 목판인쇄(10리눈금표시)</mark>, 목판인쇄로 대량 인쇄 가능

(4) 조선 후기 세계 지도 – 곤여만국전도(마테오리치) 세계지도(아메리카有)

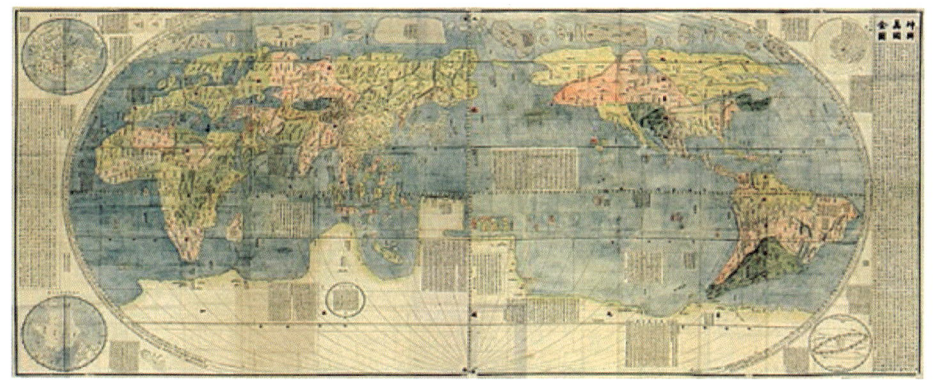

▲ 곤여만국전도

5 지리서

(1) 조선 전기 지리서
   ① **신찬팔도지리지(세종)** : 지리·역사·정치·사회 수록, 최초 지리지, 최초 관찬 지리서
   ② **세종실록지리지(단종)** : 전국 지리지, 세종실록부록, 독도 최초 기록
   ③ **팔도지리지(성종)** : 세종실록 지리지 미비점 보완, 수로 + 봉화 + 역참 표기
   ④ <mark>**동국여지승람(성종, 서거정)**</mark> : 군현 연혁/지세/인물/풍속/성씨 등 수록, 왕명으로 편찬
   ⑤ <mark>**신증동국여지승람(중종, 이행)**</mark> : 동국여지승람 증보편찬, 인문지리지, 현존, 팔도총도 수록(독도, 울릉도 지도 표현)
   ⑥ **해동제국기(세종 – 성종)** : 신숙주 일본견문기
   ⑦ **표해록** : 최부, 중국표류기, 성종시기

(2) 조선 후기 지리서
   ① **택리지(이중환)**
      • 1615년, 영조, 인문지리지, 풍수, 생리, 산수, 인심
      • 양반가거지(거주할만한 지역) 선정이 목표
   ② **아방강역고(정약용)**
      • 1811년, 순조 시기, 우리나라 역대 영역 고증(국경선고증)
      • 백제 첫 도읍지가 한성(서울)이라는 것과 발해 중심지가 만주라는 것을 고증함

▲ 팔도총도

③ **강계고(신경준)** - 1756년, 고조선 - 조선 영역을 고증함

④ **동국지리지(한백겸)** - 17세기 초 고대 지명 새롭게 고증, 고구려 발상지가 만주지방임을 최초 고증

(3) 세계지리지 - 직방외기(알레니)

6 백과사전 편찬

지봉유설(이수광)	• 17세기 초 최초 백과사전, 마테오리치의 〈천주실의〉 소개 • 유럽, 회교, 불교문화권 소개, 문화 인식 폭 확대
성호사설(이익)	• 천지, 만물, 경사, 인사, 시문 5개 부분 기술 • 우리나라&중국문물 소개
동국문헌비고 (한국학백과사전)	• 영조 명으로 우리나라 각 영역을 체계적으로 정리한 한국학 백과사전
청장관전서(이덕무)	• 18세기 중국 역사·풍속·제도 소개
임원경제지(서유구)	• 농촌생활백과사전, 둔전 주장, 박물지, 16지로 구성
오주연문장전산고 (한국학백과사전)	• 이규경, 중국·우리나라 고금사물 소개, 동국문헌비고 + 청장관전서 • 1417항을 고증적 방법으로 설명, 이덕무 손자
명남루총서(최한기)	• 만유인력 소개, 기철학 강조 - 개화파에 영향

7 언어연구

① **세종「훈민정음해례본」**: 한글에 대해 설명한 해설서

② **최세진「훈몽자회」**: 한자 학습서, 자음 최초 설명

③ **신경준「훈민정음운해」**: 조선후기

④ **이의봉「고금석림」**: 우리방언·해외언어 정리

8 금석학

김정희「금석과안록」 - 금석문 대가, 북한산비·황초령비가 진흥왕순수비임을 고증

9 법전 편찬

> ✔ 암기 TIP
> 경속통회 - 경국대전, 속대전, 대전통편, 대전회통

조선경국전	태조	정도전	여말선초 조례를 정리한, 최초 법전(주례참조)
경제문감	태조	정도전	조선정치 조직의 초안
경제육전	태조	조준, 하륜	각종 조례를 정리한 법전
경국대전	세조-성종	최항, 노사신	• 조선 기본 법전, 유교통치 질서, 문물제도 완성 • 6전으로 구성(이, 호, 예, 병, 형, 공)
속대전	영조		법전 재정비
대전통편	정조		경국대전, 속대전 통합 정리
대전회통	고종	흥선대원군	경국대전, 속대전, 대전통편 통합 정리

10 병서, 무기

(1) 조선 전기 병서
- 진법서(진도) : 태조, 정도전, 요동정벌 위해 전술 정리
- 총통등록 : 세종, 화약무기 제작과 사용법 정리, 그림 + 글
- 동국병감 : 문종, 김종서, 고조선 ~ 고려 말까지 전쟁사 정리
- 병장도설 : 성종, 군사훈련 지침서, 화포제작과 사용법 수록

(2) 조선 후기 병서
- 속병장도설 : 영조, 5군영 훈련법 및 군대운영서
- 무예도보통지 : 정조, 무예훈련 교범서

■ 총정리 및 암기팁

1. 농서 : 상사가·요설성·이정신 – 농상집요, 농사직설, 농가집성, 이암, 정초, 신속
   쎈 아저씨 사색되었다 – 박세당, 사변록, 색경
   선산 – 홍만선, 산림경제
   서쪽 호수에 해떴다 – 서호수, 해동농서
   구원투수 – 서유구, 임원경제지
2. 의학 : 방이 구질구질해서 집에서 냄새가 난다 – 향약방, 향약구급방, 향약집성방, 의방유취 / 허준(동의보감), 허임(침구경험방), 이제마(동의수세보원)
3. 윤리서 : 삼강행실도, 국조오례의, 이륜행실도, 속오례의
4. 지도 : 혼일강리역대국도지도(태종, 이회), 동국지도(정상기), 대동여지도(김정호)
5. 지리서 : 신찬 팔도지리지(세종), 동국여지승람(성종), 동국지리지(한백겸), 택리지(이중환)
6. 백과사전 : 지봉유설(이수광), 성호사설(이익), 임원경제지(서유구, 구원), 동국문헌비고(영조, 한국학백과사전),
7. 언어연구 : 세종 「훈민정음혜례본」, 신경준(훈민정음운해)
8. 금석학 : 김정희(금석과안록)

◎ 사료 및 심화 정리

• 혼일강리역대국도

천하는 지극히 넓다. 안으로 중국에서 밖으로 사해에 닿아 몇 천만리나 되는지 알 수 없는 것을, 요약하여 두어 자 되는 폭에다 그리니 자세하게 기록하기가 어렵다. …… 건문 4년(1402) 여름에 좌정승 김사형과 우정승 이무가 (성교광피도와 혼일강리도의) 지도를 연구하고, 검상 이회를 시켜 다시 더 상세히 교정하게 한 다음에 합하여 한 지도를 만들었다. 요수 동쪽과 우리나라 지역은 이택민의 광피도에도 또한 많이 궐락되었으므로, 이제 특별히 우리나라 지도를 더 넓히고 일본 지도까지 붙여 새 지도를 만드니, 조리가 있고 볼 만하여 참으로 문 밖을 나가지 않고도 천하를 알 수 있다.
– 양촌집(권근)

• 택리지

대저 살 곳을 잡는 데는 지리를 첫째로 들 수 있으며, 생리가 다음이다. 그 다음은 인심이며, 또 다음은 아름다운 산수가 있어야 한다. 이 네 가지에 하나라도 모자라면 살기 좋은 땅이 아니다. 그런데 지리가 비록 좋아도 생리가 모자라면 오래 살 곳이 못되고, 생리가 비록 좋아도 지리가 나쁘면 또한 오래 살 곳이 못된다. 지리와 생리가 함께 좋아도 인심이 착하지 않으면 반드시 후회할 일이 있게 되고, 가까운 곳에 볼 만한 산수가 없으면 성품을 닦을 수 없다.

• 사상의학

사람이 타고난 천품이 대소생리가 네 가지로 각자가 같지 않다. 폐가 크고 간이 작은 자는 태양인이라 하고, 간이 크고 폐가 작은 자는 태음인이라 하고, 비가 크고 신이 작은 자는 소양인이라 하고, 신이 크고 비가 작은 자는 소음인이라 한다.   – 동의수세보원

기출문제

01 (가) ~ (마)에 들어갈 내용으로 옳은 것은? [2점]

　　한능검 심화 50회 24번

한국사 과제 안내문

다음에 제시된 조선의 농업 서적 중 하나를 선택하여 보고서를 제출하시오.

책 이름	소개
구황촬요	(가)
금양잡록	(나)
농사직설	(다)
산림경제	(라)
임원경제지	(마)

- 조사 방법 : 문헌 조사, 인터넷 검색 등
- 제출 기간 : 2020년 ○○월 ○○
- 분량 : A4 용지 3장 이상

① (가) - 목화 재배와 양잠 등 중국 화북 지방의 농법 소개
② (나) - 인삼, 고추 등의 상품 작물 재배법과 원예 기술 수록
③ (다) - 정초, 변효문 등이 우리 풍토에 맞는 농법을 종합하여 편찬
④ (라) - 농촌 생활을 위한 백과사전으로 서유구가 저술
⑤ (마) - 강희맹이 손수 농사를 지은 경험과 견문을 종합하여 서술

🔍 **해설**

③ 농사직설은 세종시기 정초와 변효문 등이 우리 풍토에 맞는 농법을 종합하여 편찬한 농서이다.

🔍 **오답분석**

(가) 구황촬요는 명종시기 구황법에 관련된 서적이다. (나) 금양잡록은 강희맹이 손수 농사를 지은 경험과 견문을 종합하여 서술한 서적이다. (라) 산림경제는 인삼, 고추 등의 상품 작물 재배법과 원예 기술을 수록한 서적이다. (마) 임원경제지는 농촌생활을 위한 백과사전으로 서유구가 저술한 서적이다.

🔍 **정답** ③

CHAPTER 42 성리학 상대화, 호락논쟁, 양명학

출제 POINT
성리학상대화를 주장한 윤휴, 박세당 특징, 호락논쟁 특징, 정제두 특징

1 성리학의 절대화(교조화)

※ 성리학 : 인간의 심성과 우주원리 연구 학문, 격물치지, 선지후행

(1) 성리학의 절대화 : 서인

서인 - 노론 송시열	의리 명분론 강화(개혁·실천적 측면 약화)
	주자중심의 성리학 절대화(주자 경전해석 절대적 신봉-송시열(노론)), 보수적, 대명의리론 강조

(2) 성리학의 상대화(성리학 비판) : 남인, 소론 주도

윤휴 (남인)	유교경전에 대한 독자적 해석, 「제자백가」, 「원시6경」, 「중용주해」, 「독서기」
박세당 (소론)	양명학, 노장사상 영향 받아 주자 학설 비판 「사변록」 - 주자학적 학풍비판, 독자적 견해 주장 「색경」 - 농서

☑ 암기 TIP
윤휴 서적 : **제육**에 **중독** - **제자백가, 원시6경, 중용주해, 독서기**

☑ 암기 TIP
박세당 서적 : **쎈** 아저씨가 **사색**이 되었다 - 박세당, **사변록, 색경**

※ 송시열 : 노론, 서인 강경파, 효종 때 북벌 주장, 현종 예송 때 왕사동례 주장, 숙종 기사환국 때 사약 받음
※ 윤 휴 : 서경덕 영향, 남인, 유교 경전 독자적 해석, 송시열 예론 비판 〈독서기〉, 〈중용주해〉저술, 사문난적, 경신환국 시기 사사(죽음) 당함

▲ 송시열 초상

▲ 윤휴 초상

▲ 박세당 초상

2 성리학 논쟁

(1) 이기론 논쟁(16세기 후반)

① 사단칠정(이황, 기대승) → 이황학파(영남남인) ↔ 이이학파(서인, 노론)

(2) 호락논쟁(18세기, 노론 간 논쟁)

구분	호론(충청도)	낙론(서울)
중심인물	한원진, 윤봉구	이간, 김창협, 이재
주장	인물성이론(조선≠청)	인물성동론(조선=청)
지역	충청도	서울, 경기도
계승	북벌론, 위정척사 송시열, 권상하	북학사상 - 개화파 홍대용, 박지원, 박제가

> 암기 TIP
> 호이 낙동 - 호락논쟁, 인물성이론 / 낙론, 인물성동론

(3) 반청 숭명
- 만동묘(숙종, 충북 괴산, 송시열 유언, 명 신종 제사), 대보단(숙종, 창덕궁, 명 신종 제사)
- 〈존주휘편〉: 정조, 숭명반청 사상 총정리

(4) 소론: 성혼 사상 계승, 양명학과 노장사상 수용 → 성리학 이해의 탄력성을 보임, 박세당

3 양명학(중국 명나라 왕양명의 학문, 실천적 유학)의 수용

(1) 수용

① 중종 때 명에서 전래(서경덕 학파)

② 서경덕 학파, 왕실종친↑ → 소론계열 수용

③ 이황 양명학 비판 〈전습록변〉 저술 ⇒ 이단으로 배척

(2) 사상

① 심즉리(인간마음이 이) + 지행합일 + 치양지(앎을 실행해라) + 친민설(백성과 친해져야 한다) ⇒ 성리학 비판(성즉리, 선지후행), 실천적 유학

(3) 발전
- 최명길(양명학 시작) → 정제두(강화학파 형성) → 이광사 → 이긍익 → 국학운동(박은식, 정인보) 영향 ⇒ 정제두 제자, 불우한 종친·재야소론 집안 후손, 인척 중심의 가학 형태로 계승

(4) 강화 학파(정제두) 특징

① 양반제 폐지 주장

② 일반민을 도덕 실천의 주체로 상정

③ 집안의 후손과 인척 중심으로 가학 형태로 계승(주로 소론 출신)

※ 정제두 저서: **하**곡집, **존**언, **변**퇴계전습록변, **만**물일체설, 학변
※ 성리학: 성즉리, 격물치지, 선지후행, 신민설(백성은 교화의 대상)
양명학: 심즉리, 치양지설, 지행합일, 친민설(백성이 도덕 실천의 주체)

> 암기 TIP
> 하존변만

■ 총정리 및 암기팁

1. **성리학 절대화 : 송시열 / 상대화 – 윤휴(제육) 박세당(사색)**
2. **호락 논쟁 : 호이 / 낙동**
3. **양명학 : 지행합일, 치양지 / 강화학파 – 정제두(하존변만)**

사료 및 심화 자료

• 송시열 사상

하늘이 공자에 이어 주자를 내셨으니 참으로 만세의 도통(道通)이다. 주자 이후로는 일리(一理)도 밝혀지지 않은 것이 없고 일서(一書)도 명확해지지 않은 것이 없는데, 윤휴가 감히 자신의 견해를 내세워 가슴속의 억지를 늘어놓으니, 윤휴는 진실로 사문의 난적이다.
– 「송자대전」

윤휴 사상 천하의 많은 이치를 어찌 주자만 알고 나는 모르겠는가? 이제 주자는 그만 덮어 두고 오직 진리만을 연구해야 한다. 주자가 다시 살아온다면 나의 학설을 인정하지 않겠지만 공자가 살아온다면 내 학설이 승리할 것이다.
– 「백호전서」

• 박세당의 탈성리학 사상

박세당은 성리학의 스승을 무비판적으로 답습하는 것으로 파악하고 자유로운 비판을 강조하였다. 주자가 인간 본성의 선천성을 주장한 점을 비판하고 인간의 도덕적 판단력을 인정함으로써 인간의 능동적인 실천 행위와 주체적인 사고 행위를 강조하고, 노자의 도덕경을 적극적으로 해석하였다. 이러한 그의 사상은 조선 후기의 폐쇄적이고 배타적인 성리학적 흐름에 대하여 포용성과 개방성을 강조하였다는 점에서 그 역사적 의미를 찾을 수 있다.

• 호락 논쟁 (   )

인간과 사물의 본성이 다르다는 인물성이론(人物性異論)을 주장한 충청도 지역의 호론(湖論)과 인간과 사물의 본성이 같다는 인물성동론(人物性同論)을 주장한 서울·경기 지역의 낙론(洛論) 사이의 논쟁이다. 뒤에 호론은 위정척사 사상으로 연결되었으며, 낙론은 북학 사상으로 연결되었다.

• 양명학의 수용과 발전 과정

양명학은 조선에 16C 전반인 중종(1506~1544) 때 전래된 후, 명과의 교류가 활발해지면서 주로 서경덕 학파와 종친들 사이에서 점차 확산되어 갔다. 그러나 이황(1501~1570)이 비판한 것을 계기로 몇몇 학자들{최명길(1586~1647)·심흠·장흥 등}만이 관심을 기울였으나, 17C 후반 소론 학자들에 의하여 본격적으로 수용되었다. 그 뒤 정제두(1649~1736)가 학문적 체계를 갖추면서 양명학은 사상계의 한 부분을 차지하게 되었으며, 18C초(1709)에 정제두가 강화도로 옮겨 살면서 양명학의 연구와 제자 양성에 힘써 강화 학파를 형성하였다.

기출문제

01 다음 검색창에 들어갈 인물의 활동으로 옳은 것은? [3점]

한능검 고급 41회 28번

역사 인물 검색

[검색]

【검색 결과】

- 생몰 : 1617년~1680년
- 호 : 백호(白湖), 하헌(夏軒)
- 생애
  - 1, 2차 예송에서 각각 3년설, 1년설을 주장함
  - 유교 경전의 재해석을 시도하여 '사문난적' 이라고 비판받음
  - 경신환국으로 사사(賜死)됨

---

① 사화의 발단이 된 조의제문을 작성하였다.
② 청의 정세 변화를 계기로 북벌을 주장하였다.
③ 반계수록에서 토지 제도 개혁론을 제시하였다.
④ 양반전을 지어 양반의 허례와 무능을 지적하였다.
⑤ 충청도 지역까지 대동법의 확대 실시를 건의하였다.

🔍 **해설**

예송에서 3년설, 1년설을 주장했고, 유교 경전을 재해석하다 사문난적을 당한 사람은 윤휴이다. 윤휴는 남인으로 1.2차 예송에서 3년설, 1년설을 주장하고 제자백가, 원시육경, 중용주해, 독서기를 통해 독자적 성리학 학설을 주장하였다. 이에 송시열이 사문난적이라 비판하였다. 또한 ② 윤휴는 숙종 때 청의 정세 변화를 이용하여 북벌을 주장하였다가 서인들의 반발로 인해 경신환국이 일어나고 이후 경신환국 때 죽게 된다.

🔍 **오답분석**

① 조의제문을 작성한 사람은 김종직이다.
③ 반계수록은 유형원이 저술하였다.
④ 양반전은 박지원이 저술하였다.
⑤ 충청도 대동법 확대는 김육이다.

🔍 **정답** ②

CHAPTER 43 실학

> 출제 POINT
> 각 실학자 사상 특징 파악하기
> (정약용, 홍대용, 박지원, 박제가 중심)

1 실학의 등장

(1) 개념 : 17~18세기 사회모순 해결책 강구하는 과정에서 대두, 실사구시(실용적·개혁적)

(2) 배경

　① 성리학의 현실문제 해결능력 상실 → 사회모순 시정 요구

　② 고증학과 서학의 영향

(3) 실학의 선구자

　• 이수광(지봉유설-최초 백과사전, 천주실의 소개)　✅암기 TIP　이수광 서적 : 수지

　• 한백겸(동국지리지-역사지리지, 고구려 발상지 고증)　✅암기 TIP　한백겸 서적 : 한동

(4) 발전 : 농업 중심 개혁론, 상공업 중심 개혁론, 국학연구

(5) 한계 : 몰락한 지식인들의 개혁론이었기 때문에 당시의 국가 정책에 미반영

2 농업 중심의 개혁사상(중농학파, 경세치용)

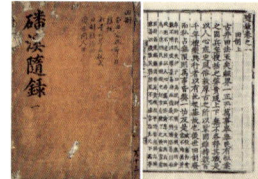
▲ 유형원의 반계수록

✅암기 TIP
유형원 서적 : 무 넣은 반계탕 신분에 따라 균등히 나누어 먹었다. - 경무법, 반계수록, 신분제 인정, 균전론

✅암기 TIP
이익 서적 : 성곽에서 영업 좀 한전폐 한다. - 성호사설, 곽우록, 영업전, 6좀론, 한전론, 폐전론

✅암기 TIP
정약용 서적 : 경전을 읽다 목이 아파 흠흠 거리다 원탕기에 약을 달여 여유롭게 마아 먹었다.

학자	특징 및 저서
유형원	① 호 : 반계, 17세기 후반, 북인, 인조-효종-현종 ② 〈반계수록〉 ③ 중농실학 선구자 ④ 균전론 주장 : 신분에 따라 차등 분배(신분인정 한계) → 자영농 육성 ⑤ 사회개혁(양반문벌, 과거, 노비모순 비판) ⑥ 결부제× → 경무법 실시, 노비세습제× ⑦ 한계 : 적서차별, 군-양천구별, 문음, 노비 인정, 신분인정
이 익	① 호 : 성호, 18C전반, 남인, 성호학파 형성 ② 한전론 : 영업전 지정(매매금지, 하한선 제한) 이외 매매 가능 ③ 6좀론 : 나라를 좀먹는 6가지 ④ 폐전론 주장(화폐 부정적) ⑤ 붕당론 : 관직은 적은데 과거에 응시한 사람이 많은데서 붕당이 생긴다 ⑥ 〈성호사설〉 : 백과사전 ⑦ 성호학파 형성 - 안정복, 정약용 등 ⑧ 〈곽우록〉 : 국가 제도 전반에 대한 개혁 및 한전론 제시
정약용	① 호 : 다산·여유당, 18세기 후반, 실학 집대성 - 18년 유배 여유당전서(500권) ② 토지개혁 : 여전론(공동농장제 - 1여, 여장) → 정전론(국가토지처분권 귀속) ③ 정치제도 : 백성 의사 반영 → 정치제도 개혁(탕론)

④ 과학기술 : 거중기(화성건설), 한강주교 설계(배다리) → 상공업 발달 관심
⑤ 저서
 - 여유당전서(1934, 조선학운동 정인보 간행) - 목민심서(지방관이 해야 할 일)
 - 경세유표(중앙정치기관 개혁) - 흠흠신서(형옥관련 법률서)
 - 전론(여전론) - 탕론(민본적 왕도정치)
 - 원목(지방관이 민 위해 존재) - 기예론(과학기술↑)
 - 마과회통(홍역, 최초 종두법) - 아방강역고(역사지리지)
  ※ 1표2서 - 경세유표, 목민심서, 흠흠신서 / 3론 - 전론, 탕론, 원목
⑥ 성기호설 주장

▲ 성호 이익 초상

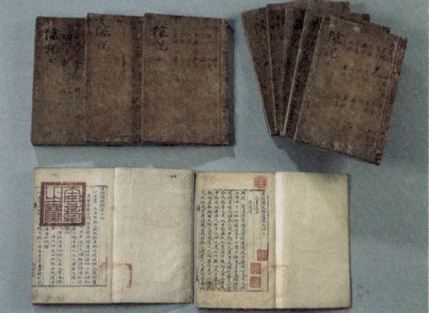
▲ 성호사설

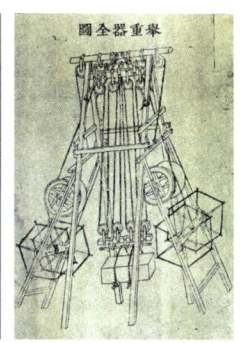
▲ 거중기(정약용)

▲ 정약용 초상

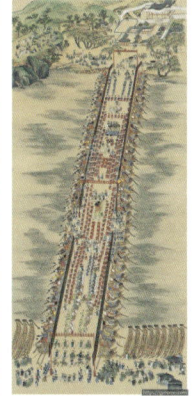
▲ 배다리(정약용)

▲ 다산초당

3 상공업 중심의 개혁사상(중상학파, 이용후생)

학자	특징 및 저서
유수원	① 호 : 농암, 18C전반(영조), 소론, 중상실학 선구자 ② 「우서」 저술 ③ 상공업 진흥과 기술혁신 강조, 사농공상의 직업적 평등화·전문화 강조
홍대용	① 호 : 담헌, 노론 명문가 ② 저서 - 임하경륜 : 균전론 주장(성인남성에 토지 2결씩 지급 주장) 　　　　- 의산문답 : 허자·실옹 문답, 지전설, 무한우주론 　　　　- 담헌서 : 문집 　　　　- 주해수용 : 기하학 수학책 　　　　- 연기 : 청나라 여행기 ③ 균전제, 기술혁신, 문벌폐지, 성리학 극복이 부국강병 ④ 지전설, 무한 우주론, 혼천의 ⑤ 역외춘추론 : 내가 서있는 땅이 중심이라는 사상, 중국 중심 세계관 비판

✅ 암기 TIP
유수원 저서 : 수원에서 우서요
- 유수원, 우서

✅ 암기 TIP
홍대용 저서 : 담임주의 - 담헌서, 임하경륜, 주해수용, 의산문답

▲ 혼천의(홍대용)

43. 실학 … 215

박지원	① 호 : 연암, 농업생산력↑ 관심 ② 저서 - 열하일기 : 청 여행기, 상공업진흥 강조 　　　　- 한민명전의 : 한전론(토지상한선)주장 　　　　- 과농소초 : 영농방법 혁신, 상업적 농경장려, 수리시설 확충 ③ 상공업 진흥, 수레·선박 이용 주장 ④ 화폐유통 필요성 주장(용전론) ↔ 이익(폐전론) ⑤ 양반 문벌제도 비생산성 비판(한문소설 - 양반전, 호질, 허생전, 민옹전)
박제가	① 호 : 초정, 서울출신 ② 〈북학의〉 저술 ③ 상공업 진흥, 청과 통상강화, 절약보다 소비 권장(샘, 우물물) ④ 규장각 검서관 출신(서얼)

> ✓ 암기 TIP
> 박지원 저서 : 과한열 - 과농소초, 한민명전의, 열하일기

> ✓ 암기 TIP
> 박제가 저서 : 박샘북 - 박제가, 샘, 북학의

▲ 홍대용

▲ 박지원

▲ 박제가

■ 총정리 및 암기팁

1. 실학 선구자 : 이수광(수지), 한백겸(한동)
2. 유형원 : 무 넣은 반계탕 신분에 따라 균등히 나누어 먹었다. - 경무법, 반계수록, 신분제 인정, 균전론
3. 이익 : 성곽에서 영업 좀 한전폐 한다. - 성호사설, 곽우록, 영업전, 6좀론, 한전
4. 정약용 : 경전을 읽다 목이 아파 흠흠거리다 원탕기에 약을 달여 여유롭게 마아 먹었다.
5. 유수원 : 수원에서 우서요(사농공상이 같이 우서요)
6. 홍대용 : 담임주의 - 담헌서, 임하경륜, 주해수용, 의산문답
7. 박지원 : 과한열 - 과농소초, 한민명전의, 열하일기
8. 박제가 : 박샘북 - 박제가, 샘, 북학의

◎ 사료 및 심화 자료

• 유형원의 균전론

면적은 사방 100보를 1무(畝)로 하여 100무를 1경(頃)으로 하고, 4경을 1전(佃)으로 한다. 농부 한 사람이 1경의 토지를 받으며 법에 따라 조세를 내고, 4경마다 군인 1명을 내게 한다. 사(士)로서 처음 학교에 입학한 자는 2경의 토지를 받고, 내사(內舍)에 들어간 자는 4경을 받되 병역의무는 면제한다. 현직 관료는 9품부터 7품까지는 6경, 그리고 정2품의 12경에 이르기까지 조금씩 더 준다. 그러나 모두 병역 의무는 면제하며, 현직에 근무할 때는 녹을 별도로 받는다. 퇴직하였을 때는 받은 토지로 생계를 유지한다.
　　　　　　　　　　　　　　　　　　　　　　　　　　　　　　　　　　　　　- 「반계수록」

• 이익 학파(성호 학파)

이익은 경기도 광주에서 평생 학문을 연마하여 많은 제자를 키워왔는데, 그 제자들은 그의 호인 성호를 따서 성호 학파라 하였다. 이익의 학문 연구는 개방적이어서 안정복, 이중환, 이가환, 정약용 등 다방면의 제자들을 배출하였다.

• 정약용의 여전론

이제 농사짓는 사람은 토지를 갖고, 농사짓지 않는 사람은 토지를 갖지 못하게 하려면 여전제를 실시하여야 한다. 산골짜기와 시냇물의 지세를 기준으로 구역을 획정하여 경계를 삼고 그 경계선 안에 포괄되어 있는 지역을 1여로 한다. …… 1여마다 여장을 두며 무릇 1여의 인민이 공동으로 경작하도록 한다. …… 여민들이 농경하는 경우도 여장은 매일 개개인의 노동량을 장부에 기록하여 두었다가 가을이 되면 오곡의 수확물을 모두 여장의 집에 가져온 다음 분배한다. 이 때 국가에 바치는 세와 여장의 봉급을 제하며, 그 나머지를 가지고 노동 일수에 따라 여민에게 분배한다. – 「여유당전서」

• 홍대용 저서 내용

- 의산문답 : 실옹(중국의 의무려산에 숨어사는 사람)과 허자(조선의 선비)의 문답 형식을 빌려 지금까지 믿어온 고정관념을 상대주의 논법으로 비판, 인간이 다른 생명체보다 우월하지 않다고 함 → 지전설과 무한우주론 등을 주장, 중국이 세계의 중심이라는 생각 비판
- 임하경륜 : 무위도식하는 선비들의 생산활동 종사를 역설하였고, 교육·인재등용·균전제를 통해 성인 남자들에게 2결의 토지를 지급할 것과 병농일치의 군대조직 등 사회를 개혁할 것을 주장
- 주해수용 : 우리나라, 중국, 서양 수학의 연구성과를 정리하였다.
- 연기 : 북경 여행기, 청의 여러 문물 소개
- 담헌서 : 홍대용의 문집 〈의산문답〉, 〈임하경륜〉이 들어있다.

• 박지원 서적 내용

- 과농소초 : 영농 방법의 혁신, 상업적 농업의 장려, 수리 시설의 확충 등을 통하여 농업 생산력을 높이는 데 관심을 기울였다.
- '양반전', '호질' : 양반들의 허위의식과 사회 부조리를 풍자하였다.
- '허생전' : 중상주의적 사상과 함께 허위적 북벌론을 배격하면서 이상향을 추구하는 내용을 담고 있어 당시 사회가 안고 있는 문제점을 잘 지적하고 있다.

• 박제가의 소비관

비유하건대 재물은 대체로 샘과 같은 것이다. 퍼내면 차고, 버려두면 말라 버린다. 그러므로 비단옷을 입지 않아서 나라에 비단 짜는 사람이 없게 되면 여공이 쇠퇴하고, 쭈그러진 그릇을 싫어하지 않고 기교를 숭상하지 않아서 공장(수공업자)이 도야(기술을 익힘)하는 일이 없게 되면 기예가 망하게 되며, 농사가 황폐해져서 그 법을 잃게 되므로 사농공상의 사민이 모두 곤궁하여 서로 구제할 수 없게 된다. – 「북학의」

기출문제

01 신문 기사에 소개된 인물에 대한 설명으로 옳은 것은? [2점]

■ 한능검 고급 15회 25번

○○ 신문
2012년 1월 ○○일

○○○ 탄생 250주년 '유네스코 연관 기념 행사'로 선정

유네스코에서는 '○○○ 탄생250주년(2012)'을 '2012~2013 유네스코 연관 기념 행사'로 선정하였다. ○○○은(는) 성호 학파의 학통을 이어받아 실학을 집대성한 학자로서, 각종 사회 개혁 사상을 제시하였다. 그는 정조 사후 천주교 박해에 연루되어 오랫동안 강진에서 유배 생활을 하였다.

① 자영농 육성을 위해 한전론을 주장하였다.
② 금석과안록을 지어 금석학 발전에 기여하였다.
③ 지방 행정의 개혁안을 담은 목민심서를 저술하였다.
④ 색경을 저술하여 농업 기술의 발전에 이바지하였다.
⑤ 100리 척을 사용하여 과학적인 지도 제작에 공헌하였다.

🔍 **해설**

실학을 집대성한 학자이며 정조 사후 천주교 박해로 강진으로 유배생활을 한 사람은 정약용이다. ③ 정약용은 지방행정 개혁안을 남은 목민심서와 중앙 정치개혁을 담은 경세유표, 형법 개혁을 담은 흠흠신서를 저술하였다.

🔍 **오답분석**

① 한전론을 주장한 사람은 이익이다.
② 금석과안록을 지은 사람은 김정희이다.
④ 색경을 저술한 사람은 박세당이다.
⑤ 100리 척을 사용해 지도를 만든 사람은 정상기이다.

🔍 **정답** ③

---

02 (가) 인물에 대한 설명으로 옳은 것은?

■ 한능검 심화 47회 26번

이 달의 책

성호사설

이 책은 (가)이/가 평소 학문을 연구하여 기록한 글과 제자들의 질문에 답한 것을 정리한 백과전서류의 저서이다. 천지문·만물문·인사문·경사문·시문문 등 5개 부문으로 구성되어 있는데, 특히 인사문에는 노비제, 과거제, 벌열(閥閱) 등을 나라를 해치는 6가지 좀벌레로 규정하여 비판하는 내용이 담겨 있다.

① 북경에 다녀온 후 연행록을 남겼다.
② 양명학을 연구하여 강화학파를 형성하였다.
③ 북한산비가 진흥왕 순수비임을 고증하였다.
④ 토지 매매를 제한하는 한전론을 제시하였다.
⑤ 북학의를 저술하여 절약보다 소비를 권장하였다.

🔍 **해설**

성호사설을 저술한 사람은 성호 이익이다. 성호 이익은 나라를 좀먹는 6좀론을 주장하였다. 또한 ④ 자영농 육성을 위해 토지 매매를 제한하는 한전론을 제시하였다.

🔍 **오답분석**

① 연행록을 남긴 사람은 홍대용, 박제가 등이 있다.
② 강화학파를 만든 사람은 정제두이다.
③ 북한산비가 진흥왕 순수비임을 고증한 사람은 김정희이다.
⑤ 소비를 권장한 사람은 박제가이다.

🔍 **정답** ④

CHAPTER 44 조선 과학기술, 건축, 도자기

1 과학기술의 발달

(1) 배경 : 전통과학기술 계승 + 국왕(세종) 관학파의 부국강병과 민생안정 중시
(2) 장영실 : 천민 출신으로 각종 기구(자격루, 측우기, 혼천의 등) 발명

2 천문과 역법

(1) 천문
① **천체관측기구** : 혼의, 간의, 간의대(천문대) 설치, 규표 설치(1년 길이 측정)
② **천문도** : 천상열차분야지도(태조) ※고구려 천문도를 바탕으로 제작
③ **시간측정기구** : 앙부일구(해시계), 자격루(물시계, 자동시보장치), 현주일구 (휴대용, 세종)
④ **강우량 측정기구** : 수표(청계천 수위 측정), 측우기(세계최초, 1443) - 관상감, 세종, 장영실 도움
⑤ **역법** : 시헌력(효종시기, 김육 주도로 수용)

● 역법 순서 : 선명력 - 수시력 - 대통력 - 칠정산 - 시헌력
● 토지 측량 기구 : 기리고차(세종, 거리측량 수레) / 인지의, 규형 - 세조

> **출제 POINT**
> 역법 변화 과정, 17세기~18세기 건축 특징, 도자기 변화 과정

> ✓ **암기 TIP**
> 역법순서 : **선수대칠시** - 선명력, 수시력, 대통력, 칠정산, 시헌력

▲ 측우기

▲ 자격루

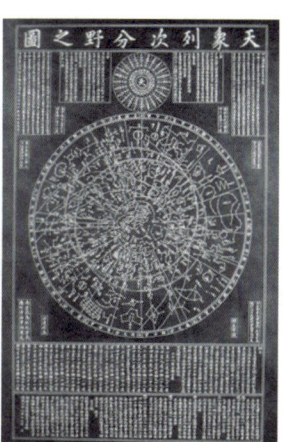
▲ 천상열차분야지도

▲ 앙부일구

▲ 혼천의

3 조선 전기 건축

(1) 15세기(왕실, 관청 중심) - 관학(훈구) 규모↑

① **특징** : 공공건축물 중심(궁궐, 관아, 성문, 학교), 건물 규모 제한(유교적 검약정신)

② **대표적 건축**

경복궁(태조, 법궁), 창덕궁(태종, 세계문화유산)
창경궁(성종), 숭례문(태조) → 조선 전기 독창적 건축
남대문(개성), 보통문(평양) → 고려의 영향을 받음(고려시대+조선시대)

③ **불교 건축** : 원각사지 10층탑(세조), 강진 무위사 극락전(주심포), 해인사 장경판전(세계문화유산)

> ✓ 암기 TIP
> 조선전기 건축 : **원·무·해 -**
> **원**각사지 10층탑(세조), 강진
> **무**위사 극락전(주심포), **해**인사
> 장경판전(세계문화유산)

▲ 한양 지도

▲ 경복궁

▲ 종묘

▲ 해인사 장경판전

▲ 원각사지 10층 석탑

▲ 담양 소쇄원

▲ 도산서원

(2) 16세기(양반, 서원 건축)

① **특징** : 서원 건축 중심, 가람배치양식 + 주택양식결합(강당, 사당, 재)

② **대표적 서원** : 옥산서원(경주, 이언적), 도산서원(안동, 이황) 등

③ **양반 정원** : 담양 소쇄원(양산보), 보길도 세연정(윤선도)

4 조선 후기 건축

> ✓ 암기 TIP
> 금화8개 - 금산사 미륵전,
> 화엄사 각황전, 법주사 팔상전

(1) 17세기 : 금산사 미륵전, 화엄사 각황전, 법주사 팔상전

⇒ 불교 사회적 지위↑, 양반 지주층, 부농층 지원, 다층건물, 규모가 큼

▲ 금산사 미륵전　　▲ 화엄사 각황전　　▲ 법주사 팔상전

(2) 18세기 : 사원 - 논산 쌍계사, 부안 개암사, 안성 석남사

　　⇒ 부농, 상인 지원, 장식성이 강한 사원

　　관청 - 수원화성(방어, 공격을 겸한 성곽시설, 종합적 도시계획)

✅ 암기 TIP

논부안 / 쌍개석 - 논산 쌍계사, 부안 개암사, 안성 석남사

▲ 논산 쌍계사 대웅전　　▲ 부안 개암사　　▲ 안성 석남사　　▲ 수원 화성

(3) 19세기 : 경복궁 근정전, 경회루

▲ 경복궁 근정전　　▲ 경복궁 경회루

5 도자기(생활용품 문방구 위주 제작, 실용적) - 순상분백청

(1) 15세기 : **분청사기** - 청자에 분을 칠한 것 같은 표현 → 자유분방한 그림, 개성적
(2) 16세기 : **순백자** - 선비 취향 저격, 깨끗함 ⇒ 조선후기 : 청화백자(청아한 한국의 아름다움)
(3) 조선 후기 : **청화**, 철화, 진사백자, 안료 다양화(청화·철화·진사) / 서민들은 옹기 사용

　※ 사옹원 : 조선 왕실 도자기 생산, 광주·이천 지역, 음식도 담당

　※ 기타 공예 : 문갑, 장롱, 탁자, 화문석 등 제작 / 화각(쇠뿔) 공예

▲ 분청사기   ▲ 순백자(달항아리)   ▲ 청화백자

6 음악

양반 - 가곡시조(세계무형유산), 서민 - 민요, 광대·기생 - 판소리, 시조, 잡가

■ 총정리 및 암기팁

1. 천문 : 천상열차분야지도 / 선수대칠시 / 앙부일구, 측우기 / 인지의, 규형(세조)
2. 조선 전기 건축
   15세기 원·무·해 – 원각사지 10층탑(세조), 강진 무위사 극락전(주심포), 해인사 장경판전(세계문화유산)
3. 조선 후기 건축
   17세기 – 금화8개 – 금산사 미륵전, 화엄사 각황전, 법주사 팔상전
   18세기 – 논부안 / 쌍개석 – 논산 쌍계사, 부안 개암사, 안성 석남사
4. 도자기 : 분청사기 → 백자 → 청화백자 유행

⊙ 사료 및 심화 자료

• 천상열차분야지도

예전에 평양성에 천문도 석각본(石刻本)이 있었다. 그것이 전란으로 강물 속에 가라앉아 버리고, 세월이 흘러 그 인본(印本)마저 매우 희귀해져서 찾아볼 수 없었다. 그런데 태조가 즉위한 지 얼마 안되어 그 천문도의 인본을 바치는 사람이 있었다. 태조는 그것을 매우 귀중히 여겨 서운관에 명하여 돌에 다시 새겨두도록 했다. 서운관에서는 그 연대가 오래되어 이미 성도(星度)에 오차가 생겼으므로, 새로운 관측에 따라 그 오차를 고쳐서 새 천문도를 작성하도록 청했다.
— 양촌집(권근)

• 홍대용의 지전설

천체가 운행하는 것이나 지구가 자전하는 것은 그 세가 동일하니 분리해서 설명할 필요가 없다. 다만 9만리의 둘레를 한 바퀴 도는데 이처럼 빠르며, 저 별들과 지구와의 거리는 겨우 반경밖에 되지 않는데도 몇 천만억의 별들이 있는지 알 수 없는데 하물며 천체들이 서로 의존하고 상호 작용하면서 이루고 있는 우주 공간의 세계 밖에도 또 다른 별들이 있다.
— 〈담헌집〉

기출문제

01 (가)에 들어갈 문화유산으로 옳은 것은? [1점]

■ 한능검 심화 49회 27번

문화유산 소개하기

국보 제258호인 이 자기는 회회청 또는 토청 등의 코발트 안료를 사용하여 만들어진 것입니다. 이러한 종류의 자기는 조선 전기부터 생산되었고, 후기에 널리 보급되었습니다.

(가)

①
②
③
④
⑤

🔍 **해설**

코발트 안료를 사용해 만든 도자기로 조선 후기에 유행한 것은 청화백자로 정답은 ④이다.

🔍 **오답분석**

① 고려말에서 조선 초에 유행했던 분청사기이다.
② 고려시대 유행한 청동은입사정병이다.
③ 고려시대 유행했던 상감청자이다.
⑤ 고려시대 유행한 순청자이다.

🔍 **정답** ④

CHAPTER 45 조선 회화, 음악, 문학, 서민문화

> **출제 POINT**
> 각 시대별 회화 특징, 조선 후기 서민문화 특징

1 회화

(1) 15세기

① **안견 〈몽유도원도〉**: **안평대군 꿈 내용**, 도화서 화가, 현재 일본 덴리 대학 소장, 세종시기 제작

② **강희안 〈고사관수도〉**: 문인화, 선비의 고상함

③ 일본 무로마치 미술에 영향을 줌

> ✅ 암기 TIP
> **몽고**(몽유도원도, 고사관수도 / **안강**(안견, 강희안)

▲ 강희안의 고사관수도

▲ 안견의 몽유도원도

(2) 16세기(선비취향)

① 이상좌 〈송화보월도〉   ② 이정 〈묵죽도〉
③ 어몽룡 〈월매도〉   ④ 신사임당 〈초충도〉
⑤ 황집중 〈묵포도도〉

> ✅ 암기 TIP
> **좌송**합니다 - 이상좌, 송하보월도 / 이정은 침묵 - 이정 묵죽도 / 어, 월매 ~ 월매 ~ - 어몽룡 월매도 / 집중해서 포도만 그린다 - 황집중, 묵포도도

▲ 이상좌의 송하보월도

▲ 이정의 묵죽도

▲ 어몽룡의 월매도

▲ 신사임당의 초충도

▲ 황집중의 묵포도도

(3) 18세기

① **진경산수화** : 중국의 북종화 + 남종화 ⇒ 한국적 독자성 추가

- **정선 : 양반 출신으로 우리 자연을 그림, 인왕제색도(바위산은 선으로 흙산은 묵으로 묘사)·금강전도, 진경산수화 집대성**

▲ 정선의 인왕제색도

▲ 정선의 금강전도

▲ 김홍도의 씨름

▲ 김홍도의 무동

② **풍속화**

- **김홍도 : 도화서 출신, 모든 영역에서 그림을 그림, 특히 산수화와 풍속화가 유명**, 영조 초상 제작, 정조 총애를 받아 벼슬을 지냄, 궁중화가로 활동하면서 풍속화를 그림, 〈화성원행의궤도〉, **〈씨름〉, 〈무동〉, 〈서당도〉 등 유명**
- **신윤복 : 양반, 기생(도시생활), 남녀간의 애정을 감각적, 해학적으로 묘사**, 도화서 화원이었으나 쫓겨남, 〈월하정인〉, 〈미인도〉, 〈단오풍정〉, 〈쌍검대무〉 등 유명

▲ 김홍도의 서당도

▲ 신윤복의 단오풍정

▲ 신윤복의 월하정인

▲ 강세황의 영통골 입구도

③ **서양화 기법(강세황)** : 영통골입구, 사물을 사실적으로 표현

(4) 19세기

① 풍속화, 진경 산수 침체 → **문인화 부활(김정희, 세한도)**
② **궁궐 그림(동궐도 : 창덕궁·창경궁, 서궐도 : 경운궁·경희궁)**, 장승업(노비 출신)
③ **민화의 유행** : 민중의 미적 감각, 소박한 정서 반영

▲ 까치와 호랑이 민화

▲ 김정희의 세한도

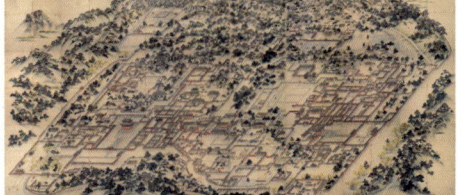
▲ 동궐도

▲ 김정희 추사체

2 서예

(1) 15세기 : 안평대군(송설체)

(2) 16세기 : 양사언(초서), 한호(석봉체), 외교문서↑

(3) 조선 후기(18세기~19세기)
- 이광사(동국진체) - 단아한 글씨·개성↑
- **김정희(추사체) - 굳센 기운 + 조형성**, 북한산순수비 고증

3 음악

(1) 15세기
  ① 아악(송)이 궁중음악으로 발전, 악기제작(세종, 박연, 장악원)
  ② **세종 : 여민락 작곡, 정간보(악보) 제작**
  ③ **박연 : 아악 정리(세종, 박연)**, 장악원(궁중음악, 무용담당, 세종)
  ④ **성현 : 악학궤범(성종**, 성현, 음악원리, 역사, 악기, 무용, 의상, 소도구 정리)

(2) 16세기 : 속악(민간 음악) 발달 : 당악 + 향악

(3) 18세기 이후 : 민요, 판소리 유행

4 문학

(1) 15세기 : 사장 중시(한문학↑, 시 + 부 중시, 격식 존중), 악장문학(용비어천가, 세종)
  ① **동문선(서거정, 성종)** : 우리나라 역대 시문 중 뛰어난 작품 150편 모은 문집
  ② **금오신화(김시습)** : 최초 한문소설, 남녀 간 사랑, 불의에 대한 비판 서술
  ③ **필원잡기(서거정)** : 서거정의 설화집
  ④ **용재총화(성현)** : 성현 수필집, 다양한 이야기 서술

(2) 16세기 : 경학 중시(한문학↓, 재야 사림이나 여류 문인들에 의해 창작)
  ① **어숙권(서얼출신)** : 〈패관잡기〉 문벌제도와 적서차별 비판
  ② **임제** : 풍자적이고 우의적 시
  ③ **시조** : 윤선도 - 어부사시사, 오우가, 황진이 - 남녀 간 애정, 이별의 정한
  ④ **가사** : 송순 - 명암정가, 정철 - 관동별곡, 사미인곡, 속미인곡, 박인로 - 누항사
  ⑤ **여성문인** : 신사임당(시, 서, 화), 황진이(시조), 허난설헌(한시)

(3) 17세기 : 설화문학 – 어우야담(유몽인)

(4) 조선 후기 문학의 새 경향

   ① **한글소설** : 홍길동전(허균) – 최초의 한글 소설, 춘향전, 토끼전, 심청전, 장화홍련전 → 책 대여점(세책점) 생김

   ② **한문학** : 정약용 한시(애절양 → 삼정피해 폭로), 박지원 한문소설(양반전, 허생전, 호질), 김삿갓(김병연 – 풍자시인)

   ③ **사설시조** : 격식에 구애 없이 남녀 간 애정표현·현실비판

5 조선 후기 서민 문화의 대두

(1) 배경 : **상공업 발달, 농업생산력↑, 서당 교육 보급(의식↑ ⇒ 서민지위↑)**

(2) 창작주체 변화 : 양반층 주도 → 중인·서민 주도(역관, 서리, 부농, 상인, 광대 등)
  ⇒ 시사조직 : 중인층 시인모임, 위항문학 / 풍자시인 활동 : 정수동, 김삿갓

(3) 서민문화 주요 장르

   ① 한글소설, 사설시조

   ② 시사와 민요

   ③ **판소리(신재효)** : 세계무형유산, 판소리 6마당(현재는 5마당), 탈춤(마을 굿 일부)

   ④ **산대놀이** : 가면극이 민중오락으로 정착, 도시상인 중간층 지원으로↑

6 무용, 극

(1) 무용 : 궁중(처용무, 세계무형유산), 나례춤(궁중에서 사신접대)
      민간 – 농악무(세계무형유산), 무당춤, 승무, 산대놀이(탈춤), 꼭두각시 놀이 유행

(2) 극 : 탈춤(산대놀이), 인형극(꼭두각시)

■ **총정리 및 암기팁**

1. 회화 : 15세기 – **몽고**(**몽**유도원도, **고**사관수도 / **안강**(**안**견, **강**희안)
      16세기 – **좌송**합니다 – 이상**좌**, **송**하보월도
              이정은 침묵 – 이정 묵죽도
              어, 월매 ~ 월매 ~ –어몽룡 월매도
              집중해서 포도만 그린다 – 황집중, 묵포도도
      18세기 – **정선(진경산수화 : 금강전도, 인왕재색도), 김홍도(생활상 풍속), 신윤복**(양반, 기생, 연인, 여성위주로 그림) 민화 유행
      19세기 – **문인화(김정희 세한도)**
2. 문학 : 조선 전기 – 동문선, 금오신화, 필원잡기, 용재총화, 패관잡기
      조선 후기 – 한글 소설, **정약용 한시(애절양), 박지원 한문소설(양반전, 허생전, 호질)**
3. **서민문화 유행 : 한글소설, 사설시조, 시사, 민요, 판소리, 산대놀이**

기출문제

01 (가)에 들어갈 그림으로 옳은 것? [1점]

한능검 고급 40회 22번

겸재 특별전
우리 미술관에서는 우리나라 산천의 아름다움을 사실적으로 그려낸 겸재의 그림을 만날 수 있는 특별전을 마련하였습니다.

(가)

- 기간 : 2018년 ○○월 ○○일 ~ ○○월 ○○일
- 장소 : △△미술관

①  ②

③  ④

⑤

🔍 **해설**

우리나라 산천의 아름다움을 사실적으로 그린 그림을 진경산수화라고 하는데 대표적 화가가 바로 겸재 정선이다. 겸재 정선의 대표작은 인왕제색도로 정답은 ①번이다.

🔍 **오답분석**

② 강세황의 영통골입구도
③ 안견의 몽유도원도
④ 김정희의 세한도
⑤ 강희안의 고사관수도

🔍 **정답** ①

02 (가) 인물의 활동으로 옳은 것? [2점]

한능검 심화 50회 20번

(가)은/는 헌종 즉위 후 윤상도의 옥사에 연루되어 9년간 제주도에 유배되었는데, 이때 세한도를 그렸습니다.

① 100리 척을 사용하여 동국지도를 제작하였다.
② 무한 우주론을 주장한 의산문답을 집필하였다.
③ 명에서 천리경, 자명종, 홍이포 등을 들여왔다.
④ 침구술을 집대성하여 침구경험방을 저술하였다.
⑤ 북한산비가 진흥왕 순수비임을 처음으로 고증하였다.

🔍 **해설**

제주도에 유배되어 세한도를 그린 사람은 추사 김정희이다. 추사 김정희는 조선 말엽의 문신이며 서예가이다. 호는 완당·추사이다. 금석학에 조예가 깊었으며, ⑤ 북한산비가 진흥왕 순수비임을 처음으로 고증하였다. 서예에 뛰어나 독창적인 추사체를 만들었다. 대표적인 작품으로 '묵죽도', '묵란도' 등이 있다.

🔍 **오답분석**

① 100리 척 사용해 동국지도를 만든 사람은 정상기이다.
② 무한 우주론을 주장하며 의산문답을 집필한 사람은 홍대용이다.
③ 천리경, 자명종, 홍이포와 추사 김정희는 관련이 없다.
④ 침구술을 집대성하여 침구경험방을 저술한 사람은 허임이다.

🔍 **정답** ⑤

CHAPTER 46 흥선대원군의 정치

1 흥선대원군 개혁정치(왕권강화, 민생안정)

(1) **흥선대원군** : 본명은 이하응으로 안동김씨의 견제를 피하기 위해 파락호 생활을 함
(2) 흥선대원군의 집권 : **고종 어린 나이로(이명복 12세) 즉위(1863) ⇒ 국왕 생부로 정권장악**
(3) 개혁(목표 : 왕권강화, 민생안정)

• 왕권강화책	• 민생안정
① **사색등용** → 안동김씨×, 고른 인재 등용	① 전정 : 양전사업 실시 ⇒ **은**결색출
② **비변사폐지** → 의정부, 삼군부 기능 부활	* 은결 : 숨어있는 땅(토지대장×)
③ **대전회통, 육전조례** → 법전 정비, 통치체제 정비	② 군정 : 동포제 → **호포제**(국가 재정확보 목적) ⇒ 양반 반대↑
④ **경복궁 중건(1865)** → 원납전, 당백전, 묘지림벌목, 부역동원, 결두전, 도성문통행세	③ 환곡 : **사창제**(자치적 곡물대여 제도, 사수를 임명해 마을을 자치적으로 운영)
⑤ 상인반발, 양반(묘지림 벌목), 농민(노역징발, 경복궁타령) 모두반대	
⑥ **서원 정리(국가재정확보목적)** → 47개만 인정 나머지 철폐, 붕당 근거지× → 양반 반대	

> **출제 POINT**
> 흥선대원군 대내, 대외 정책 특징
>
> ✅ **암기 TIP**
> 흥선대원군 왕권강화책 : **사비대 경서 - 사**색등용, **비**변사폐지, **대**전회통, **경**복궁중건, **서**원정리
> 흥선대원군 민생안정 : **은 호 사 - 은**결, **호**포제, **사**창제

▲ 흥선대원군 초상

▲ 운현궁(흥선대원군 집)

▲ 석파정(흥선대원군 별장)

▲ 경복궁 근정전

2 통상수교 거부 정책과 양요

병인박해 (1866. 1)	천주교 탄압, 9명 프랑스 신부×, 남종삼 등 8천명 신도× → 절두산에서
제너럴셔먼호 사건(1866. 7)	미국 상선 제너럴 셔먼호 통상 요구·약탈 자행(대동강), 평양감사 박규수·군인들이 격퇴(불태움) * 박규수 : 제너럴 – 평양감사, 임술농민 – 삼정이정청 설치
병인양요 (1866. 9)	• 프랑스가 병인박해 구실로 침략, 로즈제독 강화읍 점령 • 외규장각 도서 약탈(2011년 대여형식 반환) → 조선왕실의궤(세계기록유산) • 한성근(문수산성), 양헌수(정족산성)
오페르트 남연군 도굴사건(1868)	독일 상인 오페르트 충남 덕산 남연군묘 도굴 시도
신미양요 (1871)	• 제너럴 셔먼호 구실로 미국 로저스 제독 침략, 초지진 → 덕진진 → 광성보 공격, 어재연 광성보 항전(수자기 약탈) ⇒ 미군 철수, 흥선대원군 전국에 척화비 건립(임오군란 이후 철거됨)

✓ **암기 TIP**
병인양요 : 한문선생 양정 –
한성근 문수산성, 양헌수
정족산성

✓ **암기 TIP**
신미양요 : 미국산 광어 –
신미양요, 광성보, 어재연

✓ **암기 TIP**
대외관계순서 : 천제병남신 / 66
66 66 68 71 – 천주교 박해
66, 제너럴 셔먼호 66, 병인양요
66, 남연군묘 도굴사건 68,
신미양요 71

▲ 남연군 묘(충남 덕산)

▲ 병인양요와 신미양요

▲ 어재연장군의 수자기

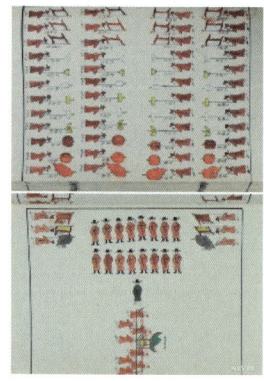
▲ 조선왕조 의궤

▲ 척화비

■ **총정리 및 암기팁**

1. 흥선대원군 왕권강화책
   ① 사색등용 ② 비변사 폐지 ③ 대전회통, 육전조례 ④ 경복궁 중건 ⑤ 서원정리
2. 민생안정책
   ① 은결 색출 ② 호포제 ③ 사창제 실시
3. 통상수교 거부 정책과 양요
   ① 병인박해(천주교 탄압)
   ② 제너럴셔먼호 사건
   ③ 병인양요
   ④ 오페르트 남연군 묘 도굴사건
   ⑤ 신미양요

사료 및 심화 자료

• 흥선대원군의 정치 개혁

흥선대원군이 집권한 후 어느 공회 석상에서 음성을 높여 여러 대신에게 말하기를 "나는 천리를 끌어다 지척을 삼겠으며 태산을 깎아 내려 평지를 만들고 또한 남대문을 3층으로 높이려 하는데, 여러 공들은 어떠시오?"라고 하였다. 대저 천리지척(千里之尺)이라는 말은 종친을 높인다는 뜻이요, 남대문 3층이라는 말은 남인을 천거하겠다는 뜻이요, 태산을 평지로 만들겠다는 말은 노론을 억압하겠다는 의사이다. — 황현, 『매천야록』

• 경복궁 타령

남문을 열고 파루를 치니 계명산천이 밝아 온다.
을축 4월 갑자일에 경복궁을 이루었네.
조선의 여덟도 좋은 나무는 경복궁 짓노라 다 들어간다.

• 척화비 건립 : 병인, 신미양요 후 수교거부의지 보여줌

"서양 오랑캐가 침범하는데 싸우지 않으면 즉 화친하는 것이요, 화친을 주장함은 나라를 팔아먹는 짓이다. 이는 자손만대에게 경계하노라. 병인년에 비문을 짓고 신미년에 세운다(洋夷侵犯 非戰則和主和賣國 戒我子孫萬年 丙寅作 辛未立 / 양이침범 비전즉화 주화매국 계아만년자손 병인작신미립)."라고 하였다. 뒷면에는 '위정척사비[衛正斥邪之碑]'라고 썼다. — 정교, 『대한계년사』

기출문제

01 (가) 인물이 추진한 정책으로 옳은 것은? [2점]
한능검 고급 43회 31번

> 나라 안의 서원과 사묘(祠廟)를 모두 철폐하고 남긴 것은 47개소에 불과하였다. …… 만동묘는 철폐한 후 그 황묘위판(皇廟位版)은 북원*의 대보단으로 옮겨 봉안하였다. …… 서원을 창설할 때에는 매우 좋은 뜻으로 시작하였지만 오랜 세월이 흐르는 동안 날로 폐단이 심하였다. …… 그러므로 서원 철폐령을 내린 것을 어찌 막을 수 있겠는가? 그 일이 (가)(으)로부터 나온 것이라고 해서 모두 비방할 일은 아니다.
> *북원 : 창덕궁 금원
>
> - 『매천야록』 -

① 나선 정벌을 위해 조총 부대를 파견하였다.
② 청과의 경계를 정한 백두산정계비를 세웠다.
③ 신유박해로 수많은 천주교인들을 처형하였다.
④ 대전통편을 편찬하여 통치 체제를 정비하였다.
⑤ 환곡의 폐단을 시정하고자 사창제를 실시하였다.

해설
서원 철폐령을 내린 사람은 흥선대원군이다. 흥선대원군은 조선 제26대 고종의 아버지로 이름은 이하응이다. 1863년 철종이 후사 없이 죽자 이하응의 둘째 아들 명복이 왕이 되고 대원군이 되었다. 당시 국내 정세는 세도 정치로 인해 왕권이 약화되었으며, 삼정이 문란하여 백성들의 생활이 어려웠다. 그는 안동 김씨를 축출하여 인재를 고루 등용하였으며, 붕당의 온상이었던 서원을 전국에 47개만 남기고 폐지하였다. 또한 ⑤ 세도 정치 때 백성들의 원성이 컸던 환곡을 사창제로 개혁하였다.

오답분석
① 나선정벌은 효종시기 사건이다.
② 백두산정계비는 숙종시기에 만들어졌다.
③ 신유박해는 순조시기에 발생하였다.
④ 대전통편은 정조시기에 편찬되었다.

 정답   ⑤

02 (가) 사건의 원인으로 옳은 것은? [2점]
한능검 심화 47회 29번 문제

> □□신문
> 제 △△호   ○○○○년 ○○월 ○○일
>
> **프랑스에서 의궤 모사본 발견**
>
>
> 헌종대왕국장도감의궤모사본
>
> 프랑스에서 1900년 전후에 제작된 것으로 추정되는 의궤 모사본이 발견되었다. 국외 소재 문화재 재단은 (가) 당시 프랑스군이 약탈한 외규장각 의궤 중 '헌종대왕국장도감의궤'와 '효현왕후국장도감의궤'를 프랑스인이 베껴 그린 것으로 보이는 모사본을 발견하였다고 밝혔다.

① 고종이 국외 중립을 선언하였다.
② 함경도 관찰사가 방곡령을 선포하였다.
③ 오페르트가 남연군 묘를 도굴하려 하였다.
④ 위안스카이가 이끄는 군대가 조선에 상륙하였다.
⑤ 병인박해로 천주교 선교사와 신자들이 처형되었다.

해설
프랑스에 약탈된 외규장각 의궤에 대한 설명이다. 외규장각 의궤는 병인양요시기에 약탈된 문화재이다. 병인양요의 원인은 흥선대원군이 천주교를 탄압한 병인박해이다. 그러므로 정답은 ⑤가 된다.

오답분석
① 고종이 국외 중립을 선언한 시기는 러일전쟁 직전이다.
② 방곡령 선포는 1889년으로 병인양요 이후이다.
③ 오페르트 남연군 묘 도굴 사건은 1868년으로 병인양요 이후이다.
④ 위안스카이가 조선에 상륙한 시기는 1882년 임오군란 시기로 병인양요 이후이다.

 정답   ⑤

CHAPTER 47 강화도 조약 및 부속 조약

1 강화도 조약 (조일 수호 조규, 1876)

(1) 배경

① 대원군 하야(1873, 최익현 상소) → 고종 친정, 민씨 집권(국왕 친정, 통상 수교 완화)

② **통상개화파↑** : 박규수(양반관료), 오경석(역관, 해국도지, 영환지략 소개), 유홍기(의관, 백의정승 - 김옥균·박영효 등 교육)

③ **일본 야욕** : 메이지유신(1868) 이후 외교관계 개선 요구, 서계사건(일본이 조선에 외교문서 전달, 조선 문서 거부) → 정한론 대두 → 운요호 사건

④ **운요호 사건(1875)** : 강화도 침범 - 발포유도 - 초지진·영종도 파괴 ⇒ 문호 개방 강요

(2) 강화도 조약(조일수호조규)과 부속조약(1876)

조약명	내용	결과 및 의미
조일수호조규 (1876. 2)	• 1조 : 조선을 자주국으로 규정 → 청 종주권 배제, 조선 침략 목적 • 2조 : 사신파견 → 수신사 파견(3차례 수신사 파견) • 5조 : 부산외 2개항구 개항(부산, 원산, 인천) • 7조 : 해안측량권 인정(해도작성권) - 불평등, 주요 군사 정보 확보 목적 • 10조 : 치외법권 - 불평등(영사재판권 → 사법권부정)	최초의 근대적 조약 불평등 조약
조일무역규칙 (= 76조일 통상 장정)	**무**관세, **무**항세, **무**제한 쌀 유출	일본의 경제적 침략 발판 구축
조일수호조규부록	• 일본 외교관 여행자유, 간행이정 10리(거주민 이주지역 설정), 일본화폐유통 허용 • 개항장에 일본 거류민 거류지 〈조계〉설정	

출제 POINT
강화도 조약 특징, 조미 조약 특징 파악하기

✅ **암기 TIP**
개항 항구 순서 : **부원인** - 부산(경제.76), 원산(군사.80), 인천(정치.83)

강화도 조약 : **자사부해치** - 자주국, 사신파견, 부산개항, 해안측량권, 치외법권

✅ **암기 TIP**
3무

✅ **암기 TIP**
무역규칙 : **간거화** - 간행이정 10리, 거류지 무역, 일본 화폐 유통

▲ 강화도 조약

2 서양 열강과 통상수교

(1) **조미수호통상조약(1882)** : 신헌과 슈펠트, 서양 국가와 최초로 맺은 근대적 조약
  ① **황쭌셴[조선책략] 유포** : 김홍집(2차수신사) 가지고 옴 ⇒ 친중, 결일, 연미 ↔ 반러 ⇔ 조선책략 반대 : 이만손 『영남만인소』(81), 홍재학 『척화상소』(81)
  ② **청 알선** : 러 견제, 청 종주권 확인
  ③ **조미조약 내용** : 거중조정(1관), 치외법권(4관), 관세부과(5관), 최혜국대우(6관, 최초)
  ④ **의의·한계** : 서양과 맺은 최초 조약, 불평등 조약, 최혜국 대우 규정으로 이권 침탈 원인 제공

(2) 조러 통상조약(1884년) : 청 견제 의도로 독자적 수교

▣ 암기 TIP
조미조약 : **거세혜치** – 거중조정, 관세부과, 최혜국대우, **치**외법권

3 일본과 통상조약 – 임오군란 직후

(1) **조일수호조규속약(1882.7.30)**
  ① 제물포 조약과 동시에 체결
  ② 간행이정(일본인 이용 가능지역) 확대, **10리 → 50리 → 2년 후 100리**(1년 뒤 양화진 개시)
  ③ 일본인 외교관·수행원·가족, 조선 내지 여행권 확보

(2) **조일통상장정(1883)**
  ① 관세권 인정, 최혜국 대우
  ② 방곡령 실시할 경우 사전통보(1889년 방곡령실시 때 배상금 지불) → 일본 상인에 실질적 내지 통상 허용
  ③ **대응책** : 보부상(혜상공국 – 83, 객주 – 상회사 설립),

▣ 암기 TIP
조일통상장정 : **방관혜** – **방**곡령, **관**세, 최혜국 대우

■ 총정리 및 암기팁

1. 조일수호조규(76) : **자사부해치** – **자**주국, **사**신파견, **부**산개항, **해**안측량권, **치**외법권
2. 조일무역규칙(76) : **3무** – **무**항세, **무**관세, **무**제한 쌀유출
3. 조일수호조규부록(76) : **간거화** – **간**행이정 10리, **거**류지 무역, **일**본 화폐 유통
4. 조미수호통상조약(82) : **거세혜치** – 거중조정, 관세부과, 최혜국대우, **치**외법권
5. 조일수호조규속약(82) : 10 → 50 → 100리
6. 조일통상장정(83) : **방관혜** – 방곡령, 관세, 최혜국 대우

사료 및 심화자료

• 운요호 사건

일본은 군함 운요호를 동원하여 강화 해역에 깊이 들어와 조선 수비군의 발포를 유도하고, 초지진에 포격을 가하였다. 다음날 영종도에 상륙하여서는 다수의 민간인을 살상하고 관아와 민가를 노략질한 뒤 일본으로 돌아갔다(1875. 8). 이후 일본은 운요호 사건을 빌미로 대규모 군함을 파견하여 조선측에 통상 조약의 체결을 요구하였다(1876. 1).

▶ 포함외교
분쟁 당사자가 자신의 요구를 관철하기 위해 상대국에 함대를 파견하여 압력을 가함으로써 상대방으로부터 유리한 조건을 끌어내리는 외교 수단이다. 1866년 제너럴셔먼호 사건, 1871년 신미양요, 1875년 운요호 사건 등이 이에 해당한다.

• 조·일 수호 조규 부록의 주요 내용

제7관 일본국 인민은 본국에서 유통되는 화폐로 조선국 인민이 보유하고 있는 물자와 교환할 수 있으며, 조선국 인민은 그 교환된 일본의 화폐로 일본국 물자를 살 수 있고, 이로써 조선국이 지정한 여러 항구에서 인민들은 상호 통용할 수 있다.

▶ 조·일 통상 장정(무역규칙)의 주요 내용
제6칙 조선국 항구에 거주하는 일본인은 쌀과 잡곡을 무제한 수출할 수 있다.
제7칙 일본국 정부에 소속된 선박들은 항세를 납부하지 않는다. 또한 관세도 일정 기간 유예한다.

• 황쭌셴의 조선책략

… (전략) … 조선의 땅은 실로 아세아의 요충에 자리 잡고 있어서 형세가 반드시 싸우는 바가 되니, 조선이 위태로우면 즉 중동의 형세가 날로 급해질 것이다. 러시아가 땅을 공략하고자 하면 반드시 조선으로부터 시작할 것이다. …… 그러므로 오늘날 조선의 책략은 러시아를 막는 일보다 더 급한 것이 없을 것이다. 러시아를 막는 책략은 무엇인가. 중국과 친하고 일본과 맺고, 미국과 연결함으로써 자강을 도모할 따름이다.

기출문제

01 밑줄 그은 '조약'에 대한 설명으로 옳은 것은? [2점]

▎한능검 심화 48회 29번

> 발신 : 의정부
> 수신 : 각 도 관찰사, 수원·광주·개성·강화의 유수, 동래 부사
>
> 제목 : 조약 체결 알림
>
> 1. 관련
>   가. 영종진 불법 침입 보고(강화부, 을해년)
>   나. 교섭 결과 보고(신헌, 병자년)
> 2. 일본국과의 조약 체결에 대해 알립니다. 해당 관아에서는 연해 각 읍에 통지하여, 앞으로 일본국의 표식을 게양 또는 부착한 선박이 항해 또는 정박 시 불필요한 충돌을 방지하기 바랍니다.
>
> 붙임 : 조약 본문 등사본 1부. 끝

① 천주교 포교의 허용 근거가 되었다.
② 거중 조정에 대한 내용을 포함하였다.
③ 재정 고문을 두도록 하는 조항을 담고 있다.
④ 조약 체결에 반대하여 민영환이 자결하였다.
⑤ 부산 외 2곳에 개항장이 설치되는 결과를 가져왔다.

🔍 해설

영종진 불법 침입 보고, 일본국과의 조약 체결 등이 있는 것으로 보아 1876년에 체결된 강화도 조약임을 알 수 있다. 강화도 조약은 1876년(고종 13년) 2월 강화도에서 조선과 일본이 체결한 조약으로 일본의 군사력을 동원한 강압에 의해 체결된 불평등 조약이다. 공식 명칭은 조일수호조규이며, 병자수호조약이라고도 한다. 일본은 국내 사족(士族)들의 불만을 밖으로 돌리고, 구미 제국과의 불평등 조약을 개정하기 위한 방법으로, 조선과 청나라의 시세를 살피어 부산항에서 함포 위협 시위를 벌이고 강화도에서 운요호 사건을 유발하였다. 결국 이것이 빌미가 되어 1876년 2월 27일 신헌과 구로다 기요타카 사이에 12조의 조약을 체결하게 되었다. ⑤ 조약 내용 중 5조 내용이 부산 외 2곳에 개항장을 설치한다는 내용이 있다.

🔍 오답분석

① 조프조약 ② 조미조약 ③ 1차한일협약 ④ 을사조약

🔍 정답   ⑤

02 (가), (나) 조약에 대한 설명으로 옳은 것은? [2점]

▎한능검 고급 45회 31번

> (가) 제7관 일본국 인민은 본국의 현행 여러 화폐로 조선국 인민이 소유한 물품과 교환할 수 있으며, 조선국 인민은 그 교환한 일본국의 여러 화폐로 일본국에서 생산한 여러 가지 상품을 살 수 있다.
>
> (나) 제6칙 조선국 항구에 거주하는 일본 인민은 양미와 잡곡을 수출, 수입할 수 있다.

① (가) - 임오군란을 계기로 체결되었다.
② (가) - 최혜국 대우를 처음으로 규정하였다.
③ (나) - 조선책략의 영향으로 체결되었다.
④ (나) - 거중 조정에 대한 내용을 포함하였다.
⑤ (가), (나) - 조·일 수호 조규의 후속 조치로 체결되었다.

🔍 해설

(가)는 일본 화폐를 사용하는 것으로 보아 1876년에 체결된 조일 수호 조약 부록이다. (나)는 쌀을 수출, 수입한다는 것으로 보아 1876년에 체결된 조일 무역규칙이다. ⑤ 둘 다 조일 수호 조규의 후속 조치로 체결된 조약이다.

🔍 오답분석

① 제물포조약과 조일수호조규속약 ②, ③, ④ 모두 조미조약의 내용이다.

🔍 정답   ⑤

CHAPTER 48 개화정책 추진과 반발

1 개화세력의 대두

(1) 개화사상의 형성

① **영향** : 북학파, 청 - 양무운동, 일 - 문명개화론, 해국도지, 영환지략(청나라 세계지리책 - 오경석)

② **선구자** : 1860년대 박규수, 오경석, 유홍기 등(통상개화파)

> **암기 TIP**
> 개화사상 선구자 : 수석기

(2) 개화파 두 흐름 : 임오군란 이후 분열

구분	온건개화파(사대당)	급진개화파(개화당)
인물	김홍집, 어윤중, 김윤식	김옥균, 박영효, 홍영식, 서광범, 서재필
성향	친청, 민씨 정권과 결탁	반청·친일, 민씨정권 비판
개혁방법	청의 양무운동 모방 ⇒ 동도서기론	• 일본의 메이지유신이 모델 • 문명개화론 ⇒ 입헌군주제 지향
영향	갑오개혁(1894)	갑신정변(1884)

> **암기 TIP**
> 온건개화파 : 중식집 - 어윤중, 김윤식, 김홍집
> 급진개화파 : 효식균 - 박영효, 홍영식, 김옥균

2 개화정책 추진 : 주체 - 민씨 + 온건개화파

(1) 제도 개혁

① **통리기무아문(1880)** : 12사 설치(개화, 행정담당)

② 근대시설 설치 : 전환국(화폐, 83, 당오전 주조(묄렌도르프 - 독일人)), 박문국(인쇄, 83, 박영효), 기기창(무기, 83, 김윤식), 우정국(우편, 84, 홍영식)

③ 5군영 → 2영(무위영, 장어영), 별기군 창설(일본인 교관, 근대적 군사훈련)

> **암기 TIP**
> 근대문물 설치 : 박기우/ 83 83 83 84 - 전환국, 박문국, 기기창, 우편국

(2) 근대문물시찰

일본	1차 수신사 : 1876년 강화도 조약 이후, 김기수 〈일동기유〉 - 일본기행문	
	2차 수신사 : 1880년 김홍집이 황쭌셴(중국 외교관)의 〈조선책략〉 가지고 옴 → 영남만인소(이만손, 홍재학)	
	3차 수신사 : 1882년 박영효, 김옥균, 임오군란 후 배상금 문제 협상, 박영효 태극기 사용(공식적 최초 사용)	
	조사시찰단(신사유람단) 1881.4 : 어윤중, 박정양, 홍영식 파견, 일본 정부 산업 시찰 (암행어사, 비공식적)	
청	영선사(1881.9) : 김윤식 등 유학생 톈진기기국 파견 → 무기공장 기기창 설치(1883)	
미국	보빙사(1883.5) • 조·미 조약 이후 파견, 최초 구미 사절단(미국공사 푸트 부임에 대한 답례) - 민영익, 홍영식, 서광범, 유길준 파견 • 미국 아서 대통령과 만남, 워싱턴, 뉴욕 엑스포 관람 후 귀국 • 유길준은 귀국하지 않고 유학(최초 유학생, 『서유견문』, 최초 국한문혼용체)	

> **암기 TIP**
> 근대문물 시찰단 : 1 2 조 영 3 보 / 76 80 8 1 81 82 83 - 1차수신사, 2차수신사, 조사시찰단, 영선사, 3차수신사, 보빙사

▲ 최초 유학생 유길준

▲ 보빙사 일행이 미국 아서 대통령을 접견하는 모습

▲ 수신사 행렬

▲ 보빙사

암기 TIP

위정척사 : 6(통-항정)
7(개-익현) 8(개-만학)
9(항-인석) - 60년대
통상반대(이항로, 기정진),
70년대 개항반대(최익현),
80년대 개화반대(이만손,
홍재학), 90년대
항일의병(유인석)

3 위정척사

보수적 유생 주도의 반외세, 반침략 민족 운동, 성리학을 지키고 성리학 이외 사상을 배척하겠다.

시기	배경	중심인물	내 용
1860년대 (통상반대운동)	서양통상요구 침략, 병인양요, 신미양요	이항로(화서집)·기정진	내수외양론, 척화주전론 흥선대원군 통상거부 지지
1870년대 (개항반대운동)	강화도 조약	최익현(면암집, 5불가소)	왜양일체론, 개항불가론
1880년대 (개화반대운동)	조선책략 유포 정부 개화 정책	이만손·홍재학	이만손 영남만인소 홍재학 만인척사소
1890년대 (항일의병운동)	1895 을미사변, 단발령	유인석	을미의병 1895
의의	항일의병으로 계승(긍정), 정부개화정책 장애, 근대사회 전환 장애(부정)		

■ 총정리 및 암기팁

1. 개화 선구자
2. 제도개혁 : 통리기무아문(80) - 12사 / 전박기우 / 83 83 83 84 - 전환국, 박문국, 기기창, 우편국
3. 수신사 : 1차(76.김기수) / 2차(80.김홍집) / 3차(82.박영효)
4. 조사시찰단(81) : 비공식 / 영선사(81) : 청 파견 / 보빙사(83) : 최초 구미사절단, 유길준 유학생
5. 위정척사운동 : 6(통-항정) 7(개-익현) 8(개-만학) 9(항-인석) - 60년대 통상반대(이항로, 기정진), 70년대 개항반대(최익현), 80년대 개화반대(이만손, 홍재학), 90년대 항일의병(유인석)

◉ 사료 및 심화 자료

• 개화 사상의 산실이 된 박규수 집의 사랑방

그 신사상은 내 일가 박규수의 집 사랑방에서 나왔소. 김옥균, 홍영식, 서광범, 그리고 나의 큰 형(박영교) 등이 재도 박규수 집 사랑방에 모였지요. …… 『연암집』의 귀족을 공격하는 글에서 평등사상을 얻었지요. - 이광수, 갑신정변 회고담(박영효씨를 만난 이야기), 동광19

• 조사시찰단에 내린 고종의 밀명

"동래부 암행어사 이헌영은 뜯어 보아라. 일인(日人)의 조정 의론, 국세 형편, 풍속 인물, 교빙 통상 등의 대략을 다시 한 번 염탐하는 것이 좋겠다. 그러니 그대는 반드시 이 점을 염두에 두고 일본 배를 빌려 타고 그 나라로 가서 해관이 관장하는 사무를 비롯한 그 밖의 크고 작은 일들을 보고 듣되, 이에 필요한 날짜의 길고 짧음에 구애받지 말고 낱낱이 탐지해서 뒤에 이를 별도의 문서로 조용하게 보고하라. ……"

– 고종 봉서(封書), 1881년 2월 2일

• 이항로의 척화주전론

서양 오랑캐의 화(禍)가 오늘날에 이르러서는 홍수나 맹수의 해(害)보다 더 심합니다. 전하께서는 부지런히 힘쓰시고 경계하시어 안으로는 관리들로 하여금 사학(邪學)의 무리를 잡아 베게 하시고, 밖으로는 장병으로 하여금 바다를 건너오는 적을 정벌케 하소서.

– 이항로의 상소문

• 최익현의 왜양일체론

일단 강화를 맺고 나면 저들은 물화를 교역하는 데 욕심을 낼 것입니다. 저들의 물화는 모두 지나치게 사치스럽고 기이한 노리개로, 손으로 만든 것이어서 그 양이 무궁합니다. 우리의 물화는 모두가 백성들의 생명이 달린 것이고 땅에서 나는 것이므로 한정이 있습니다. ……(중략)…… 저들이 비록 왜인이라고 하나 실은 양적(洋賊)입니다.

– 최익현의 상소문

• 이만손의 영남 만인소

러시아는 본래 우리와 아무런 혐의도 없습니다. 공연히 남이 이간질하는 말을 믿었다가 우리의 체통이 손상되는 바가 클 것입니다. 먼 나라와의 외교에 기대어 가까운 나라와 배척하는 전도된 조처를 했다가 헛소문이 먼저 퍼져 이것을 빙자하여 틈을 만들어 전쟁의 단서를 찾는다면 장차 어떻게 구원할 수 있겠습니까.……

– 만인소, 『일성록』 고종 18년

기출문제

01 다음 가상 대화 이후 전개된 사실로 옳은 것은 〈보기〉에서 고른 것은? [2점] ■ 한능검 심화 47회 31번 문제

A: 현재 조선에 가장 시급한 외교 사안이 무엇이라고 생각하십니까?
B: 러시아를 막는 것입니다. 이를 위해서는 중국을 가까이 하고, 일본과 관계를 공고히 하며, 미국과 연계하여 자강을 도모해야 합니다.

〈보 기〉
ㄱ. 운요호 사건이 일어났다.
ㄴ. 전국에 척화비가 건립되었다.
ㄷ. 이만손 등이 영남 만인소를 올렸다.
ㄹ. 조미 수호 통상 조약이 체결되었다.

① ㄱ, ㄴ   ② ㄱ, ㄷ   ③ ㄴ, ㄷ
④ ㄴ, ㄹ   ⑤ ㄷ, ㄹ

🔍 해설

2차 수신사로 갔던 김홍집이 청나라 관리인 황준헌과의 대화 장면으로 이 대화를 책으로 만든 것이 조선책략이다. 조선책략은 1880년에 우리나라에 도입되었다. 1880년 이후 사건을 찾으면 되는 문제이다. ㄷ. 영남만인소는 조선책략에 반대하면서 영남에 있는 유생들이 상소한 사건으로 조선책략 유입 이후이다. ㄹ. 조선책략의 영향으로 미국과 1882년에 조미조약을 체결하였다.

🔍 오답분석

ㄱ. 운요호사건은 1875년에 일어났다.
ㄴ. 척화비는 신미양요(1871년) 이후에 건립되었다.

🔍 정답 ⑤

02 밑줄 그은 '사절단'에 대한 설명으로 옳은 것은? [3점] ■ 한능검 고급 33회 34번 문제

이 그림은 미국 공사의 서울 부임에 답하여 파견된 사절단이 아서 대통령을 만나는 장면입니다.

① 보고 들은 내용을 해동제국기로 남겼다.
② 고종이 대한 제국을 선포한 이후 파견되었다.
③ 개화 반대 여론으로 인해 비밀리에 파견되었다.
④ 기기국에서 무기 제조 기술을 습득하고 돌아왔다.
⑤ 전권대신 민영익 및 홍영식, 서광범 등으로 구성되었다.

🔍 해설

미국 아서 대통령을 만나는 장면이라는 것으로 보아 1883년에 미국에 파견된 보빙사이다. ⑤ 보빙사는 조미수호통상조약의 체결과 미국 공사의 파견에 대한 답례로 조선이 1883년 7월 민영익을 대표로 미국에 파견한 외교 사절단이다.

🔍 오답분석

① 해동제국기는 조선 전기 신숙주의 서적이다.
② 대한제국은 1897년에 선포한다.
③ 비밀리에 파견한 것은 일본에 파견한 조사시찰단이다.
④ 기기국에서 무기 제조 기술을 습득한 것은 청나라에 파견된 영선사이다.

🔍 정답 ⑤

CHAPTER 49 임오군란, 갑신정변

1 임오군란(1882)(과정보다 결과가 중요)

(1) 배경

① 신식군대(별기군)와 구식군대 차별대우(무위영, 장어영 차별, 월급×), 13개월 만에 모래 섞인 급료 지급

② 개항 후 쌀값↑으로 서민생활↓, 하층민 몰락

(2) 전개

폭동 시작	선혜청 도봉소 사건(월급에 겨와 모래를 섞음), 구식군인 폭동(민씨 고관 살해, 일본공사관 습격) → 도시 빈민 합세(군인만 한게 아니다) → 민씨고관 습격 살해, 민비 충주로 피신 → 일본공사관 습격, 별기군 습격(별기군 교관 호리 모토 피살) → 구식군인들 흥선대원군에게 수습 부탁
흥선대원군 재집권	개화정책 중단(통리기무아문×, 별기군×), 5군영, 삼군부 부활
청군 개입	영선사로 가 있던 김윤식이 민씨 요청으로 청군 출병 요청, 대원군 납치(7.14)

▲ 별기군

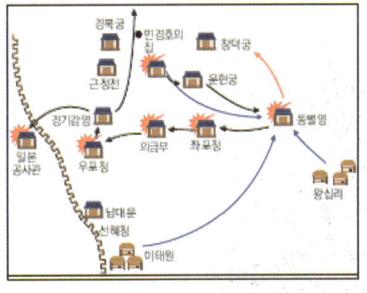
▲ 임오군란의 전개

(3) 결과

제물포조약(1882.7)	배상금 지불(50만원), 일본 공사관 경비 주둔
조일수호조규속약(1882.7)	제물포조약과 함께 체결, 간행이정 50리 - 100리, 1년후 양화진에 개시
조청상민수륙무역장정체결 (1882.8)	• 청 종주권 확인(내정간섭), 청상인 통상 특권↑(내륙상행위 인정) • 속방조관 삽입, 양화진 활동 가능 치외법권(영사재판권)
개화파 분열	급진개화파(독립당, 개화당) vs 온건개화파(친청 사대당)

> **출제 POINT**
> 임오군란, 갑신정변 결과로 나온 조약 내용과 특징 파악하기

> ✓ **암기 TIP**
> 미제청속 – 조미조약, 제물포조약, 조청상민수륙무역장정, 조일수호조규속약(82년 조약)

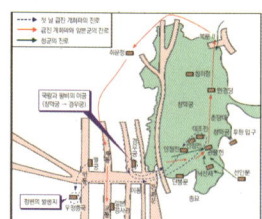
▲ 갑신정변의 경과

2 갑신정변(1884)

배경	청의 간섭으로 인한 개화정책 후퇴, 내정간섭↑
	김옥균 일본차관 도입 실패 → 위세 하락, 민씨 정권의 개화당 탄압
	청·프(불) 전쟁(1884)으로 청군 일부 철수(3천중 1500명 철수)
	일본 공사(다케조에)의 재정, 군사를 개화당에 지원 약속
과정	우정국 축하연 거사(1884.10.17) → 김옥균이 왕, 왕비를 창덕궁에서 경우궁으로 이동
	민씨 처단(민영목, 민태호), 개화당 정부 수립, 14개조 혁신정강 발표
	청군 개입 3일만에 실패(위안스카이 진압, 3일천하) → 홍영식 피살(우정총판), 나머지 일본 망명
	개화당 정변이 실패 후 일본으로 망명하자 반일정서로 민중들이 일본공사관 파괴함
결과	개화세력 도태, 청 내정간섭 심화 → 친청보수세력 장기집권
	인아거청 대두(러시아를 통해 청의 간섭을 벗어난다)
	한성조약(조·일) : 배상금 지불, 비용 부담(10만원), 군대 주둔×
	cf. 제물포조약 - 군대주둔(○)
	텐진조약(청·일) : 청·일 공동철수, 공동파병 ⇒ 청·일 전쟁의 원인, 조선 파병시 미리 알릴 것, 청일의 조선에 대한 군대 파병권
의의	최초의 근대국민국가 수립 운동 - 사대관계 청산, 입헌군주제 실시, 신분제 폐지 주장
한계	일본 지원 의존, 토지개혁×, 민중지지×, 군대개혁↓

✅ 암기 TIP

갑신정변 결과 : **한텐거** -
한성조약, **텐**진조약, **거**문도
사건

3 갑신정변 이후 국제 정세 - 조러조약(1884) 직후

① **거문도 사건(1885)** : 러시아 남하 저지 위해 영국 거문도 점령
② **한반도 중립화론 대두** : 유길준, 독일 부영사 부들러

✅ 암기 TIP

중립화론 : **길** 중간에서
부들부들 - **유길**준, 중립화론,
부들러

▲ 우정총국

▲ 갑신정변 주역들

▲ 김옥균

▲ 열강에 둘러싸인 구한말 당시 상황을 풍자한 그림

■ 총정리 및 암기팁

1. 임오군란 : 구식군인+도시빈민 폭동, 흥선대원군 재집권(청 납치)
2. 임오군란 결과 : 제물포 조약(배상금, 군대주둔), 조청상민수륙무역장정(양화진 개항)
3. 갑신정변 : 급진개화파 정변, 우정국 축하연 거사, 14개조 혁신정강, 3일천하
4. 갑신정변 결과 : 개화세력 도태, 청 내정간섭 심화, 한성조약(배상금지불, 군사주둔×), 텐진조약(청일전쟁 원인)
5. 갑신정변 이후 정세 : 조러통상조약, 거문도사건, 한반도 중립화론 대두

사료 및 심화 자료

• 조·청 상민 수륙 무역 장정

이 무역 장정은 중국이 속방을 우대하는 뜻에서 상정한 것이고, 각 대등 국가간의 일제 균점하는 예와는 다르다. 제2조 중국 상인이 조선 항구에서 만일 개별적으로 고소를 제기할 일이 있을 경우 중국 상무위원에게 넘겨 심판한다. …… 제4조 …… 조선 상인이 베이징에서 규정에 따라 교역하고, 중국 상인이 조선의 양화진과 서울에 들어가 영업소를 개설한 경우를 제외하고 각종 화물을 내지로 운반하여 상점을 차리고 파는 것을 허가하지 않는다. 호조(여행증명)를 가진 자는 개항장 밖의 내륙 통상권과 연안 무역권을 허용한다.

• 제물포 조약 (1882. 8)

제1관. 지금부터 20일을 기한으로 조선국은 흉도들을 체포하여 그 수괴를 엄중히 심문하여 중죄에 처한다. 일본국이 파견한 인원은 공동으로 조사하여 다스린다. 기한 내에 체포하지 못할 경우 응당 일본국에서 처리한다.

제4관. 흉도들의 포악한 행동으로 인하여 일본국이 입은 손해와 공사(公使)를 호위한 육해군의 비용 중에서 50만 원을 조선국에서 보충[塡補]한다. 매년 10만원씩 지불하여 5개년에 걸쳐 청산한다.

제5관. 일본 공사관에 군사 약간을 두어 경비를 서게 한다.

• 개혁정강 14개조

1. 청에 잡혀간 대원군을 곧 돌아오게 하며, 종래 청에 대하여 행하던 조공의 허례를 폐지한다.
2. 문벌을 폐지하여 인민 평등의 권리를 세워, 능력에 따라 관리를 임명한다.
3. 지조법을 개혁하여 관리의 부정을 막고 백성을 보호하며, 국가 재정을 넉넉하게 한다.
4. 내시부를 없애고, 그 중에 우수한 인재를 등용한다.
5. 부정한 관리 중 그 죄가 심한 자는 치죄한다.
6. 각 도의 환자미를 영구히 받지 않는다.
7. 규장각을 폐지한다.
8. 급히 순사를 두어 도둑을 방지한다.
9. 혜상공국을 혁파한다.
10. 귀양살이를 하고 있는 자와 옥에 갇혀 있는 자는 그 정상을 참작하여 적당히 형을 감한다.
11. 4영을 합하여 1영으로 하되, 영 중에서 장정을 선발하여 근위대를 급히 설치한다.
12. 모든 재정은 호조에서 통할한다.
13. 대신과 참찬은 의정부에 모여 정령을 의결하고 반포한다.
14. 의정부, 6조 외에 모든 불필요한 기관을 없앤다.

— 「갑신일록」

• 유길준의 중립화론

지금 우리나라의 지리는 아시아의 인후(咽喉, 목구멍)에 처해 있어서 그 위치는 유럽의 벨기에와 같고, 중국에 조공하던 지위는 터키에 조공하던 불가리아와 같다. 그러나 대등한 의례로 각국과 조약을 체결할 권한은 불가리아에는 없으나 우리나라에는 있고, 조공을 하는 지위에서 다른 나라로부터 책봉을 받는 일이 벨기에는 없지만 우리나라에는 있다. 그러므로 우리나라의 형세는 실로 벨기에와 불가리아 양국의 전례(典例)와 견줄 만하다. …… 우리나라가 아시아의 중립국이 된다면 실로 러시아를 방어하는 큰 기틀이고 또한 아시아의 여러 대국이 서로 보전하는 정략이 될 수 있다.

기출문제

01 밑줄 그은 '이 사건'에 대한 설명으로 옳은 것은? [1점]

한능검 심화 51회 32번 문제

> A: 개화 정책에 대한 불만과 구식 군인에 대한 차별 대우로 일어난 이 사건에 대해 말해 보자.
> B: 구식 군인들이 일본 공사관을 공격하였고, 이 과정에서 도시 하층민도 가담했어.
> C: 고종은 흥선대원군에게 사태 수습을 맡겼지.

① 김옥균, 박영효 등이 주도하였다.
② 입헌 군주제 수립을 목표로 전개되었다.
③ 통리기무아문이 설치되는 배경이 되었다.
④ 일본 공사관에 경비병이 주둔하는 계기가 되었다.
⑤ 전국 각지에 척화비가 건립되는 결과를 초래하였다.

해설

구식군인에 대한 차별로 일어난 사건은 임오군란이다. 임오군란은 1882년(고종 19년)에 발생한 군인 반란을 말한다. 구식 군인 차별 대우에 군인들은 개화 정부를 상대로 반란을 일으켰다. 여기에 위정척사파와 흥선 대원군까지 가세해 반란은 더욱 거세졌다. 구식 군인들은 별기군의 일본인 교관과 일본 공사관을 습격했고, 흥선 대원군이 다시 정권을 잡았다. 그러나 민씨 세력의 구원 요청으로 청나라가 군대를 파견해 이 세력들을 진압했다. 당시 청나라는 1876년 강화도 조약 이후 조선에 영향력을 높인 일제를 견제할 필요를 느꼈던 것이다. 결국 난은 진압되었고 대원군은 청나라로 압송되었다. 이듬해 ④ 일본은 조선과 제물포 조약을 맺어 배상금을 받아냈고, 일본인 보호를 위해 조선에 군대를 파견했다.

오답분석

① 김옥균 박영효가 주도한 사건은 갑신정변이다.
② 갑신정변에 대한 내용이다.
③ 통리기무아문은 1880년에 만들어졌다.
⑤ 척화비는 신미양요 이후에 만들어진다.

정답 ④

02 (가) 사건에 대한 설명으로 옳은 것은? [2점]

한능검 심화 50회 30번 문제

이것은 우정총국이 업무를 시작하면서 발행한 국내 최초의 우표입니다. 당시 화폐 단위가 '문(文)'이어서 문위 우표라는 이름이 붙여졌습니다. 하지만 김옥균 등이 주도한 (가)(으)로 우정총국이 폐쇄되면서 이 우표는 더이상 발행되지 못했습니다.

① 건양이라는 연호를 제정하였다.
② 단발령 시행에 반발하여 일어났다.
③ 개혁 추진 기구로 교정청을 설치하였다.
④ 구본신참에 입각하여 개혁을 추진하였다.
⑤ 청·일간 톈진 조약 체결의 계기가 되었다.

해설

우정총국이 만들어질 때 일어난 사건은 갑신정변이다. 1884년 급진 개화파인 김옥균, 박영효, 홍영식, 서광범 등이 민씨 일파와 온건 개혁파의 청나라에 의존한 미온적인 개혁 정책에 반대하여, 일본 메이지 유신을 모델로 삼아 급진적인 개혁을 추진하기 위해 일으킨 정변이 갑신정변이다. 개화파 세력은 청나라에 대한 사대주의의 철폐와 능력에 따른 인재 등용, 지조법(토지세) 개정과 순사 설치를 주장하였다. 그러나 위안스카이가 지휘하는 청나라 군대가 공격해 오자 일본군은 후퇴하고 김옥균, 서재필 등 개화파는 일본 공사관으로 망명함으로써 개화파의 내정 개혁은 3일 천하로 끝났다. 갑신정변 이후 조선과 일본 사이엔 정변으로 입은 일본의 피해를 보상하는 한성 조약이, ⑤ 청나라와 일본 사이에는 조선에서의 군대 철수를 핵심으로 하는 톈진 조약이 체결되었다.

오답분석

① 을미개혁 ② 을미의병 ③ 동학농민운동 시기 ④ 광무개혁

정답 ⑤

CHAPTER 50 동학 농민 운동

1 배경

① **지배층 농민 수탈** : 배상금, 문물 수용 비용 → 수탈
② **농촌 경제 파탄** : 일본 경제 침탈 심화, 입도선매, 고리대
③ **동학교세 확장** : 1대 교주 최제우 동학 창시(혹세무민으로 처형), 2대 교주 최시형 포접제 실시해 교세 확장
④ **교조신원운동 전개** : 삼례집회(92), 서울복합상소(93), 보은집회(93, 종교적 → 정치적) ⇒ 탐관오리 숙청, 서양세력 축출

> **출제 POINT**
> 동학 순서, 집강소 특징, 폐정 개혁안 내용

▲ 최제우

▲ 최시형

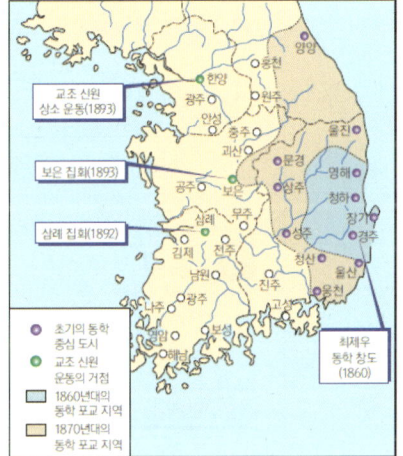
▲ 동학의 교세 확장

2 전개과정

고부민란(1894.1)	고부군수 조병갑 폭정, 공덕비, 만석보 증축, 수세 징수(민란발생), 사발통문 돌리며 시작됨
백산봉기(1894.3, 4대 강령)	안핵사 이용태 농민탄압 → 무장봉기
황토현(정읍), 황룡촌(장성) 전투	황토현(정읍), 황룡촌(장성) 전투에서 관군 격파(1894.4), 초토사 홍계훈 격파
전주성 점령(1894.5.8)	남접 중심으로(전봉준, 김개남, 손화중) 점령
청, 일 개입	청군 상륙(5.5 아산만 도착) → 일본군 상륙(5.6 제물포) → 텐진조약근거
전주화약(5.8)	전주에서 정부군과 화해
집강소 설치	집강소 설치(6.7, 53군 전라도지역 치안(나주,남원 제외), 행정 담당하는 농민자 치조직,전봉준),
교정청 설치	정부 폐정개혁 실천 약속(6.11, 폐정개혁안12조, 교정청 설치)
일본 경복궁 점령(6.21)	일본이 강제로 점령

> ✅ **암기 TIP**
>
> 동학 순서 : 삼서보 고백 황전(점 청일화)집 교궁 청국 삼우보 홍 – 삼례, 서울, 보은집회, 고부민란, 백산봉기, 황토현전투, 황룡촌전투, 전주성점령 → 청군 → 일본군 → 전주화약, 집강소, 교정청, 경복궁 점령, 청일전쟁, 군국기무처, 삼례 2차봉기, 우금치 전투, 보은전투, 홍범14조

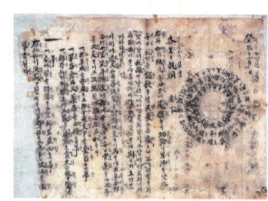

▲ 사발 통문

청·일 전쟁 발발(6.23)	일본의 선제 공격으로 시작
군국기무처 설치(6.25)	일본 내정 간섭↑, 갑오1차 개혁 실시
2차봉기(삼례, 1894.9)	남접 삼례에서 2차 봉기 논산에서 남접+북접 집결,
우금치 전투	충청도 공주 우금치에서 대패(1894.11.11)
영동, 보은 전투 패배	동학 마지막 전투
홍범 14조	갑오 개혁 방향성 제시

* **집강소 : 전라도 53개군 치안 행정 담당(나주, 남원제외), 농민 자치기구, 폐정개혁안 실천**

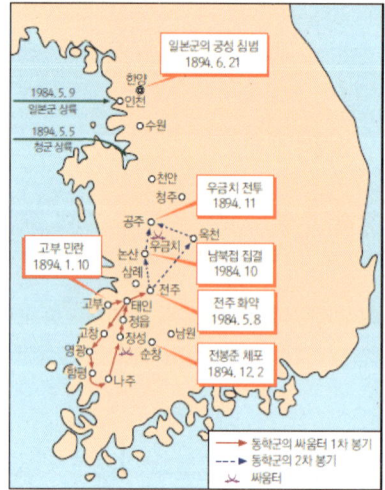

▲ 동학 농민 운동의 전개 과정

▲ 서울로 끌려가는 전봉준 장군

3 성격

의의	• 반봉건(노비문서×, 천인대우×, 신분×) → 갑오개혁 영향 • 반외세(항일구국봉기) → 의병영향
한계	근대사회건설을 위한 구체적 방안 제시하지 못함

■ 총정리 및 암기팁

1. 순서 : **삼서보 고백 황전(점청일화)집 교궁 청국 삼우보 홍**
2. 집강소 : 전라도 53개군 농민자치기구(전봉준 주도, 전라도 관찰사 후원)
3. 교정청 : 정부 자주적 개혁기구, 일본군의 경복궁 점령으로 ×
4. 백산봉기 : 탐학한 관리의 머리를 베고
5. 농민군 4대강령 : 사람을 죽이지 말고 물건을 해하지 않는다, 백성을 평안하게 한다, 일본 오랑캐를 몰아낸다, 서울로 올라가 권세가를 없앤다.
6. 폐정개혁안 : 노비문서소각(반봉건), 왜 내통한 자 엄징(반외세), 토지 평균 분작(토지제도 개혁)

◉ 사료 및 심화 학습

• 백산 봉기 격문(호남창의문)

> 우리가 의를 들어, 안으로는 탐학한 관리의 머리를 베고 밖으로는 횡포한 강적의 무리를 내몰고자 함이라. 앉으면 죽산이요, 서면 백산이다.

• 농민군 4대강령

1. 사람을 죽이지 말고, 물건을 해하지 않는다.
2. 충효를 다하고, 세상을 구하고, 백성을 평안하게 한다.
3. 일본 오랑캐를 몰아낸다.
4. 군대를 몰고 서울로 올라가 권세가와 귀족을 없앤다.

• 동학 폐정개혁안 12개조

1. 인명을 함부로 죽인 자는 벨 것
2. 탐관오리는 발본해서 없앨 것
3. 횡포한 부호들을 준엄하게 응징할 것
4. 유림과 양반들의 소굴을 토벌해 없앨 것
5. 노비문서를 소각한다.   - 신분제 폐지
6. 7종의 천인 차별을 개선하고, 백정이 쓰는 평량갓을 없앤다.   - 신분제 폐지
7. 청상과부의 재가를 허용한다.   - 과부재가 허용
8. 무명잡세 등은 혁파할 것
9. 관리채용에는 지벌을 타파하고 인재를 등용한다.
10. 왜와 통하는자는 엄징한다.   - 반외세
11. 공사채를 물론하고 기왕의 것을 무효로 한다.   - 공, 사채 무효
12. 토지를 평균하여 분작한다.   - 토지개혁 요구

기출문제

01 밑줄 그은 '개혁안'의 내용으로 옳은 것은? [1점]
한능검 고급 31회 36번

> A: 전봉준이 이끄는 농민군이 전주성을 점령한 이후 전개한 활동에 대해 말씀해 주세요.
> B: 농민군은 정부에 사회 문제 해결을 위한 개혁안을 거듭 제시하였습니다.

① 탐관오리를 징계하여 쫓아낼 것
② 국가의 모든 재정을 호조에서 관할할 것
③ 의정부와 각 아문의 직무 권한을 명확히 할 것
④ 죄인 외의 친족에게 연좌율을 일체 적용하지 말 것
⑤ 외국에 의존하지 말고 관민이 협력하여 전제 황권을 공고히 할 것

해설
전주성을 점령하고 이후에 발표된 개혁안은 폐정개혁안 12개조이다. ① 12개조 내용 중 2조에서 탐관오리는 엄징한다는 내용이 있다.

오답분석
②, ③ 갑신정변 14개조 정강 중 하나이다.
④ 1차 갑오개혁의 내용 중 하나이다.
⑤ 독립협회의 헌의 6조 내용이다.

정답 ①

02 (가) 시기에 있었던 사실로 옳은 것은? [2점]
한능검 심화 51회 33번

> A: 이제 화약을 체결하였으니 전주성에서 해산하시오.
> B: 알겠소. 대신 우리 농민군의 안전을 보장해 주시오.
> ↓
> (가)
> ↓
> 남접과 북접이 연합하였으니 왜적을 몰아내는 데 온 힘을 다합시다.

① 농민군이 백산에서 4대 강령을 발표하였다.
② 우금치에서 농민군과 일본군이 격전을 벌였다.
③ 일본이 군대를 동원하여 경복궁을 점령하였다.
④ 보은에서 교조 신원을 요구하는 집회가 열렸다.
⑤ 조병갑의 탐학에 저항해 고부에서 농민 봉기가 일어났다.

해설
전주화약과 동학 2차 봉기 사이를 물어보는 문제이다. ③ 전주화약은 1894년 5월이고 2차 봉기는 9월이다. 농민군은 전주화약을 통해 해산했지만 일본군이 경복궁을 점령(6월)하자 이에 분노하며 9월에 2차 봉기를 하였다.

오답분석
① 백산봉기 1894년 3월 ② 우금치 전투 1894년 11월 ④ 보은 집회 1893년 ⑤ 고부민란 1894년 1월

정답 ③

CHAPTER 51 갑오개혁, 을미개혁

1 배경

(1) 정부의 개혁인식 : 개화세력의 개혁의지, 동학개혁 요구 → 교정청 설치(자주적)
(2) 일본의 내정개혁 요구 : 일본이 군대를 동원하여 내정개혁 요구(강요)

출제 POINT
① 김홍집 내각 특징 ② 갑오 1~2차 개혁 내용, 특징 비교
③ 을미개혁 내용 및 특징

2 개혁 과정

1차 김홍집 내각 (1894.7) - 제1차 개혁 주도	① 일본 경복궁 점령 ② 김홍집 내각 구성 ③ 대원군 섭정 ④ 군국기무처 개혁, 총재관 → 김홍집
2차 김홍집 내각 (94.12 ~ 95.7) - 제2차 개혁 주도	① 청일전쟁 승리한 일본 내정간섭↑, 이노우에 공사 주도 ② 김홍집, 박영효 연립 내각(친일 내각) ③ 홍범14조, 독립서고문 반포(12월) - 경복궁근정전+종묘에서 발표 ④ 홍범14조 내용 : 2차 개혁방향 제시
3차 김홍집 내각 (95.7 ~ 95.10)	① 삼국간섭 후 성립, 러, 프, 독 ⇒ 요동× ② 친러 내각 수립 ③ 이범진, 이완용 등용 ④ 박영효 실각, 일본 망명
4차 김홍집 내각	① 을미사변(명성황후 시해 사건) 후 개혁 추진 ② 친일 내각 주도(유길준) ③ 단발령 반포 ⇒ 을미의병

▲ 김홍집

3 개혁 내용

구분	정치	경제	사회
제1차 개혁 (94.6)	① 개국기원 사용 ② 왕실(궁내부), 국정사무(의정부) 분리 ③ 6조 → 8아문 ④ 과거제 폐지 ⑤ 경무청, 중추원 설치	① 재정의 일원화(탁지아문) ② 은본위 화폐제도 ③ 조세금납화/예산제도 ④ 도량형 통일	↳ 갑신&동학영향 ① 신분제철폐, 인신매매 금지 ② 과부 재가 허용 ③ 조혼 금지 ④ 고문연좌제 폐지, 5형 제도 폐지 - 봉건적 악습 타파
제2차 개혁 (홍범 14조 발표 이후)	① 군현제 폐지(8도) → 23부 337군으로 개편(지방) ② 내각, 7부(8아문이 7부로 개편) ③ 사법부 독립(지방 재판	① 육의전 폐지 ② 상리국 폐지 ③ 탁지부 산하에 관세사, 징세사 설치	① 지방관 권한 축소 ⇒ 군사권, 사법권 제외, 행정권만 행사 ② 교육입국조서 → 한성사범(1895-1911), 소학

암기 TIP
1차 갑오개혁 아 은 신 - 8아문, 은본위 화폐, 신분제 폐지

암기 TIP
2차 갑오개혁 부 사 입 - 23부, 7부, 사법부 독립, 교육입국조서

	소 설치), 법관 양성 ④ 경찰권 일원화 ⑤ 훈련대, 시위대 설치 → 군제의 기초 확정		교관 제, 외국어학교 관제 발표, 유학생 파견, 근대적 교과서 편찬
을미개혁	① 건양 연호(조선 최초) ② 태양력 사용 ③ 종두법 시행 ④ 중앙 : 친위대 / 지방 : 진위대	※ 관리들의 두루마기 착용 (1896.1) 양복 착용(1900)	• 우편 사무 • 단발령(을미의병 원인) • 소학교 설치(소학교령 - 여성교육可)
의의	봉건적 질서를 타파한 근대적 개혁		
한계	일제에 의해 진행된 타율적 개혁, 민중의 지지를 얻지 못한 위로부터의 개혁(토지개혁X)		

☑ 암기 TIP

을미개혁 건 태 단 소 - 건양 연호, 태양력, 단발령, 소학교령

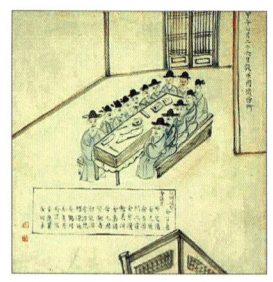

▲ 군국기무처

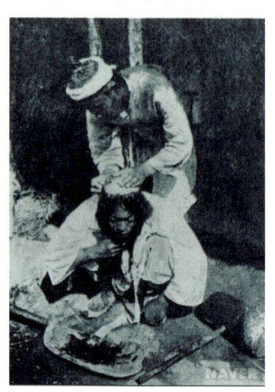

▲ 단발령

■ 총정리 및 암기팁

1. 1차 김홍집내각 : 대원군 섭정, 군국기무처 개혁, 친일내각, 갑오1차개혁
   2차 김홍집내각 : 일본 내정간섭↑, 군국기무처×, 박영효 연립내각, 홍범14조
   3차 김홍집내각 : 삼국간섭 후 친러 내각, 을미사변 발생
   4차 김홍집내각 : 친일내각 주도, 유길준, 을미개혁 추진

2. 1차 갑오개혁 아 은 신 - 8아문, 은본위 화폐, 신분제 폐지
   2차 갑오개혁 부 사 입 - 23부, 7부, 사법부 독립, 교육입국조서
   을미개혁 건 태 단 소 - 건양 연호, 태양력, 단발령, 소학교령

◉ 사료 및 심화 자료

• 군국기무처

총재와 부총재 각각 1명과 20명 미만의 위원으로 구성되는 초정부적 심의기구로 합의제이며 다수결로 의결한다. 이곳에서 심의, 통과시킨 의안을 국왕이 재가하면 국법으로 시행하였다. 1차 개혁 기간 중에 국정 전 분야에 걸쳐 약 210건의 개혁 법령을 의결·실행하였다.

▶ 박영효가 주도한 제2차 개혁
일본이 적극 개입하여 군국기무처가 폐지되고 국정 개혁의 기본 강령이라 할 수 있는 홍범14조가 반포되는 등 제2차 개혁이 단행되었다. 그러나 3국 간섭으로 일본의 영향력이 약화되면서 개혁이 중단되었다.

• 홍범 14조

1. 청에 의존하는 생각을 버리고 자주 독립의 기초를 세운다.
2. 왕실 전범(典範)을 제정하여 왕위 계승의 법칙과 종친과 외척과의 구별을 명확히 한다.
3. 임금은 각 대신과 의논하여 정사를 행하고, 종실, 외척의 내정 간섭을 용납하지 않는다.
4. 왕실 사무와 국정 사무를 나누어 서로 혼동하지 않는다.
5. 의정부(議政府) 및 각 아문(衙門)의 직무, 권한을 명백히 한다.
6. 납세는 법으로 정하고 함부로 세금을 거두지 않는다.
7. 조세의 징수와 경비 지출은 모두 탁지아문(度支衙門)의 관할에 속한다.
8. 왕실의 경비는 솔선하여 절약하고, 이로써 각 아문과 지방관의 모범이 되게 한다.
9. 왕실과 관부(官府)의 1년 회계를 예정하여 재정의 기초를 확립한다.
10. 지방 제도를 개정하여 지방 관리의 직권을 제한한다.
11. 총명한 젊은이들을 파견하여 외국의 학술, 기예를 견습시킨다.
12. 장교를 교육하고 징병을 실시하여 군제의 근본을 확립한다.
13. 민법, 형법을 제정하여 국민의 생명과 재산을 보전한다.
14. 문벌을 가리지 않고 인재 등용의 길을 넓힌다.

• 명성황후 시해

"궁녀의 이야기로는 소란한 사태에 놀란 궁녀들이 왕비의 방으로 몰려들었는데, 궁 내부 대신 이경직도 그 곳으로 달려갔다. 일본인 몇 명이 이 방으로 쳐들어 왔고, 이경직이 왕비의 앞을 가로 막았지만 일본인 폭도의 칼에 맞고 살해되었다. 공포에 질린 왕비가 자신은 단지 이곳을 찾아온 방문객이라 말하였고, 다른 궁녀들도 모두 같은 말을 하였으나, 한 일본인 흉한이 왕비를 내동댕이치고 구둣발로 가슴을 세 번이나 내리 짓밟고 칼로 찔렀다. 세 명의 궁녀들도 동시에 살해되었다. …… 세 명의 궁녀는 왕비와 비슷한 용모 때문에 왕비 시해를 확실히 하기 위한 살인자들에 의해 함께 살해되었음이 틀림없다."

- 미국공사관의 10월 10일자(양력) 보고

기출문제

01 밑줄 그은 '이 개혁'의 내용으로 옳은 것은? [2점]

▌한능검 고급 40회 34번 문제

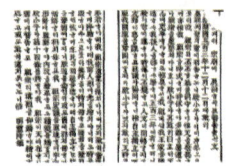

이것은 고종이 종묘에 바친 독립서고문으로 홍범 14조가 포함되어 있습니다. 홍범 14조는 김홍집과 박영효의 연립 내각이 주도한 <u>이 개혁</u>의 기본 방향이 되었습니다.

① 양전 사업을 실시하고 지계를 발급하였다.
② 상회사인 대동 상회, 장통 상회를 설립하였다.
③ 황제의 군사권을 강화하기 위하여 원수부를 설치하였다.
④ 근대식 무기 제조 기술 도입을 위하여 영선사를 파견하였다.
⑤ 교육 입국 조서를 반포하고 한성 사범 학교 관제를 마련하였다.

 해설

고종이 홍범 14조를 발표한 후 김홍집과 박영효가 연립내각을 주도한 개혁은 갑오 2차 개혁이다. ⑤ 갑오 2차 개혁에는 교육 입국조서가 반포되어 한성 사범 학교가 만들어졌다.

🔍 오답분석

① 광무개혁 내용이다.
② 갑오개혁과는 상관이 없다.
③ 원수부는 대한제국시기에 설치되었다.
④ 영선사는 1881년에 파견하였다. 시기가 다르다.

🔍 정답   ⑤

02 밑줄 그은 '내각'에서 추진한 정책으로 옳은 것은? [2점]

▌한능검 46회 34번

A: 이번에 새로 구성된 <u>내각</u>에서 태양력을 채택했다고 하더군.
B: 나도 들었네. 올해 11월 17일을 새해 1월 1일로 삼는다는군. 이번 조치로 한동안 혼란이 있을 것 같네.

① 건양이라는 연호를 제정하였다.
② 전국 8도 23부로 개편하였다.
③ 황제 직속의 원수부를 설치하였다.
④ 박문국을 설치하여 한성순보를 발행하였다.
⑤ 공사 노비법을 혁파하고 과거제를 폐지하였다.

 해설

태양력을 실시한다는 말을 통해 을미개혁이라는 것을 유추할 수 있다. 을미개혁은 태양력 실시, 종두법(우두법) 실시, 소학교 설립, 우편제도 실시, ① 연호 사용(건양), 군제 개편(친위대, 진위대) 등의 개혁과 함께 단발령을 반포하고 고종으로 하여금 솔선수범하게 하였다. 그러나 명성왕후 시해와 단발령을 계기로 유생층과 농민이 의병을 일으켰고, 친러파는 고종을 러시아 공관으로 피신시킴으로써(아관파천) 을미개혁은 중단되었다.

🔍 오답분석

② 갑오 2차 개혁 내용이다.
③ 대한제국에서 설치하였다.
④ 1883년에 발행하였다.
⑤ 갑오 1차 개혁 내용이다.

🔍 정답   ①

CHAPTER 52 독립협회, 광무개혁

1 아관파천(1896.2.11)

① **배경** : 을미사변과 단발령으로 반일감정 고조, 을미사변 후 고종 신변 위험 가중

② 아관파천(1896.2)
- 고종이 러시아 공사관으로 파천한 사건, 갑오·을미개혁 중단(단발령 철회), 을미의병 해산권고 발표
- 친일내각 붕괴 친미·친러 내각 수립, 김홍집, 어윤중 민중에게 피살
- 서구 열강의 이권 침탈 본격화(산림, 철도, 광산 등)
  ↳러시아 ↳일본 ↳미국·영국·독일

2 독립신문 창간

서재필이 창간(1896.4.7, 중추원고문으로 귀국), **최초 민간신문**, 최초 한글신문

3 독립협회(1896 ~ 1898)

(1) 독립협회 창립(1896.7.2)

① **배경** : 아관파천(1896) → 열강 이권 침탈↑(친러내각 수립), 러일 세력 균형

② **목적** : 자유민권 + 자주국권 + 자강개혁 + 민중계몽 = 국권수호와 자주독립 국가 수립

③ **참여계층** : 진보적 지식인(서재필, 윤치호), 정부관리, 시민, 학생, 노동자, 천민(백정, 박성춘) → 관민공동회 연설

출제 POINT
① 독립협회 활동(3자 + 민)
② 헌의 6조 내용, 특징
③ 광무개혁 성격, 내용

▲ 러시아 공사관

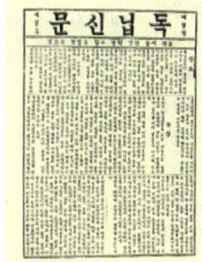
▲ 독립신문

(2) 독립협회 활동

> ✓ 암기 TIP
> 독립협회 : 민 + 3자

> ✓ 암기 TIP
> 독립협회 반러활동 : 고은영 - 고문철수, 은행폐쇄, 절영도 조차 반대
> 헌의 6조 : 중탁칙 - 중추원, 탁지부, 칙임관

민중계몽운동	• 독립신문(96.4), 강연회와 토론회 개최, 독립관(모화관 자리), 독립문(영은문 자리, 독립의식↑, 사바틴 설계)
자주국권운동	• 고종 환궁 요구, 고종 경운궁 환궁(97.2), 대한제국 수립(97.10), 만민공동회 개최(98.3, 종로) - 최초 근대적 민중대회, 개화세력 + 민중, 이권 침탈 대항 ※ 반러 : 절영도 조차 반대, 러시아의 목포, 증남포 매도저지, 한러은행 폐쇄, 고문단 철수
자유민권운동	• 국민 기본권 확보 운동 : 신체·재산권·언론·출판·집회·결사자유, 노륙법, 연좌죄 부활 반대 • 국민 참정권 운동 : 의회 설립 운동 추진, 박정양 진보내각 수립
자강개혁운동	• 입헌군주제 추구, 진보적 내각 수립(박정양 내각, 98.9) → 관민공동회 개최함(98.10) • 관민공동회 개최(1898.10) : 백정 박성춘 연설, 헌의6조 채택(관선 25명, 민선 25명으로 구성, 중추원 관제, 예산 공포, 탁지부, 공개 재판)
해산 과정	박정양 내각 수립(1898.9) → 관민공동회 개최, 헌의6조 결의, 중추원관제 반포, 의회설립시도 → 익명서 사건(공화정 추구한다) → 독립협회 해산(1898.12) → 복설 시도(만민공동회, 1899.3) → 황국협회와 군대 이용해 해산(1899.3)
한계	친일, 친미 성격, 반러 성격

▲ 독립문

▲ 만민공동회

4 대한제국 - 광무개혁(1897~1907)

(1) 대한제국 수립(1897)

배경	• 독립협회와 여론의 환궁 요구, 러일간 세력 균형 → 경운궁 환궁(순종 이후 덕수궁)
성립	• 칭제건원('광무'연호, '황제'칭호, '대한제국국호'), 대한국국제(1899) 반포 • '원구단'(환구단, 즉위식 1897), '황궁우'(제사 1899)

(2) 광무개혁

① 성격 : 구본신참(복고주의, 동도서기론 계승(온건개화 계승)), 법규교정소 설치(황제직속 특별입법 기구) ⇒ 점진적 개혁 추구

② 개혁내용

> ✓ 암기 TIP
> 광무개혁 : 제지도원해 - 황제권강화, 지계발급, 13도, 원수부, 해삼위통상사무

정치	1. 전제군주제↑(황제권↑) 2. 지방 23부 → 13도 개편(아관파천시기 시행) 3. 독립협회 탄압 후 해산(98.12) 4. 대한국국제 선포(99), 법규는 교정소 → 전제군주제 5. 내각제 폐지 → 의정부 부활 6. 궁내부 내장원 확대로 황실 재정 강화
경제	1. 양전사업(양지아문, 토지조사) → 지계발급(근대적 토지소유권 제도) → 지계아문(토지측량과 지계발급 양지아문이 지계아문으로 통합) → 러일 전쟁으로 지계 발급 중단 → 일제가 토지조사사업으로 계승 2. 식산흥업정책(근대적 공장, 회사↑) - 서북철도국 설치(궁내부 소속, 1900) 3. 근대시설(전화, 전차, 의료, 통신) 4. 은행 : 한성은행(1897), 대한천일은행(1899) cf. 조선은행(1896) 최초 민간은행 5. 상무사 설치(99) : 보부상 지원, 평식원 설치(1902, 도량형 관할 관청)
군사	1. 원수부(99) → 황제직속 2. 서울 : 시위대, 지방 : 진위대 3. 무관학교 설립(98, 장교양성) 4. 징병제 실시 조직 반포(1903.3)

▲ 원구단

외교	1. 해외교민 보호 : 간도 관리사(이범윤), 해삼위 통상사무(블라디보스톡)
	2. 울릉도 → 울릉군 승격(1900), 독도관할 → 대한제국칙령제41호
기타	1. 근대시설 도입 : 철도, 전차, 통신시설 → 재정악화, 이권침탈 동반
	2. 교육 진흥책(실업, 기술학교↑, 경성의학교(99), 상공학교(99) 광무학교(1900))
	3. 해외 유학생 파견

■ 총정리 및 암기팁

1. 독립협회 : 3자 + 민, 반러 활동
2. 관민공동회 : 헌의6조 - 중추원 관제, 탁지부 재정적 일원화
3. 광무개혁 : 제지도원해 - 황제권강화, 지계발급, 13도, 원수부, 해삼위통상사무

▲ 고종황제(서양식 황제복장)

사료 및 심화 자료

• 헌의 6조 사료(1898.10)

1. 외국인에게 의지하지 말고 관민이 힘을 합해 전제 황권을 견고하게 할 것
2. 외국과의 이권에 관한 계약과 조약은 각 대신과 중추원 의장이 합동 날인해 시행할 것
3. 국가 재정은 탁지부에서 전관하고, 예산과 결산을 국민에게 공포할 것
4. 중대 범죄를 공판하되, 피고의 인권을 존중할 것
5. 칙임관을 임명할 때에는 정부에 그 뜻을 물어서 중의에 따를 것
6. 장정(정해진 규정)을 실천할 것

• 박성춘의 관민 공동회 연설

백정 박성춘이 말하였다. "이 사람은 바로 대한에서 가장 천한 사람이고 매우 무식합니다. 그러나 임금께 충성하고 나라를 사랑하는 뜻은 대강 알고 있습니다. 이제 나라를 이롭게 하고 백성을 편리하게 하는 방도는 관리와 백성이 마음을 합한 뒤에야 가능하다고 생각합니다. 저 차일(천막)에 비유하면, 한 개의 장대로 받치자면 힘이 부족하지만 만일 많은 장대로 힘을 합친다면 그 힘은 매우 튼튼합니다. 삼가 원하건대, 관리와 백성이 마음을 합하여 우리 대황제의 훌륭한 덕에 보답하고 국운이 영원토록 무궁하게 합시다." 회중이 박수를 보냈다.
- 박성춘의 관민공동회 개막 연설, 1898. 10

• 대한국 국제(요약)

제1조 대한국은 세계 만국이 공인한 자주 독립 제국이다.
제2조 대한국의 정치는 만세 불변의 전제 정치이다.
제3조 대한국 대황제는 무한한 군권을 누린다.
제5조 대한국 대황제는 육·해군을 통솔한다.
제6조 대한국 대황제는 법률을 제정하여 그 반포와 집행을 명하고, 대사, 특사, 감형, 복권 등을 명한다.
제7조 대한국 대황제는 행정 각부의 관제를 정하고, 행정상 필요한 칙령을 발한다.
제9조 대한국 대황제는 각 조약 체결 국가에 사신을 파견하고, 선전, 강화 및 제반 조약을 체결한다.
- 「관보」, 광무 3월 8일 22일

기출문제

01 밑줄 그은 '협회'에 대한 설명으로 옳은 것은? [2점]
> 한능검 심화 49회 35번

> **해산 명령을 철회하고 탄압을 중지하라!**
>
> 정부가 우리 협회에 해산 명령을 내리고 보부상까지 동원하여 만민 공동회를 탄압하고 있습니다. 오늘 오후 종로에 모여 해산 명령 철회와 탄압 중지를 요구합시다.

① 대성 학교와 오산 학교를 설립하였다.
② 고종 강제 퇴위 반대 운동을 주도하였다.
③ 일본의 황무지 개간권 요구를 저지하였다.
④ 중추원 개편을 통해 의회 설립을 추진하였다.
⑤ 일본에 진 빚을 갚자는 국채 보상 운동을 전개하였다.

🔍 해설

만민공동회가 나오는 것으로 보아 독립협회에 대한 문제이다. 독립협회는 1896년 서재필 등이 만든 애국 계몽 단체이다. 독립협회의 활동으로 청나라 사신을 맞이하는 영은문 자리에 독립문을 건립하였고, 독립 신문을 편찬하였으며, 만민 공동회를 개최하였다. ④ 백성들의 참정권을 확대하기 위해 의회 설치를 주장하였고 이에 대한 제국은 중추원을 소집하여 의회로 삼았다. 그러나 독립 협회는 입헌 군주제를 추구한 데 반해 대한 제국의 정치 체제는 전제 군주제였다. 결국 대한 제국은 독립 협회를 보부상들의 단체인 황국 협회를 동원하여 탄압하고 해산시켰다.

🔍 오답분석

① 신민회 내용이다.
② 대한자강회 내용이다.
③ 보안회 내용이다.
⑤ 국채보상기성회 내용이다.

🔍 정답   ④

---

02 밑줄 그은 '관계'가 발급되던 시기에 볼 수 있는 모습으로 가장 적절한 것은? [2점]
> 한능검 심화 51회 35번

> 이제 지계사무(地契事務)를 강원도에서 실시하여 영동은 울진군부터 시작하고, 영서는 춘천군부터 시작하여 토지를 개량(改量)한 후 관계(官契)를 발급합니다. 서울과 지방을 막론하고 전답가사(田畓家舍)를 강원도에 두고 있는 인민은 구권(舊券)을 가지고 음력 8월 15일 내로 토지가 있는 군에 가서 관계로 바꾸어 가시기 바랍니다.
>
> 광무 ○년 ○○월 ○○일 지계아문

① 영남 만인소에 동참하는 유생
② 원수부에서 업무를 처리하는 관리
③ 남연군 묘를 도굴하려는 독일 상인
④ 제너럴 셔먼호를 불태우는 평양 관민
⑤ 통신사를 수행해 일본으로 가는 역관

🔍 해설

지계라는 말과 광무라는 연호가 나오는 것으로 보아 대한제국 문제이다. 1897년 러시아 공사관에 머물러 있던 고종이 경운궁으로 돌아온 뒤 나라 이름을 대한 제국으로, 연호를 광무로 고치고 원구단에서 황제 즉위식을 하여 독립 제국임을 선포하였다. 대한 제국은 자주 국가로서 필요한 여러 가지 개혁을 추진하였지만, 1905년 을사조약을 체결하고, 1910년 8월 일제에게 국권을 빼앗기면서 막을 내리게 되었다. ② 대한제국 시기 고종은 원수부를 설치해 군사권을 장악하였다.

🔍 오답분석

① 영남만인소는 1880년대이다.
③ 남연군묘 도굴사건은 1868년이다.
④ 제너럴셔먼호 사건은 1866년이다.
⑤ 통신사는 조선 시대에 일본에 파견된 사신단이다.

🔍 정답   ②

CHAPTER 53 항일의병운동, 애국계몽운동

1 항일 의병운동

을미의병(1895)	① 원인 : **을미사변과 단발령**, 존왕양이 표방 ② 주도세력 : **위정척사파(유인석 등) 주도**, 동학 잔여세력 가담 - 일본군 공격, 친일파 관리 처단 활동 ③ 해산 : 아관파천 이후 단발령 철회, 고종의 해산 권고 조칙으로 해산 ④ 잔여세력 : **활빈당 조직(1900 ~ 1905)** - 해산된 농민들이 무장조직 결성 → 반침략, 반봉건 투쟁, 탐관오리, 부호, 일본 상인 습격, **대한사민논설(방곡령, 외국 상인×, 철도×) 발표**

을사의병(1905)	① 원인 : **을사조약** 체결(1905. 11) → 을사5적 주도
	② 을사조약 폐기 운동
	  • 상소 : 조병세, 이상설 등, 자결 : 민영환,
	  • 5적암살단 : 나철(대종교), 오기호, 언론투쟁 : 장지연 『시일야방성대곡』
	③ 의병활동 : 평민의병장 등장
	  • **유생의병장 : 민종식(충남 홍주), 최익현(전북 태인, 순창)**
	  • **평민의병장 : 신돌석(울진, 경상도와 강원도 일대 활동)**
	④ 을사조약 후 국제협력 요청
	  • 1905.12 미국 특사파견(헐버트) → 미국 외면
	  • **1907.4 헤이그 특사파견(헐버트 + 이준 / 이상설 / 이위종)**
	⑤ 을사조약 후 의열활동
	  • **전명운, 장인환 : 스티븐스 사살(1908, 샌프란시스코)**
	  • **이재명 : 이완용 저격시도(1909.12)**
	  • **안중근 : 이토히로부미 사살(1909.10.26)**, 하얼빈 → 뤼순감옥 → 동양평화론

정미의병(1907)	① 원인 : 고종 강제 퇴위(1907.7.20.), **정미7조약(1907.7.24), 군대해산(1907.7.31)**
	② 주도
	  • 군대해산으로 박승환 자결, 서울 시위대 + 지방 진위대 봉기, 강화도 진위대장 이동휘, 의병에 합류
	  • **해산된 군인주도 + 각계각층(농민, 노동자, 광부, 포수 - 김수민, 홍범도)**
	③ 활동 : **13도 창의군 조직**
	  ㉠ 외교 활동 : 서울주재영사관 교전단체 인정요구 → 거부
	  ㉡ 서울진공작전 : 총대장 - 이인영, 군사장 - 허위, 13도연합의병(1907.12), 평민의병장 배제 → 이인영 낙향, 허위 동대문 진격 → 실패
	  ㉢ 국내진공작전 : 홍범도, 이범윤이 의병부대를 이끌고 국내 진공을 꾀함
	  ㉣ 의병활동위축 : **남한대토벌작전(1909)**, 제천지역 의병 학살(1907.8, 맥켄지 기사), 호남의병 큰 피해 ⇒ 만주, 연해주(13도 의군 결성. 1910) 이동, 채응언(마지막 의병장) 체포(1915) ⇒ 세력↓

의의 및 한계	• 의의 : 일제하 항일투쟁 기반 마련 • 한계 : 봉건적 질서의 유지를 고집하는 유생층 주도

출제 POINT

① 을미·을사·정미 의병 특징과 의병장 ② 을사조약 이후 반대 운동 ③ 애국계몽단체 특징과 활동 ④ 신민회 활동과 특징

☑ 암기 TIP

의병순서 : **을을정** - 을미, 을사, 정미의병

☑ 암기 TIP

을사의병 : **종현의 돌** - 민종식, 최익**현**, 신**돌**석

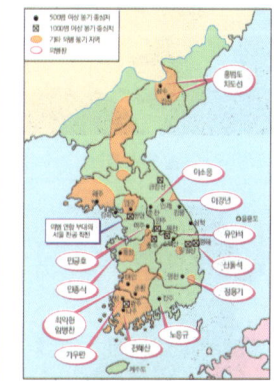

▲ 의병의 궐기

▲ 마지막 의병 채응언

▲ 의병

▲ 의병 학살

2 애국계몽운동(1904~1910)

(1) 애국계몽운동 성격

① **성격** : 사회진화론 영향, 교육·산업·언론을 통해 실력양성운동

(2) 애국계몽단체 활동

✅ 암기 TIP

애국 계몽 단체 : **보헌자협신** –
보안회, **헌**정연구회, 대한**자**강회,
대한**협**회, **신**민회

보안회	• 1904.7, 원세성, 송수만 등이 서울에서 조직, 일본 황무지 개간권 반대 운동 (1904, 농광회사) ⇒ 성공, 일제 탄압으로 해체
헌정연구회	헌법과 정치연구, 독립협회 계승, 입헌군주제, 일진회 대립, 을사조약 이후 통감부에 의해 강제 해산
대한자강회	• 1906.4 고종강제퇴위 반대, 교육산업진흥추구, 헌정연구회 계승 • 지회(25개)설치, 대한 자강회 월보 간행, 강연회 개최, 국채보상운동 참여 • 해산(1907) – 고종퇴위 반대, 군대해산 반대, 일진회 반대, 보안법(1907) 적용
대한협회	1907.11, 대한 자강회 계승, 교육, 산업 진흥, 실력양성 ⇒ 친일성격↑

신민회	1907~1911
	• 조직 : 안창호, 양기탁, 신채호 등 민족운동가 비밀결사(1907) → 전국적 조직
	• 목표 : 국권회복, 공화정체의 국민국가 건설, 선실력 후기회론
	• 국내활동 : 실력양성, 민족주의 교육 실시(대성1907, 오산1907), 민족산업 육성 (자기, 태극서관)
	• 국외활동
	  – 국외 독립기지 건설(남만주 삼원보, 밀산부 한흥동, 신흥무관학교) → 무장투쟁 준비
	  – 흥사단(1913, 샌프란시스코)
	• 산업 : 태극서관(서적출판, 평양, 서울, 대구), 자기회사(평양)
	• 언론 : 대한매일신보(신민회 기관지), 소년(협력지), 조선광문회(학술지, 민족고전간행)
	• 해체 : 안악사건 윤치호,양기탁 체포 → 안명근이 군자금 모금사건으로 조직 와해 (1911) → 105인 사건으로 해산

▲ 안창호

▲ 대한자강회 월보

■ 총정리 및 암기팁

1. **을미의병** : 을미사변/단발령 원인, 유생중심(유인석, 이소응), 고종 해산권고 조직으로 자진 해산
2. 활빈당 : 해산된 농민들 조직, 반침략 반봉건, 대한 사민 논설
3. **을사의병** : 을사조약 원인, 유생(민종식,최익현), 평민(신돌석), 평민의병장 등장
4. 을사조약반대운동 : 의병, 상소, 자결, 미국특사 파견, 헤이그특사, 의열 활동
5. **정미의병** : 고종강제퇴위, 군대해산 원인, 13도창의군 조직(이인영, 허위)
6. 남한대토벌 작전 : 1909 의병탄압, 만주, 연해주로 이동, 의병 위축
7. **애국계몽운동** : **보헌자협신** – **보**안회, **헌**정연구회, 대한**자**강회, 대한**협**회, **신**민회
8. 보안회 : 황무지개간권 반대운동
   헌정연구회 : 입헌군주제
   대한자강회 : 고종강제퇴위 반대
   대한협회 : 실력양성, 친일성격
   신민회 : 비밀결사, 공화정 추구, 105인 사건으로 해산

사료 및 심화 자료

• 활빈당의 대한 사민 논설 13조

1. 요순시대와 같이 백성을 편안하게 하는 법을 시행할 것
3. 민간이 화복하고 상하의 원성이 없는 올바른 법을 시행할 것
4. 백성이 바라는 바를 임금에게 알려 어진 정치를 하도록 할 것
5. 곡물의 해외 유출을 막고 백성을 구하는 법을 시행할 것
6. 시장에 외국 상인의 출입을 금할 것
7. 영세한 행상에게 세금을 걷지 말 것
9. 사전을 없애고 토지를 균등하게 분배할 것
10. 곡물의 가격을 낮추고 안정시킬 것
12. 소의 도축을 금할 것
13. 철도 부설권을 외국에게 허가하지 말 것

• 영국 기자 맥켄지의 정미의병 관련 기사

내가 제천에 이르렀을 때에는 햇살이 뜨거운 초여름이었다. 마을이 내려다보이는 언덕 위에서 햇빛에 일장기가 눈부시게 펄럭이고 있었고 일본 위병의 총칼이 번쩍 거리고 있었다. 나는 언덕에서 내려와 마을로 들어가 잿더미 위를 걸었다. 나는 이제까지 이렇게 심한 참화를 결코 본 적이 없었다. 한 달 전만 해도 사람들이 붐볐고 풍요로웠던 마을이 이제는 검은 잿더미만 남았다. 벽, 기둥, 장독, 그 어느 것도 성한 것이 없었다. …… 5, 6명의 의병들이 뜰로 들어섰다. 나이는 18세에서 26세 사이였고, 그중 얼굴이 준수하고 훤칠한 한 청년은 구식 군대의 제복을 입고 있었다. 나머지는 낡은 한복 차림이었다.

— 맥켄지,『자유를 위한 한국인의 투쟁』

• 대한 자강회 설립 취지서

무릇 우리나라의 독립은 오직 자강의 여하에 있을 따름이다. 우리 대한이 종전에 자강의 방법을 강구하지 않아 인민이 스스로 우매함에 묶여 있고 국력이 쇠퇴하여 마침내 오늘의 위기에 다다라, 결국 외국인의 보호를 당하게 되었으니 이는 모두 자강의 도에 뜻을 다하지 않았던 까닭이다. …… 자강의 방법을 생각해 보면 다름 아니라 교육을 진작함과 식산흥업에 있다. 무릇 교육이 일어나지 못하면 백성의 지혜가 열리지 못하고 산업이 늘지 못하면 국부가 증가하지 못한다.

—『대한자강회 월보』

• 신민회 4대 강령

1. 국민에게 민족의식과 독립사상 고취
2. 동지를 발견하고 단합하여 국민운동 역량 축적
3. 상공업기관 건설로 국민의 부력 증진
4. 교육기관 설립으로 청소년 교육 진흥 – 의병이 퇴조할 무렵, 총감독 양기탁의 집에 모여 …… 독립군 기지를 만들어서 무관학교를 설립하고 ……

* 신민회 취지문 : 신국가, 신단체, 신정신

기출문제

01 다음 사건이 일어난 시기를 연표에서 옳게 고른 것은? [2점]
▌한능검 31회 41번 문제

> 군사장(허위)은 미리 군비를 신속히 정돈하여 철통과 같이함에 한 방울의 물도 샐 틈이 없는지라. 이에 전군에 명령을 전하여 일제히 진군을 재촉하여 동대문 밖으로 진군하였다. 대군은 긴 뱀의 형세로 천천히 전진하게 하고, 3백 명을 인솔하고 선두에 서서 동대문 밖 삼십 리 되는 곳에 나아가 전군이 모이기를 기다려 일거에 서울을 공격하여 들어가기로 계획하였다. 전군이 모여드는 시기가 어긋나고 일본군이 갑자기 진격하는지라. 여러 시간을 격렬히 사격하다가 후원군이 이르지 않으므로 그대로 퇴진하였더라.

1894	1899	1904	1905	1907	1910
	(가)	(나)	(다)	(라)	(마)
갑오개혁	대한국 국제 반포	한·일 의정서	을사늑약	정미 7조약	국권 피탈

① (가)   ② (나)   ③ (다)
④ (라)   ⑤ (마)

🔍 해설

허위가 동대문으로 진군한다는 말을 통해 ⑤ 1907년 12월 서울 진공 작전이라는 것을 알 수 있다. 서울 진공 작전은 13도 창의군이 주도했다. 1907년 정미 7조약으로 군대가 해산되자, 일부 군인들이 의병에 가담했다. 그 때문에 의병의 전력이 크게 향상되었다. 이를 발판으로 전국 각지의 의병장들이 경북에서 활동하던 이인영을 총대장으로 추대해 총병력 1만의 13도 창의군을 결성했다. 이인영은 이듬해 1월 각국 공사관에 정식으로 공문을 보내고, 선발대(허위 참모장)를 동대문 밖 30리까지 진격시켰다. 그러나 일제의 저항으로 실패했고, 이인영도 아버지의 사망 소식을 듣고 의병 부대를 떠나 결국 해체되고 말았다.

🔍 정답
 ⑤

02 밑줄 그은 '이 단체'에 대한 설명으로 옳은 것은? [2점]
▌한능검 48회 36번

A: 이 신문 광고를 낸 태극서관에 대해 말씀해 주세요.
B: 태극 서관은 신지식 보급과 민족의식 고취를 위해 운영되었습니다. 또한 대성 학교와 오산 학교를 세운 <u>이 단체</u>의 산하 기관 역할을 하기도 하였습니다.

① 일제가 조작한 105인 사건으로 와해되었다.
② 파리 강화 회의에 독립 청원서를 제출하였다.
③ 만민 공동회를 열어 민권 신장을 추구하였다.
④ 독립운동 자금 마련을 위해 독립 공채를 발행하였다.
⑤ 어린이 등의 잡지를 발간하여 소년 운동을 주도하였다.

🔍 해설

대성학교, 오산학교를 세운 단체는 신민회이다. 신민회는 1907년 안창호 등이 조직한 애국 계몽 단체로 신민회는 국내에서 장지연, 신채호, 박은식, 이승훈, 이동휘 등을 중심으로 실력 양성을 통한 애국 계몽 운동을 전개하였다. ① 1910년 105인 사건으로 신민회가 해산되자 만주로 활동 무대를 옮겨 독립 운동 기지 건설에 앞장섰다. 만주의 독립 운동 기지는 1920년대 독립군 활동의 기반이 되었다.

🔍 오답분석
② 신한청년당 ③ 독립협회 ④ 임시정부 ⑤ 방정환

🔍 정답
 ①

CHAPTER 54 경제구국운동

1 청, 일 경제 침투

거류지 무역	일본 주도, 쌀면 교환체제, **개항장에서 무역**, 조선상인 중계무역(객주,여각)
내륙시장 진출	**일본 청 경제적 라이벌**, 내륙 시장 진출, 조선 중계상인 몰락
경제 침탈기	토지약탈, 이권침탈, 금융지배

> **출제 POINT**
> ① 1870~1890년대 외세침탈 경쟁 특징 ② 열강 이권침탈 종류 ③ 일본의 금융지배 과정 ④ 상권수호운동, 이권수호운동, 국채보상운동 특징

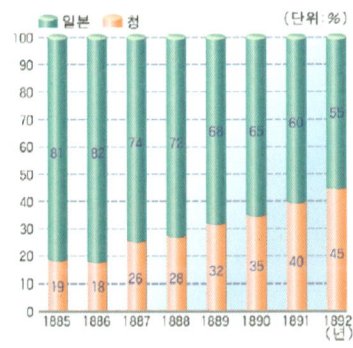
▲ 청과 일본으로부터의 수입액 비교

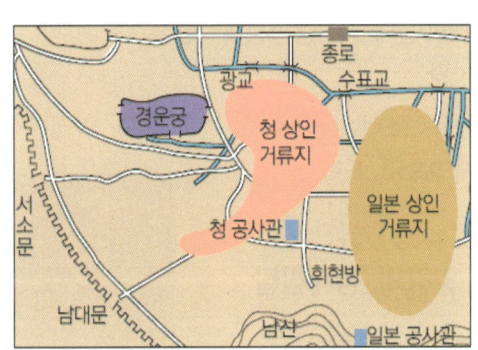
▲ 한성의 청·일본 상인의 거류지
청 상인은 주로 남대문과 수표교 중심, 일본 상인은 남산 일대를 중심으로 상권 형성

2 경제적 구국운동 전개

방곡령 실시	• 일본 상인의 곡물 반출 : **지방관 방곡령 실시(함경도 + 황해도 1889)** • 일본의 압력으로 방곡령 철회(배상금 지불, 조일통상장정(83))
상권수호운동	청일 상인의 상권 침탈 : 서울 시전 상인들의 상권 수호운동 전개(철시파업(80년대 후반), **황국중앙총상회 조직 1898**)
이권 수호 운동(독립협회)	독립협회의 러시아 절영도 조차 요구 저지, 한러은행 폐쇄, 러시아의 목포, 증남포 토지 매도 요구 저지, 재정고문 철수
황무지개간반대	보안회 중심으로 반대운동 전개
국채보상운동	(원인 : 일본의 화폐정리와 시설개선 목적으로 거액의 차관을 제공했다.) • **1907, 서상돈, 김광제 등이 대구 시작** : 서울에서 국채보상기성회 설립 • **대한매일신보, 만세보, 황성신문, 제국신문 홍보**, 금연, 금비녀, 모금운동 • 일제 탄압 : 공금횡령으로 양기탁 구속, 부호들의 참여×

> ✅ 암기 TIP
> 독립협회 이권수호 : **고은영** - 고문철수, 한러은행 폐쇄, 절영도 조차 반대

> ✅ 암기 TIP
> 국채보상운동 후원 신문 : **대만황제** - 대한매일신보, 만세보, 황성신문, 제국신문

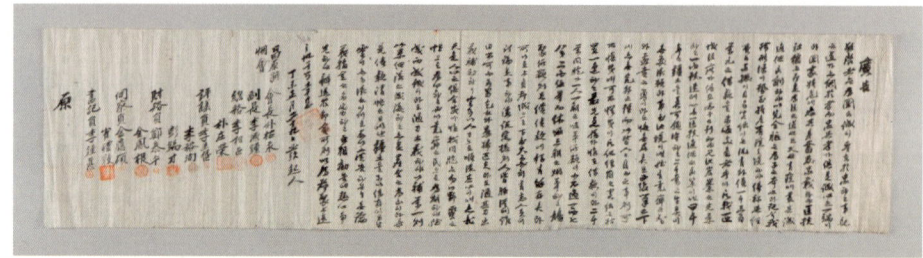

▲ 국채보상운동 기록물

3 민족 자본의 성장

(1) 시전상인 : 1880년대(철시투쟁) / 1890년대(황국중앙총상회(1898))

(2) 경강상인 : 증기선 도입 / 개성상인(인삼재배권 회복을 위한 저항)

(3) 근대적 상회사 설립 : 대동상회(1883, 평양), 장통회사(1883, 서울), 종삼회사(개성) 등

(4) 1890년대 식산흥업정책 : 황실주도 방직, 제지, 무기제조 공장 운영, 민간회사 지원

(5) 금융 : 조선은행(1896, 관료자본), 한성은행(1897), 천일은행(1899) 화폐 정리 사업으로 몰락

4 열강의 경제침탈

(1) 열강의 이권침탈

　① **열강의 이권침탈** : 아관파천(1896) 이후 열강은 최혜국 대우 규정을 내세워

　　㉠ 러시아 : 압록강, 두만강, 울릉도 삼림 벌채권(1896)

　　㉡ 미국 : 경인선 부설(1896) → 일본에 양도(1897), 갑산, 운산 금광 채굴권(1896), 전등, 전화, 수도, 전차, 전기 부설권

　　㉢ 일본
　　　• 경인선 부설권 미국으로부터 인수(1897) 완공(1899), 경부선 부설권(1898) 완공(1905)
　　　• 경의선 부설권(1903) 완공(1906), 경원선 부설권(1904) 완공(1914), 직산 금광(1900)

　　㉣ 프랑스 : 경의선 부설권(1896) - 일본이 인수(1903)

(2) 일본 토지 약탈

　① **청일전쟁 이후** : 일본인 대농장 경영(전주, 나주, 군산…)

　② **러일전쟁 이후** : 황무지 개간권 요구(1904. 7)

　③ 동양척식주식회사(1908) → 나석주 폭탄투척(1926)

(3) 일본의 금융지배와 차관제공

　① **일본의 금융지배** : 러일전쟁 후 한국 정부의 화폐발행권 박탈

　② **차관제공** : 화폐정리와 시설개선 목적으로 차관공세 → 재정 예속화 심화

> ※ 화폐 정리 사업(1905) : 메가타(1차 한일협약 때 파견된 재정고문)
>
> 1. 배경 : 은 가격 하락으로 인한 화폐 가치 하락, 경제 예속화 작업
> 2. 취지 : 일본 제일은행을 중앙은행화하여 금본위 화폐제도 시행
> 3. 방식 : 화폐정리를 위한 차관도입(3백만원), 백동화를 남발하던 전환국 폐지(04), 백동화를 제일 은행권으로 교환, 화폐 상태에 따라 갑종 2전5리, 을은 1전, 병동 폐기
> 4. 결과 : 화폐 발행권 강탈, 국내 민족 자본 은행과 중소기업가 몰락, 농촌경제 파탄, 화폐 부족으로 디플레이션 발생, 막대한 국가채무발생(국채보상운동 원인)

▲ 열강의 이권 침탈

■ 총정리 및 암기팁

1. 청일 상권 침탈 경쟁 : 거류지 무역, 내륙시장, 경제침탈기
2. 열강의 이권 침탈 : 일본 – 철도 / 러시아 – 산림 / 미국 – 금광
3. 일본 토지 약탈 : 황무지 개간권 요구(보안회 반대), 동양척식주식회사 설치(토지약탈, 일제 토지조사사업 주도)
4. 일본 차관 증가 : 국채보상운동 발생
5. 화폐 정리 사업 : 메가타 주도, 일본 제일은행권 화폐 교환 → 조선상인 몰락

◎ 사료 및 심화 자료

• 운산 금광

> 1896년 4월 미국의 알렌 공사가 주선한 미국인이 운산 금광의 채굴권을 얻었다. 당시 계약 조건은 광구 전체를 25년간에 걸쳐 특허하고, 미국인과 조선 왕실이 공동으로 경영하며, 자본금 100주 중 25주를 조선 왕실에 납입하고 일체의 세금을 면제한다는 것이었다. …… 1902년 1년 동안 이 회사가 일본에 수출한 지금(地金)만도 1백 25만 5천 7백여 원에 달했는데, 이에 비해 총 경비는 60만원 정도였다고 하니 그러기에 노다지라는 광산 용어가 생기기까지 하였다. 노다지란, 미국인이 운산 금광에서 새로 채굴된 금덩어리를 인부들에게 노터치(no touch)라고 외친 데서 나온 말로 널리 알려진 사실이다.
>
> - 『한국사』 18, 국사편찬위원회

• 일본의 철도 부설 토지 약탈

일본 상인들이 개항장을 벗어날 수 있게 되면서 일본들에게 넘어가는 토지가 많아졌다. 일본인의 토지 약탈은 러·일 전쟁을 계기로 규모가 더욱 커졌다. 일본은 철도와 정거장을 만들고 군용으로 쓸 땅을 확보한다는 구실로 엄청난 토지를 약탈하였다. 당시 일본에서 규모가 큰 역의 넓이가 3만 평을 넘지 않았는데, 일제가 정거장을 세운다는 구실로 약탈한 땅은 터무니없이 넓었다. 예를 들어 서울 용산에서는 45만 평, 평양에서는 72만 평을 정거장 터로 정해 그 안에 있는 민가를 철거한 뒤, 그곳에 새로운 시가지를 만들어 일본인을 이주시키려 하였다.

• 화폐 정리 사업

일제의 화폐 정리 사업에 의해 화폐 교환이 이뤄지던 1905년 당시, 한국인은 상평통보(엽전)와 백동화를 사용하였다. 백동화는 갑오개혁 이후에 사용되던 화폐였다. 그런데 일제는 백통화의 화폐 가치가 일정하지 않다는 이유를 들어, 교환에 불이익을 크게 주었다. 즉, 백동화를 질에 따라 갑, 을, 병으로 나눈 다음, 병종은 교환에서 제외하였다. 한국 상인이 소유한 백동화의 상당수가 을종이나 병종으로 판정받았다. 게다가 소액을 가진 농민은 교환하기도 어려웠다. 한국 사람은 앉은 자리에서 막대한 화폐 자산을 상실당하였으나, 이러한 정보를 미리 알고 있던 일본 상인들은 병종 백동화를 이용하여 물건을 구입함으로써 부당 이익을 챙기는 경우도 적지 않았다. 경제적 어려움에 빠졌던 많은 회사가 이 때 일본인에게 넘어가기도 하였다.

― 강만길, 『한국자본주의의 역사』

기출문제

01 밑줄 그은 '이 운동'에 대한 설명으로 옳은 것은? [2점]
■ 한능검 48회 32번 문제

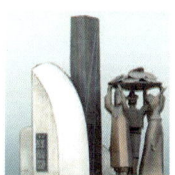

이것은 일제로부터 도입한 차관을 갚기 위해 일어난 이 운동을 기념하여 대구에 세운 조형물입니다. 개화 지식인, 상인, 여성이 엽전을 떠받치고 있는 모습으로 형상화되었습니다.

① 황국 중앙 총상회의 주도로 전개되었다.
② 러시아의 절영도 조차 요구에 반대하였다.
③ 조선 총독부의 방해와 탄압으로 실패하였다.
④ 대한매일신보 등 당시 언론이 적극적으로 참여하였다.
⑤ 일본, 프랑스 등의 노동 단체로부터 격려 전문을 받았다.

해설

대구에서 차관을 갚기 위해 일어난 운동은 국채보상운동이다. 일본은 우리 정부가 일본 정부에게 돈을 빌려 부담하도록 강요하였고, 우리나라는 일본에 많은 빚을 지게 되었다. 당시 대한 제국이 일본에게 진 빚이 1300만 원이나 되었다. 이에 1907년 대구에서 서상돈의 제안으로 국채 보상 운동이 시작되어, ④〈대한매일 신보〉등의 후원을 받아 전국으로 확산되었다. 국민들은 담배와 술을 끊고 그 돈을 성금으로 내는 등 적극 참여하였고, 여러 단체와 언론 기관도 모금 운동에 참여하였다. 국채 보상 운동은 경제적 자주성을 찾으려는 민족 운동의 성격을 띠고 전개되었으나, 통감부의 압력과 일진회의 방해로 중지되었다.

오답분석
① 상권수호운동 ② 독립협회 ③ 조선 총독부가 아닌 통감부가 방해하였다. ⑤ 원산부두총파업에 대한 내용이다.

정답 ④

02 다음 상황이 전개된 배경으로 옳은 것은? [2점]
■ 한능검 심화 50회 31번

A: 백동화를 제일 은행권으로 바꾸려고 교환소에 갔더니, 터무니없이 낮게 평가해 바꿔 주더군.
B: 백동화는 곧 사용할 수 없을 테니 손해를 보더라도 교환할 수밖에 없지 않겠나.

① 금속류 회수령이 공포되었다.
② 국채 보상 운동이 전개되었다.
③ 산미 증식 계획이 실시되었다.
④ 조선 물산 장려회가 조직되었다.
⑤ 재정 고문으로 메가타가 임명되었다.

해설

⑤ 1904년 8월 제1차 한·일 협약으로 부임한 일본인 재정 고문 메가타 다네타로(目賀田種太郎)는 우리나라 화폐제도를 일본과 같게 하려고 화폐 정리사업을 실시하여 우리나라 상공업자들에게 큰 타격을 안겼다. 일제의 화폐 정리사업에 의해 화폐 교환이 이루어지던 1905년 당시, 한국인은 상평통보(엽전)와 백동화를 사용하였다. 백동화는 갑오개혁 이후에 사용되던 화폐였는데, 일제는 백동화의 화폐 가치가 일정하지 않다는 이유를 들어 교환에 큰 불이익을 주었다.

오답분석
① 일제시대 ② 국채보상운동은 화폐정리사업 이후이다. ③ 일제시대 ④ 일제 강점기

정답 ⑤

CHAPTER 55 근대문물 수용

근대시설 : 전(83)박(83)기(83) 우(84)

1 근대시설의 수용

무기	기기창(1883, 최초의 무기 공장)
화폐	전환국(1883, 당오전 주조, 묄렌도르프)
출판	박문국(1883, 한성순보)
전신	경인전신(1885), 경의전신(1885) / 전등(1887)/ 전기(1885) / 한성전기회사(1898) ✅ 암기 TIP 전신병원(85)
우편	우정국(1884), 갑신정변으로 중단, 을미개혁 때 재개, 만국우편연합 가입(1900),
철도	경인선(1899), 경부선(1905), 경의선(1906) ✅ 암기 TIP 인부의
전차	한성전기회사(1898, 미국과 합작) → 최초 전차(1899, 동대문, 종로)
의료	광혜원(1885, 알렌, 제중원으로 개칭), 세브란스(1904, 에비슨), 광제원(1900) → 대한의원(1907) ✅ 암기 TIP 광제 제대해 00 07 09 - 광혜원, 제중원, 광제원, 대한의원
건축	• 독립문(1896), 명동성당(고딕, 1898) • 덕수궁 석조전(르네상스식, 1910) ✅ 암기 TIP 독(96) 명(98) 석(10)

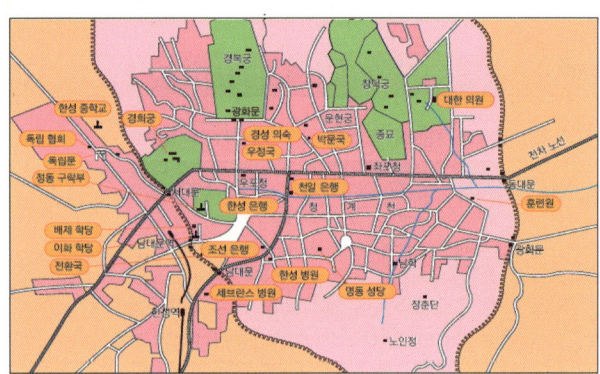
▲ 한말 서울의 주요 기관

▲ 전차

▲ 경인선 개통식

▲ 명동성당(1898)

▲ 덕수궁 석조전(1910)

2 언론기관 발달

한성순보	최초의 신문(관보, 순한문)(83~84), 박문국에서 발간, 박영효 주도, 10일에 한 번
한성주보	(최초)국한문 혼용, 최초 광고(86~88), 7일마다 간행(주보), 박문국에서 간행 (88년에 폐지됨)
독립신문	1896년~1899년 폐간, 근대적 일간지, 한글판, 영문판, 최초의 근대적 일간지, 정부 지원 받아 창간, 외국의 문물과 제도를 소개, 서재필(96~99) 주도, 독립협회 해산 후 폐간(1899)
황성신문	1898~1910, 유생층 대상, 국한문 혼용, 장지연 '시일야방성대곡', 남궁억 발행, 한성신문으로 계승했지만 1910년 폐간
제국신문	1898~1910, 서민, 부녀자 대상, 순한글, 이종일 발행, 이승만 주필, 신교육, 국민계몽
대한매일신보	1905~1910, 베델, 양기탁, 반일논조, 의병호의, 영문, 국문·국한문체, 신민회 기관지, 을사조약 무효를 주장하는 고종의 친서 게재, 신문지법으로 위축, 베델 추방, 경술국치 후 총독부 인수 후 매일신보 개칭(친일)
만세보	국한문 혼용, 천도교 기관지, 이인직 '혈의 누' 게재, 손병희·오세창(06~07.6), 일진회 공격, 재정난으로 이인직에게 인수됨, 대한신문으로 개칭, 친일 내각 기관지로 변함
경향신문	순한글, 천주교 기관지, 프랑스 신부 드망즈 간행(06~10), 국민계몽,

> **암기 TIP**
> 신문종류 : 순주독 황제 대만경
> – 한성순보, 한성주보, 독립신문, 황성신문, 제국신문, 대한매일신보, 만세보, 경향신문

▲ 대한매일신보 편집국

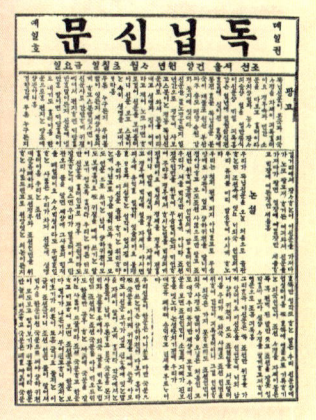
▲ 한성순보   ▲ 독립신문

▲ 베델

3 일제의 언론 탄압

① 일제는 신문지법을 제정해 민족신문을 탄압(1907)
② 한일병합 이후에는 언론의 자유박탈하고 폐간시킴

■ 총정리 및 암기팁

1. 근대문물 수용
   전 박 기 우(83.83.83.84) – 전환국, 박문국, 기기창, 우편국 /
   전신, 병원(85) / 전등(87) / 전기(98) / 전차, 기차(99) / 독 명 석(6.8.10)
2. 언론기관 : 순주독 황제 대만경 – 한성순보, 한성주보, 독립신문, 황성신문, 제국신문, 대한매일신보, 만세보, 경향신문
3. 신문지법 : 1907년 일제의 언론 탄압

사료 및 심화 자료

• 고종의 서구 문물 수용 의지

최근에 오면서 천하의 대세는 옛날과 크게 달라졌다. 유럽과 아메리카의 여러 나라들, 즉 영국·프랑스·미국·러시아 등은 정밀한 기계를 제조하고 나라를 부강하게 만들었다. …… 사람들은 또한 서양 나라들과 좋은 관계를 가지는 것을 가지고 장차 예수교에 물들 것이라고 여기고 있다. …… 그러나 종교를 배척하고 기계를 본받는 것은 원래 병행하여도 사리에 어그러지지 않는다. 더구나 강하고 약한 형세가 현저한 조건에서 만일 그들의 기계를 본받지 않는다면 무슨 수로 그들의 침략을 막아내며 그들이 넘겨다보는 것을 막겠는가.

- 『고종 실록』

• 1880년대 설치된 기구들

- 기기창 : 청에 영선사로 파견된 관리 및 유학생들이 귀국하여 건립한 무기 제조공장이었다(1883. 4).
- 전환국 : 합리적인 통화정책을 추진하기 위해 설치한 상설 조폐기관이었다(1883. 7)
- 박문국 : 일본에 파견된 3차 수신사 박영효가 귀국 후 정부에 건의하여 신문과 각종 서적의 간행을 위하여 설립된 기관이었다(1883. 8).
- 우정국 : 미국에 보빙사로 파견된 홍영식이 귀국 후 정부에 건의하여 설치한 우편 사무 담당 기관이었다(1884). 갑신정변으로 박문국과 더불어 폐지되어 실질적 우편사무를 실시하지는 못하였다. 이후 을미개혁 때 부활하였다.

• 전차

경인철도 건설 기사였던 미국인 콜브란은 평소 고종이 빈번하게 청량리에 있는 홍릉으로 행차하는 것을 보고, 비용이 절감되고 번잡함을 피하는 길은 전차를 가설하는 것이라 설득하자 황제가 승낙함으로써 전차 부설이 시작되었다. 고종은 전차 부설을 준비하기 위해 자본금을 내고 '한성전기회사'를 설립하고 전차의 부설과 운영의 책임을 콜브란에게 맡겼다(1898). 이후 한성전기회사에서 동대문에 발전소를 설치하였고, 1899년에 서대문에서 청량리 노선의 단선궤도 전차가 최초로 부설되었다.

기출문제

01 교사의 질문에 대한 학생의 답변으로 옳은 것은? [2점]
■ 한능검 심화 49회 36번 문제

이것은 한성 전기 회사가 공급하는 전기를 사용하여 서대문과 청량리 사이를 운행하던 전차입니다. 전차가 개통된 이후에 도입된 근대 문물에 대해 말해 볼까요?

① 박문국이 세워졌어요.
② 경부선이 완공되었어요.
③ 기기창이 설치되었어요.
④ 한성주보가 발행되었어요.
⑤ 육영 공원이 설립되었어요.

해설
서대문과 청량리 사이 전차는 1899년에 운행하기 시작한다. ② 경부선 완공은 1905년으로 전차 이후이다.

오답분석
① 박문국은 1883년에 세워졌다.
③ 기기창은 1883년에 설치되었다.
④ 한성주보는 1886년에 발행되었다.
⑤ 육영 공원 설립은 1886년이다.

정답 ②

02 (가) 신문에 대한 설명으로 옳은 것은? [1점]
■ 한능검 심화 47회 37번 문제

해외에서 독립 유공자 명패 부착 행사 열려

독립 유공자의 명패를 부착하는 행사가 해외에서는 처음으로 영국에 있는 베델의 손녀 집에서 열렸습니다. 베델은 양기탁과 함께 (가)을/를 창간하여 항일 언론 활동을 전개하였습니다.

① 박문국에서 발간하였다.
② 최초로 상업 광고를 실었다.
③ 을사늑약의 부당성을 주장하였다.
④ 우리나라 최초의 민간 신문이었다.
⑤ 일장기를 삭제한 손기정 사진을 게재하였다.

해설
베델이 양기탁과 함께 만든 신문은 대한매일신보이다. 대한매일신보는 대한 제국 때 발간되었던 일간 신문이다. 영국인 어니스트 베델이 양기탁과 함께 1904년 7월 16일에 창간했다. 일제의 침략 행위를 비판하고 민족 운동을 소개한 대표적인 항일 민족 언론이었다. 《대한매일신보》는 당시 발간되던 신문 가운데 가장 강력하게 일본을 비판했다. ③ 을사늑약의 부당성을 주장하였고, 민족 정신을 일깨우는 글이 매일 실리는가 하면, 의병의 항쟁을 자세히 보도하였다. 대한 제국의 벼슬아치들이 저지른 비리나 일본인들의 횡포를 고발하는 기사도 실었다. 또한 나라의 빚을 갚자는 국채 보상 운동이 일어나자, 이를 적극적으로 지원하면서 운동을 이끌기도 했다.

오답분석
① 한성순보, 한성주보 ② 한성주보 ④ 독립신문 ⑤ 동아일보

정답 ③

CHAPTER 56 근대교육, 국학, 문예, 간도, 독도

출제 POINT
① 원산학사, 동문학, 육영공원 특징
② 교육입국조서 특징
③ 독사신론, 국문연구소 특징
④ 국권 피탈 과정

✅ 암기 TIP

근대교육기관 : **원동육**(83 83 86)
- **원**산학사, **동**문학, **육**영공원

▲ 육영공원 수업 장면

▲ 헐버트

1 근대교육 – 학교 중심으로 볼 것

(1) 근대교육의 시작(1880년대)

원산학사(1883)	최초 근대식 학교(사립), 근대학문 + 무술교육 → 덕원부사 정현석 + 주민
동문학(1883)	영어 강습 기관(통역관 양성), 묄렌도르프, 외국어 교육(통역관), 관립 외국어교육 기관
육영공원(1886)	상류층 자제 근대학문 교육, 최초 관립학교, 헐버트, 길모어 초빙, 1894년 폐교

(2) 근대적 교육제도의 마련(갑오개혁 시기)

교육입국조서 발표	1895, 2차갑오개혁, 한성사범학교 관제 반포, 설립(1895.7), 교과서 편찬
소학교령 공포(95.9)	소학교 설치, 여성 교육 가능
각종 관립학교 설립	소학교, 사범학교, 외국어 학교

(3) 사립학교 설립

애국계몽운동가 (을사조약 이후)	• 대성학교(07, 안창호), 오산학교(07, 이승훈), 보성(05, 이용익), 진명(06), 숙명(06, 엄귀비, 황실), 흥화(98, 민영환), 점진(99, 안창호) • 서전서숙(06.북간도, 이상설, 최초 해외 민족교육기관)
개신교 중심	배재학당(아펜젤러, 85), 이화학당(스크랜턴, 86), 경신학당(언더우드, 86), 숭실학교(97)

▲ 대성학교

2 국학연구

(1) 국사연구(근대계몽사학)

① 애국계몽 사학자

신채호	• 『독사신론』(1908) : 민족주의 역사학 방향 제시, 대한매일신보에 연재, 단군에서 발해 역사 다룸 • 영웅전기 편찬 : 을지문덕전, 강감찬전, 이순신전, 최도통전 • 외국역사서 : 미국독립사, 이태리 삼걸전 → 신채호
박은식	• 이준전, 안중근전, 천개소문전, 동명성왕전 • 조선광문회(우리 고전 정리)에서 활동
황현	매천야록, 국권피탈을 개탄하는 절명시 쓰고 자결함
정교	대한계년사 저술
현채	유년필독, 월남망국사 저술

▲ 신채호

(2) 국어연구

① **국한문혼용체 보급** : 황성신문, 유길준의 서유견문(최초의 국한문 혼용)

② **한글 전용 확대** : 독립신문, 제국신문, 대한매일신보 등

③ **국문연구소 설치(1907년)** : 주시경, 지석영 중심, 학부 내부기구(국어학연구소, 08)

④ **문법서 편찬** : 유길준의 〈대한문전〉, 〈조선문전〉, 주시경의 〈국어문법〉, 〈말의 소리〉, 〈말모이〉

(3) 문예 새 경향

① **신소설 유행**(이인직 혈의 누(06), 안국선 금수회의록(08), 이해조 자유종(10))

② **신체시** : 최남선 해에게서 소년에게(08) - 소년 잡지(1908)

③ **외국 문학 번역** : 천로역정, 이솝이야기, 빌헬름 텔, 로빈슨 표류기

④ **음악** : 창가유행(독립가, 권학가, 애국가) / 미술 : 서양식 유화 등장

⑤ **연극** : 협률사 건립(02, 관립극장), 원각사(08-09, 은세계, 치악산 신극 운동)

(4) 종교

① **천주교** ⇒ 1886년 조·프 조약 이후 자유, 고아원, 양로원, 경향신문 ⇒ 의민단(무장단체)

② **개신교** ⇒ 장로교, 감리교, 평양대부흥회, 학교, 고아원, 병원 ⇒ 신사참배거부(1935)

③ **천도교(1906)** ⇒ 손병희, 민족종교로 발전, 보성, 동덕여학교, 만세보 ⇒ 3·1운동 주도, 제2의 3·1운동 준비, 개벽, 어린이 잡지 간행

④ **대종교** ⇒ 단군신앙, 나철·오기호, 간도 무장 독립운동 ⇒ 중광단(서일) → 북로군정서 개편

⑤ **불교** ⇒ 한용운 '조선불교유신론', 불교 개혁 ⇒ 사찰령(1911), 조선불교유신회(1921)

⑥ **유교** ⇒ 박은식(유교구신론), 정인보 ⇒ 양명학 입장, 성리학 비판(유학은 왕의 편, 민중지지↓, 실천×, 대동교 창시 / 대동학회(1907) - 친일단체, 이완용이 주도함

▲ 원각사

⑦ **원불교** ⇒ 박중빈, 새생활 운동

▲ 나 철

▲ 박은식

▲ 한용운

3 간도·독도

(1) 간도

① <mark>백두산정계비(1712)</mark> : 19세기 토문강 해석 간도 귀속 문제(서위압록, 동위 토문) → 조선과 청간의 간도귀속 문제 다툼 → 18C

② 서북경략사 어윤중 파견(1882), 토문감계사(1885 이중하) 파견, 간도를 함경도에 편입, 회령에 변계경무서 설치(1901) → 19C

③ 간도관리사 파견(1902 이범윤), 통감부 간도 출장소 설치(1907) → 20C

④ **간도협약(1909)** : 일본이 남만주 철도 안봉선(안동 - 봉천) 획득 대가로 청영토 인정

(2) 독도

① 숙종 때 안용복이 우리 영토로 확인

② 울릉도 개척령(1884), 공도정책×, 울릉군으로 승격시켜 독도 관할하게 함

③ <mark>러·일전쟁 중 일제는 독도를 일본 영토로 편입시킴(1905, 시마네현 고시)</mark>, 1906 강원도 → 경상도 편입

④ **해방 후** : 1946년 연합국 최고 사령관 각서 제677호에서 독도를 한국의 행정 관할 구역으로 선포

⑤ **이승만 라인 선포** : 1952년 독도를 우리 영토로 선언(일본 인정하지 않음)

▲ 백두산 정계비 부근 지도

▲ 울릉도, 독도 지도

■ 총정리 및 암기팁

1. 학교 : **원동육**
2. 교육진흥책 : **원산학사, 동문학, 육영공원, 교육입국조서, 소학교령 공포**
3. 국학 : **신채호(독사신론), 박은식(조선광문회활동, 유교구신론)**
4. 신소설, 신체시, 창가, 연극 유행
5. 천주교, 개신교, 천도교, 대종교, 불교, 유교, 원불교 변화
6. 간도 : **백두산 정계비(서위압록, 동위토문)**, 토문감계사(이중하)・간도관리사(이범윤), 간도협약(1909년 불법적 협약)
7. 독도 : 숙종 안용복 우리 영토 확인, 울릉도 개척령, **러일 전쟁 중 일본 영토로 편입 (1905년 시마네현 고시)**

사료 및 심화자료

원산학사

원산 학사에서는 산수, 과학, 기계, 농업, 양잠, 채광, 일어, 법률, 세계 역사, 지리를 필수 과목으로 교육하였다. 또, 문예반은 한문, 무예반은 병서와 무예를 전공 과목으로 채택하여 가르쳤다. 이는 원산 학사가 전통 학문을 바탕으로 신식 학문을 접목하여 교육을 실시하였음을 보여 준다. 원산 학사는 갑오개혁 때 원산 소학교가 되어 공립학교로 전환하였다.

관립학교 설치

① 한성사범학교 관제(95. 4) : 한성 사범학교와 부속 소학교가 설립되었다.
② 한성외국어학교 관제(95. 5) : 기존의 외국어 학교를 통합하여 한성외국어학교가 설립되었다.
③ 소학교령(95. 9) : 소학교를 관립 소학교・공립 소학교・사립 소학교로 구분하여 설치할 것을 규정하였다(소학교령의 제정은 3차 을미 개혁 시기임). 소학교령 제정 직후 우선적으로 한양의 4곳에 설치되었고, 1896년부터는 지방에서도 소학교가 설치되기 시작하였다.
④ 기타 : 학부 편집국에서 '국민소학 독본', '조선역사' 등의 교과서를 편찬하였다.

교육 입국 조서

교육은 그 길이 있는 것이니, 헛된 이름과 실용을 먼저 분별하여야 할지로다. 독서나 습자로 고인의 찌꺼기나 줍기에 몰두하여 시세대국(時勢大國)에 어두운 자는 비록 그 문장이 고금을 능할지라도 쓸모없는 서생에 지나지 못하리라. 이제 짐은 정부에 명하여 널리 학교를 세우고 인재를 양성하여 너희들 신민(臣民)의 학식으로 국가 중흥의 큰 공을 세우고자 하노니, 너희들 신민의 충군(忠君)하고 위국(衛國)하는 마음으로 너희의 덕(德)과 몸과 지(知)를 기를지어다. 왕실의 안전이 너희들 신민의 교육에 있고, 또 국가의 부도 너희들 신민의 교육에 있도다.

기출문제

01 다음 퀴즈의 정답으로 옳은 것은? [1점]

■ 한능검 심화 49회 39번 문제

> 덕원부의 관민이 힘을 합쳐 설립한 우리나라 최초의 근대 학교로, 외국어 교육 등을 실시한 이 교육 기관은 무엇일까요?

① 동문학 ② 명동 학교 ③ 원산 학사
④ 서전서숙 ⑤ 배재 학당

🔍 해설

덕원부에서 만든 학교는 원산학사이다. 원산학사는 1883년 개교한 우리나라 최초의 근대식 학교로, 함경남도 원산(현재는 강원도)에 세워졌다. 원산은 강화도 조약 이후 일제가 러시아의 남하를 견제하기 위해 개항을 요구했던 지역으로 일찍부터 개화의 분위기가 높았던 곳이었다. 근대식 교육에도 많은 관심이 일고 있던 도중 1883년 8월 덕원 부사 겸 원산 감리 정현석이 마을 사람들과 뜻을 합쳐 정부의 지원을 받아 개교를 했다. 원산 학사는 문예반과 무예반을 설치해 문무를 동시에 가르쳤다. 우리나라 최초의 근대식 학교이자, 민간인이 주도해 설립한 학교로 교육사적으로 의의가 크다 하겠다.

🔍 정답   ③

02 (가) 종교의 활동으로 옳은 것은? [2점]

■ 한능검 고급 24회 40번 문제

> (가) 은/는 1909년 나철에 의해 단군교라는 이름으로 창시되었다. 단군교는 민족 의식의 함양을 도모하고 조선을 독립 국가로 존속시키는 것을 목표로 하였다. 그러나 정훈모의 친일 행위로 인해 종단에 내분이 일어나자 일제의 탄압을 예상하여 1910년 단군교의 교명을 바꾸었다.

① 개벽과 신여성 등의 잡지를 발간하였다.
② 중광단의 무장 항일 투쟁을 주도하였다.
③ 위정 척사를 내세워 영남 만인소를 올렸다.
④ 배재 학당을 세워 신학문 보급에 기여하였다.
⑤ 경향신문을 발행하여 민중 계몽에 기여하였다.

🔍 해설

대종교는 1920년대 만주에서 무장 항일 운동을 전개하며 단군을 숭배하는 민족 종교이다. 1909년 나철과 오기호는 국조 단군을 숭상하는 단군교를 창시하였다. 1910년 교도 수가 1만 명이 되어 교명을 대종교로 바꿨다. 1914년 만주로 활동 무대를 옮기고 ② 중광단이라는 단체를 만들고 항일 투쟁을 주도하였다. 1920년 청산리 대첩의 군인들 대부분이 대종교 신도였을 정도로 1920년대 만주에서 무장 항일 운동을 활발하게 전개하였다.

🔍 오답분석

① 천도교 ③ 유교 ④ 기독교 ⑤ 천주교

🔍 정답   ②

CHAPTER 57 일제 국권 피탈 과정

1 국권 피탈 과정(1902 ~ 1904)

(1) 1902년 제1차 영일동맹

러시아 견제, 청에 대한 영국 이권과 조선에 대한 일본 이권 인정 → 1903년 용암포 사건(압록강 하구의 용암포를 러시아가 강제 점령하고 조차 요구, 일본과 대립)

(2) 1904년 2월 8일 러일전쟁 발발(일본의 기습)

① 배경 : 용암포사건(1903. 러시아의 용암포 점령), 대한제국 대외중립선언(1월, 러일전쟁 직전, 인정 받지 못함)

② 1904. 2.10 일본의 선전포고(전쟁 시작 이후에 함)

(3) 1904년 2월 23일 한일의정서

① 대한제국 영토 보전과 황실 안녕 보증을 명분으로 함(토지약탈)

② 주요 군사 요지 점령, 독도 강탈, 군사시설 사용권

③ 외교권 제한(제3국과 조약체결 금지)

④ 시정 개선에 관한 충고를 들을 것

(4) 5월 : 대한시설강령 - 철도, 통신, 재정 장악 목적

① 황무지개간요구   ② 보안회 반대

(5) 8월 : 1차 한일협약 - 고문정치

① 외교 고문 : 스티븐스 - 전명운, 장인환에게 사살(샌프란시스코)

② 재정 고문 : 메가타 - 화폐 정리 사업(1905)

③ 내정간섭 강화, 재정 외교 실권 상실, 일진회(친일매국단체) 조직

2 국권 피탈 과정 - 1905년

(1) 7월 : 가쓰라·태프트 밀약(일본 - 조선, 미국 - 필리핀 독점권 인정)

(2) 8월 : 2차 영·일 동맹(일본 - 조선, 영국 - 인도, 미얀마 권리 인정)

(3) 9월 : 포츠머스 조약(러vs일, 일본의 한국에서의 독점적 지배권 국제적 인정 받음) - 러일 전쟁 종결(일본의 한국권리 인정)

(4) 11월 : 을사조약(2차 한일협약, 조선을 보호국화)

① 외교권 박탈(일본 보호국 전락)

② 통감부 설치 - 통감정치(이토 히로부미 초대 통감) 시작

출제 POINT

국권 피탈 과정 순서, 사료 문제

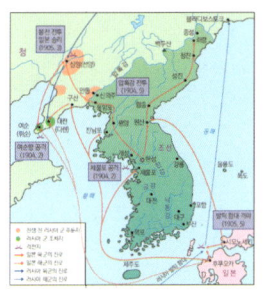

▲ 러·일전쟁 전개과정

(5) 을사조약 반대

① **상소**　② **자결** : 민영환　③ **의병** : 을사의병

④ **언론** : 황성신문 '시일야방성대곡'

⑤ **특사** : 미국 특사 - 헐버트 파견(거중조정을 근거로 미국의 중재 요청, 미국의 외면)

▲ 을사늑약이 체결된 덕수궁 중명전　▲ 을사늑약 체결 문서　▲ 민영환

3 국권 피탈 과정 - 1907년

(1) 6월 : **헤이그 특사** - 을사조약에 대한 반발로 고종이 파견, 이준+이상설+이위종, 일본 방해로 실패(외교권 박탈, 국제사회 외면)

(2) 7월 20日 : **고종 강제 퇴위**(헤이그 특사 구실로 퇴위 강요)

(3) 7월 24日 : **한일신협약**

① 정미7조약 체결　② **차관정치(일본인 차관, 조선인×)**

③ 통감부의 내정간섭 심화　④ **군대 해산**

⑤ 행정권 박탈, 고등 관리 임명권 박탈

⑥ 신문지법(7.24), 보안법(7.27, 고종퇴위 반대운동 탄압, 대한자강회 해산 근거)

(4) 7월 31日 : 순종의 군대 해산 조칙 → **군대해산(정미의병 발생)**

(5) 8월 2日 : 연호를 "융희"로 고침 → 8.27 순종 즉위식 → 11.13 순종 처소 창덕궁 이동

▲ 헤이그 특사

4 국권 피탈 과정 - 1908년

(1) 전명운, 장인환의 스티븐스 사살(샌프란시스코)

(2) 사립학교령, 학회령(사립학교 허가제)

(3) 동양척식주식회사 설치(일제 토지약탈 주도)

5 국권 피탈 과정 - 1909년

▲ 안중근

(1) 7월 : **기유각서** - 사법권 박탈 → 사법과 감옥사무는 일본에 위탁한다

(2) 9월 : **간도협약**(불법, 일제 안봉선 획득)

(3) 10.26 : **안중근 의거**(이토히로부미 하얼빈에서 사살)

(4) 12月 : 이재명의 이완용 저격시도, 일진회의 한일 합방 청원

6 1910년

(1) 6月 : **경찰권 박탈** : 일본 헌병경찰 파견

(2) **8.29 경술국치**

   ① 총독 정치(데라우치)

   ② 무단통치

   ③ 이완용과 통감 데라우치 이름으로 조인, 반포(불법, 순종의 조인 없음)

> ✅ **암기 TIP**
> 국권 피탄 과정 : **의 1 2 신 기 X / 군 F 고 통 차 사 경 X** - 한일**의**정서, **1**차한일협약, **2**차한일협약, 한일**신**협약, **기**유각서, **경술국치** / **군**시설 **무**료, **고**문정치, **통**감정치, **차**관정치, **사**법권 강탈, **경**찰권 강탈

▲ 데라우치 총독

■ **총정리 및 암기팁**

1. 1904년
   (1) 2月 : 러·일 전쟁 → 한일의정서 (2) 5月 : 대한시설강령
   (3) 8月 : 1차한일협약 – 고문정치
2. 1905년
   (1) 7月 : 가쓰라·태프트밀약 (2) 8月 : 2차 영·일 동맹 (3) 9月 : 포츠머스 조약
   (4) 11月 : 을사조약(2차 한일협약)
3. 1907년
   (1) 헤이그특사 (2) 고종폐위 (3) 한일신협약
4. 1909년 – 기유각서
5. 1910년 – 경술국치

🎯 사료 및 총정리

• 한일 의정서(1904. 2)

제1조 한·일 양국 사이에 항구적이고 변함없는 친교를 유지하고 동양 평화를 확립하기 위하여 대한제국 정부는 대일본제국 정부를 확고하게 믿고 시정 개선(施政改善)에 관한 충고를 받아들인다.

제4조 제3국의 침해나 혹은 내란으로 인하여 대한제국 황실의 안녕과 영토의 보전에 위험이 있을 경우 대일본제국 정부는 신속히 응기응변의 필요한 조치를 취할 수 있으며 대한제국 정부는 위 대일본제국의 행동을 용이하도록 충분한 편의를 제공한다. 대일본제국 정부는 전 항의 목적을 성취하기 위하여 군사 전략상 필요한 지점을 상황에 따라 차지하여 이용할 수 있다.

제5조 대한제국 정부와 대일본제국 정부는 상호간에 승인을 거치지 않고 후일 본 협정의 취지에 반하는 협약을 제3국과 체결할 수 없다.

• 제1차 한·일 협약(1904. 8)

제1조 한국 정부는 일본 정부가 추천하는 일본인 1명을 재정고문으로 하여 한국 정부에 용빙하고, 재무에 관한 사항은 일체 그 의견을 물어 시행할 것

제2조 한국 정부는 일본 정부가 추천하는 일본인 1명을 외교 고문으로 하여 외부에 용빙하고, 외교에 관한 요무(要務)를 일체 그 의견을 물어 시행할 것

제3조 한국 정부는 외국과의 조약 체결 기타의 중요한 외교 안건, 즉 외국인에 대한 특권 양여와 계약 등의 사무처리에 관하여는 미리 일본 정부와 협의할 것

• 시일야방성대곡

아, 원통하고 분하도다. 우리 2000만 남의 노예가 된 동포여, 살았는가, 죽었는가. 단군과 기자 이래의 4000년 국민 정신이 하룻밤 사이에 별안간 멸망하고 말 것인가. 원통하고 원통하다. 동포여, 동포여.

– 장지연, 『황성신문』, 1905년 11월 20일

• 을사 늑약(1905. 11)

제1조 일본국 정부는 동경에 있는 외무성을 통하여 금후 한국의 외국과의 관계 및 사무를 감리·지휘하고, 일본국의 외교 대표자 및 영사(領事)는 외국에 있는 한국의 신민 및 그 이익을 보호한다.
제2조 일본국 정부는 한국과 타국 사이에 현존하는 조약의 실행을 완수하는 책임을 지며 한국 정부는 금후 일본국 정부의 중개를 거치지 않고서는 국제적 성질을 가진 어떠한 조약이나 약속을 하지 않을 것을 약속한다.
제3조 일본국 정부는 그 대표자로서 한국 황제폐하의 아래에 1명의 통감을 두되, 통감은 오로지 외교에 관한 사항을 관리하기 위하여 서울에 주재하고, 직접 한국 황제 폐하를 궁중에서 알현할 권리를 가진다.

• 한·일 신협약(1907)

제1조 한국 정부는 시정 개선에 관하여 통감의 지도를 받을 것
제2조 한국 정부의 법령 제정 및 중요한 행정상의 처분은 미리 통감의 승인을 거칠 것
제4조 한국 고등 관리의 임명은 통감의 동의로써 이를 행할 것
제5조 한국 정부는 통감이 추천한 일본인을 한국 관리로 임명할 것
제6조 한국 정부는 통감의 동의 외국인을 용빙(傭聘) 아니할 것

기출문제

01 (가)에 대한 설명으로 옳은 것은? [1점]
■ 한능검 심화 51회 38번 문제

국권 침탈의 아픔이 서린 중명전

- 주소 : 서울특별시 중구 정동길 41-11
- 개방 시간 : 09:30~17:30

■ 소개

지상 2층 지하 1층의 붉은 벽돌 건물인 중명전은 러시아 건축가 사바틴이 설계하였다. 이 건물은 황실의 도서관으로 사용되다가 1904년 경운궁의 대화재 이후 고종 황제의 집무실로 사용되었다. 이곳에서 이토 히로부미가 대한 제국의 외교권을 박탈하는 (가)의 체결을 강요하였다.

① 아관 파천의 배경이 되었다.
② 청일 전쟁 발발 원인이 되었다.
③ 통감부가 설치되는 결과를 가져왔다.
④ 대한 제국의 군대 해산을 규정하였다.
⑤ 천주교 포교를 허용하는 조항이 들어있다.

🔍 **해설**

외교권을 박탈하는 조약은 을사조약이다. 을사조약은 러·일 전쟁에서 승리한 일본이 대한제국의 외교권을 박탈하기 위해 강제로 체결한 조약으로, ③ 대한제국의 외교권 박탈과 통감부 설치 등을 주요 내용으로 한다. 억지로 맺어진 조약이라고 해서 '을사 늑약'이라고도 한다.

🔍 **오답분석**

① 을미사변 ② 텐진조약 ④ 한일신협약 ⑤ 조프조약

🔍 **정답** ③

02 다음 학생들이 발표하고 있는 인물에 대한 설명으로 옳은 것은? [1점]
■ 한능검 고급 46회 38번 문제

대한의군 참모중장 ○○○

A: 이것은 그가 뤼순에서 재판받는 장면을 묘사한 취재 삽화입니다. 재판장, 검사, 변호사들이 모두 일본인으로 구성된 불공정한 재판 상황을 보여주고 있습니다.

B: 사형 판결을 받은 그는 동양 평화론을 저술하던 중 순국하였습니다. 이 글에서 그는 일제의 침략상을 비판하며 한·중·일이 대등한 위치에서 상호 협력해야 한다고 주장하였습니다.

① 동양 척식 주식회사에 폭탄을 투척하였다.
② 하얼빈 역에서 이토 히로부미를 사살하였다.
③ 한인 애국단을 결성하여 의거 활동을 전개하였다.
④ 조선 혁명 간부 학교를 세워 독립군을 양성하였다.
⑤ 명동 성당 앞에서 이완용을 습격하여 중상을 입혔다.

🔍 **해설**

동양평화론을 저술한 사람은 안중근이다. 안중근은 구한말의 독립운동가로, 일본군에 대항해 의병활동을 전개했으며 삼흥학교와 돈의학교를 설립해 인재를 육성했다. ② 그리고 1909년 중국 하얼빈역에서 침략의 원흉 이토 히로부미를 사살하였으며, 이에 체포돼 사형을 선고받고 1910년 31세를 일기로 순국하였다.

🔍 **오답분석**

① 나석주 ③ 김구 ④ 김원봉 ⑤ 이재명

🔍 **정답** ②

CHAPTER 58 식민통치체제, 경제수탈정책

출제 POINT
① 일제의 각 시대별 통치 정책 특징 ② 일제의 각 시대별 경제 수탈 정책 특징

1 식민지 통치체제

헌병경찰통치 (무단통치 1910년대) 때리고	① 헌병경찰 : 2만명 배출, 독립운동가 색출 ② 위압적 통치 : 교원, 관리, 제복, 칼(공포감 조성) ③ 기본권 박탈 : 언론, 출판, 결사, 집회자유× ④ 교육통제(1차 조선교육령(11), 사립학교규칙(11), 서당규칙(18)) ⑤ 독립운동탄압 105인 사건(1911) ⑥ 악법 : 경찰범 처벌규칙(1912), 즉결처분권(1912), 조선태형령(1912, ONLY 조선인만), 범죄즉결례(1910, 즉결처분) ⑦ 조선총독부 설치 : 초대총독(데라우치)
문화통치 (1920년대) 속이고	① 배경 : 3·1운동, 국제여론, 다이쇼데모크라시, 무단통치에서 문화통치로 전환 ② 실상 • 문관총독 → ×, 보통경찰제 → 3배 증가, 고등경찰, 치안유지법(25, 사회주의자, 독립운동가 탄압) • 민족신문 허가(동아일보, 조선일보) → 검열, 삭제, 지방행정 참여 ⇒ 도평의회, 부면 협의회, 친일파 일부 참여, 선거권× • 교육기회확대 → 초등(6년), 실업교육↑, 학비↑(2차 교육령) • 경성제국대학(24) - 일본인 위주 → 민립대 설립운동 방해 ③ 본질 : 친일파 양성, 민족분열 획책 ⇒ 자치운동(이광수, 최린)
민족말살통치 (1930년대 이후) 말살	① 배경 : 경제공황 → 대륙침략 → 만주사변(31), 만주국 설립(32), 중일전쟁(37), 태평양전쟁(41) ② 병참기지화 정책 ⇒ 군수공장↑ ③ 악법 : 국가총동원법(1938) : 인적, 물적 자원 수탈 ④ 황국신민화 정책 ㉠ 내선일체, 일선동조론 ㉡ 황국신민서사암송(1937), 궁성요배, 정오묵도, 신사참배 ㉢ 창씨개명(1939) ㉣ 우리말, 역사 금지 ㉤ 신문 폐간 * 인적수탈 – 지원병(38.2, 국가총동원법 이전), 징용(39), 학도지원병(43), 징병(44), 정신대(44)

▲ 내선일체 포스터

▲ 황국신민서사 암송

☑ 암기 TIP
인적 수탈 : 지용 학교 병신

▲ 끌려감
(김순덕 할머니 그림)

▲ 위안부

▲ 신사참배

▲ 칼을 찬 일본인 교원

2 경제수탈정책

(1) 1910년대 : 농업 **토지조사사업(1912 ~ 1918)** - 토지조사국 설치(10), 토지조사령(12) 공포

실시배경	• 식량공급기지 확보, 지세 확보, 日人 토지소유 합법화, 토지 약탈
방법	• 조사대상 : 토지소유권, 토지가격, 지형과 지목 • 신고방식 : **기한부 신고제, 증거주의, 개인으로 신고 한정**
결과	• **토지 약탈** : 미신고, 공공기관 토지, 문중 토지 등 총독부 귀속 • 수탈토지(농토40%)를 동양척식주식회사, 일본인에게 싸게 불하 • **소작농 도지권 부인(소작료↑)**, 입회권(공용토지, 공동사용) 부정, 경작권 부정 • 식민지 지주제 확립, 자영농 몰락, 소작농 증가, 총독부 재정수입 증대

▲ 토지 조사 사업

▲ 동양척식 주식회사

(2) 1910년대 산업

① **회사령(1910)** : 허가제(민족기업 ×), 조선식산은행(1918, 친일은행)

② 담배, 인삼, 소금 전매제(국가독점)

③ **산림령(1911), 어업령(1911), 광업령(1915), 임야조사령(1918)** ⇒ 자원 약탈

④ 기간 산업 확충 : **경원선(1914), 호남선(1914)** - 자원 약탈

(3) 1920년대 농업 - **산미증식계획(1920 ~ 1934)**

배경	일본 내 쌀 부족(쌀 폭동) ⇒ 한국에서 수탈
방법	• 토지·수리시설 개선·종자 개량 • 화학비료 보급 - 920만석 증산
결과	• 30%증산, **수탈량 증가(증산 〈 수탈)**, 만주잡곡 수입, 증산비용 농민 전가 • 소작료 상승(80%, 소작쟁의↑ - 암태도 소작쟁의), 쌀 단작 심화, 농민몰락

> **암기 TIP**
> 철도순서 : 은하철도999 인부의 5시 6시 출발 14시 도착 경호
> - 경인선 99년, 경부선 05년, 경의선 06년, 경원선 14년, 호남선 14년

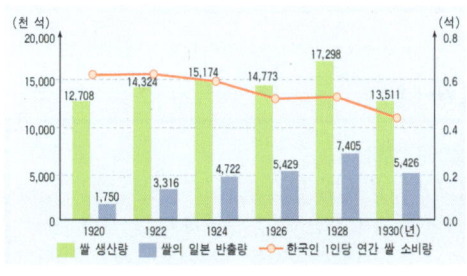
▲ 1920년대 쌀 반출 그래프

▲ 쌀 수탈

(4) 1920년대 산업

① **회사령 폐지(1920. 신고제)** : 일본기업 조선 진출

② **관세철폐(1923)** : 일본자본 진출 확대 → 물산장려운동 발생

(5) 1930년대 경제

① **남면북양 정책** : 값싼 공업 원료 공급(군수물자)

② **농촌진흥운동(1932 ~ 1940)** : 농민회유, 농민통제, 농민보호

③ 소작조정령(32), 조선농지령(34), 조선소작령(34)

④ **병참기지화 정책** : 군수공업 위주 공업화 정책 추진(미쓰이, 미쓰비시, 노구치)

> **암기 TIP**
> 일제 허가제 산업 : 회(10)사 산(11)악회 낚(11)시하고 광야(1518)간다 - 회사령, 산림령, 어업령, 광업령, 임야조사령

▲ 1940년대 금속 공출

(6) 1940년대 경제 - 국가총동원법(1938) 실시 이후
  ① 산미증식계획 재개(1940)
  ② **식량 배급, 미곡 공출 제도**, 전쟁물자 수탈, 금속 공출, 가축 공출
  ③ **인적수탈** : 근로 보국대(38), **지원병(38), 징용(39), 학도병(43), 징병(44), 정신대(위안부,44)** 등

■ 총정리 및 암기팁

1. 일제 통치 체세
   1910년대 - **때리고 땅(데)** - 무단통치, 토지조사사업, 데라우치
   1920년대 - **속이고 쌀(사)** - 문화통치, 산미증식계획, 사이토
   1930년대 - **말살, 남면 북양(미)** - 민족말살, 남면 북양, 미나미 지로
   1940년대 - **말살, 배급, 공출(아)** - 민족말살, 배급, 공출, 아베
2. 일제 말기 수탈 : **지**원병(38.2, 국가총동원법 이전), 징용(39), **학**도지원병(43), 징병(44), 정**신**대(44)

◉ 사료 및 심화 자료

• 사이토 총독의 「조선 민족 운동에 대한 대책」(1920)

첫째, 일본에 절대 충성을 대하는 자로써 관리를 강화한다.
둘째, 신명을 바칠 친일적 인물을 물색하고 이들을 귀족·양반·유생·부호·실업 가·교육가·종교가들에게 침투시켜 친일 단체를 만든다.
셋째, 각종 종교 단체에서 친일파가 최고 지도자가 되게 하고 일본인을 고문으로 앉혀 어용화한다.
넷째, 친일적 민간인에게 편의와 원조를 제공하고 수재 교육의 이름 아래 친일적 지식인을 대량으로 장기적 안목에서 양성한다. … (중략) …

• 황국신민 서사(둘째, 중등학교 이상 일반인용)

1. 우리는 황국신민이다. 충성으로써 군국(君國)에 보답한다.
2. 우리들 황국신민은 서로 믿고 아끼고 협력하여[信愛協力] 단결을 공고히 한다.
3. 우리들 황국신민은 괴로움을 참고 몸과 마음을 굳세게 하는 힘[忍苦鍛鍊力]을 길러 황도(皇道)를 선양(宣揚)한다. - 조선총독부, 『시정30년사』, 1940

• 토지조사령

제4조 토지 소유자는 조선 총독이 정하는 기간 내에 주소·씨명, 명칭 및 소유지의 소재, 지목, 자번호(字番號), 사표(四標), 등급, 지적, 결수(結數)를 임시 토지 조사 국장에게 신고해야 한다. 단, 국유지는 보관 관청이 임시 토지 조사 국장에게 통지해야 한다.
  - 조선 총독부 관보, 1912. 8. 13

• 국가총동원법(법률 제55호)

제1조 본 법에서 국가총동원이란 전시(전쟁에 준하는 사변의 경우를 포함. 이하 동일)에 국방 목적 달성을 위해 국가의 전력을 가장 유효하게 발휘하도록 인적·물적 자원을 통제 운용하는 것을 가리킨다.
제4조 정부는 전시에 국가총동원상 필요한 경우에는 칙령이 정하는 바에 따라 제국 신민(帝國臣民)을 징용하여 총동원 업무에 종사시킬 수 있다.
제8조 정부는 전시에 국가총동원상 필요한 경우에는 칙령이 정하는 바에 따라 물자의 생산, 수리, 배급, 양도, 기타 구분, 사용, 소비, 소지 및 이동에 관하여 필요한 명령을 할 수 있다.

기출문제

01 다음 법령이 시행된 시기에 있었던 사실로 옳은 것은? [2점]
■ 한능검 심화 51회 40번 문제

> 제2조 즉결은 정식 재판을 하지 않으며 피고인의 진술을 듣고 증빙을 취조한 후 곧바로 언도해야 한다.
> 제11조 제8조, 제9조에 의한 유치 일수는 구류의 형기에 산입하고, 태형의 언도를 받은 자에 대하여는 1일을 태 5로 절산하여 태 수에 산입하며, 벌금 또는 과료의 언도를 받은 자에 대하여는 1일을 1원으로 절산하여 그 금액에 산입한다.

① 박문국을 설치하여 한성순보를 발행하였다.
② 황국 중앙 총상회가 상권 수호 운동을 주도하였다.
③ 근대적 개혁 추진을 위해 군국기무처가 설치되었다.
④ 강압적 통치를 목적으로 헌병 경찰제가 실시되었다.
⑤ 일본에 진 빚을 갚자는 국채 보상 운동이 전개되었다.

🔍 해설

자료에 태형령이 있는 것으로 보아 1910년대 무단통치기를 물어보는 문제이다. ④ 1910년대 일제는 강압적 통치를 목적으로 헌병경찰제를 실시하였다.

🔍 오답분석

① 한성순보는 1883년에 발행되었다.
② 황국중앙총상회는 1898년에 만들어진다.
③ 군국기무처는 1894년에 설치된다.
⑤ 국채보상운동은 1907년에 전개되었다.

🔍 정답   ④

CHAPTER 59 1910년대 민족운동

1 국내

독립의군부	• 1912, 전라도, 임병찬(최익현 제자, 전라남북도 순무총장), 고종밀지, 복벽주의(왕정부활), 유생과 의병 중심, 국권 반환 요구서 의병전쟁 계획 중 발각, 임병찬 거문도 유배, 순국
대한광복회	• 1915, 풍기광복단 + 조선국권회복단, 경북, 박상진, 김좌진, 이시영 주도 • 군대식 조직 : 총사령 박상진, 부사령 김좌진, 의병출신, 신지식인 참여, 만주에 무관학교 설립 시도 • 군자금 모집, 친일파 처단(경주 우편차 폭파, 장승원 – 친일 부호, 박용하 처단 – 도고면장). 서간도 부민단, 신흥학교 연계, 근대 공화주의, 일제발각, 박상진 체포, 해산(18)

2 국외

(1) 연해주 – 신한촌(거주지) 형성

성명회(1910)	• 이상설, 유인석 주도, 한일합방 무효선언 "광복의 그날까지 피의 투쟁" 선언문
권업회(1911)	• 이범윤, 이상설, 이종호, 권업신문, 한인사회 자치조직, 러시아 당국 최초 공인 • 러시아 총독과 교섭해 광복군 군영지 확보
대한광복군정부(1914)	• 이상설, 이동휘, 사관학교 건립, 공화정, 정부 명칭을 단 최초 단체
대한국민의회	• 전로한족중앙총회(1917) 후신, 대통령 손병희, 이동휘, 이동녕 • 문창범 주도함, 상해 대한민국 임시정부로 통합(1919.9)

(2) 북간도

왕청	• 중광단 – 서일(대종교), 북로군정서(김좌진(청산리)) 개편, 무오독립선언 • 간민회 → 대한국민회(기독교) – 대한독립군(홍범도) – 봉오동 전투
용정	• 서전서숙(1906) – 이상설, 해외 최초 민족교육기관 • 명동학교(1908) – 서전서숙 계승, 김약연

출제 POINT
국내비밀결사 단체 비교, 해외 독립 단체 비교

암기 TIP
독 대 – 독립의군부, 대한광복회

▲ 임병찬

암기 TIP
연해주 마을 : 연신내 – 연해주, 신한촌

암기 TIP
연해주 기지 건설 : 성권광국 – 성명회, 권업회, 대한광복군정부, 대한국민의회

암기 TIP
북간도 독립운동 단체 : 중북/대독/서명 – 중광단, 북로군정서 / 대한국민회, 대한독립군 / 서전서숙, 명동학교

▲ 박상진

▲ 이상설

▲ 해외 독립운동 기지 건설

▲ 명동학교

(3) 서간도 - 삼원보(거주지)

신민회 지원 - 경학사(1911) - 이회영, 이동녕, 양기탁(→ 6형제, 삼한갑족)   ⇒ 부민단(1912), 한족회(1919)로 발전   ⇒ 서로군정서, 신흥무관학교(1919)

☑ 암기 TIP

서간도 마을 : 간이 삼삼하다. - 서간도, 삼원보

서간도 단체 : 경부신신 - 경학사, 부민단, 신흥무관학교, 신민회

(4) 중국 관내

동제사(1912)	한인 유학생 중심, 신규식, 박은식, 박달학원(1913) 설립, 비밀결사, 상하이
신한혁명당(1915)	상해 동제사 인사 + 베이징교포, 초기에 복벽주의 → 공화주의 표방, 망명 정부 수립 목표(이상설, 박은식, 신규식), 베이징
대동단결선언(1917)	대종교 + 동제사 + 신한혁명당, 복벽포기, 국민주권 + 공화정, 상하이
신한청년당(1918)	김규식, 김철, 여운형, 파리강화회의 김규식 파견, 임정전신, 상하이

☑ 암기 TIP

중국 관내 단체 : 동신 - 동제사, 신한혁명당, 신한청년당

(5) 미주(미국, 멕시코)

샌프란시스코	대한인국민회(1910)	• 장인환, 전명운 의거 이후 결성, 미주한인단체 통합 • 안창호, 이승만, 박용만 주도, 〈신한민보〉간행, 독립운동 자금 모금 • 샌프란시스코에 중앙총회, 북미, 하와이, 시베리아, 만주에 지방총회 설치
	흥사단(1913)	안창호, 청년 학우회 후신
하와이	대조선국민군단(1914)	박용만, 항일군사조직, 하와이에서 조직, 17년 해산
멕시코	숭무학교(1910)	

☑ 암기 TIP

미국단체 : 대조흥 - 대한인국민회, 대조선국민군단, 흥사단

■ 총정리 및 암기팁

1. 국내 항일운동 : 독 대 - 독립의군부, 대한광복회
2. 연해주(신한촌) : 성권광국 - 성명회, 권업회, 대한광복군정부, 대한국민의회
3. 북간도 : 중북/대독/서명 - 중광단, 북로군정서 / 대한국민회, 대한독립군 / 서전서숙, 명동학교
4. 서간도(삼원보) : 경부신신 - 경학사, 부민단, 신흥무관학교, 신민회
5. 중국 관내 : 동신 - 동제사, 신한혁명당, 신한청년당
6. 미주 : 대조흥 - 대한인국민회, 대조선국민군단, 흥사단

사료 및 심화자료

• 대한 광복회 강령

- 부호의 의연(義捐) 및 일본인이 불법 징수하는 세금을 압수하여 무장을 준비한다.
- 만주에 사관학교를 설치하여 독립 전사를 양성한다.
- 중국, 러시아 등에 의뢰하여 무기를 구입한다.
- 무력이 준비되는대로 일본인 섬멸전을 단행하여 최후 목적을 달성한다.

• 독립 의군부의 활동

우리 한국이 윤리의 근원에 밝고 효제 충신한 행실을 닦으며 임금을 사랑하는 정성은 골수에 깊이 들어 결코 무력으로 굴복시키거나 회복으로 두렵게 할 수는 없을 것입니다.
— 국권 반환 요구서

• 서간도지역 독립운동

1909년 신민회의 간부들은 국외의 독립운동 기지 건설과 무관 학교 등의 설치를 결의하였다. 1910년 이석영, 이회영, 이시영 형제 등은 각 지방에서 지원한 100여 호와 함께 이 지역에 정착하였다. 또, 경학사라는 자치 기관을 설립하였고, 독립군 양성을 위한 신흥 강습소를 설립하였다. 이는 후에 신흥 학교로 개편되었고, 3·1 운동 이후에는 신흥 무관 학교로 개칭되어 많은 독립군 사관을 양성하였다.

기출문제

01 (가) 단체에 대한 설명으로 옳은 것은? [2점]

■ 한능검 고급 46회 37번 문제

이것은 임병찬의 순지비(殉趾碑)입니다. 임병찬은 스승인 최익현과 함께 의병을 일으켰다가 체포되어 쓰시마 섬으로 끌려갔습니다. 유배에서 돌아와 의병 봉기를 도모하던 중 고종의 밀지를 받아 (가)을/를 조직하였습니다.

① 정우회 선언의 영향으로 결성되었다.
② 일제가 꾸며낸 105인 사건으로 해체되었다.
③ 일제가 치안 유지법을 적용하여 탄압하였다.
④ 백산 상회를 통해 독립운동 자금을 마련하였다.
⑤ 국권 반환 요구서를 조선 총독에게 제출할 것을 계획하였다.

🔍 **해설**

임병찬이 만든 것은 독립의군부이다. 독립의군부는 대한제국 왕정을 복고하고 전국적인 의병투쟁을 준비하는 데 역량을 집중했다. ⑤ 1914년 5월 일본의 내각총리 대신과 조선총독부 관리 등에게 한국 침략의 부당성을 알리는 '국권반환요구서'를 발송하고 일본군의 철수를 요구하는 항의 전화를 하기로 했으나, 같은 달 23일 단원 김창식(金昌植)이 체포돼 조직이 발각되는 바람에 수포로 돌아갔다. 임병찬은 일본 경찰에 붙잡힌 뒤 일본정부 총리대신과 조선총독과의 직접 면담을 요구하며 항쟁하다 거문도로 유배됐으며, 몇 차례 자결을 시도했으나 실패하고 1916년 병으로 순국했다. 독립의군부는 비밀결사 형태의 조직이었지만, 지도부 구성이나 활동 방향이 전형적인 의병운동에 해당하는 것으로 판단된다.

🔍 **정답** ⑤

02 (가) 지역에서 있었던 민족 운동으로 옳은 것은? [2점]

■ 한능검 51회 37번

사진은 제물포에서 (가)(으)로 수차례에 걸쳐 이민자를 수송한 갤릭호와 이민자의 여권입니다. 1902년 사탕수수 농장에 노동자로 첫 이민자 백여 명이 떠난 이후 3년간 약 7천 명이 넘는 한국인이 (가)에 이주하였습니다.

갤릭호   집조(여권)

① 일왕이 탄 마차에 폭탄을 투척하였다.
② 한인 자치 단체인 권업회를 조직하였다.
③ 민족 교육을 위해 서전서숙을 설립하였다.
④ 독립군 양성을 위해 신흥 강습소를 세웠다.
⑤ 대조선 국민군단을 조직하여 무장 투쟁을 준비하였다.

🔍 **해설**

사탕수수 농장으로 첫 이민 간 곳은 하와이이다. ⑤ 대조선국민군단은 1914년 6월 하와이 오하후섬 가할루지방의 아후이마누 농장에서 박용만(朴容萬)의 주도하에 창설되었다. 이는 대한인국민회의 연무부를 확대·개편한 것으로서 항일무력투쟁에 대비한 군대를 양성하기 위함이었다. 운영자금은 안원규·박종수·박태경·한치운·이치영 등이 파인애플 농장 등에서의 수익금을 기부하여 마련하였다.

🔍 **오답분석**

① 중국 관내에서 조직된 한인애국단 이봉창 ② 연해주 ③ 북간도 ④ 서간도

🔍 **정답** ⑤

CHAPTER 60 3.1운동, 임시정부

[3.1운동]

1 3·1운동 배경

국제정세	• 레닌 식민지 민족해방 지원 • 윌슨 민족 자결주의(우리나라는 해당×) → 패전국 식민지에 해당
대동단결선언(1917)	• 상하이 교포, 국민주권론, 주권불멸론
대한독립선언	• 무오독립선언, 1918.11, 만주 길림에서 민족대표 39인 참가 • 전쟁으로 독립쟁취 선언
2·8독립선언	• 1919.2, 도쿄, 동경유학생 400명 시위, 조선청년독립단, 3.1운동에 직접적 영향, 선언문 쓴 사람 → 이광수
독립청원	• 신한청년당(김규식 파견), 이승만(위임통치 청원서) ↔ 신채호 반발

2 3·1운동 전개과정

전개	① **고종 인산일 날 발생**, 종교계(민족대표 33인 주도), 독립선언서(최남선) ② **독립선언** : 민족대표 태화관 → 자수, 학생들은 **탑골공원**에서 독립선언서 낭독 ③ 전국민이 참가한다(기생+천민 등 피지배층 주도)
확산	① 1단계 : 점화단계, 계몽운동 계열 지식인, 종교인, 일부 민족자본가 참여, 비폭력주의 ② 2단계 : 청년·학생중심, 전국도시 확산, 상인·노동자 참여(경성인쇄소, 철도노동자) ③ 3단계 : 농촌확대, 무장투쟁으로 발전(토지조사사업 불만) → 해외로 전파 ④ 해외 : 만주 – 삼원보, 용정, 훈춘 등지에서 만세 시위 　　　연해주 – 블라디보스톡 교민 만세 시위 　　　미주 – 필라델피아 독립선언식 거행 후 시가 행진 　　　일본 – 동경 유학생, 오사카 동포 시위

3 탄압

① 무력진압, **경기화성 제암리 학살 사건(선교사 스코필드가 미국언론에 폭로)**
② **유관순(탑골공원, 천안 아우내 장터, 서대문 형무소에서 옥사)**

4 3·1운동의 의의, 영향

① 독립운동 폭↑(노동자, 농민 참여)
② 임시정부 수립에 기여
③ 무단 → 문화통치(실력양성운동 출현)

출제 POINT
① 3.1운동 배경과 과정, 결과
② 임시정부 수립과정, 조직
③ 임시정부 개편과정
④ 국민대표회의 특징, 결과

암기 TIP

단독2 – 대**동단**결선언, 대한**독**립선언, **2**.8독립선언

▲ 2.8 독립선언의 주역

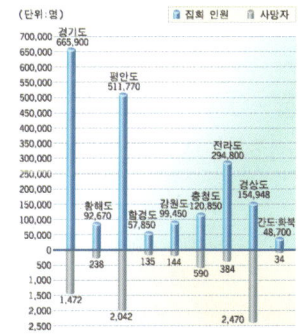
▲ 3.1운동 규모

▲ 3.1운동

▲ 유관순 열사

▲ 제암리 학살 사건

④ 중국 5·4운동, 인도 독립운동에 영향(간디)
⑤ 사회주의사상 도입(계급투쟁 중시)
⑥ 무장투쟁 활성화
⑦ 민주 공화정 의식 강화

5 한계

일제의 탄압, 민족대표의 소극적 자세, 민족자결주의 맹신으로 실패

▲ 미국 필라델피아 만세 시위

[대한민국 임시정부]

1 대한민국 임시정부 수립

연해주	대한국민의회	• 주도 : 이동휘, 이동녕, 문창범 • 구성 : 대통령 손병희(1919.3), 국무총리 이승만
상하이	대한민국 임시정부(신한청년당 중심)	대한민국 임시헌장 공포(1919.4.11) – 상하이 대한민국 임시정부 수립
국내	한성정부	13도 대표 국민 대회, 이승만 주도 ⇒ 3권 분립, 민주공화정

2 임시정부의 조직과 활동

(1) **통합 과정** : 장소는 상하이, 정통성은 한성정부, 최초의 민주 공화정, 안창호가 통합주도

(2) **임시정부체제** : 3권분립, 민주공화제 정부(1차개헌)

　① **3권분립** : 국무원(행정), 임시의정원(입법), 법원(사법)

　② **지도부** : 대통령(이승만), 총리(이동휘) 내무총장(안창호(실력양성)), 법무총장(이시영), 외무총장(김규식), 경무국장(김구)

(3) **연락조직**

　① **교통국** : 비밀통신망, 군자금모금과 정보수립

　② **연통제**(독판, 군감, 면감) : 국내외 비밀 행정통치제도, 1921년 붕괴(서울, 각군·도)

(4) **군자금 조달** : 애국공채, 의연금 → **이륭양행**(만주, 아일랜드인 쇼), **백산상회**(부산)

(5) **군사활동**

　① **만주지역 무장단체 포섭(1920)** : 북로군정서, 서로군정서, 대한독립군 임정 지지

　② 광복군 사령부(1920.2), 광복군 총영(1920.7, 서간도 청년단+독립단),

　③ 군무부 설치, 육군무관학교 설치(상하이), 비행사 양성소, 간호학교 설립

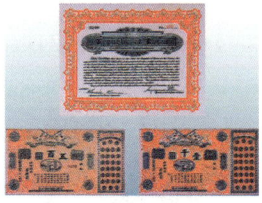
▲ 임시정부 발행 독립공채

(6) 외교활동
  ① **김규식 외무총장 겸 파리위원으로 임명** : 파리강화회의 김규식 파견 → 입장 거부
  ② **구미위원부(워싱턴, 이승만)** : 한국의 독립문제를 국제여론화(실패)
  ③ **모스크바 극동인민대표대회 참가(1922)** : 이동휘, 김규식 등 레닌과 면담
  ④ 제2인터내셔널 회의(만국사회당 대회) 참가, 워싱턴 회의 참가
(7) 문화활동 : 독립신문(국한문 혼용체, 이광수 주도), 사료편찬소(박은식 주도, 한일 관계 사료집), 인성학교(상하이), 삼일중학 설립

▲ 상하이 임시정부 청사

▲ 임시정부 임시의정원

▲ 임시정부 요인

3 임시정부의 고난

(1) 1921년 이후 연통제·교통국 조직 파괴(자금 단절)
(2) 독립운동방향 대립 : 외교독립론(이승만), 무장투쟁론(이동휘), 실력양성론(안창호)
(3) **국민대표회의(1923) 개최**
  ① 이승만 위임통치 청원서 계기, 신채호, 박은식 소집 요구
  ② **국민대표회의 개최(1923)** : 상하이, 1월~6월까지 개최, 각 세력 분열(125명 회의, 갈등↑)
  창조파(신채호), 개조파(안창호) 대립 → 분열 → 창조파는 만주로 이동하여 정부 수립 시도
  ③ 국민대표회의 결렬 → **현상유지파만 남음(임정고수파)**
  ④ 임시의정원에서 이승만 탄핵(1925), 2대 대통령 박은식(건강문제로 사임), 김구가 임시정부 주도, 한인애국단(1931), 한국 국민당 조직
(4) 임시정부 개편

제헌	1919	내각 책임제 - 국무총리, 의장	이승만, 이동녕	상해
제 1 차	1919	대통령중심제(3권분립)	이승만, 박은식	상해
제 2 차	1925	국무령 중심 내각책임제	이상룡, 김구	상해
제 3 차	1927	국무위원 중심 집단지도체제	국무위원(김구)	중국 각지 이동
제 4 차	1940	주석제	김구(주석)	충칭
제 5 차	1944	주석·부주석 지도체제	김구, 김규식	충칭

> ✅ 암기 TIP
> 임시정부 개편 : **대내집주부** - **대**통령제, **내**각책임제, **집**단지도체제, **주**석제, 주석 **부**주석제

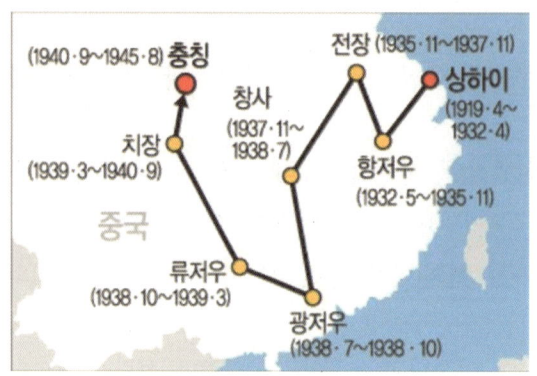

▲ 임시정부 이동 경로

4 임시정부 재정비

(1) 김구 한인애국단 조직(1931, 이봉창(도쿄), 윤봉길(홍커우)) → 장제쓰(국민당)의 후원받음

(2) 한국독립당 조직(1940.5, 조소앙-한국독립당, 김구-한국국민당, 지청천-조선혁명당), 충칭 정착

(3) 한국광복군 창설(1940.9, 지청천) : 임시정부 정규 군대 → 4차 개헌(1940.10, 주석중심제)

(4) 건국강령 채택(1941.11) : 조소앙 3균주의(정치, 교육, 경제) → 1941년 12월 태평양 전쟁 발발, 대일 선전 포고(임정)

(5) 1942년 조선민족혁명당·김원봉 합류

(6) 영국군과 인도, 미얀마 전선 연합작전(1943)

(7) 5차개헌 : 주석, 부주석제(1944)

(8) 국내 진공 작전 : 미국 OSS와 합작, 국내 정진군 편찬, 일본의 항복으로 무산

■ 총정리 및 암기팁

1. 3.1 운동
   ① 배경 : 윌슨 민족자결주의, 레닌 식민지 민족해방 지원, 무오독립선언, 2.8독립선언, 독립청원(김규식, 이승만)
   ② 과정 : 1단계(점화, 서울), 2단계(확대, 전국도시), 3단계(무장투쟁, 농촌으로 확대, 전국), 4단계(해외)
   ③ 3.1 운동 의의 : 독립운동 폭 확대, 임시정부 수립, 문화통치, 해외영향
2. 대한민국 임시정부
   ① 형성과정 : 대한국민의회 + 상하이 임시정부 + 한성정부
   ② 체제 : 국무원, 임시의정원, 법원·대통령(이승만), 국무총리(이동휘)
   ③ 조직 : 교통국, 연통제 / 군자금 조달 : 이륭양행, 백산상회
   ④ 분열 : 국민대표회의(창조파, 개조파, 현상유지파)
   ⑤ 임시정부 개편 : 대내집주부 - 대통령제, 내각책임제, 집단지도체제, 주석제, 주석 부주석제

사료 및 심화 자료

• 무오독립선언(대한독립선언)

2천만 형제자매여! 정의는 무적의 칼이니 이로써 하늘에 거스르는 악마와 나라를 도적질하는 적을 한 손에 무찌르라. 궐기하라! 독립군! …… 한 번 죽음은 사람이 피할 수 없는 것이니, 개 돼지와도 같은 일생을 누가 원하는 바이리오. 살신성인하면 2천만 동포와 동체로 부활할 것이니 일신을 어찌 아낄 것이며 …… 일제의 못된 굴레에서 해탈하는 건국임을 확신하는 육탄혈전으로 독립을 완성하라.

• 2·8 독립 선언

1. 본 단체는 한일 병합이 우리 민족의 자유 의사에서 나온 것이 아니며, 우리 민족의 생존, 발전을 위협하고 동양의 평화를 유린하는 원인이 된다는 이유로서 독립을 주장한다.
2. 본 단체는 일본 의회와 정부에 조선 민족 대회를 소집하여 대회의 결의로 우리 민족의 운명을 결정할 기회를 주기를 요구한다.
3. 본 단체는 만국평화회의에 민족 자결 주의를 우리 민족에게 적용하기를 요구한다.

• 제암리 학살사건

1919년 4월 15일 일본군은 수원 제암리 교회에 인근 주민 30여 명을 감금하고 총살, 방화한 사건이다. 제암리는 3·1 운동이 활발하게 일어난 지역이다. 일본군 중위 아리타 도시오는 조선인 순사로부터 제암리 시위는 주동자가 천도교와 기독교라는 정보를 얻어 헌병 1개 소대를 거느리고 제암리에 이르렀다. 15세 이상의 남자를 모두 강제로 교회에 가두고 교회의 문과 창문에 못질을 한 뒤 불을 지르고 총격을 가하였고 살해 현장을 목격한 주민들도 모두 헌병들에게 살해당했다. 뒤이어 제암리의 민가 81호를 모두 불태웠다.

• 임시 정부의 고난

정부는 자리를 잡았으나 경제적 곤란으로 유지할 길도 망연하였다. 정부의 집세가 30원, 심부름꾼 월급이 20원 미만이었으나 이것도 낼 수 없어서 집 주인에게 여러 번 송사를 겪었다. 그래서 나는 임시정부 정청에서 자고, 밥은 돈벌이 직업을 가진 동포의 집으로 이집 저집 돌아다니면서 얻어먹었다. …… 왜 이렇게 독립운동가가 줄어들었는가. 첫째로는 임시정부의 군무차장 김희선, 독립신문 사장 이광수, 의정부 부의장 정인과 같은 무리는 왜 항복하고 본국으로 들어갔고, 둘째로는 국내 각 도, 각 군, 각 면에 조직하였던 연통제가 발각되어 많은 동지가 왜에 잡혔고, 셋째로는 생활난으로 각각 흩어져 밥벌이를 하게 된 때문이었다.
- 『백범일지』

기출문제

01 다음 지역에서 있었던 사실로 옳은 것은? [1점]

■ 한능검 심화 50회 41번 문제

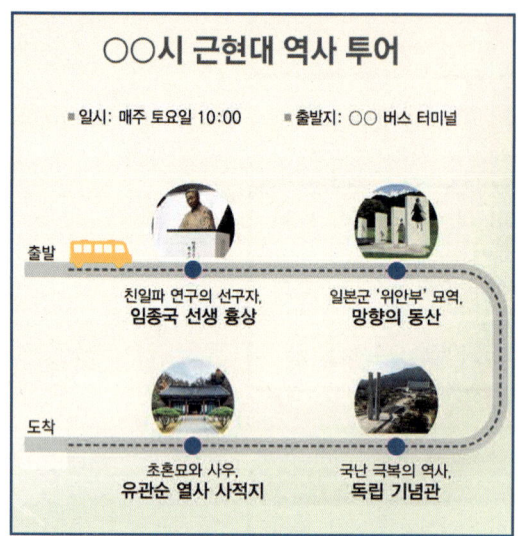

① 4·3사건으로 많은 주민이 희생되었다.
② 오페르트가 남연군 묘 도굴을 시도하였다.
③ 아우내 장터에서 독립 만세 운동이 일어났다.
④ 강우규가 사이토 총독에게 폭탄을 투척하였다.
⑤ 지주 문재철의 횡포에 맞서 소작 쟁의가 발생하였다.

🔍 **해설**

③ 유관순 열사 사적지와 독립기념관이 있는 것으로 보아 천안이라는 것을 알 수 있다. 유관순 열사는 천안 아우내 장터에서 독립 만세 운동을 전개하였다.

🔍 **오답분석**

① 제주도 ② 강화도 ④ 서울 ⑤ 신안 암태도

🔍 **정답** ③

02 밑줄 그은 ㉠ 시기에 제기된 독립운동가들의 주장으로 옳지 않은 것은? [3점]

■ 한능검 고급 15회 41번

> 3·1 운동 이후 민족 운동을 이끌 지도부의 필요성이 제기되어 한성, 상하이, 연해주 등지에 임시 정부가 조직되었다. 이 임시 정부들을 단일화하자는 주장이 제기되면서, 한성 정부의 법통을 이어받아 통합된 대한민국 임시 정부가 상하이에서 출범하였다. 대한민국 임시 정부는 한동안 ㉠대통령이 국정을 총괄하는 체제로 운영되었다. 이후 1925년에 국무령 중심의 내각 책임 지도제로, 1927년에 국무위원 중심제로, 1940년에 주석 지도 체제로, 1944년에 주석·부주석 중심 체제로 개편되었다.

① 이동휘 - 독립을 위하여 적극적인 무장 투쟁이 필요하다.
② 이승만 - 구미 위원부를 중심으로 외교 활동을 전개해야 한다.
③ 김 구 - 한국 광복군을 창설하여 독립군 투쟁을 강화해야 한다.
④ 안창호 - 임시 정부의 장래를 논의할 국민 대표 회의를 개최해야 한다.
⑤ 신채호 - 기존의 임시 정부를 해체하고 독립운동의 새로운 구심점을 만들어야 한다.

🔍 **해설**

대통령이 국정을 총괄하는 체제로 운영된 것은 1919~1925년까지 운영된 대통령 중심제이다. ③ 한국 광복군은 1940년대 충칭 임시정부의 산하 부대로 시기가 맞지 않다.

🔍 **오답분석**

① 이동휘는 무장투쟁을 1920년대 주장하였다.
② 이승만은 외교투쟁을 평생 추구하였다.
④ 국민대표회의는 1923년에 개최된다.
⑤ 창조파 의견으로 1920년대 나타났다.

🔍 **정답** ③

CHAPTER 61 국내항일투쟁, 의열투쟁

1 국내항일운동

(1) 민족운동 분화

민족주의 계열	• **타협적 민족주의** : 이광수, 최린, 자치권, 참정권 운동, 민족개조론 • **비타협적 민족주의** : 이상재·안재홍, 개량주의 비판, 사회주의와 연대(신간회) ⇒ 세력 약화
사회주의 계열	노동자, 농민의 생존권 투쟁, 청년·학생·여성운동, 조선공산당 창당(25) → **치안유지법으로 탄압(1925)**

(2) **6·10만세운동(1926)**

배경	**식민지 교육반발, 순종 인산일, 창덕궁(학생시위) 돈화문 만세시위**
전개	조선 공산당과 천도교 계열 반일운동 계획 → 사전발각 → 학생주도 만세시위(종로 창덕궁 돈화문)
의의	학생세력이 구심체로 등장, **민족주의와 사회주의 갈등 극복 제기, 신간회 형성의 계기**
한계	사전발각으로 전국으로 전파×, 서울에 한정

(3) **광주학생항일운동(1929. 11. 3) 학생의 날**

배경	• 일제민족차별, 식민지 노예 교육, 신간회 활동 • **한일학생간 우발적 충돌**(광주~나주간 열차에서 일본인 학생이 박기옥(여학생) 희롱, 박준채와 후쿠다 충돌)
전개	• 한·일 학생 충돌 → 학생 비밀결사(독서회 등), 신간회 진상조사단 파견 → 전국적 전파 • 동맹휴학, 적극적 가두 시위, **식민 교육제도 철폐와 조선인 본위 교육제도 주장**
의의	**3·1운동 이후 최대 항일민족운동, 신간회 후원**

2 의열투쟁

(1) **의열단**(1919 길림, 김원봉, 윤세주 정의의 사(事)를 맹렬히 실행한다(유래))

① 1920년대 활동, 김원봉, 윤세주 13명이 조직

② 아나키즘 영향, 행동지침 → **신채호『조선혁명선언 1923』→ 폭력투쟁 강조, 민중직접혁명, 준비론·외교론 비판, 강도일본**

③ 일제요인 암살, 식민통치기구 파괴

출제 POINT

① 6.10 만세 운동 특징 ② 광주 학생 항일 운동 과정, 특징 ③ 의열단 변천과정, 의거, 인물 특징 ④ 한인애국단 특징, 의거, 인물 특징

▲ 순종 장례 행렬

▲ 6.10 만세 운동 진압하는 일본경찰

▲ 이광춘, 박기옥

✅ 암기 TIP

의열단 의거 : 부(20)부가 밀(20)수 총(21)상 입은 종(23)옥이가 지(24)도 가지고 주(26)주가 도망 – 부산 박재혁, 밀양 최수봉, 총독부 김상옥, 종로경찰서 김상옥, 김지섭 도쿄궁성, 나석주 동양척식주식회사

▲ 박준채

■ 암기 TIP

의열단 변천 과정 : 단(19)군(26)
간(32)혁(35)전(37)대(38)군(42)
- 의열단, 황포군관학교,
조선혁명간부학교, 민족혁명당,
조선민족전선연맹, 조선의용대,
조선의용군

▲ 신채호

▲ 김원봉

▲ 김상옥

▲ 김익상

④ 구체적 활동
  ㉠ 박재혁 부산경찰서(20)
  ㉡ 최수봉 밀양경찰서(20.12)
  ㉢ 김익상 조선총독부(21) → 상하이 황포탄 의거(1922, 오성륜과 함께 → 육군대장 다나카 저격)
  ㉣ 김상옥 종로경찰서(23)
  ㉤ 김지섭(24, 도쿄궁성-이중교(니주바시))
  ㉥ 나석주 동양척식주식회사 + 조선 식산 은행 폭탄 투척(26)

⑤ 변천 순서 : 의열단(19) → 의열투쟁(20 ~ 26) → 1926년 20개조 강령 발표(방향 전환, 조직적 군대 필요성↑) → 황포(황푸)군관학교(교장 장제스) 입교(26) → 조선혁명간부학교(32, 난징, 국민당 지원) → 민족혁명당(35) → 중일전쟁(37) → 조선의용대(38, 한커우) → 조선의용군(42, 옌안) - 최초 한인군대

(2) **한인애국단(1931, 김구)**
 ① 1931년 만주사변 → 1932, 이봉창 일왕 폭살(실패) 기도(도쿄) → 중국 신문 의거 실패 아쉬움 표현에 일본 반발 → 1932, 상하이 사변 → 1932, 윤봉길 홍커우 공원 폭탄 투척 의거(일본군 장성, 고관 사망)
 ② **영향** : 상하이 사변 응징, 임시정부 위상제고, 장제쓰 임시정부 지원 약속 → 낙양군관학교 한인 특별반 편성(지청천 교관 초빙), 한국광복군 창설

■ 총정리 및 암기팁

1. 민족운동 분화 : 타협적 민족주의, 비타협적 민족주의
2. 6.10만세 운동 : 식민지교육 반발, 순종 인산일, 공산당+천도계 계열·사전 발각, 서울에 한정(창덕궁 돈화문)
3. 광주 학생 항일운동 : 우발적 충돌 → 전국 전파, 신간회 후원·3.1 운동 이후 최대 항일 민족운동, 신간회 후원
4. 의열단 : 김원봉, 윤세주 등 조직, 신채호 조선혁명선언, 박재혁 - 부산경찰서, 최수봉 - 밀양경찰서, 김지섭 - 도쿄 궁성, 김익상 - 조선총독부, 김상옥 - 종로경찰서, 나석주 - 동척

▲ 김구

▲ 이봉창

▲ 윤봉길

사료 및 심화자료

• 6·10 만세 운동 때의 격문

대한 독립운동자여 단결하라! 일체 납세를 거부하자! 일본 물자를 배척하자! 조선인 관리는 일체 퇴직하라! 일본인 공장의 직공은 총파업하라! 일본인 지주에게 소작료를 바치지 말라! 일본인 교원에게는 배우지 말자! 일본 상인과의 관계를 단절하자! 언론, 출판, 집회의 자유를! 군대와 헌병을 철거하라! 재옥 혁명수를 석방하라! 보통교육은 의무교육으로! 교육 용어는 조선어로! 동양척식주식회사는 철폐하라! 일본 이민제를 철폐하라!

• 광주 학생 항일 운동 때의 격문

"학생, 대중이여 궐기하라! 검거된 학생은 우리 손으로 탈환하자. 언론·결사·집회·출판의 자유를 획득하라. 식민지 교육제도를 철폐하라. 조선인 본위의 교육 제도를 확립하라.", "용감한 학생, 대중이여! 최후까지 우리의 슬로건을 지지하라. 그리고 궐기하라. 전사여 힘차게 싸워라."

• 신채호의 조선 혁명 선언

우리는 일본 강도정치 곧 이족 통치가 우리 조선민족 생존의 적임을 선언하는 동시에 우리는 혁명수단으로 우리 생존의 적인 강도 일본을 멸망시키는 것이 곧 우리의 정당한 수단임을 선언하노라. …… 내정간섭이나 참정권이나 자치를 운동하는 자가 누구냐

• 윤봉길 - 어린 두 아들에게 남길 유언

너희도 만일 피가 있고 / 뼈가 있다면 / 반드시 조선을 위해 / 용감한 투사가 되어라. / 태극의 깃발을 높이 드날리고 / 나의 빈 무덤 앞에 찾아와 / 한 잔의 술을 부어 놓아라. / 그리고 너희들은 아비 없음을 슬퍼하지 마라. / 사랑하는 어머니가 있으니 ……

기출문제

01 (가) 민족 운동에 대한 설명으로 옳은 것은? [2점]

■ 한능검 심화 49회 40번 문제

> 이것은 순종의 인산일에 일어난 (가) 당시 장례 행렬에 모인 사람들에게 뿌려진 격문의 일부입니다.
>
> • 내한 독립운동가여 단결하라!
> • 일체 납세를 거부하자!
> • 일본 물자를 배척하자!
> • 언론·출판·집회의 자유를!
> • 보통 교육은 의무 교육으로!
> • 교육 용어는 조선어로!

① 대구에서 시작되어 전국으로 확산되었다.
② 대한민국 임시 정부 수립에 영향을 주었다.
③ 민족주의 진영과 사회주의 진영이 함께 준비하였다.
④ 일제가 이른바 문화 통치를 실시하는 배경이 되었다.
⑤ 신간회 중앙 본부가 진상 조사단을 파견하여 지원하였다.

🔍 **해설**

순종 인산일에 일어난 민족운동은 6.10만세운동이다. 1926년 6월 10일에 일어난 대규모 만세 시위로, 이병립·박하균·박두종·이선호 등이 주축이 되었다. 6월 10일은 대한 제국의 마지막 황제 순종의 장례식이 거행되는 날이었다. 그들은 이날 많은 사람들이 장례 행렬을 보기 위해 모일 것이라 예상하고 만세 운동을 계획했다. 이 계획을 감지한 일제도 군사 5천 명을 동원해 만반의 준비를 갖추었다. 하지만 만세 운동은 시작되어 전국으로 확산되었다. 비록 계획이 사전에 발각되었기 때문에 그 규모는 3·1 운동에 미치지 못했지만, 사회주의와 민족주의 진영이 함께 준비했다는 점에서 역사적 의의가 있다.

🔍 **오답분석**

① 국채보상운동 ② 3.1 운동 ④ 3.1운동 ⑤ 광주학생항일운동

🔍 **정답** ③

02 밑줄 그은 '의거'를 일으킨 단체에 대한 설명으로 옳은 것은? [1점]

■ 한능검 심화 51회 45번

> A: 이 사진은 1945년 9월 2일 일왕을 대신하여 일본의 외무 대신이 연합군 앞에서 항복 문서에 서명하는 장면입니다.
> B: 서명하는 인물은 시게마쓰 마모루인데, 그는 윤봉길의 상하이 훙커우 공원 의거 당시 폭탄에 맞아 다리를 다쳤습니다.

① 신채호의 조선 혁명 선언을 활동 지침으로 삼았다.
② 김구를 단장으로 하여 활발한 의열 활동을 펼쳤다.
③ 조선 총독을 저격한 강우규가 단원으로 활동하였다.
④ 이상재 등의 주도로 민립 대학 설립 운동을 전개하였다.
⑤ 진상 조사단을 파견하여 광주 학생 항일 운동을 지원하였다.

🔍 **해설**

윤봉길의 훙커우 의거는 한인애국단과 관련이 있다. 한인애국단은 1926년 김구가 중국 상하이에서 조직한 독립 운동 단체이다. 김구는 일본 요인 암살을 목적으로 애국단을 조직하였다. 애국단원 중에는 일본 국왕에게 폭탄을 던진 이봉창, ② 1932년 상하이 훙커우 공원에서 폭탄을 던진 윤봉길 의사 등이 활약하였다.

🔍 **오답분석**

① 의열단 ③ 대한국민노인동맹당 ④ 조선민립대학기성준비회 ⑤ 신간회

🔍 **정답** ②

CHAPTER 62 항일무장투쟁

1 1920년대 무장독립전쟁

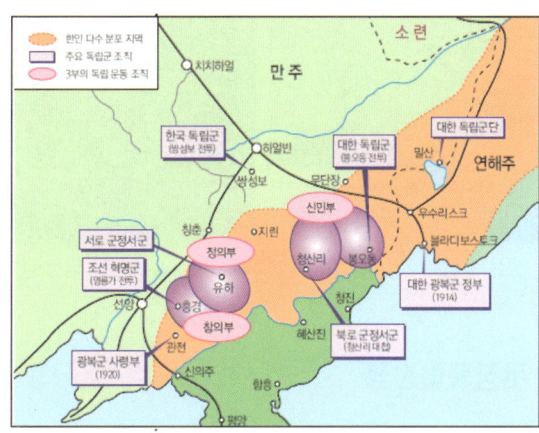
▲ 무장 독립군의 대일 항전

> **출제 POINT**
> ① 무장 투쟁 순서 ② 봉오동, 청산리 대첩 내용 ③ 조선 혁명군, 한국 독립군 활동 ④ 조선 의용대, 한국 광복군 활동

(1) 독립전쟁 승리
  ① **봉오동 전투(1920.6)** : 대한독립군, 홍범도(십리평, 서대파, 삼둔자), 최진동 (군무도독부군)
  ② **훈춘사건 조작** : 일제가 마적단을 매수해서 훈춘 일본 영사관을 습격하게 한 사건
  ③ **청산리 대첩(1920.10)** : 북로군정서(김좌진) + 연합부대(어랑촌, 백운평, 천수평, 완루구)

(2) 시련
  ① **간도참변(경신참변)** : 20년 겨울부터 일본군 간도지방 한인 학살
  ② **대한독립군단(서일) 조직** : 20년 말 밀산부 (국경지대, 중국 - 러시아)에 4000명 집결 → 자유시 이동
  ③ **자유시참변** : 적군의 무장해제 요구, 공산당간의 독립군 지휘권 다툼, 독립군 내부 분열

(3) 재정비
  ① **3부성립** : 입법, 행정, 사법을 갖춘 자치정부, 군정기관(독립군 훈련)
   • **참의부(1923)** : 임시정부 직할 압록강
   • **정의부(1924)** : 남만주 일대(길림, 봉천), 지청천 양기탁 주도
   • **신민부(1925)** : 북만주 일대, 김좌진 주도

▲ 홍범도 장군

▲ 김좌진 장군

✅ 암기 TIP

무장항일투쟁 순서 : **봉 훈 청 간 대 자 3(참,정,신) 미쯔 3 혁 한 / 국조**
- **봉**오동전투, **훈**춘사건, **청**산리대첩, **간**도참변, **대**한독립군단, **자**유시참변, **3부**(참의부,정의부,신민부), **미쯔**야협정, **3부**통합운동, **혁**신의회, **한국**독립군, **국**민부, **조**선혁명군

② **미쓰야 협정(1925)** : 만주군벌(장작림)과 일제가 독립군 탄압 협정 → 독립군 위축

③ 3부 통합운동
- 배경 : 민족유일당 운동, 미쓰야 협정
- 북만주 : **혁신의회(1928)** → 한국독립당(1930), **한국독립군(지청천)**
- 남만주 : **국민부(1929)** → 조선혁명당, **조선혁명군(양세봉)**

▲ 양세봉 장군

▲ 카자흐스칸에 있는 홍범도 장군 동상

▲ 청산리 대첩 승리 기념 사진

2 1930년대 무장독립전쟁

(1) 한·중 연합작전(만주)

① **배경** : 만주사변(1931)과 만주국 수립(1932) → 한·중 연합작전 추진

② **조선혁명군(양세봉)** : 남만주, 중국 의용군과 연합 - 영릉가(32), 홍경성 전투(33) 승리

③ **한국독립군(지청천)** : 북만주, 중국 호로군과 연합 - 쌍성보(32), 경박호 전투(33), 사도하자(33), 동경성 전투(33), 대전자령(33) 전투 승리, 참모장(신숙)

▲ 지청천 장군

✅ 암기 TIP

조선혁명군 : **O3 전투 - 영릉**가(32), **홍경성** 전투(33)

④ **결과** : 일본공세, 한·중 양군 의견 대립 → 중국 본토로 이동

(2) 만주지역 항일유격 투쟁

① 동북인민 혁명군(1933) → 동북항일연군(1936, 중국 공산당 유격대와 연합) 개편 → 보천보 전투(1937, 김일성이 주도)

② 조국광복회(1936) → 반제통일전선, 함경도 등 국내와의 연결망 구축

✅ 암기 TIP

한국독립군 : **대전**에서 공연하고 돌아온 **지**피니티 **사도하자 쌍성보 동경성 호 - 대전자령** 전투, **지청천, 사도하자, 쌍성보, 동경성** 전투, 호로군과 연합

(3) 조선민족혁명당과 조선의용대(관내)

① 한국독립당 + 조선혁명당 + 의열단 ⇒ 민족혁명당(1935) ⇒ 의열단(김원봉(김약산))이 주도하자 조소앙, 지청천 탈퇴(1935) ⇒ **조선민족혁명당 → 조선민족전선연맹(좌익통합단체)(37)**

② 민족혁명당에서 이탈한 지청천 + 조소앙 + 김구 → 한국국민당(35, 임시정부 핵심인사, 김구 주도) → 한국광복운동단체연합회(37)

✅ 암기 TIP

의열단 변천 과정 : **단군간혁전 대군** - 의열**단**, 황포**군**관학교, 조선혁명**간**부학교, 조선민족**혁**명당, 조선민족**전**선연맹, 조선의용**대**, 조선의용**군**

③ **좌우익 연합 전선** : 전국연합진선협회(1939) - 중일전쟁의 확대로 중국 국민당 정부의 중재로 조선민족전선연맹과 한국광복운동단체 연합회가 합작 추진 → 갈등으로 실패함

④ **조선의용대(1938)** : 중일전쟁 직후 조직, 대일항전 전개(후방 교란, 포로 심문), **중국관내 최초 독립 부대** → 일부가 화북지방으로 이동하여 조선의용대 화북지대 → 태항산 일대에서 대일항전, 호가장전투(1941), 반소탕전 / 일부는 충칭으로 이동해 임시정부의 한국광복군이 편입됨

3 1940년대 무장독립운동

(1) 임시정부와 한국광복군

① **재정비(충칭)** : 한국독립당(40.5), **조소앙 삼균주의(정치, 경제, 교육)**, 조선민족혁명당(김원봉) 합류

② **한국광복군(1940) 활동**

　㉠ **지청천 중심, 조선의용대 일부 편입(42)**

　㉡ **중국 국민당과 군사협정(중국군 지휘 → 독자성 확보)**

　㉢ **대일본(1941.12), 대독(1942.2) 선전포고**

　㉣ **영국군 연합작전 : 인도·미얀마 전선, 포로심문, 암호, 선전 전단 작성, 회유방송(1943)**

　㉤ **미국 OSS와 연합 : 국내진입작전 준비(1945)**

> 암기 TIP
> 한국 광복군 : **미**국인대지 – **미**국 OSS, **국**민당 후원, **인**도 미얀마 전선, **대**일본 대독 선전포고, **지**청천 대장

▲ 충칭 임시정부 청사

▲ 한국 광복군 총사령부 성립 기념(1940)

(2) 조선독립동맹(1942)

- 화북조선청년연합회 결성(최창익, 무정)
- 조선의용대 → 조선의용군(1942)(사령관 무정) : 옌안본부 팔로군과 연합해 항일전 수행 ⇒ 북한인민군 편입

■ **총정리 및 암기팁**

1. 1920년대 무장투쟁 : **봉 훈 청 간 대 자 3 미쯔 3**
2. 1930년대 무장투쟁 : **혁한 / 국조**
3. 관내(중국) 무장 투쟁 : **단 군 간 혁 대 군**
4. 1940년대 무장투쟁
　① 한국 광복군 : **미 국 인 대 지**
　② 조선 의용군 : 조선독립동맹 소속, 옌안, 팔로군과 함께 항일전 수행

사료 및 심화 자료

봉오동 전투

6월 7일 상오 7시, 북간도에 주둔한 아군 7백은 북로 사령부 소재지인 왕청현 봉오동을 향하여 행군하다가 뜻하지 않게 같은 곳을 향하는 적군 3백을 발견하였다. 아군을 지휘하던 홍범도, 최진동 두 장군은 즉시 적을 공격하였다. 급사격으로 적 1백 20명의 사상자를 내게 하고 도주하는 적을 즉시 추격하여 현재 전투 중이다.   - 「독립신문」

청산리 대첩

대한민국 2년(1920) 6월 12일 청산리대첩 교전을 아침부터 저녁까지 계속되었다. 굶주림! 그러나 이를 의식할 시간도 먹을 시간도 없었다. 마을 아낙네들 이 치마폭에 밥을 싸서 가지고 빗발치는 총알 사이로 산에 올라와 한 덩이 두 덩이 동지들의 입에 넣어 주었다. …… 얼마나 성스러운 사랑이며, 고귀한 선물이랴! 그 사랑 갚으리, 우리의 뜨거운 피로! 기어코 보답하리, 이 목숨이 다하도록! 우리는 이 산과 저 산으로 모든 것을 잊은 채 뛰고 달렸다.
- 이범석, 「우둥불」

간도참변

…… 우리 부대는 진동을 공격하였다. 직동(24도구라고도 함)에 있는 조선인 부락은 12호 가운데 중국인이 1호도 없이 모두 불령선인뿐이다. 총독부가 손을 댈 수가 없는 곳으로 자못 중대시하는 곳이다. 여기서 우리 부대는 일본 관헌이 간청함에 따라 바로 습격하여 불살라버리고 불령선인을 죽였다. 17세 이상 남자는 모두 죽이고 늙은이와 어린이들은 압록강 안 조선 땅으로 보냈다.   - 「천락 각서」, 나가노

미쓰야 협정 내용(1925. 6. 11)

2조 중국 관헌은 각 현에 통고하여 재류 조선인이 무기 휴대와 조선 내 침입을 엄금하며, 위반자는 검거하여 일본 경찰에 인도한다.
3조 재만 한인 단체를 해산시키고 무장을 해제하며, 무기와 탄약을 몰수한다.
4조 일제가 지명하는 독립 운동 지도자를 체포하여 일본 경찰에 인도한다.
5조 중국, 일본의 관부는 불령단 취체 실황을 상호 통보한다.

한국 광복군의 대일본 선전 포고(1941. 12)

1. 한국 전 인민은 현재 이미 반침략 전선에 참가하였으니, 한 개의 전투 단위로서 추축국에 선전한다.
2. 1910년 합병 조약과 일체의 불평등 조약의 무효를 거듭 선포하며 아울러 반침략 국가인 한국에 있어서의 합리적 기득권익을 존중한다.
3. 한국, 중국 및 서태평양으로부터 왜구를 완전히 구축하기 위하여 최후 승리를 거둘 때까지 혈전한다.
4. 일본 세력 하에 조성된 창춘 및 난징 정권을 절대로 승인하지 않는다.
5. 루스벨트, 처칠 선언의 각조를 견결히 주장하며, 한국 독립을 실현하기 위하여 이것을 적용하여 민주 진영의 최후 승리를 축원한다.
- 〈대한 민국 임시 정부 주석 김구, 외무부장 조소앙〉

기출문제

01 (가) 전투에 대한 설명으로 옳은 것은? [2점]

■ 한능검 50회 38번 문제

이곳은 부산 해운대에 있는 '애국지사 강근호 길'입니다. 그는 1920년 10월 백운평, 어랑촌, 고동하 등지에서 일본군에 맞서 싸운 (가) 당시 북로 군정서 중대장으로 활약하였습니다.

① 중국 호로군과 협력하여 진행되었다.
② 미국 전략 정보국(OSS)의 지원을 받았다.
③ 대한민국 임시 정부 수립에 영향을 주었다.
④ 조국 광복회의 지원 아래 유격전으로 전개되었다.
⑤ 대한 독립군, 대한 국민군 등이 연합하여 참여하였다.

🔍 **해설**

백운평, 어랑촌에서 싸운 전투는 청산리 대첩이다. 1920년 10월 10일부터 사흘간 만주 청산리 부근에서 일제와 독립군 사이에 벌어진 전투이다. 무장 독립 운동 단체인 북로 군정서군, 대한독립군, 대한 국민군 등이 백두산으로 근거지를 옮기던 중 일제가 추격전을 벌이자, 총사령관 김좌진과 부사령관 이범석을 중심으로 2,500여 명의 독립군을 이끌고 청산리 백운평 골짜기에서 매복했다. 마침내 일본군이 10월 10일 매복망에 걸려들자 독립군은 이를 물리쳤다. 이 전투는 무장 투쟁 사상 가장 큰 전과였다. 그러나 일제는 그 후 만주와 간도 일대의 조선인 마을에 무차별 보복을 가한 간도 참변을 일으켰다.

🔍 **오답분석**

① 한국독립군 ② 한국광복군 ③ 3.1운동 ④ 동북항일연군

🔍 **정답**   ⑤

02 (가) 부대에 대한 설명으로 옳은 것은? [2점]

■ 한능검 심화 48회 45번 문제

> 30여 년이나 비밀히 행동한 조선 혁명 청년은 지금도 중국 항일전에서 혁명 행동의 기회를 얻어, …… (가) 은/는 10월 10일 한구(漢口)에서 성립, 중앙군의 이동에 따라 계림(桂林)으로 왔다. 대장 진빈 선생[김원봉]은 금년 41세로서, 1919년 조선의 3월 운동 및 조선 총독부 파괴의 의열단 사건 등도 그들에 의한 것이다.
> ― 「국민공론」―

① 청산리에서 일본군과 교전하였다.
② 대전자령 전투에서 일본군을 격퇴하였다.
③ 일본군의 공세를 피해 자유시로 이동하였다.
④ 중국 의용군과 연합하여 흥경성 전투를 이끌었다.
⑤ 중국 관내(關內)에서 결성된 최초의 한인 무장 부대였다.

🔍 **해설**

김원봉이 만든 군대는 조선의용대이다. 조선의용대는 김원봉이 1938년 중국에서 창설한 항일 무장 단체이다. 중일 전쟁을 치르던 중국 정부의 협조를 얻어 김원봉을 중심으로 조직된 단체로 사회주의 계열의 인사들이 참여했다. 주로 후방 교란과 척후 등의 임무를 맡았으며, 1942년 임시 정부의 결정에 따라 대한 광복군에 편입되었다. 중일 전쟁에 최초로 참가한 한인 무장 단체이다.

🔍 **오답분석**

① 북로군정서 ② 한국독립군 ③ 대한독립군단 ④ 조선혁명군

🔍 **정답**   ⑤

CHAPTER 63 실력양성운동, 노동·농민 운동, 사회적 민족운동 전개

출제 POINT
① 물산장려운동 ② 민립대학 설립 운동 ③ 문자보급운동, 브나로드 운동 ④ 암태도 소작쟁의, 형평사 운동, 원산노동자 총파업 ⑤ 신간회, 근우회 – 민족유일당 운동

1 실력양성운동 ('ㅁ'시리즈)

(1) 물산장려운동(국산품 애용)

배경	회사령 폐지(1920, 허가 – 신고제) 이후 민족기업, 일본의 관세 철폐
전개	① **조선물산장려회(1920 – 평양, 조만식, 1923 – 서울)** : 국산물 애용운동 ② 활동 : '내살림 내것으로', '조선사람 조선것으로', 자작회(1922, 학생), 토산애용부인회(1923) 조직
실패	가격 상승, 친일세력 관여, 사회주의 계열 비판(자본가를 위한 것)

▲ 조선물산장려회 선전지

▲ 조선물산장려회 포스터

(2) 민립대학 건립운동

배경	2차 조선교육령으로 대학설립 가능
전개	• 조선교육회를 중심으로 민립대학 기성회(1923, 이상재, 이승훈, 서울) 결성 • '**한민족 1천만에 한 사람이 1원씩**', 1000만원 모금 운동 전개, 만주, 미국, 하와이 등 해외에서도 모금 운동
실패	가뭄, 수해로 모금 부진(1924 ~ 1925), 일제 경성제국 대학 설립(1924)

▲ 조선민립대학기성회 창립총회 기념사진

(3) **문맹퇴치운동**

문자보급 운동 (1929 ~ 1934)	• 조선일보 주도, 한글 교재, 조선어학회 참여(1931, 조선어 강습회, 한글 교재 제작), 아는 것이 힘이다. • 1935년 일제가 금지
브나로드 운동 (1931 ~ 1934)	• 동아일보 주도, 농촌계몽운동(미신타파, 구습제거) • 민중속으로, 배우자 가르치자 다함께, 1935년 일제가 금지 ⇒ 심훈〈상록수〉(1935) → 동아일보 창간 15년 기념

(4) 한계

① '선실력양성 후독립' 표방했지만 실력양성에 그침

② 타협적 민족주의자 1920년대 중반 이후 자치운동 주장 → 1930년대 이후 친일파

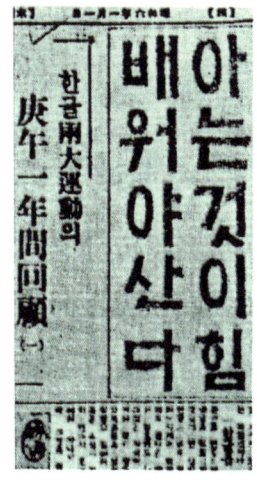
▲ 문자 보급운동(조선일보)

2 농민운동·노동운동

구분	농민운동(소작쟁의)	노동운동(노동쟁의)
배경	토지조사사업, 산미증식계획, 고율소작료, 수탈 가중 → 식민지 지주제	일제 식민지 공업화 → 저임금, 장시간 노동, 열악한 작업환경
1920년대	① 생존권 투쟁(소작료↓, 소작권 이동 반대) ② 암태도 소작쟁의(1923) - 신안군	① 생존권 투쟁(임금인상, 노동조건 개선) ② 조선노동공제회(1920) → 조선노동총동맹(1927) ④ 원산부두총파업(1929) - 영국인 회사에서 시작, 신간회 후원
1930년대	① 항일운동(식민지 지주제×, 일제×) ② 조선소작조정령, 조선농지령 발표 (일제 농민 회유책)	① 사회주의와 연결된 지하조직화(적색노동조합) ② 1930년대 후반 일제탄압 → 활동↓, 강주룡 - 을밀대 투쟁(평양,1931)

▲ 브나로드 운동(동아일보)

▲ 암태도 소작쟁의 기념탑

3 사회주의 사상 수용

(1) 사회주의 사상 전파

① 레닌 약소 민족 독립운동 지원 선언 → ② 3·1운동 이후 청년·지식층을 중심으로 확산

(2) 조선공산당(1925)

① 조선노동총동맹, 조선농민총동맹 ⇒ 노동, 농민운동 전개

② 해체 : 치안유지법(25), 일제탄압으로 1928년 해체

③ 6·10만세 운동 주도(1926), 민족주의(비타협) 연합하여 신간회 결성

4 청년운동과 소년운동

(1) 청년운동 : 조선청년총동맹(1924, 청년계 민족유일당) - 조선청년연합회 + 서울청년회

(2) 소년운동 : 천도교 주도, 소년운동협회(1922), 어린이날 제정(1923, 방정환) - 천도교소년회(1921), 잡지『어린이』(1923)

▲ 형평운동

5 여성운동

(1) 근우회(1927)

① **여성계 민족 유일당(신간회 자매단체)**

② 기관지 [근우] 발간

③ 여성의식 계몽, 노동운동과 농민운동에 적극 참여

6 형평운동

배경	갑오개혁 이후 신분 평등(법적) → 사회적 편견·차별↑
전개	**조선형평사 조직(1923, 진주), 형평사 대회(1925)** – 백정 차별 폐지, 백정 자녀 교육 문제
약화	온건파(신분해방에 중점), 급진파(계급투쟁) 대립, 1930년대 이후 일제 탄압

✓ 암기 TIP

신민회 변천과정 : **육 민 정 신 원 광 해** – 6.10만세운동, 조선**민**흥회, **정**우회 선언, **신**간회, **원**산부두총파업, **광**주학생항일운동, **해**산

▲ 신간회 창립 기사

7 민족유일당 운동

배경	① 민족운동 분열 : 민족주의 vs 사회주의 ② 자치운동론 대두 : 이광수, 최린 ③ 중국 국공 합작(1924) ④ 치안유지법(1925) : 민족운동가, 사회주의자 탄압
전개	6·10만세운동 : 조선민흥회(26. 7) → 정우회 선언(26. 11, 좌익 최대 단체 자진해산)
신간회(1927)	① 중심인물 : 이상재(회장), 홍명희(부회장) 안재홍 등, 비타협적 민족전선의 수립 ② 강령 : **기회주의 배격, 정치·경제적 각성촉구, 민족대단결** ③ 활동 　• 대중운동 지도 : 토론회, 강연회, **원산 노동자 총파업, 광주학생 항일운동** 　• 사회운동 전개 : 동척 폐지 주장, 수재민 구호운동, 순회 강연회 개최 　• **서울에 본부가 있고 지방에 140개 이상의 지회가 있다.** 　• 일제하 최대 합법적 항일단체(4만 회원)
신간회 해체(1931.5)	① 중국 1차 국공합작 결렬(1927) ② 일제 탄압, 계열간의 이념 대립(좌, 우) ③ 광주학생 항일운동 진상 보고대회 사건 이후 일부 간부 검거(홍명희), 집행부 우경화, 좌익반발 ④ 코민테른 노선 변화(통일전선 강화 → 12월 테제(1928, 적색노조론)), **좌익 주장으로 해산(31)**
신간회 의의	일제하 최대 반일 사회운동(4만명, 140개이상 지회, 개인자격가입원칙)

■ 총정리 및 암기팁

1. 실력양성운동
   ① 물산장려운동 ② 민립대 설립운동 ③ 문맹퇴치운동

2. 농민운동
   ① 20년대 생존권 투쟁, 30년대 항일투쟁
   ② 암태도 소작쟁의(23)

3. 노동운동
   ① 20년대 생존권 투쟁, 30년대 항일투쟁
   ② 원산노동자 총파업(29)

4. 민족 유일당 운동
   ① 사회주의 사상 전파 : 조선공산당(1925), 치안유지법으로 탄압
   ② 청년운동 : 조선청년총동맹 / 소년운동 : 소년운동협회, 어린이날 제정
   ③ 여성운동 : 근우회(여성계 민족 유일당, 여성의식계몽)
   ④ 형평운동 : 조선형평사(23), 형평사 대회(25)
   ⑤ 민족유일당 운동
      • 신간회 변천 : 육 민 정 신 광 해
      • 의의 : 일제 하 최대 합법적 반일 사회운동, 회원 4만명, 140개 이상 지회

사료 및 심화 자료

• 물산장려 운동 취지서

부유한 자 와 가난한 자 모두, 우리가 우리의 손에 산업의 권리, 생활의 제1조건을 장악하지 않으면 우리는 도저히 우리의 생명, 인격, 사회의 발전을 기대하지 못할 것이다. 우리는 이 와 같은 견지에서 우리 조선 사람의 물산을 장려하기 위해 조선 사람은 조선 사람 지은 것을 사 쓰도록 하고, 조선 사람은 단결하여 그 쓰는 물건을 스스로 제작하여 공급하는 것을 목적 으로 한다.

• 형평운동 취지문

공평은 사회의 근본이고 애정은 인류의 근본 강령이다. 그런 고로 우리는 계급을 타파하고 모욕적 칭호를 폐지하여 교육을 장려하며, 우리도 참다운 인간이 되는 것을 기대하는 것이 본사의 큰 뜻이다. 지금까지 조선의 백정은 어떠한 지위와 어떠한 압박을 받아 왔던가? 과거 를 회상하면 종일토록 통곡하여도 피눈물을 금할 길이 없다.
― 「조선일보」, 1923년 4월 30일

• 정우회 선언

민족주의적 세력에 대해서는 그 부르주아 민주주의적 성질을 명백하게 인식하는 한편 우리 와 과정적 동맹을 맺을 수 있음을 충분히 인정하여, 그것이 타락한 형태로 출현되지 아니하 는 것에 한해서는 적극적으로 제휴하여, 대중의 개량적인 이익을 위해서도 이전의 소극적인 태도를 버리고 분연히 싸워야 할 것이다. ― 『조선일보』, 1926. 11. 17

• 근우회 창립 취지문

우리가 실지로 우리 자체를 위하여 우리 사회를 위하여 분투하려면 우선 조선 자매 전체의 역량을 공고히 단결하여 운동을 전반적으로 전개하지 아니하면 아니된다. 일어나라! 오너라! 단결하자! 분투하자! 조선의 자매들아! 미래는 우리의 것이다.
- 「한국 근대 민족 해방 운동사」

기출문제

01 밑줄 그은 '이 운동'에 대한 설명으로 옳은 것은? [1점]
■ 한능검 심화 51회 42번 문제

진주에 있는 이곳은 독립운동가 강상호 선생의 묘입니다. 그는 '공평은 사회의 근본이요, 애정은 인류의 본령'이라는 취지 아래 백정에 대한 권익 보호를 목적으로 전개된 이 운동에 앞장섰습니다.

① 어린이날을 정하고 잡지 어린이를 발간하였다.
② 조선 형평사를 조직하여 사회적 차별에 맞섰다.
③ 계몽 서적의 보급을 위해 태극 서관을 설립하였다.
④ 일제가 이른바 문화 통치를 실시하는 결과를 가져왔다.
⑤ 라이징 선 석유 회사의 조선인 구타 사건을 계기로 시작되었다.

해설
공평은 사회의 근본 형평운동이다. ② 백정 차별에 반대하며 백정들은 조선 형평사를 만들었다. 1923년 백정(白丁)들의 신분 해방과 실질적인 사회적 처우 개선을 목적으로 설립되어 1930년대까지 활동하였으며, 이들 중 일부는 사회주의 사상을 수용하기도 했다. 조선형평사 활동을 통해 계급을 타파하고 백정(白丁)에 대한 모욕적인 칭호를 폐지하며 교육을 장려하여 백정도 참다운 인간으로 인정받도록 하고자 하였다.

오답분석
① 방정환 ③ 신민회 ④ 3.1운동 ⑤ 원산 부두 총파업

정답 ②

02 (가) 단체의 활동으로 옳은 것은? [1점]
■ 한능검 심화 50회 36번 문제

[역사 다큐멘터리 기획안]

(가), 좌우가 힘을 합쳐 창립하다

■ 기획 의도
일제 강점기 최대 규모의 사회 단체인 (가)에 대한 다큐멘터리를 제작하여 그 역사적 의미를 살펴본다.

■ 장면별 구성 내용
- 정우회 선언을 작성하는 장면
- 이상재가 회장으로 추대되는 장면
- 전국 주요 도시에 지회가 설립되는 장면
- 순회 강연단을 조직하고 농민 운동을 지원하는 장면

① 평양에 자기 회사를 설립하였다.
② 2·8독립 선언서를 작성하여 발표하였다.
③ 제국신문을 발행하여 민중 계몽에 힘썼다.
④ 어린이날을 제정하고 잡지 어린이를 간행하였다.
⑤ 광주 학생 항일 운동에 진상 조사단을 파견하였다.

해설
정우회 선언, 최대 사회단체라는 말을 통해 신간회라는 것을 알 수 있다. 신간회는 1927년 2월에 결성된 독립 운동 단체로, 민족주의를 표방하고 민족주의 진영과 사회주의 진영이 연합해 만든 단체이다. 안재홍·이상재·신채호·신석우 등 34인이 중심이 되어 성립되었다. 3대 정책으로 ① 조선 민족의 정치적·경제적 해방의 실현, ② 전 민족의 현실적 공동 이익을 위하여 투쟁, ③ 모든 기회주의 부인을 삼았다. 조직 결성도 활발해 1930년에는 전국에 140여 개의 지회와 3만 9천여 명의 회원을 확보했으며, 일본에도 조직을 설치했다. 일제는 1929년 광주 학생 운동의 배후로 신간회를 지목하고 대대적인 탄압을 가했다. 그리고 사회주의 진영과 민족주의 진영 간의 갈등이 심화되어, 결국 조직된 지 4년만에 해체되었다.

오답분석
① 신민회 ② 이광수 ③ 이종일 ④ 방정환

정답 ⑤

CHAPTER 64 민족문화 수호운동, 국외 이주 동포 활동

출제 POINT
일제 교육 정책, 학교 이름, 한국사 왜곡(식민사학단체), 역사가와 저서 특징, 일제시대 문화예술활동 특징

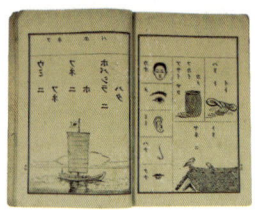
▲ 보통학교 국어독본(교과서)

1 일제 교육·문화 정책

(1) 일제 식민지 교육정책

시 기	내 용
1911 제1차 조선교육령 (11~22) (무단통치기)	• 충성스런 일본 식민 육성, 일본어 보급 • 보통(소) – 4년(조선인만), 일본인은 6년
1922 제2차 조선교육령 (22~38) (문화통치기)	• 일본학제로 변경, 소학교 4 → 6년, 고등 보통학교 4년 → 5년, 학교수 증대 • 경성제국대학 설립(민립대 견제, 사범학교 설립 및 대학에 대한 규정 마련) – 1924년 • 조선어 필수, 일본어 교육 강화
1938 제3차 조선교육령 (38~43)	• 황국신민화 교육, 일본어를 국어로 사용, 심상소학교(1938) • 조선어, 역사, 지리 선택과목 → 사실상 폐지
1943 제4차 조선교육령 (43~45)	• 소학교를 국민학교로 개칭(1941), 수업연한축소 – 중학교, 고등여학교 수업연한 4년 축소 • 우리말, 역사, 지리 완전 폐지

(2) 한국사 왜곡
① **목적** : 일본침략과 식민지배를 정당화하고 한국인의 독립의지 약화
② **식민사관 확립** : 정체성론(조선에 중세(봉건사회)가 없다), 타율성론(반도사관, 만선사관, 임나일 본부설), 사대성론, 당파성론, 일선동조론, 식민지 근대화론 등
③ **단체**
  • 조선사 편수회(1925, 조선 총독부 직할, 조선사 편찬), 청구학회 결성(조선사 편수회, 경성제국대학 교수 중심, 식민사학)

☑ 암기 TIP
청편 – 청구학회, 조선사편수회

(3) 종교계

기독교	• 1910년대 안악 사건(안명근 사건) → 105인 사건 • 1930년대 신사참배에 반대하는 기독계 지도자 투옥
불교	사찰령(1911), 포교규칙 제정(1915), 조선불교유신회(21, 한용운, 사찰령 폐지운동), 한용운을 당수로 하여 비밀결사조직인 만당 조직
대종교	일제탄압과 감시로 본거지를 만주로 옮김, 나철·오기호, 중광단 조직, 북로군정서
천주교	경향신문 창간(06), 의민단 조직
원불교	박중빈, 새생활운동, 허례의식 폐지
천도교	제2의 3.1운동 계획, 개벽, 어린이, 신여성 잡지 창간
유교	일본이 경학사(1911) 규정으로 성균관 폐지 → 친일파(이완용 대표)

2 국학운동의 전개

(1) 국어연구와 한글보급

국문연구소(1907)	① 주시경 ② 국문연구, 국어연구
조선어연구회(1921)	① 한글 잡지 간행 ② 가갸날 지정(한글날) ③ 조선어 강습회 개최
조선어학회(1931~42)	① 우리말큰사전 편찬 시도 ② 한글 맞춤법 통일안 ③ 조선어학회 사건(이윤재, 한징 옥사)
한글학회	우리말 큰사전 완성(1957)

> **암기 TIP**
> 국조연학 – 국문연구소, 조선어연구회, 조선어학회

▲ 조선 어학회 회원들

▲ 우리말 큰사전 원고

▲ 잡지 〈한글〉

(2) 한국사 연구

① 민족주의 역사학

신채호 (단재)	• 낭가사상, **역사란 아와 비아의 투쟁이다.** • **〈독사신론〉**: 민족주의 사학의 방향 제시 역사 3요소, 구한말 • 〈조선상고사〉: 역사는 아와 비아의 투쟁, 고대사 연구에 초점 • **〈조선사연구초〉**: 묘청의 서경천도운동(일천년이래 제일 큰 사건) • 고대사 연구 치중, 민족주의 역사학 기본 확립, 낭가사상 • **조선혁명선언(의열단, 23)**, 임정국민대표회의(창조파, 23)
박은식 (백암, 태백광노)	• **나라는 형이요 역사는 정신이다.** ⇒ 혼사상 〈한국통사〉(1915), 〈한국독립운동지혈사〉(1920) • 「유교구신론」, 임시정부 2대 대통령
정인보 (위당)	• '얼' 강조, **조선학 연구(실학 연구)**, 〈5천년조선의 얼〉, 〈여유당전서〉 간행(with 안재홍) • 광개토대왕비문 연구, 고대사연구 〈조선사연구〉, 양명학연구
문일평	'조선심', 〈대미관계50년사〉, 〈조선사화〉, 〈호암전집〉 저술
안재홍	〈조선상고사감〉, 신간회, 조선건국동맹, 〈신민족주의와 신민주주의〉, 해방 후 민정장관

▲ 신채호

▲ 박은식

▲ 정인보

▲ 안재홍

② **사회경제사학**

| 백남운 | 〈조선사회경제사〉(1933) - 한국사를 세계사적 보편성 위에 체계화, 민족주의 사학자들의 정신사관을 비판, 식민사관 정체성 이론 비판, 자본주의 맹아론 연구 시작 |

③ **실증주의 사학** : 일제 현실 외면, 객관주의 역사 연구(랑케사관) → 진단학회 (이병도, 손진태)

▲ 백남운, 조선경제사학

3 문학·예술활동

(1) **과학 대중화 운동(1924)** : 안창남 고국 방문 비행 계기(1922.12. 5) → 발명학회 (1924), 과학지식 보급회(1934)

▲ 안창남

(2) **문학 활동**

1910년대	계몽주의적 성향, 이광수 〈무정〉 1917, 최남선 〈해에게서 소년에게〉 1908
1920년대	• 동인지 : 〈창조〉〈폐허〉〈백조〉 → 예술성만 추구, 도피적·퇴폐적·낭만주의 • 민족정서 : 김소월(민요조 서정시), 한용운(님의 침묵), 이상화, 심훈(상록수 1935, 동아일보 15주년) • 신경향파 문학 : 사회주의 계열 카프(KAPF(1925)) 결성 • 국민문학 운동 - 민족주의 전통문화·향토애
1930년대	순수문학(1939, 〈문장〉) - 시문학 동인지(김영랑, 정지용)
1940년대	친일문학 - 이광수, 최남선, 조병화, 모윤숙, 서정주 저항 - 이육사, 윤동주

▲ 이육사

▲ 윤동주

(3) **문화, 예술**

음악	국권 피탈 이후 창가 유행(학도가, 한양가 등), 홍난파, 안익태(애국가)
미술	한국화(동양화) - 안중식(한국 전통회화 계승), 이상범, 허백련 서양화 - 고희동(최초 서양화가), 이중섭(소), 나혜석(유화)
연극	토월회(1923, 김기진, 박승희), 극예술 연구회(1931년대, 김진섭, 유치진)
영화	나운규 아리랑(1926), 일제 조선 영화령(1940)으로 탄압
체육	손기정 - 1936년 베를린 올림픽 금메달(마라톤) - 일장기 말살 사건(1936, 동아일보)

▲ 토월회

▲ 나운규와 영화제작진

▲ 손기정 베를린 올림픽 금메달

(4) **의식주 변화**

① **모던걸, 모던보이 출현** : 1920 ~ 1930년대 식민지 경성의 도시공간에 나타난 새로운 스타일의 신식 남성(양복) 여성(단발, 양장) 소비주체로 나타남 (영화 - 모던보이)

▲ 모던걸, 모던보이
(조선호텔 추정)

② 다양한 잡지 출현 〈신여성〉-1923, 〈별건곤〉-1926, 〈삼천리〉-1929 창간

③ 화신백화점 설립(1931, 박흥식), 미쓰코시 백화점(1930, 일본자본)

④ 서울 인구 증가, 빈민층들의 토막촌 형성(청계천), 영단주택(서민주택), 문화주택(고급주택)

■ 총정리 및 암기팁

1. 일제 교육 문화 정책
   1차 – 보통학교 4년, 2차 – 소학교 6년, 경성제국대학, 3차 – 조선어 선택 과목, 4차 – 조선어 완전폐지

2. 국학운동
   (1) 국어 : 국조연학(국문연구소, 조선어연구소, 조선어학회, 한글학회)
   (2) 한국사 연구 : 신채호 – 조선상고사, 조선사연구초 / 박은식 – 한국통사, 한국독립운동지혈사 / 정인보 – 얼 / 문일평 – 조선심 / 안재홍 – 조선상고사감

3. 문화, 예술활동 : 1910년대 : 이광수 무정 → 1920년대 : 김소월, 한용운, 이상화, 심훈, 신경향파 문학, 국민문학 운동 → 1930년대 순수문학 → 1940년대 저항문학, 이육사, 윤동주

◉ 사료 및 심화자료

• 조선 교육령

1. 제1차 조선 교육령(1911)
   제1조 조선에서의 조선인 교육은 본령에 따른다.
   제2조 교육은 교육에 관한 칙어(勅語)의 취지에 기초해 충성스럽고 선량한 국민을 육성하는 것을 본의로 한다.

2. 제2차 조선 교육령(1922)
   제1조 조선에서의 교육은 본령에 의한다.
   제2조 국어를 상용하는 자의 보통교육은 소학교령, 중학교령 및 고등여학교령에 의한다.
   제3조 국어를 상용하지 않는 자에게 보통교육을 하는 학교는 보통학교, 고등보통학교 및 여자고등보통학교로 한다.
   제5조 보통학교의 수업 연한은 6년으로 한다. 단 지역의 정황에 따라 5년 또는 4년으로 할 수 있다. ……

3. 제3차 조선 교육령(1938)
   제1조 소학교는 국민 도덕의 함양과 국민 생활의 필수적인 보통의 지능을 갖게 함으로써 충량한 황국 신민을 육성하는 데 있다.
   제3조 심상소학교의 수업 연한은 6년으로 한다.
   제13조 심상소학교의 교과목은 수신, 국어(일본어), 산술, 국사, 지리 …… 이다. 조선어는 수의과목(선택과목)으로 한다.

• 타율성론

지정학적 숙명론
아시아 대륙의 중심에 가까이 부착된 이 반도는 정치적으로도 문화적으로도 반드시 대륙의 여파를 받음과 동시에, 또 주변 위치 때문에 항상 그 본류로부터 벗어나 있었다. 여기서 한국사의 두드러진 특징인 부수성이 말미암은 바가 이해될 것이다.
- 미시나 쇼헤이, 「조선사개설」(1940)

• 박은식의 역사 인식

나라는 형체이고 역사는 정신이다. 지금 한국의 형체는 무너졌으나 정신이 멸하지 않으면 형체는 부활할 때가 있을 것이다. …… 대게 국교(國敎)·국학·국어·국문·국사는 혼(魂)에 속하는 것이요, 군대·성지·함선·기계 등은 백(魄)에 속하는 것이므로 혼의 됨됨은 백에 따라 죽고 사는 것이 아니다. 그러므로 국교와 국사가 망하지 않으면 그 나라도 망하지 않는 것이다.
-『한국통사』 서문

• 신채호의 역사 인식 역사란 무엇이뇨?

아에 대한 비아의 접촉이 많을수록 비아에 대한 아의 투쟁이 더욱 맹렬하여 인류 사회의 활동이 휴식할 사이가 없으며, 역사의 전도가 완결될 날이 없다. 그러므로 역사는 아와 비아의 투쟁의 기록이니라.
-『조선상고사』 총론

• 사회 경제 사학

조선사 연구는 과거 역사적·사회적 발전의 변동 과정을 구체적·현실적으로 구명함과 동시에 그 실천적 동향을 이론 지우는 것을 임무로 삼아야 한다. 그것은 인류 사회의 일반적 운동 법칙인 사적 변증법으로 그 민족 생활의 계급적 관계 및 사회 체제의 역사적 변동을 구체적으로 분석하고 다시 그 법칙성을 일반적으로 추상화함으로써만 가능하다.
- 백남운, 『조선사회경제사』

기출문제

01 다음 가상 인터뷰의 주인공에 대한 설명으로 옳은 것은? [2점]
한능검 심화 48회 41번

A: 선생께서 한국독립운동지혈사를 저술하신 동기를 말씀해 주시겠습니까?
B: 일제의 침략과 탄압에 맞선 우리 독립 투쟁의 역사를 구체적인 자료를 통해 보여 주고, 한국인의 긍지와 민족의식을 고양시키고자 책을 쓰게 되었습니다.

① 민족의 얼을 강조하고 조선학 운동을 추진하였다.
② 진단 학회를 설립하여 실증주의 사학을 발전시켰다.
③ 조선사 편수회에 들어가 조선사 편찬에 참여하였다.
④ 유물 사관을 바탕으로 조선사회경제사를 저술하였다.
⑤ 한국통사를 저술하고 민족주의 사학 기초를 닦았다.

🔍 해설

한국독립운동지혈사는 박은식이 쓴 책이다. 박은식은 일제 시대의 독립 운동가이자 역사가이며, 호는 백암(白巖)이다. 1898년 《황성신문》의 주필로 활동했고, 독립 협회에도 참여했다. 유학에도 정통해 어려서부터 성리학을 배웠으나, 급변하는 사회 정세에 대처하고자 실천을 강조한 양명학(유학의 한 종류)도 익혔다. 《유교구신론》을 발표하고 유교의 근대화를 추진했다. 국권이 피탈되자, 1911년 만주로 건너가 우리 역사에 대한 연구를 본격적으로 시작했다. 주로 고구려와 발해 등 우리 민족이 강성하던 시절을 연구해 민족 자긍심을 일깨웠다. ⑤ 저서로는 한국독립운동지혈사와 한국통사가 있다. 또한 1925년 임시 정부 제2대 대통령이 되었으나, 노환으로 별세해 상하이에 안치되었다. 1994년 그 유해가 돌아와 국립묘지에 이장되었다.

🔍 오답분석

① 얼을 강조한 사람은 정인보이다.
② 실증주의 사학은 이병도, 손진태이다.
③ 조선사 편수회는 일제가 만든 단체이다.
④ 백남운에 대한 설명이다.

🔍 정답 ⑤

02 (가) 단체에 대한 설명으로 옳은 것은? [2점]
한능검 심화 50회 43번

조선말 큰사전 편찬 원고

(가)에서 조선말 사전 편찬을 위해 1929년부터 13년 동안 작성한 원고이다. 이 원고는 1942년 일제에 압수되었다가, 1945년 9월 서울역 창고에서 발견되었다.

지정 번호 : 국가 지정 기록물 제4호   지정일 : 2008년 11월 3일

① 국어 문법서인 대한문전을 편찬하였다.
② 한글 맞춤법의 통일안과 표준어를 제정하였다.
③ 우리말 음운 연구서인 언문지를 저술하였다.
④ 한글 연구를 목적으로 학부 아래에 설립되었다.
⑤ 주시경을 중심으로 국문을 정리하고 철자법을 연구하였다.

🔍 해설

조선말 큰사전은 조선어학회에서 만들었던 사전이다. 조선어학회는 1931년에 '조선어연구회'의 이름이 바뀐 것이다. 1919년 3·1 운동 이후 일제의 한반도에 대한 문화 정치 시대에 우리말을 연구하는 내국인 학자들이 1921년 휘문 의숙에서 '조선어연구회'라는 최초의 민간 학술 단체를 결성시켰고 이후 설립된 조선어학회 ② 한글 맞춤법 통일, 표준말 사정, 외래어 표기법 등을 제정하기로 하였다. 조선어학회는 우리말 연구 기관일 뿐만 아니라, 우리말과 우리글이 민족의식을 고양하는 가장 중요한 매개체라는 사실을 깊이 인식하고 나아가 우리말과 우리글을 우리 민족 모두에게 알린 실천 기관이며 민족 기관이기도 했다.

🔍 오답분석

① 유길준에 대한 설명이다.
③ 조선 순조 때 유희가 저술하였다.
④ 국문연구소 설명이다.
⑤ 국문연구소 설명이다.

🔍 정답 ②

CHAPTER 65 8·15광복, 좌우대립

출제 POINT
단체, 순서, 광복 직후 정치 상황

☑ 암기 TIP
건국준비 : **임**독건 – **임**시정부,
조선**독**립동맹, **건**국동맹

1 건국준비

대한민국임시정부(김구)	충칭(1940), 한국광복군(1940), 건국강령 발표(3균주의, 조소앙, 1941, 정치, 경제, 교육)
조선독립동맹(김두봉)	1942, 옌안, 건국강령(1942, 일제와 밀접한 대기업을 국영으로 귀속), 조선의용군(총사령관 무정, 팔로군과 연합)
조선건국동맹(여운형)	1944, 비밀결사, 좌우합작단체, 일제타도와 민주주의 국가 건설
공통점	정치 – 민주주의, 경제 – 사회주의(국유화), 미군정은 모두 인정하지 않음

2 8·15광복

(1) 열강의 독립 약속

☑ 암기 TIP
카얄포 – **카**이로회담, **얄**타회담, **포**츠담회담

시기	명칭	주요내용
1943. 11	카이로 회담	한국독립 최초 약속(미, 영, 중) – 장제쓰 참여
1945. 2	얄타회담	• 소련대일전 참전(미, 영, 소) – 스탈린참여 • 신탁통치 최초 언급, 미 소 군정제안
1945. 7	포츠담회담	한국독립 재확인(미,영,소,중), 일본의 무조건 항복 요구 – 스탈린 참여, 원자 폭탄 투하 하루전
1945.8.15	일본 항복	광복, 남북 분할 점령(미,소), 북한–소련 간접 통치, 남한 – 미군 직접통치, 맥아더 포고문
1945.12	모스크바 3상회의	• 미소공위 설치(미, 영, 소) • 신탁통치, 임시정부

▲ 카이로 회담

▲ 얄타 회담

▲ 포츠담 선언

(2) 해방직후 조직

조선건국준비위원회 (1945.8) 조직(건준위)	① 조선건국동맹을 기반으로 조직, 여운형, 안재홍 등 중도 좌·우 결집 ② 치안대 설치, 전국적 지부 → 자주적 질서 유지 ③ 광복 이후 최초 정치 단체 → 우익 불참(송진우, 김성수) ④ 건준위 강령 – 완전한 독립국가 건설, 민주주의 정권수립, 일시적 과도기에 대중 생활 확보
조선인민공화국 (1945.9.6) 선포(인공)	① '건준위' 좌익주도 → 인민공화국 선포 ② 우파×, 중도파(안재홍) 탈퇴, 김구 불참, 좌익 실권 장악, 미군정에서 인정받지 못함

> **암기 TIP**
> 동준공 – 건국동맹, 조선건국준비위원회, 인민공화국

▲ 건국준비위원회 여운형　　▲ 여운형

(4) 38도선의 설정 ⇒ 얄타회담 소련참전 → 1945.8 소련 참전 → 한반도 북부 점령 → 미국 38도선 분할 점령 제안

3 광복 직후의 남북한 정세

(1) 남한지역 : 미군정의 직접 통치(맥아더 포고령 1호)(1945.9)
  ① 모든 독립운동 단체 불인정, 부정, 모든 공용어 영어 사용, 친미 우익 세력 지원
  ② 미군정 : 총독부 체제 유지, 우익 지원(한민당), 친일 관료, 친일 경찰, 친일 군인 고용
  ③ 이승만 : 귀국 후 독립촉성중앙협의회(독,촉)
  ④ 김구 등 충칭 임시정부 요인 12월 개인 자격 입국(한국 독립당)
  ⑤ 남조선국방경비대(46.1.15, 국군의 전신), 삼일소작제(45.10, 총수확량의 1/3 넘을 수 없음)
  ⑥ 신한공사(46.2.21) 수립, 미곡수집령(46) – 쌀값 상승, 경제 정책 실패

(2) 북한지역 : 소련 간접통치 – 고려인을 이용해 간접통치
  ① 건국준비위원회 인정 → 개편 인민위원회(공산당원 장악 지원) → 조만식 숙청, 김일성↑
  ② 조선공산당 북조선 분국 + 조선신민당(김두봉) → 북조선 노동당(46. 8)

▲ 미군정

4 모스크바 3상회의와 좌·우대립

✓ 암기 TIP

모스크바 3상회의 : 임신미소

(1) **모스크바 3상회의(1945.12)**

① 미·영·소 외무장관 한국 문제 논의, 모스크바 협정 발표(4개항 합의)

② **임시정부 수립, 미소공동위원회 설치, 최고 5년간 신탁통치, 2주내 미소 회의 소집**

⇩

▲ 신탁통치 반대 운동

- 동아일보 오보 : 미국 한국 독립 주장, 소련 신탁 통치 주장
  ⇒ 임시정부 내용×
- 실제로는 미국이 신탁 통치 주장, 민중들은 소련 주장으로 인지, 좌우대립 심화

(2) 좌우대립

① **우익 신탁통치 반대(반탁)** : 김구, 이승만, 김규식 등 주도(대한독립촉성국민회 조직, 1946)

② **좌익 처음 반탁 이후 찬탁** : 소련의 지시로 변경, 민중들은 반탁 지지 → 우익세력 확대

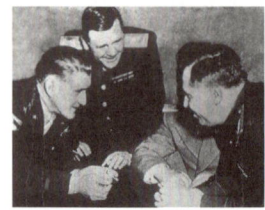
▲ 미소공동위원회

(3) **미소공동위원회 개최·결렬**(서울 덕수궁 석조전,1946.3)

① 임시정부 참여단체 자격, 범위, 이견(미국 : 모든 세력 ↔ 소 : 협정지지(찬탁) 세력)

② 1차(1946.3) - 무기한 휴회

③ 2차(1947.5) - 완전 결렬(1947.8)

✓ 사료 TIP

이승만 정읍발언 - 우리 남쪽 만이라도 임시정부, 혹은 위원회 같은 것을 조직하여

(4) **좌우합작위원회(1946.7 ~ 1947.12)**

① **배경** : 신탁통치 좌우대립, 미소공위 휴회, **이승만 정읍발언(1946.6, 남한 단독정부 수립)**

② **좌우합작위원회(1946.7) 결성** ⇒ 주석 : 김규식

　㉠ 중도파 주도(김규식(중도우파), 여운형(중도좌파))

　㉡ 중도적 통일정부 수립 목표(좌우합작 → 남북연합 → 외세설득)

　㉢ **미군정 지원(초기지원)**

　　- 남조선 과도 입법의원 구성(1946.12. 김규식 의장)

　　- 남조선 과도 정부 수립(1947.6), 민정장관 안재홍

　㉣ **좌우합작 7원칙(1946.10)**

　　- 임시정부 수립, 미소공위재개, 토지 개혁(유상몰수 무상분배)

　　- 친일파 처단 건의, 좌·우 테러×, 언론·집회·출판·교통·투표 자유 ⇒ 실패

　　- 합작위원회에 의한 입법기구 구성

▲ 이승만

(5) 좌우합작운동실패

① 우익화로 여운형 탈퇴, 한민당(우익), 남로당(좌익) 불참, 이승만 독촉 조건부 지지, 김구 한독당 참여×

▲ 좌우합작위원회

② 남로당 강력한 대중투쟁 표방(1946.7) : 9월 총파업, 10월 대구 폭동
③ 미 군정 지원 철회(1947.3, 트루먼 독트린), 여운형 암살(1947.7, 극우파 한지근에게 암살) → 해체(1947.12)

5 주요 정치 세력

정당	중심인물	이념	성향
한국민주당 (45.9)	김성수 송진우	우파	• 초기 임시정부 지지, 미군정 지지, 건준 불참 • 친일 지주 출신, 단정 수립 주도, 지주 중심의 보수·우익 세력을 결집한 정당
독립촉성중앙협의회 (독촉, 45.10)	이승만	우파	• 이승만 귀국(1945.10)하여 발족, 반탁 주도, 단정 수립 주장 • 보수 우익 집결, 친일파 참여
한국독립당 (한독당)	김 구	우파	• 임정 핵심정당(1940), 반탁, 김구 주석 개인자격으로 입국(1945.11), 단정반대
국민당	안재홍	중도 우파	• 1945.9, 신민족주의, 신민주주의 ✅ 암기 TIP 국민재롱 - 국민당, 안재홍
민족자주연맹	김규식	중도 우파	• 1947.12, 좌우합작운동, 남북협상 참여 ✅ 암기 TIP 주식 - 김규식, 민족자주연맹
조선인민당	여운형	중도 좌파	• 1945.11, 조선인민공화국 탈퇴 후 중도 좌파 결성 • 좌우합작운동, 진보적 민주주의 ✅ 암기 TIP 여인당 - 여운형, 조선인민당
조선공산당 (45.9)	박헌영	좌파	극좌파, 무상몰수 무상분배 주장, 남조선 노동당으로 개편(1946), 정판사 위폐사건, 9월 총파업 주도

▲ 송진우

▲ 김성수

▲ 김규식

■ 총정리 및 암기팁

1. 건국준비
   ① 국내 : **조선건국동맹(여운형)** – 일제 타도와 민주주의 국가 건설
   ② 충칭 : **대한민국임시정부(김구)** – 한국광복군, 3균주의(정치, 경제, 교육)
   ③ 옌안 : **조선독립동맹(김두봉)** – 조선의용군, 보통선거에 의한 민주공화국 수립

2. 열강의 독립약속
   ① 1943.11 카이로 회담 : 한국독립 최초 약속
   ② 1945.2 얄타회담 : 소련 대일전 참전
   ③ 1945.7 포츠담회담 : 한국독립 재확인

3. 광복 직후 남한 정세
   ① 남한지역 : 미군정의 직접 통치(맥아더 포고령 1호)
      ㉠ 모든 독립운동 단체 불인정, 부정
      ㉡ 미군정 : 총독부 체제 유지, 우익 지원(한민당), 친일관료, 친일경찰, 친일군인 고용
      ㉢ 이승만 : 귀국 후 독립촉성중앙협의회(독,촉)
      ㉣ 김구 등 충칭 임시정부 요인 12월 개인자격 입국(한국 독립당)
   ② 모스크바 3상회의 개최 – 임 신 미소
   ③ 1차 미소공동위원회 개최 – 미소 갈등의 결렬
   ④ 정읍발언
   ⑤ 좌우합작위원회

사료 및 심화자료

• 건국준비위원회 강령 (1948. 9. 6)

1. 우리는 완전한 독립국가의 건설을 기함
2. 우리는 전민족의 정치적 경제적 사회적 기본요구를 실현할 수 있는 민주주의적 정권의 수립을 기함
3. 우리는 일시적 과도기에 있어서 국내 질서를 자주적으로 유지하며 대중 생활의 확보를 기함

• 이승만의 단독정부수립 주장

"이제 우리는 무기 휴회된 공위가 재개될 기색도 보이지 않으며 통일 정부를 고대하나 여의케 되지 않으니 남방만이라도 임시정부 혹은 위원회 같은 것을 조직하여 38 이북에서 소련이 철퇴하도록 세계 공론에 호소하여야 될 것이니 여러분도 결심하여야 될 것이다."

– 〈서울신문〉, 1946년 6월 4일

• 좌우 합작 7원칙 (1946. 10. 4)

1. 조선의 민주 독립을 보장한 3상 결정에 의하여 남북을 통한 좌우 합작으로 민주주의 임시 정부를 수렴할 것
2. 미·소 공동 위원회의 속개를 요청하는 공동 성명을 발표할 것
3. 토지 개혁에 있어 몰수, 유(有)조건 몰수, 체감 매상(遞減買上) 등으로 토지를 농민에게 무상으로 분여하며, 시가지의 기지(基地) 및 대건물을 적정 처리하며 중요 산업을 국유화하며, 사회 노동 법령 및 정치적 자유를 기본으로 지방 자치제의 확립을 속히 실시하며, 통화 및 민생 문제 등을 급속히 처리하여 민주주의 건국 과업 완수에 매진할 것
4. 친일파 민족 반역자를 처리할 조례를 본 합작 위원회에서 입법 기구에 제안하여 입법 기구로 하여금 심리 결정하여 실시케 할 것 ……

기출문제

01 다음 기자 회견의 배경으로 가장 적절한 것은? [2점]
한능검 심화 51회 46번 문제

> 군정 장관 아놀드 소장은 12월 29일 오전 10시 30분 군정청 제1회의실에서 신문 기자단과 회견하고 신탁 통치에 관한 질문에 대략 다음과 같은 견해를 표명하고 일문일답을 하였다. "…… 신탁 통치는 조선 임시 민주 정부를 수립코자 함이 목적일 것이다. 우선 조선인이 당면한 경제 산업에 있어 유의하여 신탁 관리 문제로 모든 기관이 중지 상태로 들어가지 않기를 요망한다. 현 단계에 이르러 진실한 냉정이 필요할 것이다. 4개국을 믿고 있는 중에 직무에 충실하여야 한다."

① 좌우 합작 7원칙이 발표되었다.
② 제1차 미소 공동위원회가 결렬되었다.
③ 모스크바 삼국 외상 회의가 개최되었다.
④ 반민족 행위 특별 조사 위원회가 구성되었다.
⑤ 유엔 소총회에서 남한만의 단독 총선거가 결의되었다.

🔍 해설

③ 신탁통치와 4개국이 나오는 것으로 보아 모스크바 3상회의 이후 상황이라는 것을 알 수 있다. 1945년 12월 소련의 모스크바에서 개최된 미국, 영국, 소련의 외무장관 회의다. 모스크바 3상회의는 민주주의적 원칙 아래 독립 국가를 건설하기 위해 임시정부를 설치할 것, 임시 정부 수립을 원조하기 위해 미·소공동위원회를 설치할 것, 미·영·소·중은 한국을 최고 5년 동안 신탁통치할 것, 미·소 공동위원회는 임시정부 수립을 준비하기 위해 민주적 정당·사회 단체와 협의할 것 등을 주요 내용으로 하고 있다. ①, ②, ④, ⑤ 모두 모스크바 3상회의 이후에 일어난 사건이다.

🔍 정답 ③

02 다음 성명이 발표된 이후에 있었던 사실로 옳지 않은 것은? [3점]
한능검 49회 심화 46번 문제

> 북위 38도 이남의 조선에는 오직 한 정부가 있을 뿐이다. …… 자천자임(自薦自任)한 관리라든가 경찰이라든가 국민 전체를 대표하였노라는 대소 회합이라든가 조선 인민 공화국이라든지 조선 인민 공화국 내각은 권위와 세력과 실재가 전혀 없는 것이다.
> – 미군정 장관 육군 소장 아놀드 –

① 조선 건국 동맹이 결성되었다.
② 좌우 합작 7원칙이 발표되었다.
③ 유엔 한국 임시 위원단이 설치되었다.
④ 반민족 행위 특별 조사 위원회가 출범하였다.
⑤ 귀속 재산 처리를 위해 신한 공사가 설립되었다.

🔍 해설

미군정이 국내에 들어온 이후 45년 9월 모든 단체를 불인정하는 내용이다. ① 조선건국동맹은 미군정이 들어오기 전인 1944년 8월 10일에 만들어진 단체이다.

🔍 오답분석

② 좌우합작 위원회는 1946년 7월 25일 만들어졌다.
③ 유엔 한국 임시 위원단은 1947년 11월 14일에 설치되었다.
④ 반민족 행위 특별 조사위원회는 1948년 9월에 출범하였다.
⑤ 신한공사는 1946년 3월 3일에 설립되었다.

🔍 정답 ①

CHAPTER 66

5·10 총선거와 대한민국 수립, 6.25전쟁

출제 POINT
분단 과정 순서, 남북협상, 제주 4.3, 대한민국수립과정, 전쟁 순서, 휴전협정과정, 전쟁 결과

[5·10 총선거와 대한민국 수립]

1 한국문제 UN상정(1947.9)

2차 미소 공동위원회 개최 (1947.5)	미국 소련의 의견 차이로 결렬, 미국이 한반도 문제를 유엔으로 이관
UN총회의 한국문제 결의안 (1947.11, 소련불참)	① UN 감시 하에 남북한 자유총선거 결정(인구비례에 따른 남북 동시 선거) ② 총선거 감시를 위한 UN한국임시위원단 설치 → 유엔 한국 임시위원단 남한 입국(1948.1), 소련의 입북 거부(1948.1.24)
UN소총회 (1948.2.26)	한국 임시 위원단의 활동이 가능한 지역 선거 실시 결정 즉, 남한만의 단독 선거 결정

2 남북협상

✓ 사료 TIP

3천만 동포에게 읍고함 – 38도선을 베고 쓰러질지언정 일신에 구차한 안일을 위하여 단독정부를 세우는데 협력하지 않겠다.

▲ 남북협상을 위해 38도선을 건너는 김구 선생

김구, 김규식 남북협상 제의 (1948.2)	① 배경 : 남한단독 총선거 결정 → 분단 결정 ② 단독정부 수립 반대 ③ 삼천만동포에게 읍고함(김구, 48.2.10)
남북지도자 회의(4김회의)	1948.4.27 ~ 4.30, 평양, 남북 연석 회의 • 김구, 김규식, 김일성, 김두봉(4김회의) • 공동성명 발표 : 5.10총선거 불참, 단독 정부 수립 반대
중도파 5·10 선거 불참	김구 암살(49. 6 안두희에게 암살 당함 → 안두희는 이후 박기서에게 자택에서 살해 당함)

3 제주 4·3사건과 여수·순천 10·19사건

제주 4·3사건	① 48.4.3 좌익 무장 폭동(미군 철수, 단독선거 반대) ② 미군정, 경찰, 서북청년단·양민학살 ③ 제주도 일부지역(3개 선거구 중 두 곳)에서 5·10 총선거 실시하지 못함
여수·순천 10·19사건	제주 진압 명령 거부한 여수 주둔군대 반란(남로당 주도), 일부 세력 빨치산 활동, 여수, 순천 민간인 학살 → 국가보안법 원인·배경

▲ 제주 4.3 평화 공원 동상

▲ 여순 사건

4 대한민국 정부 수립

(1) **5·10 총선거 실시**(21세 이상 국민에게 투표권 부여, 보통선거, 직접, 평등, 비밀, 자유 선거)

① 중도파, 남북협상파(김구, 김규식), 공산주의자 불참 → 전국에서 실시(일부 지역 실시× - 제주도 2개구는 1년 후에 시행)

② **제헌국회 구성**(48.7) → 임기 2년, 198명 선출, 독촉계, 한민당, 무소속

③ **제헌헌법**(7.17) : 대한민국 임시정부 법통 계승한 민주공화국, 대통령 중심제, 간선제(국회선발), 중임가능

  * **통일정부 수립 노력 ① 건국준비위원회 ② 좌우합작위원회 ③ 남북합작**

(2) 대한민국 수립(48.8.15)

① **대통령 간선제** : 대통령 - 이승만, 부통령 - 이시영, 국무총리 - 이범석

② **UN 공인(1948.12)** - 한반도 합법정부

▲ 대한민국 수립

5 반민족 행위 특별조사위원회 활동 (친일파 처단)

(1) 미군정 : 총독부 관리, 경찰, 군인 그대로 활용 → 친일파 청산 외면

(2) **반민족행위특별법제정(48.9.22)**

① 친일파 처벌과 공민권 제한, 단순 노무, 기술을 제공한 기술관은 제외

② 반민족행위 특별조사위원회(1948.10.13, 반민특위) 설치 - 국회소속, 국회의원 10명으로 구성, 수사권 있음, 특경대와 특별재판부 구성

▲ 반민특위에 체포되는 친일파

(3) **반민특위 활동**

① 노덕술, 이광수 등 주요 친일 혐의자 478명 구속영장 청구 - 선고까지 됨 ⇒ 실형 선고되었지만 집행되지 않았음(박흥식, 노덕술, 최린, 이광수 등 구속)

② 이승만 친일파 청산 반대

③ **이승만과 친일세력 반민특위 방해, 저항 - 국회 프락치(간첩) 사건, 반민특위 습격 사건**

④ 반민법 시효를 1950년 6월에서 1949년 8월로 단축한 개정법 통과

⑤ 반민특위 해체(49.8, 공산당과 내통했다는 구실), 실형 선고자 전원 석방

▲ 지가 증권

6 농지개혁(1949.6)과 귀속재산 처분

(1) 농지개혁 : 농민생활 안정(자영농육성), 토지자본 산업자본화, 임야 포함×

　① 경자유전, 3정보이상 토지, 유상매입, 유상분배 cf. 북한 : 5정보/무상몰수, 무상분배

　② 지주에게 지가증권, **농가는 5년간 균분 상환**(매년 평균 생산량의 30%씩 5년 동안 총 150% 현물로 상환)

　③ 지주제 폐지, 자영농 육성 ⇒ 긍정평가

　④ 지주들 토지 미리 처분, 농민 몰락 가속 → 부정 평가

7 귀속재산 처분

(1) **귀속재산 처리법 제정(49.12)** : 일본인 소유 공장, 주택을 민간인에게 불하(15년간 분할 상환), 1958년에 완료

※ 순서 암기

모·1·미 정·합·트 2미 UN총·소총 3반 5·7·8·9·10 순서 : 카얄포 → 해방 → 모스크바 3상회의(45.12) → 1차미소공동위원회(46.3 ~ 5) → 이승만 정읍 발언(46.6) → 좌우합작위원회(46.7) → 트루먼 독트린(47.3) → 2차미소공동 위원회(47.5) → UN총회(47.11) → 김구 3천만동포에 읍고함(48.2.10) → UN소총회(임시총회(48.2.26)) → 제주 4.3사건(48.4.3) → 남북협상(48.4.19 ~ 30) → 5.10총선거 → 제헌국회, 헌법공포(48.7.17) → 정부수립(48.8.15) → 북한 수립(48.9.9) → 여수, 순천 10.19사건

[6.25전쟁]

1 6·25전쟁 배경

(1) 남한 : 미·소 양국군 철수(48년 말 ~ 49년 초), **미국 애치슨 선언**(미국방위선에서 한반도 제외)

(2) 북한 : 조선 의용군 5만명 인민군 편입, 스탈린 전쟁 승인, 중국 공산화

2 6·25 전쟁 과정

(1) **북한 남침(50.6.25)** → 서울 함락, 유엔군 참전, **낙동강 전선 교착(1개월만에)**

(2) **인천상륙작전(50.9.15)** → 서울 탈환(50.9.28) → 38도선 이북으로 진격(50.10.1) → 압록강변 진출(50.10.26)

(3) **중국군 참전(50.10)** → 장진호 전투(50.11 ~ 12, 미군철수작전) → 흥남 항구 피난민 대피(50.12) → **1.4후퇴 → 서울 함락(51.1)** → 국군, 유엔군 서울 재탈환(51.3) → **교착 상태(고지전)**

3 휴전협정

(1) 소련 제의로 휴전 회담(51.6) → 전쟁포로 문제(자유송환(미국) VS 자동송환(북한))
(2) 미국 아이젠하워 대통령 당선(52.12), 소련 스탈린 사망(53.3) - 냉전체제의 변화 시작
(3) 이승만 휴전 반대 운동 → 거제도 반공포로 석방(53.6)
(4) 휴전 협정 체결(53.7.27) : 유엔군(미국), 공산군(북한, 중국) 대표 서명, 소련×, 남한×, 군사분계 선결정, 포로송환, 군사정전위원회 설치, 중립국 감시위원회, 비무장지대 설치(군사분계선 2km)
(5) 한·미 상호방위조약(53.10)

4 결과

(1) 피해 : 수백만명 사상자, 이산가족, 생산시설×
(2) 영향 : 분단고착화, 남북 독재 정권(북한 : 김일성 정권 독재, 남한 : 이승만 정권 독재)
(3) 양민학살 : 보도연맹 사건(50.6~9), 거창 양민학살 사건(51.2), 국민방위군 사건(51.1~51.3), 노근리 양민학살 사건(50.7, 미군)

※ 순서

6.25발발 → 3일만에 서울 함락 → UN군 참전 → 1개월만에 낙동강 전선까지 밀림(50.7) → 인천상륙작전(50.9.15) → 서울수복(9.28) → 국군 38도선 통과(10.1) → 평양탈환(10.19) → 압록강변 도달(10월 하순) → 중공군 개입(10.25) → 장진호 전투, 흥남철수(12.15) → 1.4후퇴(51.1.4) → 서울 재함락 → 휴전제안(51.6 소련) → 휴전회담 시작(51.7) → 고지전 2년간 → 이승만 반공포로 석방(53.6) → 휴전체결(53.7.27) → 한미상호방위조약(53.10) → 제네바 협정(54)

> **✓ 암기 TIP**
> 6.25전쟁 순서 : 낙압1고휴방제
> – 낙동강전선, 압록강전선, 1.4후퇴, 고지전, 휴전협정, 방위조약, 제네바협정

▲ 6.25전쟁의 경과

▲ 6.25 전쟁시 무너진 철교

▲ 북한군의 서울 점령

▲ 인천 상륙 작전

▲ 1.4 후퇴

▲ 휴전 회담

■ 총정리 및 암기팁

1. 5·10 총선거 실시
   ① 중도파, 남북협상파(김구, 김규식), 공산주의자 불참 → 전국에서 실시(일부지역 실시×)
   ② 제헌국회 구성(48.7) → 제헌 헌법(7.17)

2. 대한민국 수립(48.8.15)
   ① 대통령 간선제 : 대통령 - 이승만, 부통령 - 이시영
   ② UN 공인(48.12) : 한반도 합법정부

3. 김구, 김규식 남북협상 제의(48.2)
   ① 배경 : 남한 단독 총선거 결정 → 분단결정
   ② 단독정부 수립 반대
   ③ 삼천만 동포에게 읍고함(김구)

4. 남북지도자 회의(48.4, 평양) : 단독정부 반대, 미·소 철수 요구

5. 5·10 선거 불참 → 김구 암살(49.6, 안두희)

6. 반민족 행위 특별조사위원회 활동
   ① 미군정 : 총독부 관리, 경찰, 군인 그대로 활용 → 친일파 청산 외면
   ② 반민족행위 특별법 제정(48.9), 반민족행위 특별조사위원회(반민특위) 설치
   ③ 반민특위 활동

7. 농지개혁과 귀속재산 처분(49.6)
   ① 농지개혁 : 3정보 이상 토지, 유상매입, 유상분배
   ② 귀속재산 처분 : 귀속재산 처리법 제정(49) 민간인 연고자에게 매각 : 특혜, 재벌 탄생

사료 및 심화 자료

유엔 총회와 유엔 소총회 결의안

① 유엔 총회 결의안(1947. 11) : 유엔 한국 임시 위원단은 9개국 대표로 구성되며, 늦어도 1948년 3월 31일까지 보통·비밀 선거 원칙에 따라 유엔 한국 임시 위원단 감시하에 선거를 실시하여 남북 인구 비례에 따른 대표자들로 국회를 구성하고 중앙정부를 수립하며, 이 정부는 위원단과 협의하여 국방군을 조직하고, 남북의 점령 당국으로부터 정부 기능을 이양받으며, 가능하다면 90일 이내에 양 점령군이 철퇴하도록 점령 당국과 협정을 맺는다.

② 유엔 소총회 결의안(1948. 2) : 소총회의 의견으로는 1947년 11월 14일 총회 의결 여러 조항에 따라 또한 그 일자 이후 한국 관계 사태의 진전에 비추어 유엔 한국 임시 위원단이 접근할 수 있는 지역에서 결의문 제2호에 기술된 계획을 시행함이 동 위원단에 부과된 임무임을 결의한다(일부 요약). — 정일형 편, 한국 문제 유엔 결의문집

남북 제정당 사회단체 공동 성명서(1948. 4. 23)

1. 소련이 제의한 바와 같이 우리 강토에서 외국 군대가 즉시에 철거하는 것은 우리 조선에서 조성된 곤란한 상태에서 조선 문제를 해결하는 가장 정당하고 유일한 방법이다.
2. 외국 군대가 철퇴한 이후 아래의 제정당 단체들은 공동 명의로서 전 조선 정치 회의를 소집하여 조선 인민의 각계 각층을 대표하는 민주주의 임시 정부가 즉시 수립될 것이며, 국가의 일제 정권은 정치·경제·문화 생활의 일체 책임을 지게 될 것이다. 이 정부는 그 첫 과업으로 일반적·직접적·평등적 비밀투표로써 통일적 조선 입법 기관을 선거할 것이며, 선거될 입법 기관은 조선 헌법을 제정하여 통일적 민주 정부를 수립하여야 할 것이다.

김구 '삼천만 동포에게 읍고함'(1948. 2. 10)

조국이 있어야 한국 사람도 있고, 한국 사람이 있고서야 민주주의도 공산주의도 무슨 단체도 있을 수 있는 것이다. …… 지금 이때 나의 단일한 염원은 3000만 동포와 손을 잡고 통일된 조국, 독립된 조국의 달성을 위하여 공동분투하는 것뿐이다. 이 육신을 조국이 요구한다면 당장에라도 제단에 바치겠다. 나는 통일된 조국을 건설하려다가 38선을 베고 쓰러질지언정 일신에 구차한 안일을 취하여 단독 정부를 세우는 데는 협력하지 아니하겠다.
— 〈서울신문〉, 1948년 2월 11일 ~ 13일

제헌 헌법

제 1 조 대한민국은 민주 공화국이다.
제53조 대통령과 부통령은 국회에서 무기명 투표로써 각각 선거한다.
제55조 대통령과 부통령의 임기는 4년으로 한다. 단, 재선에 의하여 1차 중임할 수 있다.
제86조 농지는 농민에게 분배하며 그 분배의 방법, 소유의 한도, 소유권의 내용과 한계는 법률로서 정한다.
제101조 이 헌법을 제정한 국회는 단기 4278년 8월 15일 이전의 악질적인 반민족 행위를 처벌하는 특별법을 제정할 수 있다.
제102조 이 헌법을 제정한 국회는 이 헌법에 의한 국회로서의 권한을 행하며 그 의원의 임기는 국회 개회일로부터 2년으로 한다.

반민족 행위 처벌법

제1조 일본정부와 통모하여 한일합병에 적극 협력한 자, 한국의 주권을 침해하는 조약 또는 문서에 조인한 자와 모의한 자는 사형 또는 무기징역에 처하고 그 재산과 유산의 전부 혹은 2분의 1 이상을 몰수한다.
제2조 일본 정부로부터 작위를 받은 자 또는 일본제국 의회의 의원이 되었던 자는 무기 또는 5년 이상의 징역에 처하고 그 재산과 유산의 전부 혹은 2분의 1 이상을 몰수한다.
제3조 일본 치하 독립운동자나 그 가족을 악의로 살상, 박해한 자 또는 이를 지휘한 자는 사형, 무기 또는 5년 이상의 징역에 처하고 그 재산의 전부 혹은 일부를 몰수한다. ……

기출문제

01 (가), (나) 사이의 시기에 있었던 사실로 옳은 것은? [2점]
■ 한능검 고급 44회 44번 문제

> (가) 나의 연령이 이제 70하고도 3인 바 나에게 남은 것은 금일 금일하는 여생이 있을 뿐이다. 이제 새삼스럽게 재물을 탐내며 영예를 탐낼 것이냐? 더구나 외군 군정 하에 있는 정권을 탐낼 것이냐? …… 나는 통일된 조국을 건설하려다가 38선을 베고 쓰러질지언정 일신에 구차한 안일을 취하여 단독 정부를 세우는 데는 협력하지 아니하겠다.
>
> (나) 이 민국은 기미 3월 1일에 우리 13도 대표들이 서울에 모여서 국민 대회를 열고 대한 독립 민주국임을 세계에 공포하고 임시 정부를 건설하여 민주주의의 기초를 세운 것입니다. …… 이 국회는 전 민족을 대표한 국회이며 이 국회에서 탄생되는 민국 정부는 완전한 한국 전체를 대표한 중앙 정부임을 이에 또한 공포하는 바입니다.

① 우리나라 최초의 보통 선거인 5·10 총선거가 실시되었다.
② 남한만의 단독 정부 수립을 주장한 정읍 발언이 제기되었다.
③ 여운형이 중심이 되어 조선 건국 준비 위원회를 조직하였다.
④ 좌우 합작 위원회가 결성되어 좌우 합작 7원칙에 합의하였다.
⑤ 민족주의 정당을 중심으로 독립 촉성 중앙 협의회가 결성되었다.

해설

(가) 남북협상(48년 2월), (나) 제헌국회(48년 5월 10일 선거 제헌 국회 시작은 5월 31일) 사이 사건을 물어보는 문제이다. ① 우리나라 최초 선거인 5.10 총선거는 1948년 5월 10일날 실시되었다. (가)(나) 사이에 있는 사건으로 정답이다.

오답분석

② 1946년 6월 ③ 1945년 8월 ④ 1946년 7월 ⑤ 1945년 10월

정답 ①

02 (가)~(라)를 일어난 순서대로 옳게 나열한 것은? [3점]
■ 한능검 31회 48번 문제

6·25 전쟁의 기록

(가) 스트러블 해군 제독의 지휘 아래 8개국 261척의 함정 등 대규모 선단이 집결하였다. 새벽 5시부터 상륙 부대가 배 20척에 나누어 타고 인천 상륙을 감행하였다.

(나) 북한군의 진격로를 차단하기 위해 한강 인도교와 한강 철교가 폭파되었다. 이로 인해 당시 한강 이북에 있던 각 부대의 퇴로와 서울 시민들의 피난길이 막혔다.

(다) 중국군의 이른바 신정 공세로 인해 국군과 유엔군은 서울을 빼앗기고 평택-삼척선으로 후퇴하여 그곳에 새로운 방어선을 구축하였다.

(라) 유엔군 사령관 리지웨이는 소련의 제의를 받아들여 북한과 중국에 휴전 회담을 제안하였다. 이것이 수용되어 개성에서 제1차 휴전 회담이 열렸다.

① (가) - (나) - (다) - (라)
② (가) - (나) - (라) - (다)
③ (나) - (가) - (다) - (라)
④ (나) - (가) - (라) - (다)
⑤ (다) - (가) - (나) - (라)

해설

(나) 한강 철교 폭파(1950.6) → (가) 인천상륙작전(1950.9) → (다) 중공군 참전(1950.11) → (라) 휴전 협상 전개(1951.7)

정답 ③

CHAPTER 67 이승만 정부(1공화국), 장면 정부(2공화국)

1 이승만 장기집권

반공정책, 친미외교, 국민자유제약, 국회정치활동 제한, 분단을 이용한 독재

출제 POINT
이승만 독재 특징, 개헌 내용, 대통령 선거 내용, 3.15부정선거, 4.19혁명 특징

(1) 이승만 초기 정치 사건(장기집권 기도)

1대 대통령, 부통령 선거 (국회의원이 실시)	• 대통령 이승만, 부통령 이시영 당선
국회 프락치 사건(49.5.20)	• 반민특위 활동한 소장파 의원 체포(간첩으로 체포)
자유당 창당(51.12)	• 이승만 장기집권을 위해 정당 창당(우익단체 총집합)
부산정치파동(52.5)	• 직선제 헌법 개정을 위해 부산에 공비 토벌 구실로 계엄령 선포 • 백골단, 땃벌대 등(정치깡패)이 국회 해산, 내각제 야당의원 체포

▲ 이승만

(2) 개헌

제1차 개헌 (발췌개헌, 1952.7.4)	• 대통령 간선제 → 직선제 (4년 중임 가능) • 양원제 규정 있음 그러나 시행하지는 않았다.(사실상 단원제), 양원 직선제(민의원, 참의원)
2대 대통령 선거 (52년 직선제)	• 대통령 이승만, 부통령 함태영
사사오입 개헌 (54, 2차 개헌)	• 대통령 3선 제한 철폐 개헌안 제출 → 203명 중 136명 찬성 필요, 투표 후 135명 찬성 첫날 부결 → 이후 사사오입으로 통과 • 초대 대통령, 연임 제한 철폐(3선 금지 조항 폐지)

▲ 발췌개헌 강제 표결

(3) 3대 대통령 선거(1956년)

① 이승만 VS 신익희 VS 조봉암 (대통령 후보) / 이기붕 VS 장면(부통령 후보)

② 최초선거 구호 등장 : 구관이 명관이다 VS 못살겠다 갈아보자

③ 신익희 유세도중 사망, 이승만 당선, 조봉암 선전(30% 득표, 혁신세력↑), 부통령 장면 승리

▲ 1956년 3대 대통령 선거

(4) 독재 강화

① 진보당 사건(58.1) → 조봉암 사형(59. 7.30, 간첩 혐의로 사형)

② 보안법 파동(58.12) → 신국가 보안법 (군대 + 정치세력까지 모든 세력 국가 보안법 적용)

③ 경향신문 폐간(59.4) → 이승만 정부 비판 신문 폐간시킴

▲ 조봉암

2 3·15 부정선거 (4대 대통령 선거)

4대 정부통령 선거	• 조병옥(민주당) 암으로 사망 → 이승만 당선
이기붕 당선 위해 부정선거	• 3인조, 5인조 공개 투표, 4할 사전 투표, 완장 선거, 야당 참관인 축출
부정선거시위	• 김주열 사망 → 마산시위 → 경찰 발포

3 4·19 혁명(1960) : 국민의 요구에 굴복하여 대통령이 하야

배경	• 2.28 대구 학생 시위, 3.15 부정선거 → 김주열 죽음
과정	• 3.15 부정선거 규탄 시위 (마산) → 김주열 시신 발견(4.11) → 마산 2차시위 → 고려대 학생 시위(4.18) → 서울대 학생, 시민 시위 → 경찰 발포로 사망자 발생 → 계엄선포(4.19) → 장면 사임 후 이승만 하야 요구(4.23) → 대학교수 시위 (4.25, 시국선언) → 이승만 하야(4.26) 발표 후 미국 망명
결과	• 이승만 하야(4.26) → 하와이, 허정 과도정부 수립 → 3차개헌(의원내각제, 양원제 - 민의원, 참의원, 대통령 간선제) → 민주당 정부 수립
의의	• 학생, 시민 민주주의 혁명

> ✓ 암기 TIP
> 이승만 정부 시기 : **1방2진보경사**
> - **1**차개헌, 한미**방**위조약,
>   **2**차개헌, **진보**당사건,
>   **경**향신문폐간, **4.19**혁명

▲김주열 학생의 죽음

▲3.15 부정선거 시위

▲대학교수단 시위

4 제2공화국 수립(장면 정부)

(1) 허정 과도정부

① **제3차 개헌 : 내각책임제, 양원제(민의원, 참의원 양원제)**

② 7·29 총선 민주당 승리 : 민의원, 참의원 회의에서 간선제로 대통령 윤보선(4대), 총리 장면(실권) 선출

(2) 장면 정부

① 민주화 요구↑(노동, 청년, 학생 운동 등)

② **중립화 통일론, 남북협상론 대두**

③ 민주당 개혁의지×, 신·구파 갈등↑

④ 경제개발 5개년 계획 수립(1961) → 실시 : 박정희

⑤ **제4차 개헌(60.11) : 3.15 부정선거자 처벌, 소급 입법**

▲ 남북회담 개최 요구 시위   ▲ 장면

> 암기 TIP
> 2공화국 순서 : **정각장소** - **허정**
> 과도정부, 내**각**책임제, **장**면정부, **소**급입법

(3) 보수적 성격
- 한국민주당 계승, 부정선거 책임자 처벌에 소극적, 통일운동 부정적
- 반공법과 데모 규제법 제정 시도

■ 총정리 및 암기팁

1. 3·15 부정선거
   ① 4대 정부통령 선거 : 조병옥(민주당) 암으로 사망 → 이승만 당선
   ② 부통령에 이기붕 당선을 위해 부정선거 자행 → 사전투표, 3·5인조, 완장선거 등
   ③ 부정선거 규탄 시위 : 김주열 사망 → 3월 15일 마산 시위 → 경찰 발포

2. 4.19 혁명(1960)
   ① 배경 : 3·15 부정선거 → 김주열 죽음
   ② 부정선거 시위↑ → 유혈사태, 고대생 피격사건, 교수단 시위, 미국 퇴진 권유
   ③ 이승만 하야(4. 26) → 하와이, 허정 과도정부 수립
   ④ 의의 : 학생, 시민 독재정권을 타도한 민주주의 혁명

◎ 사료 및 심화자료

• 1차 개헌 (발췌개헌)

제31조 입법권은 국회가 행한다. 국회는 민의원과 참의원으로써 구성된다.
제53조 대통령과 부통령은 국민의 보통, 평등, 직접, 비밀 투표에 의하여 각각 선거한다.

• 2차 개헌 (사사오입 개헌)

제55조 1항 대통령과 부통령의 임기는 4년으로 한다. 단, 재선에 의하여 1차 중임할 수 있다.
부칙 이 헌법 공포 당시의 대통령에 대하여는 55조 1항 단서의 제한을 적용하지 아니한다.

• 3·15 부정선거 지시 비밀 지령

가. 4할 사전 투표 : 투표 당일 자연 기권표와 선서인 명부에 허위 기재된 유형 유권자표, 금전으로 매수하여 기권하게 만든 기권표 등을 그 지역 유권자의 4할 정도씩 만들어, 투표 시작 전에 자유당 후보에게 기표하여 투표함에 미리 넣도록 할 것
나. 3인조 또는 5인조 공개 투표 : 자유당 후보에게 투표하도록 미리 공작한 유권자로 하여금 3인조 또는 5인조의 팀을 편성시켜, 그 조장이 조원의 기표 상황을 확인한 후 다시 각 조원이 기표한 투표 용지를 자유당 측 선거 운동원에게 제시하고 투표함에 넣도록 할 것.
다. 완장 부대 활용 : 자유당 측 유권자에게 '자유당'이란 완장을 착용시켜 투표소 부근 분위기를 자유당 일색으로 만들어 야당 성향의 유권자에게 심리적인 압박을 주어 자유당에게 투표케 할 것.
라. 야당 참관인 축출: 민주당 참관인을 매수하여 참관을 포기시키거나 여의치 않을 때는 석당히 구실을 만들어 투표소 밖으로 축출할 것.

- 「동아일보」, 1960년 3월 4일자

• 3차 개헌

제29조 국민의 모든 자유와 권리는 질서 유지와 공공복리를 위하여 필요한 경우에 한하여 법률로써 제한할 수 있다. 단, 그 제한은 자유와 권리의 본질적인 내용을 훼손하여서는 아니되며 언론·출판에 대한 허가나 집회·결사에 대한 허가를 규정할 수 없다.
제32조 민의원 의원의 정수와 선거에 관한 사항은 법률로써 정한다. 참의원 의원은 특별시나 도를 선거구로 하고 법률이 정하는 바에 의하여 선거하며 그 정수가 민의원 의원의 4분의 1을 초과하지 못한다.
제53조 대통령은 양원 합동 회의에서 선거하고 재적 국회의원 3분의 2 이상의 투표를 얻어 당선된다.

기출문제

01 (가), (나) 사이의 시기에 있었던 사실로 옳은 것은? [2점]
  ■ 한능검 고급 38회 46번

> (가) 반민족 행위 특별 조사 위원회(반민 특위)가 본격적으로 친일 청산에 나서자, 친일 경력이 있던 일부 경찰과 친일파들은 '공산당과 싸우는 애국지사를 잡아 간 반민 특위 위원은 공산당' 이라며 시위를 벌였다. 대통령은 특별 담화를 발표하고, 공산당과 내통했다는 구실로 반민 특위 소속 국회의원들을 구속하였다.
>
> (나) 자유당은 당시 대통령에 한하여 중임 제한을 적용하지 않는다는 내용을 골자로 하는 개헌을 추진하였다. 그해 11월, 개헌안은 의결 정족수에 1명이 부족하여 부결되었는데, 사사오입의 논리를 내세워 개헌안이 다시 통과된 것으로 번복하였다.

① 정부 형태가 내각 책임제로 바뀌었다.
② 장기 독재를 가능하게 한 유신 헌법이 공포되었다.
③ 평화 통일론을 주장한 진보당의 조봉암이 구속되었다.
④ 임시 수도 부산에서 대통령 직선제 개헌안이 통과되었다.
⑤ 여당 부통령 후보 당선을 위한 3·15 부정 선거가 자행되었다.

해설

(가)는 이승만 정부 수립 후 친일파 처단을 위해 1948년 9월에 만들어진 반민족 행위 처벌법이다. (나)는 1954년 초대 대통령에 한하여 중임 제한을 철폐하는 2차 개헌(사사오입 개헌)이다.
④ 대통령 직선제 개헌안은 1차 개헌 즉 발췌개헌으로 1952년에 통과되었다. 그러므로 (가)와 (나) 사이에 들어간다.

오답분석

① 1960년 4.19 혁명 이후 3차 개헌 내용이다.
② 유신헌법은 1972년에 공포된다.
③ 조봉암 구속된 진보당 사건은 1956년에 일어난다.
⑤ 3.15 부정 선거는 1960년에 일어난다.

정답 ④

02 (가) 민주화 운동에 대한 설명으로 옳은 것은? [2점]
  ■ 한능검 고급 50회 49번

> 이것은 대전 지역의 고등학생들이 장면 부통령 후보 유세를 기회로 삼아 시작한 3·8 민주 의거를 기리는 탑입니다. 3·8 민주 의거는 대구의 2·28 민주 운동, 마산의 3·15 의거와 더불어 (가)이/가 전국적으로 확산되는 계기가 되었습니다.

① 한·일 국교 정상화에 반대하여 일어났다.
② 호헌 철폐와 독재 타도 등의 구호를 내세웠다.
③ 대학 교수단이 대통령 퇴진을 요구하며 시위 행진을 벌였다.
④ 3·1 민주 구국선언을 통해 긴급 조치 철폐 등을 요구하였다.
⑤ 5년 단임의 대통령 직선제 개헌이 이루어지는 계기가 되었다.

해설

대구지역, 마산지역에서 일어난 시위라는 단어를 통해 4.19 혁명 이라는 것을 알 수 있다. 4.19 혁명은 1960년 4월 19일, 학생들이 중심이 되어 일으킨 민주주의 혁명으로, 1960년 3·15 부정 선거를 통하여 영구 집권을 획책하던 이승만과 자유당 정권의 12년간에 걸친 장기 집권을 종식시키고, 제2공화국을 출범시킨 역사적 사건이다. 혁명의 발단은 이승만 정권의 지속되는 부패와 독재 속에서 경제가 침체되는 와중인 1960년 3월 15일에 실시된 정·부통령 선거가 부정과 타락으로 치루어지면서이다. 부정 선거를 규탄하는 마산 시위에서 실종된 김주열 군이 마산 앞바다에서 눈에 최루탄이 박힌 채 시체로 발견되었고, 이에 흥분하여 전국적인 시위가 일어났다. 4월 18일, 고려 대학교 학생들의 시위가 반공 청년단에게 습격받는 사건이 일어나자 다음날 약 3만 명의 대학생과 고등학생들이 시위를 벌였고, 이에 대응하여 경찰이 발포하여 130여 명이 사망하였다. ③ 4월 25일에는 대학 교수 시위가 있었으며, 4월 26일 드디어 이승만이 대통령직을 포기하는 하야 성명을 발표하였다.

오답분석

① 1964년 6.3 시위에 대한 설명이다.
② 1987년 6월 항쟁에 대한 내용이다.
④ 1976년 3.1 민주 구국 선언이다.
⑤ 1987년 6월 항쟁의 결과로 직선제 개헌이 이루어졌다.

정답   ③

CHAPTER 68 박정희 정부, 전두환 정부

출제 POINT
한일협정, 베트남 파병, 3선개헌, 유신특징, 광주민주화운동, 6월 항쟁 특징

1 5.16 군사정변(1961 ~ 63)

장면 내각 무능력, 사회 혼란 수습 명분으로 군사정변 발생

군정실시	• 군사혁명위원회(국가재건최고회의)구성, 반공을 국시로 삼음, 경제개발 천명
정치	• 부정축재자 처벌, 불량배 소탕(정치 깡패 사형, 이정재) 등 혁명 공약 발표 • 정치인 활동×(1962. 정치활동 정화법, 모든 정치활동 금지) • 중앙정보부 설치(1961.6.10, 초대 부장 김종필, 정치공작 주도)
경제	• 농어촌 고리대 정리(농가부채탕감책), 화폐개혁(1/10절하) • 1차 경제 개발 5개년 계획(62) : 62 ~ 66, 기간산업, 사회간접자본↑
제 5차 개헌 (1962.12)	• 대통령 중심제, 4년 중임제 단원제 국회, 민정이양 약속, 대통령직선제

▲ 5.16 군사 정변

▲ 박정희

2 제3공화국(1963)

(1) 출범
① 민주공화당 창당(민정 복귀×) - 4대 의혹 사건(증권 파동, 워커힐 사건, 빠찡코 사건, 새나라 자동차 사건)
② 5대 대선(63.10) : 민주당 윤보선 패배, 공화당 박정희 당선

(2) 한·일 국교정상화

배경	• 경제 개발 자금 확보 목적, 미국의 압력으로 회담 시작 • 김종필, 오히라 비밀회담(1962)
전개	• 6·3 시위(1964) : 한일회담 반대투쟁, 민족적 민주주의 장례식 ⇒ 계엄령
결과	• 한일 협정(1965) 체결, 한미일 공동 안보체제 형성 • 독립축하금 명목으로 일본이 3억 달러 무상자금, 2억 달러의 정부차관, 3억 달러 이상의 상업 차관 합의 • 사과, 보상 없음, 독도 문제 해결×, 위안부 강제 징용 피해자 배상×

(3) **베트남 파병(1965 ~ 73)** ⇒ UN관련 ×
   ① 한일 협정 종용했던 미국 강력한 요청(맹호, 청룡, 백마부대 파견)
   ② **브라운 각서(1966)** : 한국군 장비 현대화, 미국신규차관(AID), 베트남 특수 인정(기업진출)

▲ 한일 수교

▲ 베트남 파병

(4) **박정희 재선(1967.5, 6대 대통령)** : 민주당 윤보선 패배, 공화당 박정희 승리
   ① 제1차 경제개발 5개년 계획 성공적
   ② 국회의원 선거 압승 → 개헌선 확보

(5) 한반도 긴장고조
   ① **1.21 사태(68.1.21)** : 김신조 등 31명 무장공비 청와대 기습 사건(향토예비군 창설 1968.4)
   ② **푸에블로호 사건(68.1.23)** : 미국 첩보함 나포 사건
   ③ **울진, 삼척 무장공비 침투 사건(68.11)** - 이승복 어린이, 북한 강경파 주도(갑산파)

(6) **3선 개헌(1969. 6차 개헌, 장기 집권 목적)**
   ① 날치기 통과(4선 연임금지로 개정) - 야당, 재야, 학생들의 3선개헌 반대 시위
   ② **7대 대통령 선거(71.4)** : 공화당 박정희(당선), 신민당 김대중(패배)
   ③ **8.3 긴급 금융 조치(1972)** : 기업 사채 동결, 금리 대폭인 인하

✅ 암기 TIP
68년 사건 순서 : **김**푸울 - **김**신조, **푸**에블로호, **울**진삼척

✅ 암기 TIP
3공화국 순서 : **5**6한라3개향교 - **5**.16군사정변, **6**.3시위, **한**일협정, **브**라운 각서, **3**(김신조, 푸에블로호, 울진삼척무장공 비), **향**토예비군, 국민**교**육헌장

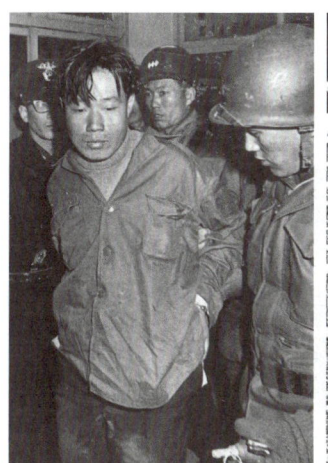
▲ 1.21사태 - 김신조

▲ 3선 개헌 통과 신문기사

3 유신체제(4공화국, 72~79)

> **암기 TIP**
> 유신체제 순서 : 7유대하3십 –
> 7.4 남북공동선언, 유신, 김대중
> 납치, 장준하 의문사,
> 3.1구국선언, 10.26사태

배경	• 7대 대통령 선거(71) : 박정희 VS 김대중 ⇒ 간신히 승리 • 닉슨 독트린(1969)으로 냉전 해체(데탕트) • 72. 7. 4 남북공동성명(자주, 평화, 민족대단결)
전개	유신헌법(7차 개헌, 10월 유신) • 대통령의 초법적 지위 강화 : 긴급조치권, 국회해산권, 유신정우회(국회의원 1/3 대통령임명), 대법원장 임명권, 삼권분립×, 대통령 권한↑ • 통일주체 국민회의에서 간접선거로 대통령 선출(임기 6년, 연임제한×) • 노동운동 탄압 : 단체교섭권, 단체행동권, 단결권 인정× • 8대 대선(1972.12) : 통일 주체 국민회의 간접선거, 박정희 당선 • 9대 대선(1978.7) : 통일 주체 국민회의 간접선거, 박정희 당선
저항	• 김대중 유신 반대(일본) : 중앙정보부에서 김대중 납치(73.8), 외교 분쟁 • 유신헌법 개정 운동(73. 장준하 중심, 개헌 청원 100만인 서명 운동, 긴급조치1.2호 발표) : 장준하 의문사(1975, 실족사) • 학생 시위 : 민청학련 사건(1974, 긴급조치 4호), 2차 인혁당 사건(1975) – 고문, 사형 • 3.1 민주구국선언(1976) : 명동성당 신부와 문익환, 김대중 등 재야 인사들이 주도, 구속
붕괴	• 2차 석유파동(78)으로 경제 불황 • YH사건(79), 김영삼 제명 : 부마항쟁(79.10) – 10·26 사태(김재규의 박정희 암살, 79.10.26)

▲ 유신헌법 공포식

▲ 장준하

▲ YH 무역 사건

4 전두환 정부(5공화국)

(1) 신군부 세력 집권과 5.18 광주민주화 운동

10.26 사태	박정희 – 계엄령, 통일주체국민회의에서 최규하 10대 대통령 선출 (1979.12.6))
12·12 쿠데타	전두환, 노태우 등 육사 11기 신군부 권력장악
서울의 봄(1980.5)	• 유신헌법 폐지, 전두환 퇴진, 비상계엄 폐지 요구 → 서울역 평화 행진 • 신군부 5월 17일 계엄령 전국 확대 • 정치활동 금지, 김대중 등 주요 인사 구속(내란음모, 국가보안)
5·18 광주 민주화 운동(1980)	• 신군부, 비상계엄을 반대하는 광주지역 시민, 학생 시위(전남대생) • 공수부대 투입해 대규모 유혈 진압 : 근현대사 큰 비극 • 전두환 집권 성공 → 도덕성 상실(군인을 동원해서 국민을 죽였다.)

▲ 5.18 광주 민주화 운동

▲ 10.26사태(김재규)

▲ 12.12 쿠데타 주동 세력

▲ 전두환 보안사령관 시설

(2) 5공화국

국가보위비상대책위원회 (국.보.위 1980.5) – 3권 장악	• 군정실시 • 언론통폐합 • 삼청교육대(인권↓) • 통일주체 국민회의에서 전두환 11대 대통령에 당선(1980.9)
8차개헌(7년 단임제, 간접선거)	• 전두환 정부(12대 대통령, 1981)
정 책	• **구호** 정의사회 구현, 복지사회실현 • 학원 자율화(대학생↑), 교복 자율화, 통행금지 해제, 민주화 인사 복권(김대중 제외) • 학도보국단 폐지, 두발 자유화, 야간 통행금지 해제, 국풍(81), 과외 금지, 본고사 폐지 • 프로야구, 프로축구, 86아시아, 88올림픽, 3S정책 • 경제 : 3저호황(저금리, 저달러, 저유가) → 국제수지 흑자

(3) 6월 항쟁(1987. 6)

배경	민주화 운동 탄압, 인권유린, 언론탄압, 평화의 댐 건설
전개	1월 박종철 고문치사 사건 4월 4.13호헌 조치 발표 5월 국민운동본부 결성(5.27), 독재타도, 호헌철폐 주장 6월 이한열 최루탄 사건(연대생 69.7.5사망) 　　6·29선언(대통령 직선제 약속)
결과	9차 개헌(5년 단임의 대통령 직선제) 12월 야당 분열로 노태우 당선, 평화적 정권교체 실패

> ✅ 암기 TIP
>
> 5공 순서 : **서**광전사육 – **서**울의 봄, **광**주민주화운동, **전**두환 집권, **4**.13호헌조치, **6**월항쟁

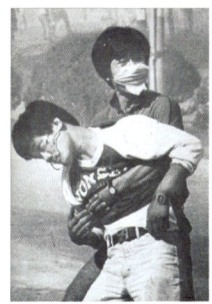
▲ 박종철

▲ 이한열　　　▲ 6월 민주항쟁

■ 총정리 및 암기팁

1. 3공화국 특징
   (1) 출범 : 5대 대선(63.10) 윤보선에 승리, 박정희 집권, '경제 제일주의와 조국근대화' 표방
   (2) 한·일 국교정상화 : 무상 3억달러 → 사과×, 독립기념 차관 5억달러
   (3) 베트남 파병(1965~73) : 한국군 장비 현대화, 미국 신규 차관 지원, 베트남 특수 인정(기업진출)
   (4) 3선 개헌(1969, 6차 개헌) : 야당, 재야 세력 반발 → 날치기 통과(4선 연임금지)

2. 유신시대
   (1) 배경 : 7대 대통령 선거(71) 간신히 승리, 7.4 남북공동성명, 통일분위기 조성
   (2) 유신헌법(7차 개헌)
       ① 대통령의 초법적 지위 강화 : 긴급조치권, 국회해산권, 유신정우회
       ② 통일주체 국민회의에서 간접선거로 대통령 선출 : 임기 6년, 연임제한×
   (3) 유신체제에 대한 저항
       ① 김대중 유신반대(일본) - 납치
       ② 유신헌법 개정 운동(73. 장준하), 민청학련 사건, 인혁당 사건 - 고문, 사형
       ③ 3.1 민주 구국 선언(1976) - 재야 - 구속
       ④ 부마항쟁(1979) - 계엄령 선포
   (4) 유신체제 붕괴 : YH사건, 김영삼 제명 - 부마항쟁 - 10.26사태(박정희 암살)

3. 신군부 세력 집권과 5.18 광주민주화 운동
   ① 12.12 군사 쿠데타
   ② 서울의 봄(1980.5) : 서울역 평화행진·신군부 5월 17일 계엄령 전국확대
   ③ 5.18 광주 민주화 운동(1980) : 신군부, 비상계엄을 반대하는 광주지역 시민, 학생 시위·공수부대 투입해 대규모 유혈진압·전두환 집권 성공

4. 5공화국
   ① 국가보위비상대책위원회(국.보.위 1980.5) : 군정 실시, 언론통폐합, 삼청교육대(인권↓)
   ② 8차개헌(7년 단임제, 간접선거) → 전두환 정부(1981)
   ③ 6월 항쟁·학생시위 → 박종철 고문치사 사건(탁치니 억하고 죽었다) → 87.1전두환 4.13 호헌조치 → 6.9 이한열 최루탄 사건 → 6.29 선언(대통령 직선제 약속) → 9차 개헌(5년 단임의 대통령 직선)

사료 및 심화자료

박정희의 혁명 공약

1. 반공을 국시의 제1의로 삼고 지금까지 형식적이고 구호에만 그친 반공 체제를 재정비 강화할 것입니다.
4. 절망과 기아 선상에서 허덕이는 민생고를 시급히 해결하고 국가 자주 경제 재건에 총력을 경주할 것입니다.
6. 이와 같은 우리의 과업이 성취되면 참신하고도 양심적인 정치인들에게 언제든지 정권을 이양하고 우리들 본연의 임무에 복귀할 준비를 갖추겠습니다.

-「동아일보」, 1960년 3월 4일자

• 김종필·오히라 메모

1. 일제 35년간 지배에 대한 보상으로 일본은 3억 달러를 10년간 걸쳐 지불하되 그 명목은 '독립 축하자금'으로 한다.
2. 경제 협력을 명분으로 정부 간의 차관 2억 달러를 3.5% 7년 거치 20년 상환이라는 조건으로 10년간 제공하며, 민간 상업 차관으로 1억 달러를 제공한다.

• 유신 체제와 대통령 긴급조치권

1. 다음 각 호의 행위를 금한다.
   가. 유언비어를 날조, 유포하거나 사실을 왜곡하여 전파하는 행위
   나. 집회·시위 또는 신문·방송·통신 등 공중 전파 수단이나 문서·도서·음반 등 표현물에 의하여 대한민국 헌법을 부정·반대·왜곡 또는 비방하거나 그 개정 또는 폐지를 주장·청원·선동 또는 선전하는 행위

• 6·10 대회 선언문

오늘 우리는 전세계 이목이 우리를 주시하는 가운데 40년 독재 정치를 청산하고 희망찬 민주 국가를 건설하기 위한 거보를 전 국민과 함께 내디딘다. 국가의 미래요 소망인 꽃다운 젊은이를 야만적인 고문으로 죽여 놓고 그것도 모자라서 뻔뻔스럽게 국민을 속이려 했던 현 정권에 국민의 분노가 무엇인지를 분명히 보여 주고, 국민적 여망인 개헌을 일방적으로 파기한 4·13 호헌 조치를 철회시키기 위한 민주 장정을 시작한다.
― [호헌 반대 민주 헌법 쟁취 운동 본부]

기출문제

01 (가), (나) 사이의 시기에 있었던 사실로 옳은 것을 〈보기〉에서 고른 것은? [2점]

> (가) 국군 장교가 위원으로 선출되었으며, 3권을 장악하고 국회의 권한을 행사하는 최고 통치 기구인 국가 재건 최고 회의가 출범하였다.
> (나) 국민의 직접 선거로 대의원이 선출되었으며, 통일 정책을 최종 결정하고 대통령 선거권 등을 행사하는 통일 주체 국민 회의가 발족하였다.

〈보기〉
ㄱ. 장기 집권을 위한 3선 개헌안이 통과되었다.
ㄴ. 제2차 석유 파동으로 경제 불황이 심화되었다.
ㄷ. 베트남 파병에 관한 브라운 각서가 체결되었다.
ㄹ. 대통령 긴급 명령으로 금융 실명제가 실시되었다.

① ㄱ, ㄴ ② ㄱ, ㄷ ③ ㄴ, ㄷ
④ ㄴ, ㄹ ⑤ ㄷ, ㄹ

● 해설
(가) 국가 재건 최고 회의는 1961년 5.16 군사정변 이후 설치된 기구이다. (나) 통일주체국민회의는 1972년 박정희 정부가 설치하였다.
ㄱ. 3선개헌은 1969년 6차개헌 때이다.
ㄴ. 브라운 각서는 1966년이다.

● 오답분석
ㄴ. 2차 석유파동은 1979년이다. ㄹ. 금융실명제는 1993년이다.

● 정답 ②

02 다음 자료에 해당하는 민주화 운동에 대한 설명으로 옳은 것은? [1점]　■ 한능검 고급 43회 49번 문제

> 광주 시민들에 따르면, 공수 부대가 학생들의 시위에 잔인하게 대응하면서 상호 간에 폭력적인 결과를 가져왔다고 한다. 계엄령 해제와 수감된 야당 지도자의 석방을 요구하는 학생들이 행진하면서 돌을 던졌다고 하지만, 그렇게 폭력적이지는 않았다고 한다. 광주에 거주하는 25명의 미국인들 - 대부분 선교사, 교사, 평화 봉사단 단원들 - 가운데 한 사람은 "가장 놀랐던 것은 군인들이 저지른 무차별적 폭력이었다."라고 증언하였다.
> - 당시 상황을 보도한 외신 기사 -

① 한·일 국교 정상화에 반대하여 일어났다.
② 관련 기록물이 유네스코 세계 기록유산으로 등재되었다.
③ 대통령 중심제에서 의원 내각제로 바뀌는 계기가 되었다.
④ 3·1 민주 구국 선언을 통해 긴급 조치 철폐 등을 요구하였다.
⑤ 4·13 호헌 조치에 반발하여 호헌 철폐 등의 구호를 내세웠다.

● 해설
광주 시민 나오고 공수부대 나오는 것으로 보아 1980년에 일어난 5.18 광주 민주화 운동이다. ② 광주 민주화 운동 기록물은 유네스코 세계 기록유산으로 등재되었다. 옳은 지문이다.

● 오답분석
① 1964년에 일어난 6.3 시위이다.
③ 1960년 4.19 혁명 이후 개정된 3차 개헌 내용이다.
④ 3.1민주 구국 선언은 1976년이다.
⑤ 4.13호헌 조치 반발은 1987년 6월 항쟁이다.

● 정답 ②

CHAPTER 69 6공화국

1 민주주의의 진전

(1) **노태우 정부(1988 ~ 1992)** : 13대 대선(1987.12)에서 **노태우 당선(김대중, 김영삼 분열)**

① 1988 총선에서 여소야대(민정당이 선거에서 패배) → 1990년 3당합당 민자당 탄생(민정당-노태우, 민주당-김영삼, 공화당-김종필 합당, 거대 여당 탄생)

② 서울올림픽 개최(1988년 24회 올림픽 개최)

③ 5공 청문회 개최(전두환 백담사 행)

④ **북방외교** : 헝가리, 폴란드와 수교(1989), **90년 소련 수교, 91년 남북 UN 동시 가입, 92년 중국 수교), 남북 기본 합의서(1991), 한반도 비핵화 공동 선언(1992)**, 베를린 장벽 붕괴(1989)

(2) **김영삼 정부(1993 ~ 1997, 14대 대통령, 문민정부)**

① **1993년 : 금융실명제 실시**, 공직자 재산 등록, 고위 공무원 재산 등록 의무화(1993)

② **1994년 : 우루과이라운드 협상 타결(1993)**, 우루과이라운드 협상 체결(1994), 성수대교 붕괴, 수능시험 실시

③ 1995년 : 부동산 실명제(1995), 지방자치제 선년 실시(지빙자치딘체장 선거), WTO(세계무역기구) 출범 - 농산물 수입 개방, 삼풍백화점 붕괴, 한반도 에너지 개발기구(KEDO,1995) 설치

④ 1996년 : 역사 바로 세우기(총독부 건물 철거 - 95년 시작, 12.12사태, 5.18진상 조사 - 전두환, 노태우 구속 - 96년), OECD(경제협력개발기구) 가입, 국민학교 → 초등학교

⑤ **1997년 : IMF사태(외환위기)**

(3) **김대중 정부(1998 ~ 2002)**

① **1998년 : 여야 최초 평화적 정권 교체**

② **IMF 극복 노력**(금모으기 운동, 금융, 투자 해외 개방 등), 노사정 위원회 구성(1998) → 외환위기 극복(2001.8)

③ 국민기초생활보장법(1999), 여성부 신설(2001), 월드컵 개최(2002)

④ **햇볕정책(흡수통일×, 화해협력)**

㉠ 정주영 소떼 방북(1998.6)

㉡ 금강산 해로 관광(1998.11)

출제 POINT

① 노태우 정부 사건 순서 ② 김영삼 정부 사건 순서 ③ 김대중 정부 사건 순서

▲ 노태우

✓ 암기 TIP

북방 외교 순서 : **소**(90)**U**(91)**중**(92) - 소련수교, 유엔동시가입, 중국수교

노태우 정부 순서 : **서전북3I** - **서**울올림픽, **전**교조, **북**방외교, **3**당합당

▲ 김영삼

✓ 암기 TIP

김영상 정부 순서 : **금은방OF** - **금**융실명제, **우**루과이라운드, **지방**자치제, **O**ECD, IM**F**

▲ 김대중

ⓒ 남북정상회담(2000.6.15) - 최초 남북정상회담, 6.15공동선언 → 2000.12 김대중 대통령 노벨 평화상 수상
ⓔ 2차 이산가족 상봉, 경의선 복구 기공식(2000.9.17)
ⓜ 개성공단 착수(2002)

(4) 노무현 정부(2003 ~ 2008)
① **2003년** : 이라크 전쟁 국군 파병, 대북송금 특검, 열린우리당 창당, 금강산 육로관광
② **2004년** : 노무현 대통령 탄핵 소추사건, KTX 개통, 한칠레 자유무역 협정(FTA)
③ **2005년** : 호주제 폐지
④ **2006년** : 반기문 유엔사무총장 선출
⑤ **2007년** : 남북 정상 회담 → 10.4 남북공동선언, 한미 FTA 타결

▲ 노무현

2 한국경제 정리

① 1950년대 - 원조경제체제, 삼백산업
② 1960년대 - 경공업 중심, 베트남 특수
③ 1970년대 - 중화학공업 중심, 중동특수, 석유파동
④ 1980년대 - 경제안정화 정책, 3저호황
⑤ 1990년대 - 자본, 금융시장 개방, 쌀 시장 개방 - IMF 사태

 대한민국 헌법 개정사

정부	개헌	주요내용	비고
이승만 정부 (1 ~ 3대)	제헌 헌법(48.7)	대통령 간선제, 4년 중임제, 국회 단원제	대한민국 정부 수립 48.8.15
	1차개헌(52.7)	대통령 직선제, 국회 양원제	발췌 개헌(이승만재선)
	2차개헌(54.11)	대통령 직선제, 초대 대통령 중임제한철폐	사사오입개헌 (3대 대통령 선거당선)
허정 과도 내각	3차개헌(60.3)	의원 내각제, 국회 양원제, 대통령 국회 선출(간선제)	4.19 혁명 영향, 민주당 장면 정권 출범, 윤보선 대통령(4대)
장면내각	4차개헌(60.11)	3.15 부정 선거 관련자 처벌	소급 입법 제정
박정희 정부 (5 ~ 9대)	5차개헌(62.12)	대통령 직선제, 국회 단원제, 헌법개정 시 국민투표제 조항	민주공화당 정권 수립 소급입법(정치활동 정화법)
	6차개헌(69.10)	대통령 3선 허용	3선개헌 반내운동 발생
	7차개헌(72.12)	대통령 권한 강화 대통령 간선제(통일주체국민회의) 대통령 임기 6년 긴급조치권, 국회해산권, 대통령이 국회의원 1/3선출	유신체제 대통령 종신 집권 가능
전두환 정부 (11,12대)	8차개헌(80.10)	7년단임의 대통령 간선제 (선거인단 간접선거)	국보위가 추진 신군부 집권
	9차개헌(87.10)	5년 단임의 대통령 직선제 헌법재판소 설치	6월 민주항쟁 최초 여야 합의 개헌

기출문제

01 (가)에 들어갈 수 있는 사진으로 적절한 것을 〈보기〉에서 고른 것은? [2점] ▎한능검 고급 33회 49번 문제

대통령 선출 방식으로 재구성한 한국 현대사
- 1948년부터 현재까지의 주요 사건들을 대통령 간선제 시기와 직선제 시기로 나누어 정리해 보았습니다.
- 각 메뉴를 클릭하면 해당 시기 주요 사건의 사진들을 볼 수 있습니다.

직선제 시기

(가) / 남북 정상 회담

〈보기〉
ㄱ. 서울 올림픽 대회
ㄴ. 인천 상륙 작전
ㄷ. 7·4 남북 공동 성명
ㄹ. 부·마 민주 항쟁

① ㄱ, ㄴ   ② ㄱ, ㄷ   ③ ㄴ, ㄷ
④ ㄴ, ㄹ   ⑤ ㄷ, ㄹ

 해설

직선제 시기를 물어보는 문제로 ㄱ. 서울 올림픽은 1988년에 개최되었는데 9차 개헌 이후로 대통령 직선제 시기이다. ㄷ. 7.4남북공동성명은 유신헌법 이전으로 직선제 시기이다.

 오답분석

ㄴ. 인천상륙작전은 1950년으로 1952년 대통령 직선제 개헌 이전이다. ㄹ. 부마항쟁은 1979년으로 대통령 간선제인 유신시대 사건이다.

 정답   ②

CHAPTER 70 통일 정책

출제 POINT
① 박정희 정부 통일정책 ② 노태우 정부 통일정책 ③ 김영삼 정부 통일정책 ④ 김대중 정부 통일정책

1 50 ~ 60년대 통일정책

(1) 1공화국(이승만 정부) : 북진통일론, 평화통일론 탄압(진보당 사건 - 조봉암 사형)
(2) 2공화국(장면 정부)
   ① 유엔 감시 하 자유총선거 실시 주장, 남북대화 소극적
   ② 민간 통일운동(중립화 통일론, 남북협상론, 남북 교류론), 정부는 남북협상 반대
(3) 3공화국(박정희 정부) : '선건설 후통일론', 강력한 반공정책

2 70년대 통일정책

☑ 암기 TIP

70년대 통일 정책 : **8적7조6평**
– **8.**15선언, **적**십자회담, **7.**4남북공동성명, 남북**조**절위원회, **6.**23평화통일선언, **평**화통일 3대원칙

배 경	• 닉슨독트린(1969 – 냉전해체)
8·15선언(1970)	• 선의의 체제 경쟁 제안, 남북적십자 회담(1971)
7.4 남북공동성명(1972)	• **자주, 평화, 민족대단결 3대 통일원칙 합의** • **남북조절 위원회 구성**, 남북직통전화 개설, 북한의 호칭 변경 ↳ 이후락부장&김영주부장 • **남·북 독재체제 강화 이용(유신헌법, 사회주의 헌법)**
6.23 평화통일 외교선언(1973)	• 남북 UN동시가입 제안, 호혜평등의 원칙 문화개방, 1민족 2국가체제
평화통일 3대 기본원칙(1974)	• 남북상호불가침, 남북대화추진, 인구비례에 의한 총선거 실시

▲ 7.4 남북 공동 선언

3 1980년 ~ 2000년대 통일정책

(1) 5공화국(전두환 정부)
   ① '민족화합 민주통일 방안' 제안(1982) : 민족자결, 민주적 절차, 평화적 방법에 의한 총선거 실시 제안, 1국가 1체제
   ② 북한 수재 물자 제공(84)
   ③ **남북 고향 방문단(최초 이산가족 만남)(1985)**, 예술단 교환 공연(1985)

(2) 6공화국(노태우 정부)

☑ 암기 TIP

노태우 정부 통일 정책 : **7한고U기핵** – **7.**7선언, **한**민족공동체 통일방안, **고**위급회담, **유**엔동시가입, **기**본합의서, 비**핵**화 선언

   ① 7.7 선언(1988) : 민족자존과 통일번영을 위한 특별 선언, 개방정책(공산권), 북한을 공동자, 공동번영의 민족 공동체 관계로 규정(선의의 동반자)
   ② **한민족 공동체 통일방안(1989)** : 통일 3원칙(자주, 평화, 민주), 점진적 통일 방안 제시(남북연합-헌법제정-총선거-통일민주공화국)

③ 남북 고위급 회담(1990) → 남북한 유엔동시가입(1991.9)

④ **남북기본합의서(1991.12)**
- **7.4공동성명 재확인, 상호불가침, 잠정적 특수관계**
- 상대 체제 인정, 화해 협력, 군사당국자 간 직통전화 가설
- 남북 군사공동위원회 설치, 판문점 연락사무소 설치
- 남북간 문화 경제 교류

⑤ **한반도 비핵화 공동선언(1992)** : 핵평화적 이용
  ↳ 1991.12.31 서명, 1992.2.19 발효

▲ 남북기본합의서

(3) 김영삼 정부

① 1차 북핵위기 - NPT(핵확산금지조약) 탈퇴 → 제네바 합의(1994) : 북한 핵 동결, 중유지원, 경수로 발전소, KEDO(한반도에너지개발기구, 1995)

② 남북정상회담 합의했으나 김일성 사망으로 불발 → 조문 파동으로 남북관계 경색

(5) 김대중 정부 - 햇볕정책(남북 화해 협력 정책)
  ↳ 2000.8 시드니 올림픽에서 최초로 남북한 선수단이 동시입장하였다.

① **정주영 소떼 방북(1998,6)** → **금강산 해로 관광사업(1998.11)** - 육로 관광은 2003년(노무현)

② **남북정상회담과 6.15공동선언(2000)** ⇒ **남측연합제, 북측 낮은 단계 연방제 서로 공통성이 있다**, 이산가족 방문단 교환, 비전향 장기수 문제 해결, 경제 협력 및 국제 분야의 협력과 교류 활성화 노력

③ **2차 이산가족 상봉(2000.8.15)**, 경의선 복구기공식(2000.9) → 경의선 복구 완성(노무현)

④ **개성공단 착수(2002)** - 개성공단 착공식(2003.6, 노무현정부), 금강산 육로 관광, 개성관광(2007, 노무현 정부) 시작 ↳ 2005년 개성공난에 기업 입수 시작

> **암기 TIP**
> 김대중 정부 통일 정책 순서 :
> **소금정6개 - 소**떼 방북,
> **금**강산관광, **정**상회담,
> **6.15**공동선언, **개**성공단착수

▲ 남북 정상 회담

(6) 노무현 정부

① 개성공단 착공식(2003), 개성공단 입주(2004), 개성 관광(2007)

② **2차 남북정상회담(10·4선언)** : 남북관계 발전과 평화번영을 위한 선언 (2007 남북 정상 선언문) ⇒ 정상회담 정례화, 경제협력 사업강화, 평화체제 구축, 6.15 남북공동선언 재확인, 서해안 평화협력 특별지대 설치

▲ 금강산 관광

▲ 제2차 정상회담

▲ 남북 정상 회담 개최 합의서

사료 및 심화자료

7·4남북 공동 성명(1972. 7. 4.)

1. 쌍방은 다음과 같은 조국 통일 원칙들에 합의를 보았다.
   첫째, 통일은 외세에 의존하거나 간섭을 받음이 없이 자주적으로 해결하여야 한다.
   둘째, 통일은 서로 상대방을 반대하는 무력행사에 의거하지 않고 평화적 방법으로 실현하여야 한다.
   셋째, 사상과 이념, 제도의 차이를 초월하여 우선 하나의 민족으로서 민족적 대단결을 도모하여야 한다.
4. 쌍방은 지금 온 민족의 거대한 기대 속에 진행되고 있는 남북적십자 회담이 하루 빨리 성사되도록 적극 협조하는 데 합의하였다.
6. 쌍방은 이러한 합의 사항을 추진시킴과 함께 남북 사이의 제반 문제를 개선 해결하며, 또 합의된 조국 통일 원칙에 기초하여 나라의 통일 문제를 해결할 목적으로 이후락 부장과 김영주 부장을 공동 위원장으로 하는 남북 조절위원회를 구성 운영하기로 합의하였다.

남북 기본 합의서(1991. 12.)

남과 북은 분단된 조국의 평화적 통일을 염원하는 온 겨레의 뜻에 따라 7·4 남북 공동 성명에서 천명된 조국 통일 3대 원칙을 재확인 하고, …… 쌍방 사이의 관계가 나라와 나라 사이의 관계가 아닌 통일을 지향하는 과정에서 잠정적으로 형성되는 특수 관계라는 것을 인정하고, 평화 통일을 성취하기 위한 공동의 노력을 경주할 것을 다짐하면서, 다음과 같이 합의하였다.

제 1 조 남과 북은 서로 상대방의 체제를 인정하고 존중한다.
제 9 조 남과 북은 상대방에 대하여 무력을 사용하지 않으며, 상대방을 무력으로 침략하지 않는다.
제15조 남과 북은 민족 경제의 통일적이며 균형적인 발전과 민족 전체의 복리 향상을 도모하기 위하여 자원의 공동개발, 민족 내부 교류로서 물자 교류, 합작 투자 등 경제 교류와 협력을 실시한다.
제18조 남과 북은 흩어진 가족과 친지의 자유로운 서신 거래와 왕래, 상봉 및 방문을 실시하고 자유 의사에 의한 재결합을 실현하며, 기타 인도적으로 해결할 문제에 대한 대책을 강구한다.

6.15공동선언

1. 남과 북은 나라의 통일 문제를 그 주인인 우리 민족끼리 서로 힘을 합쳐 자주적으로 해결해 나가기로 하였다.
2. 남과 북은 나라의 통일을 위한 남측의 연합제 안과 북측의 낮은 단계의 연방제 안이 서로 공통성이 있다고 인정하고 앞으로 이 방향에서 통일을 지향시켜 나가기로 하였다.
3. 남과 북은 올해 8·15에 즈음하여 흩어진 가족, 친척, 방문단을 교환하며, 비전향 장기수 문제를 해결하는 등 인도적 문제를 조속히 풀어나가기로 하였다.
4. 남과 북은 경제 협력을 통하여 민족 경제를 균형적으로 발전시키고, 사회·문화·교육·보건·환경 등 제반 분야의 협력과 교류를 활성화하여 서로의 신뢰를 다져나가기로 하였다.
5. 남과 북은 이상과 같은 합의 사항을 조속히 옮기기 위하여 빠른 시일 안에 당국 사이에 대화를 개최하기로 하였다.

기출문제

01 다음 정부 시기의 통일 노력으로 옳은 것은? [2점]

▌한능검 심화 48회 50번

사진으로 보는 ○○○ 정부

한국·헝가리 수교

남북한 유엔 동시 가입

한국·중국 수교

① 남북 조절 위원회를 설치하였다.
② 개성 공업 지구 조성에 합의하였다.
③ 10·4 남북 공동 선언을 발표하였다.
④ 금강산 해로 관광 사업을 시작하였다.
⑤ 한반도 비핵화 공동 선언에 서명하였다.

🔍 **해설**

헝가리 수교는 1989년, 유엔 동시 가입은 1991년, 한중 수교는 1992년이다. 이는 모두 노태우 정부의 북방 외교 정책으로 일어난 사건이다. ⑤ 노태우 정부는 남북기본합의서 연장으로 한반도 비핵화 선언을 채택하고 서명하였다.

🔍 **오답분석**

① 남북조절위원회는 1972년 7.4남북 선언 직후이다.
② 개성 공업 지구 조성 합의는 2000년 김대중 정부 시기이다.
③ 10.4 남북 공동 선언은 2007년 노무현 정부 시기이다.
④ 금강산 해로관광은 1998년 김대중 정부시기 시작되었다.

🔍 **정답**   ⑤

MEMO

MEMO

김종우
도끼한국사
능력검정시험

심화 (1급 · 2급 · 3급)

초판발행 2023년 02월 23일
개정2판 2025년 02월 20일

편저자 김종우
발행인 양승윤
발행처 ㈜용감한컴퍼니
등록번호 제2016-000098호
전화 070-4603-1578
팩스 070-4850-8623
이메일 book@bravecompany.io
ISBN 979-11-6743-569-9
정가 25,000원

이 책은 ㈜용감한컴퍼니가 저작권자와의 계약에 따라 발행한 것이므로
본사의 허락 없이는 어떠한 형태나 수단으로도 이 책의 내용을 이용하지 못합니다.
잘못된 책은 구입처에서 교환해 드립니다.